Gerhard Matzen
Dr. Horst Mittmann

Hotel- und Gaststättengewerbe
Fachrechnen

15. Auflage

Bestellnummer 0513

Bildungsverlag EINS

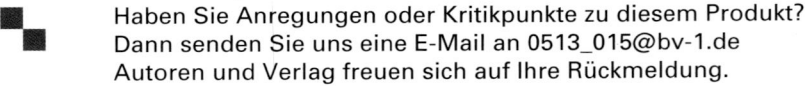

Haben Sie Anregungen oder Kritikpunkte zu diesem Produkt?
Dann senden Sie uns eine E-Mail an 0513_015@bv-1.de
Autoren und Verlag freuen sich auf Ihre Rückmeldung.

Bildquellenverzeichnis

Fotolia: S. 9 (© moonrun), 10.2 (© BK), 10.3, 13.1 (© Dmitry Goygel-Sokol), 14.1, 14.4 (© Stefan Müller), 16.2 (© Julián Rovagnati), 25 (© PANORAMO.de), 34.1 (© Twilight_Art_Pictures), 35.2 (© Twilight_Art_Pictures), 38.2 (© Maxim Pushkarev), 38.3 (© ExQuisine), 43.3 (© Irina Fischer), 57.2 (© DeVIce), 58.1 (© demarco), 60 (© Prashant ZI), 67, 68.1 (© petplei), 76 (© Teamarbeit), 85.2 (© DianaStrizhigotskaya), 88.2 (© HLPhoto), 90.1 (© Karin Jähne), 90.2 (© ExQuisine), 97.1 (© knirzporz), 97.2 (© Juan Carlos Zamora), 98, 107 (© Lucky Dragon), 139 (© Richard Oechsner), 142 (© Monkey Business), 153.1 (© ExQuisine), 155.2 (© James Steward), 161 (© Elenathewise), 166 (© PeJo), 174 (© Simone van den Berg), 175 (© Aleksey Kondratyuk), 186.2 (© Teamarbeit), 192(© matka_Wariatka), 202 (© askaja), 212 (© motorlka), 221 (© Michael Röhrich)

Melitta: S. 168

MEV Verlag, Augsburg: S. 8 (2x), 10.1, 11, 12 (2x), 13.2, 14.2, 14.3, 15.1, 15.2, 16.1, 17, 19.1, 19.2, 20 (2x), 21, 22, 24 (2x), 26 (3x), 27, 28, 29, 30, 31, 32 (2x), 33 (2x), 34.2, 35.1, 36, 37 (2x), 38.1, 39 (2x), 40, 41, 42 (2x), 43.1, 45, 46, 49, 51, 52, 53, 54, 56, 57.1, 58.2, 59 (2x), 61, 62, 64, 65 (2x), 66, 68.2, 69 (2x), 70, 71 (2x), 72 (2x), 74 (2x), 77 (2x), 79 (3x), 80 (2x), 81, 83 (2x), 85.1, 85.3, 86, 87, 88.1, 89 (3x), 92 (3x), 93 (2x), 94, 95 (2x), 96 (2x), 101, 103, 105, 108, 109 (3x), 110, 113 (2x), 114, 117, 118, 121, 124, 126 (2x), 130, 133, 134, 136, 137, 138 (2x), 141 (2x), 143 (3x), 148, 149 (2x), 150, 151, 153.2, 154, 155.1, 157 (2x), 158, 159 (2x), 160, 163, 165, 171 (2x), 172 (2x), 175.2, 176 (2x), 179, 180, 181 (2x), 183, 184, 186.1, 188, 194, 195, 197, 198, 199, 200, 203, 205, 206, 209, 210, 211, 213, 216, 217, 220, 223

Miele: S. 123

Project Photos: S. 13.3, 43.2, 112

www.bildungsverlag1.de

Bildungsverlag EINS GmbH
Hansestraße 115, 51149 Köln

ISBN 978-3-8237-**0513**-0

Inhaltsverzeichnis

Grundlagen für das Fachrechnen

1	**Grundrechenarten**	7
	1.1 Addieren	7
	1.2 Subtrahieren	8
	1.3 Multiplizieren	9
	1.4 Dividieren	11
	1.5 Kontrollmöglichkeiten bei den Grundrechenarten	13
	1.6 Aufgabensatz mit Punktevorschlägen	16
2	**Rechnen mit Brüchen**	18
	2.1 Dezimalbrüche und Dezimalzahlen	18
	2.1.1 Addieren und Subtrahieren	18
	2.1.2 Multiplizieren	19
	2.1.3 Dividieren	20
	2.2 Gemeine Brüche	21
	2.2.1 Umwandeln von Brüchen	21
	2.2.2 Kürzen von Brüchen	22
	2.2.3 Erweitern von Brüchen	22
	2.2.4 Addieren und Subtrahieren von Brüchen	22
	2.2.5 Multiplizieren von Brüchen	23
	2.2.6 Dividieren von Brüchen	23
	2.3 Aufgabensatz mit Punktevorschlägen	23
3	**Maße und Gewichte**	25
	3.1 Hohlmaße	25
	3.2 Besondere Maße	27
	3.3 Längenmaße, Flächenmaße, Körpermaße	27
	3.4 Gewichte	29
	3.5 Aufgabensatz mit Punktevorschlägen	30
4	**Dreisatzrechnen**	32
	4.1 Einfacher Dreisatz	32
	4.2 Einfacher Dreisatz mit ungeraden Verhältnissen	33
	4.3 Zusammengesetzter Dreisatz	33
	4.4 Gemischte Übungsaufgaben	34
	4.5 Aufgabensatz mit Punktevorschlägen	35
5	**Prozentrechnen**	37
	5.1 Berechnen des Prozentsatzes	37
	5.2 Berechnen des Prozentwertes	38
	5.3 Berechnen des Grundwertes	39
	5.4 Rechnen mit vermindertem Grundwert	40
	5.5 Rechnen mit erhöhtem Grundwert	41
	5.6 Gemischte Übungsaufgaben	41
	5.7 Aufgabensatz mit Punktevorschlägen	45
6	**Zinsrechnen**	46
	6.1 Berechnen der Zinsen	46
	6.2 Berechnen des Zinssatzes	48
	6.3 Berechnen des Kapitals	49
	6.4 Berechnen der Zinszeit	50

6.5	Gemischte Übungsaufgaben	51
6.6	Aufgabensatz mit Punktevorschlägen	53
7	**Ernährungsrechnen**	55
7.1	Nährstoffgehalt von Lebensmitteln	55
7.2	Energiegehalt von Lebensmitteln	56
8	**Verteilungsrechnen**	58
8.1	Aufgabensatz mit Punktevorschlägen	60
9	**Währungsrechnen**	61
10	**Mischungsrechnen**	65
10.1	Errechnen des Durchschnitts	65
10.2	Ermitteln des Mischungsverhältnisses	66
10.3	Ermitteln der Mischungsmengen	68
10.4	Mischen mit drei Sorten	69
10.5	Mischen von drei oder mehr Sorten ohne Mengenvorgaben	70
10.6	Gemischte Übungsaufgaben	72
10.7	Aufgabensatz mit Punktevorschlägen	73

Fachrechnen

1	**Arbeiten in der Küche**	75
1.1	Vorbereitungsverluste – Mengen und Kosten	75
1.2	Vor- und Zubereitungsverluste – Mengen und Kosten	77
1.3	Gewichtszunahmen bei der Vor- und Zubereitung	79
1.4	Aufgabensatz mit Punktevorschlägen	80
1.5	Aufgabensatz mit Punktevorschlägen	81
1.6	Suppen und Saucen	82
1.7	Süßspeisen und Gebäck	85
1.8	Vorspeisen und kaltes Büfett	90
1.9	Aufgabensatz mit Punktevorschlägen	93
2	**Arbeiten im Service**	95
2.1	Planung	95
2.2	Getränkeausschank – Schankverluste	98
	2.2.1 Bier	98
	2.2.2 Weinhaltige Getränke	99
	2.2.3 Spirituosen – Cocktails	99
	2.2.4 Alkoholfreie Mixgetränke	101
2.3	Abrechnung mit dem Gast	102
2.4	Abrechnung mit dem Betrieb	104
3	**Arbeiten im Magazin**	106
3.1	Abfüllen – Abfüllverluste	106
3.2	Mischen zur Einstellung der Trinkstärke	106
4	**Nährstoffwerte und Energiewerte**	109
4.1	Nährstoffmengen und Kilojoule	109
4.2	Rechnen mit Broteinheiten	110
4.3	Rechnen mit Energieverbrauch	111
4.4	Nährstoffgehalt von Getränken	112
4.5	Energiegehalt von Getränken	113

5 Arbeiten im Empfangsbereich und im Betriebsbüro 115
   5.1   Rechnen mit Währungen 115
   5.2   Rechnen mit Provisionen – Zinsen – Wechselkosten 116
   5.3   Rechnungen für den Hotelgast 118
   5.4   Kreditkarten 119
   5.5   Abschreibung 121

6 Lohnberechnungen 125
   6.1   Vorbemerkungen 125
   6.2   Löhne für internes Personal 126
   6.3   Löhne für externes Personal 127
   6.4   Der Tronc 128
       6.4.1 Vorbemerkung 128
       6.4.2 Troncrechnen nach dem Garantielohn 129
       6.4.3 Troncrechnen nach Punkten 131

7 Wirtschaftsdienst 134
   7.1   Vorbemerkungen: Strom, Wasser, Gas 134
   7.2   Auszug aus den Tarifen (Gebührentafel) und Übungsaufgaben 134

8 Warenwirtschaft 136
   8.1   Wareneinkauf – Rabatt und Skonto 136
   8.2   Rabatt – Skonto – Umsatzsteuer 139
   8.3   Brutto – Netto – Tara 140
   8.4   Preisvergleiche 141
   8.5   Aufgabensatz mit Punktevorschlägen 143

9 Berechnungen zur Kalkulation 144
   9.1   Vorbemerkungen 144
   9.2   Berechnen der Aufschläge 146
   9.3   Kalkulationsschemata 147

10 Kalkulieren mit Bruttoaufschlag 148

11 Kalkulieren von Speisen mit der aufgebauten Kalkulation 149
   11.1 Kalkulieren von Einzelportionen 149
   11.2 Kalkulieren von Mehrfachportionen 151
   11.3 Kalkulieren von Menüs 155

12 Kalkulieren mit dem Kalkulationsfaktor 160

13 Kalkulieren von Getränken 161
   13.1 Kalkulieren von Getränken des Restaurants 161
   13.2 Kalkulieren von Getränken der Bar 162

14 Kalkulieren von Zimmerkosten 164
   14.1 Selbstkostenanteil 164
   14.2 Erstellungskosten 166

15 Rückkalkulationen 167

16 Berechnen des Gewinns 170

17 Gemischte Aufgaben zur Wiederholung 171

18 Testaufgaben 179
   18.1 Dezimalbrüche und Dezimalzahlen. 179
   18.2 Berechnen des Prozentsatzes 180
   18.3 Berechnen des Prozentwertes. 180
   18.4 Berechnen des Grundwertes. 181
   18.5 Rechnen mit vermindertem Grundwert 181
   18.6 Rechnen mit erhöhtem Grundwert. 182
   18.7 Gemischte Übungsaufgaben zum Prozentrechnen. 182
   18.8 Zinsrechnen 183
   18.9 Mischungsrechnen. 184
   18.10 Rabatt und Skonto 185
   18.11 Brutto – Netto – Tara. 186
   18.12 Rechnen mit Portionen, Preisen, Anteilen, Verlusten und Kilojoule 186

19 Kalkulieren mit Bruttoaufschlag 193

20 Kalkulieren von Speisen mit der aufgebauten Kalkulation 196

21 Kalkulieren von Getränken 198

22 Rückkalkulationen 198

23 Berechnen des Gewinns 200

24 Lohnberechnungen 200

25 Gemischte Aufgaben zur Wiederholung 201

26 Aufgabensätze zur Wiederholung mit Punktevorschlägen 203

27 Mengen- und Portionsangaben, Abfälle und Abgänge bei der Vorbereitung 224

Grundlagen für das Fachrechnen

1 Grundrechenarten

1.1 Addieren

- Gleiche Stellenwerte immer untereinander schreiben.
- Einheitliche Maßbezeichnung verwenden.

Beispiele

```
    423,7        224,837 kg       316,78 EUR
+   578,6      + 715,240 kg     + 215,12 EUR
  1.002,3        940,077 kg       531,90 EUR
```

Übungsaufgaben

1. Errechnen Sie die Summen der senkrechten und waagerechten Kolonnen.

Reihe	a)	b)	c)	d)	e)	f)	
1	12	17	24	3.755	8.630	813	?
2	23	54	87	1.040	1.215	1.249	?
3	75	79	94	154	912	1.314	?
4	215	618	714	360	725	3.803	?
5	1.075	1.915	2.655	310	450	18.030	?
Summe?	?	?	?	?	?	?	50.417

2. Addieren Sie und beachten Sie, dass stets Komma unter Komma steht.

Reihe	a)	b)	c)	d)	e)	f)	
1	0,20	0,08	3,45	0,75	0,87	5,35	?
2	1,55	6,33	9,45	10,84	3,21	31,38	?
3	6,00	9,30	0,04	3,14	4,03	22,51	?
4	12,00	3,15	7,93	10,44	12,33	15,85	?
5	3,15	4,33	6,58	9,36	7,23	30,15	?
Summe?	?	?	?	?	?	?	?

3. Schreiben Sie richtig untereinander und addieren Sie.
   a) 27,50 EUR;   23,40 EUR;   0,80 EUR;   231,40 EUR;   17,01 EUR.
   b) 1,050 kg;   3,125 kg;   27,2 kg;   141 kg;   3,75 kg.
   c) 1,225 l;   0,5 l;   17,1 l;   435,25 l;   13,02 l.
   d) 9 kg;   2,65 kg;   738 g;   0,284 kg;   75 g.
   e) 245,05 EUR;   0,98 EUR;   0,36 EUR;   17,27 EUR;   0,31 EUR.

4. Errechnen Sie den Jahresumsatz des Betriebes.

Januar	18.920,40 EUR	Juli	85.324,12 EUR
Februar	16.450,75 EUR	August	105.431,76 EUR
März	24.041,30 EUR	September	101.314,35 EUR
April	22.712,32 EUR	Oktober	82.315,05 EUR
Mai	41.912,70 EUR	November	60.302,20 EUR
Juni	45.033,75 EUR	Dezember	16.290,70 EUR

a) Wie viel wurde durchschnittlich im Monat umgesetzt?
b) Überlegen Sie, um welche Art Restaurant es sich handelt.

5. Eine Weinhandlung liefert:

40 Flaschen *Piesporter Michelsberg*	je	2,95 EUR
60 Flaschen *Zeller Schwarze Katz*	je	5,85 EUR
90 Flaschen *Wehlener Sonnenuhr*	je	4,27 EUR

a) Wie viel ist zu bezahlen?
b) Aus welchem Anbaugebiet stammen die Weine?

6. Der Küchenchef kauft ein:

2 Kisten Blattsalat	je Kiste	3,00 EUR	12 Köpfe Blumenkohl . . .	je Kopf	0,90 EUR
3 Kisten Spinat	je Kiste	5,00 EUR	15 kg Möhren	je kg	0,60 EUR
7,5 kg Spitzkohl	je kg	1,60 EUR	0,5 kg Petersilie	je kg	3,50 EUR

Wie lautet die Rechnungssumme?

7. Die Hausdame des *Hotels Zur Post* bestellt über den Chef:

25 Bettlaken	je	9,00 EUR	120 Frotteehandtücher	je	18,00 EUR
40 Kopfkissenbezüge	je	5,50 EUR	80 Frotteehandtücher	je	6,00 EUR
30 Bettbezüge	je	39,00 EUR			

a) Wie groß ist der Rechnungsbetrag?
b) Wie viel kostet die Wäsche für ein Doppelzimmer, wenn man zwei gute und zwei einfache Handtücher gibt?

8. Errechnen Sie die Kosten für die Erstausstattung eines Kochs.

4 Jacken	je 33,00 EUR
4 Hosen	je 24,20 EUR
8 Schürzen	je 5,50 EUR
4 Mützen	je 8,60 EUR
6 Halstücher	je 3,50 EUR
1 Paar Schuhe	72,00 EUR

1.2 Subtrahieren

■ Gleiche Regeln wie bei der Addition

Beispiele

356,6	6.487,550 kg	185,63 EUR
− 148,2	− 3.925,225 kg	− 79,24 EUR
208,4	2.562,325 kg	106,39 EUR

Übungsaufgaben

1. Der Kellner-Commis muss dem Gast auf
   a) 5,00 EUR herausgeben, die Zeche beträgt:
      0,45 EUR;   4,05 EUR;   3,27 EUR;   2,48 EUR
   b) 20,00 EUR herausgeben: 2,65 EUR;   6,80 EUR;   14,15 EUR;   17,87 EUR
   c) 50,00 EUR herausgeben: 4,97 EUR;   23,12 EUR;   37,02 EUR;   51,05 EUR
   Wie viel EUR sind jeweils zurückzugeben?

2. a)   4.512   b) 6.054,3   c)   3.255,04   d)   17.028,1
      – 2.408   – 961,4   – 2.645,08   – 8.420,9
      ――――――   ――――――   ―――――――   ―――――――
         ?   ?   ?   ?

3. a)   27,45 EUR   b)   3,908 kg   c)   0,054 l   d)   17,408 t
      – 24,80 EUR   – 2,415 kg   – 0,009 l   – 16,718 t
      ―――――――――――   ――――――――――   ―――――――――   ――――――――――
            ? EUR   ? kg   ? l   ? t

4. a) 295,17 EUR – 34,68 EUR   b) 14,76 EUR – 0,72 EUR   c) 3,88 EUR – 0,96 EUR

5. a) 7,2 kg – 340 g   b) 15,455 kg – 7.860 g   c) 8,6 t – 532,5 kg

6. a) 0,84 EUR – 0,35 EUR   b) 4.250 g– 3,1 kg   c) 634 kg – 0,42 t

7. Ermitteln Sie den Nettolohn. Dieser ergibt sich, wenn man vom Bruttolohn Sozialbeiträge und Lohnsteuer abzieht.
   a) Auszubildender Daniel . . . . . .   372,45 EUR, Abzüge 111,74 EUR
   b) Commis Thomas . . . . 1.117,43 EUR, Abzüge 402,27 EUR
   c) Sous-chef . . . . 1.517,72 EUR, Abzüge 546,47 EUR
   d) Küchenchef . . . . 2.001,54 EUR, Abzüge 800,62 EUR

8. Am 01.05. befinden sich im Magazin 56 kg Backfett. Es werden verarbeitet: am 02.05. 3,7 kg; am 03.05. 1,75 kg; am 05.05. 6,380 kg; am 06.05. 12,47 kg; am 07.05. 6,9 kg. Wie viel kg Backfett müssen am Abend des 07.05. noch vorrätig sein?

1.3 Multiplizieren

■ Das Ergebnis hat so viele Kommastellen wie beide Zahlen zusammen.

Beispiele

13,8 · 15,7   278,65 kg · 12,5   768,35 EUR · 19,5
―――――――   ――――――――――――   ――――――――――――――――
   216,66   3.483,125 kg   14.982,825 EUR, gerundet 14.982,83 EUR

Übungsaufgaben

1. a) 32 · 3.419   b) 63 · 428   c) 18 · 9.486   d) 433 · 615
      16 · 1.672   81 · 849   23 · 7.044   281 · 344
      72 · 735   64 · 746   39 · 6.185   501 · 603

2. a) 17 · 33,2   b) 4,1 · 6,8   c) 17,4 · 0,08   d) 24,3 · 17,45
      28 · 4,05   0,8 · 13,4   22,9 · 1,76   0,85 · 0,27

3. a) 19 · 3,45 EUR   b) 324 · 263,145 kg   c) 422 · 0,20 l
       32 · 17,90 EUR   65 · 38,425 kg   834 · 0,30 l
      201 · 44,30 EUR   369 · 58,725 kg   64 · 0,02 l

4. Bei einem Empfang soll jeder Gast drei Gläser Sekt erhalten. Wie viel hat der Gastgeber zu bezahlen, wenn das Glas 1,40 EUR kostet und er 42 Gäste einlädt?

5. Für ein Kalbsschnitzel rechnet man roh 175 g, für ein Schweinekotelett 190 g, für Tournedo 90 g. Wie viel Fleisch ist jeweils zu bestellen, wenn

  a) 18
  b) 30
  c) 48 Gäste zu erwarten sind?

6. Der Küchenchef bestellt beim Fleischer Junghans:

7,2 kg Oberschale für Rouladen . . . . je kg 7,20 EUR
6,4 kg Schweineschulter für Gulasch . . . . je kg 5,00 EUR
3,5 kg mageren Speck für Suppen . . . . je kg 4,20 EUR
4,3 kg Markknochen für Fond . . . . je kg 1,00 EUR
ferner 34 Schnitzel, Rohgewicht 160 g . . . . je kg 6,80 EUR

  a) Wie viel EUR sind insgesamt zu zahlen?
  b) Wie teuer ist eine Roulade im Material, wenn man 180 g Fleisch rechnet und die Füllung noch 0,35 EUR kostet?

7. Herr Kreuz, der Direktor des *Hotels Benrather Hof*, kauft Wein ein:

125 Flaschen *Rüdesheimer Kiesel, Spätlese* . . . . je 4,80 EUR
 80 Flaschen *Geisenheimer Katzenloch*. . . . . je 4,20 EUR
 64 Flaschen *Winkeler Hasensprung* . . . . je 3,70 EUR
 24 Flaschen *Escherndorfer Lump* . . . . je 6,20 EUR
 36 Flaschen *Würzburger Stein* . . . . je 6,40 EUR
 82 Flaschen *Volkacher Ratsherr* . . . . je 5,90 EUR

  a) Wie lautet der Rechnungsbetrag?
  b) Wie teuer ist eine Flasche durchschnittlich?
  c) Aus welchen Anbaugebieten stammen die Weine?
  d) Wie viel müsste Herr Kreuz zahlen, wenn er von jeder Sorte 32 (60) Flaschen bestellt hätte?

Der Inhaber des *Café am Hauptbahnhof* vergleicht die Preise seiner Lieferanten.

Rechentafel zu Aufgabe 8.–10.

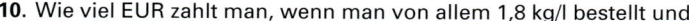

Ware		Lechner	Kühn	Will & Co.
Kaffee *Costa Rica*	je kg	7,50 EUR	8,00 EUR	7,80 EUR
Mocca *Bagdad*	je kg	10,20 EUR	10,00 EUR	9,60 EUR
Tee *Friesenglück*	je kg	30,20 EUR	29,40 EUR	30,80 EUR
Tee *Colombo*	je kg	33,50 EUR	29,80 EUR	31,40 EUR
Kaffeesahne	je 1 l	1,60 EUR	1,40 EUR	1,70 EUR
Ananaskonfitüre	je kg	3,20 EUR	3,60 EUR	3,80 EUR
Erdbeerkonfitüre	je kg	3,40 EUR	3,80 EUR	3,60 EUR
Aprikosenmarmelade	je kg	2,80 EUR	2,90 EUR	2,70 EUR

8. Wie viel EUR kosten jeweils 7,5 kg/l aller Waren

  a) bei Lechner
  b) bei Will & Co.?

9. Wie viel EUR kosten jeweils 3,2 kg der Waren bei Lechner und Kühn?

10. Wie viel EUR zahlt man, wenn man von allem 1,8 kg/l bestellt und

  a) die jeweils teuerste Ware der 3 Angebote,
  b) die jeweils preisgünstigste Ware wählt?
  c) Wie viel EUR spart man bei günstigem Einkauf?

11. Für Bayerische Creme benötigt man (Grundrezept): 8 Eigelb, 250 g Zucker, 1 Liter Milch, 1 Stange Vanille, 12 Blatt Gelatine, ¾ l Sahne. Berechnen Sie die 5-fache Menge.

12. 5 Portionen Kalbsfrikassee werden hergestellt aus: 1 kg Kalbfleisch, 1 Liter helle Brühe, 0,1 Liter Weißwein, 80 g feine Zwiebelwürfel, 50 g Butter, 40 g Mehl, 2 Eigelb, 0,2 Liter Sahne. Welche Mengen sind für 15 (25) Portionen erforderlich?

13. Erstellen Sie die Gastrechnung:

      7 Rumpsteak mit Beilagen . . . . zu je 15,00 EUR
      6 Weinbrand . . . . zu je 2,50 EUR
    14 Gläser Bier . . . . zu je 1,60 EUR
      7 Kännchen Kaffee . . . . zu je 3,30 EUR

1.4 Dividieren

■ Der Teiler muss eine ganze Zahl sein.
■ Ist der Teiler zunächst ein Dezimalbruch, werden Ganzes und Teiler entsprechend erweitert.

Beispiele

$24 : 6 = 4$	$1,25 : 0,5$
Ganzes : Teiler = Teil	$12,5 : 5 = 2,5$

Übungsaufgaben

1. a)   2.460 : 20   b) 11.205 : 45   c)   5.841 : 649
     20.736 : 32   28.798 : 34   11.245 : 865
     34.596 : 36   44.022 : 46   2.725.206 : 3.454

2. a) 73.468 : 28   b)   396 : 26   c) 4.210 : 6.513
     92.432 : 16   4.524 : 39   2.725 : 3.915
     95.345 : 27   8.715 : 25   7.218 : 8.004

3. a)   17,50 EUR : 15   b) 0,475 kg : 0,5   c)   0,750 l : 0,3
     28,20 EUR : 24   2,568 kg : 1,4   6,375 l : 0,4
   360,00 EUR : 110   12,772 kg : 26,3   14,828 l : 1,2

> Eine benannte Zahl (2,60 EUR; 0,458 kg) wird stets eine Stelle weiter errechnet, als es die Maßeinheit erfordert. Diese weitere Zahl (Stelle) entscheidet, ob aufgerundet oder abgerundet werden muss.
>
> | Aufrunden | Abrunden |
> |---|---|
> | 7,346 EUR = 7,35 EUR | 7,344 EUR = 7,34 EUR |
> | 0,6695 kg = 0,670 kg | 0,6693 kg = 0,669 kg |

4. Ein Kasten mit 20 Flaschen Bier kostet
a) 9,69 EUR;   b) 9,97 EUR;   c) 11,22 EUR
Wie viel kostet eine Flasche?

5. Laut Eichangabe enthält Fass A 37,6 l Bier, Fass B 48,3 l. Wie viel Glas Bier zu 0,2 l (0,3 l) kann man theoretisch aus den Fässern zapfen?

6. Die Firmenleitung will alle 28 (43) Angestellten mit gleichem Anteil am Gewinn beteiligen.
Wie viel EUR erhält jeder, wenn 7.825,00 EUR ausgeschüttet werden?

7. Ein Rinderfilet wiegt 3,120 kg.
a) Wie viel Portionen Filetgulasch zu 215 g erhält man?
b) Wie viel Steaks zu 150 g kann man davon zubereiten?
c) Wie viel g bleiben übrig?

8. Aus einem Roastbeef von 6,835 kg werden Rumpsteaks à 175 g (185 g) geschnitten.

   a) Wie viel Rumpsteaks erhält man?

   b) Wie schwer ist der Rest?

9. Ein Heilbutt von 5.230 g hat beim Parieren 1.490 g Verlust. Er wird in Portionen zu 135 g geteilt.

   a) Wie viel Portionen erhält man? Wie viel g bleiben übrig?

   b) Wie schwer würde eine Tranche sein, wenn man 36 Personen bewirtet?

10. Der Küchenchef hat auf dem Großmarkt eingekauft:

6,50 kg Spargel für 22,75 EUR,	62,5 kg Frühkartoffeln für 37,50 EUR,
2,85 kg Sellerie für 3,42 EUR,	0,8 kg Petersilie für 4,60 EUR
13,45 kg Möhren für 8,07 EUR,	6,7 kg frische Champignons für 10,05 EUR
7,60 kg Spitzkohl für 10,64 EUR,	28 Köpfe Salat für 11,20 EUR.

   a) Wie viel gibt er insgesamt aus?

   b) Was kostet jeweils 1 kg der Gemüsearten?

   c) Wie teuer wird eine Portion Spargel von 400 g?

   d) Errechnen Sie den Preis für einen Kopf Spitzkohl von 620 g.

   e) Wie viel kosten 1.600 g Sellerie für Waldorfsalat?

   f) Was muss für ein Petersiliensträußchen von 15 g gerechnet werden?

   g) Was kostet ein halber Kopf Salat?

   h) Was kostet eine Portion Kartoffeln von 185 g?

Rechentafel zu Aufgabe 11 bis 25

Angebot des Supermarktes:			
10 1,5-Liter-Flaschen Cola	8,20 EUR	9,0 kg Waschpulver	25,00 EUR
0,7 Liter Weinbrand	7,50 EUR	6,4 kg Silberseife	22,40 EUR
0,75 Liter Sekt	8,00 EUR	64 Mundservietten	193,00 EUR
0,75 Liter Sherry	6,90 EUR	45 Deckservietten	157,50 EUR
1 Fass Alt (48,5 l)	74,00 EUR	24 Handtücher	117,60 EUR
1 Fass Pils (36,4 l)	65,50 EUR	48 Kopfkissen	720,00 EUR

11. Wie viel kosten   a) ein Liter Alt,   b) ein Liter Pils?

12. Wie viel kosten   a) 0,4 l Alt   b) 0,2 l Pils?

13. Wie viel EUR kosten 5 cl Sherry, wenn man mit 350 % Bruttoaufschlag rechnet?

14. Welchen Einstandspreis pro Glas muss der Wirt für die Kalkulation einsetzen, wenn er aus dem Pilsfass 168 Glas à 0,2 l zapft, aus dem Fass Alt 115 Glas zu 0,4 l erhält? Wie viel l Zapfverlust ergeben sich?

15. Was müssen 0,2 Liter Cola kosten, wenn man in einem Freizeitheim

   a) 380 % Aufschlag,   b) 465 % Aufschlag rechnet?

16. Wie teuer wird eine Wäsche in der Maschine, wenn man

   a) 420 g,   b) für stark verschmutzte Wäsche 635 g Waschpulver nimmt?

17. Für eine milde Seifenlauge zur Reinigung von Kunststoffböden rechnet man

   a) pro Eimer 85 g,   b) pro Wanne 145 g Silberseife.

   Wie teuer werden die Laugen?

18. Wie teuer wird eine Deckserviette, wenn man für die Einprägung des Firmennamens

   a) einfarbig 0,45 EUR,   b) mehrfarbig 0,85 EUR rechnet?

19. Wie viel EUR muss ein Hotel für die Ausstattung mit Kopfkissen rechnen, wenn es

   a) 14 Doppelzimmer und 12 Einzelzimmer,

   b) 14 Doppelzimmer und 26 Einzelzimmer hat?

20. Wie viel Mundservietten braucht man für ein Restaurant mit 20 Tischen zu 4 Plätzen, wenn man

   a) täglich 3-mal,
   b) täglich 2½-mal eindeckt?

   Wie viel EUR muss man für diesen Inventarposten einsetzen?

21. Wie teuer würde ein Glas Weinbrand zu 2 cl sein (Einstandspreis)?

22. Wie viel EUR müsste ein Glas Sekt kosten, wenn man 8 Kelche pro Flasche rechnet und 2,50 EUR aufschlägt?

23. Zu welchem Preis könnte man 1 Glas Pils mit Sekt anbieten, wenn man 1 Glas Sekt rechnet und 0,1 l Pils? Aufschlag 435 %.

24. Wie teuer ist eine Serviette durchschnittlich, wenn man beide Servietten-arten berücksichtigt?

25. Welchen Betrag müsste die Buchhaltung überweisen, wenn man von den Servietten die doppelte Menge bestellt und man 15 % Rabatt abziehen darf?

> Prüfen Sie alle Ergebnisse durch Gegenrechnung.

1.5 Kontrollmöglichkeiten bei den Grundrechenarten

Addieren	Subtrahieren	Multiplizieren	Dividieren
25 147 2.410 **2.582**	4.856 ← − 3.215 1.641 + 3.215 **4.856** ←	15 · 3 = **45** 3 · 15 = **45**	98 : 7 = **14** 7 · 14 = **98**
Gegenrechnung: von oben nach unten, von unten nach oben	Gegenrechnung: durch Zuzählen der vorher ab-gezogenen Zahl.	Gegenrechnung: mit vertauschten Faktoren.	Gegenrechnung: durch das Malneh-men des Ergebnis-ses mit dem Teiler.

Übungsaufgaben

1. a) $\quad$ 27,5
   $+\quad$ 68,2
   $+$ 275,9
   $+$ 894,7
   $\quad$?

   b) $\quad$ 8.725,86
   $-$ 5.677,99
   $\quad$?

   c) 16,34 · 28,90
   12,48 · 0,07
   0,4 · 0,03

   d) 1.012.926 : 802
   4.334,05 : 5,55
   16,005 : 13,2

2. a) $\quad$ 0,174 kg
   $+\quad$ 2,865 kg
   $+$ 15,308 kg
   $+$ 12,013 kg
   $\quad$?

   b) 12,78 EUR
   − 4,33 EUR
   − 5,28 EUR
   − 2,10 EUR
   ?

   c) 0,48 l · 23
   12,65 m · 168
   3,058 km · 14

   d) 26,4 kg : 85
   0,96 l : 0,02
   134,8 l : 0,75

3. Der Koch-Auszubildende Tim hat am 28. Mai noch 428,40 EUR auf seinem Sparkonto. Er hebt zunächst 28,40 EUR, dann 96,00 EUR, später zweimal 34,00 EUR ab. Welchen Kontostand weist sein Sparbuch aus, wenn er auch 60,00 EUR einzahlt?

4. Der Kellner-Commis hat eine Tagesabrechnung von 1.238,45 EUR. Wie viel hat er dem Betrieb abzugeben, wenn darin 85,00 EUR Wechselgeld und 128,35 EUR Bedienungsgeld enthalten sind?

5. Der Gardemanger des Restaurants *Ratskeller* verbraucht für ein kaltes Bufett:

2,250 kg geräucherte Forellenfilets	je kg	14,50 EUR
1,480 kg kalte Poularde	je kg	4,10 EUR
0,320 kg hausgebeizten Lachs	je kg	26,50 EUR
0,360 kg alten Holländer	je kg	8,20 EUR
0,170 kg Camembert	je kg	6,60 EUR
⅔ l saure Sahne	je l	2,10 EUR
¾ l süße Sahne	je l	2,20 EUR
2 Köpfe Salat	je	0,30 EUR
Saucen und Gewürze	für	4,80 EUR
Garniermaterial	für	2,00 EUR

a) Wie viel Materialkosten muss man für die Kalkulation einsetzen?

b) Wie viel wird eingenommen, wenn 14 Gäste damit bewirtet werden, die je 15,80 EUR (17,50 EUR) bezahlen?

c) Wie viel Material erhalten die Gäste, wenn man Salat, Saucen, Gewürze und Garnierung nicht berücksichtigt?

6. 22 Sandkuchen mit einer Einwaage von 300 g werden nach folgendem Rezept hergestellt:

800 g Fett . . . . 400 g Weizenpuder
800 g Zucker . . . . 500 g Weizenmehl
14 Eier à 55 g . . . . . . 30 g Aromen

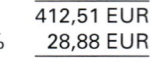

a) Errechnen Sie die Rezeptmenge.

b) Wie oft muss das Rezept genommen werden?

c) Wie viel g der Einzelzutaten werden benötigt?

7. Prüfen Sie folgende Rechnung:

22 kg Suppenfleisch	je kg	4,90 EUR	=	107,80 EUR
35 kg Knochen	je kg	1,20 EUR	=	42,00 EUR
7,2 kg Ochsenschwanz	je kg	6,80 EUR	=	58,36 EUR
6,4 kg Kalbsbrust	je kg	11,50 EUR	=	73,40 EUR
5,6 kg Eisbein	je kg	2,50 EUR	=	24,00 EUR
4,3 kg Rinderfilet	je kg	25,50 EUR	=	106,95 EUR
				412,51 EUR
	+ MwSt 7 %			28,88 EUR
				441,39 EUR

8. Hat dieser Hotelkaufmann bei der Bonkontrolle richtig gerechnet?

232 Bons für 1 Tasse Kaffee	je 1,60 EUR =	371,20 EUR
28 Bons für 1 Tasse Espresso	je 1,40 EUR =	39,20 EUR
14 Bons für 1 Tasse Cappuccino	je 1,70 EUR =	28,30 EUR
132 Bons für 1 Kännchen Kaffee	je 3,00 EUR =	396,00 EUR
64 Bons für 2 Kännchen Kaffee	je 3,00 EUR =	348,00 EUR
6 Bons für 1 Kännchen Mocca	je 4,00 EUR =	24,00 EUR
2 Bons für 2 Kännchen Mocca	je 4,00 EUR =	16,00 EUR
		1.258,70 EUR

9. 22 Personen sollen jeweils 3 Glas Bowle (0,2 l) erhalten.

Rezept:

1 Flasche Mosel . . . . zu 0,7 l
1 Flasche Nahe . . . . zu 0,7 l
1 Flasche Sekt . . . . zu 0,75 l
Weinbrand . . . . zu 0,2 l
Früchte . . . . zu 0,6 l

a) Wie oft muss das Rezept genommen werden?
b) Errechnen Sie die Einzelmengen.
c) Welche Einnahme wird erzielt (Glas 1,60 EUR)?

10. Für eine Gesellschaft von 43 Personen rechnet man pro Person 3 Glas Bowle à 0,2 l.

Rezept:

1 Flasche Moselwein . . . . 0,75 l zu 3,40 EUR
1 Flasche Nahewein . . . . 0,75 l zu 3,60 EUR
1 Flasche Sekt Hausmarke . . . . 0,75 l zu 4,40 EUR
1 Flasche Mineralwasser . . . . 0,5 l zu 0,80 EUR
1 Liter Frucht (Ananas) . . . . 1 l zu 1,50 EUR
100 g Zucker . . . . zu 0,20 EUR

a) Wie groß ist die Ausschankmenge?
b) Wie groß ist die Rezeptmenge?
c) Wie oft muss das Rezept genommen werden?
d) Wie groß ist der Ausschankverlust?
e) Wie hoch ist der Gesamtpreis der Bowle?
f) Wie teuer wird 1 Glas Bowle (aufgerundet auf volle Zehner)?

11. Eine Hochzeitsgesellschaft von 38 Personen soll jeweils 6 Glas Bowle je 0,14 l erhalten.

Rezept:

1 Flasche Moselwein . . . . 0,75 l zu 3,60 EUR
1 Flasche Rheingauwein . . . . 1 l zu 4,50 EUR
1 Flasche Sekt . . . . 0,75 l zu 6,20 EUR
2 Weinbrand . . . . je 0,02 l zu 2,00 EUR
Erdbeeren . . . . 0,4 l zu 1,20 EUR
100 g Zucker . . . . zu 0,20 EUR

a) Wie oft muss die Rezeptur genommen werden?
b) Was kostet eine Gesamtmenge?
c) Wie viel muss für Erdbeeren gerechnet werden?

1.6 Aufgabensatz mit Punktevorschlägen

3 Pkt. **1.** Addieren Sie:

    a)   367,8   b)   338,775 kg   c)   553,17 EUR
       + 665,9   + 426,350 kg   + 752,68 EUR

3 Pkt. **2.** Subtrahieren Sie:

    a)   453,8   b)   2824,640 kg   c)   645,15 EUR
       – 296,9   – 1552,750 kg   – 325,19 EUR

3 Pkt. **3.** Multiplizieren Sie:

    a) 15,4 · 12,7   b) 186,550 kg · 14,5   c) 678,45 EUR · 14,9

3 Pkt. **4.** Dividieren Sie:

    a) 23625 : 45   b) 67287,25 kg : 14,5   c) 4179,77 EUR : 5,8

24 Pkt. **5.** Ein Winzer liefert:

    8 12er-Kartons Riesling, QbA . . . . je Flasche 4,80 EUR
    5 12er-Kartons Silvaner, Kabinett. . . . . je Flasche 4,90 EUR
    4 12er-Kartons Kerner, Spätlese . . . . je Flasche 5,40 EUR
    6 12er-Kartons Spätburgunder trocken . . . . je Flasche 6,70 EUR
    6 12er-Kartons Dornfelder, trocken . . . . je Flasche 5,20 EUR
    5 12er-Kartons Portugieser, mild . . . . je Flasche 5,30 EUR
    6 6er-Kartons Sekt, Silvaner, trocken . . . . . . je Flasche 9,50 EUR
    6 6er-Kartons Sekt, Riesling, trocken . . . . . . je Flasche 11,50 EUR
    5 6er-Kartons Sekt, Spätburgunder, trocken je Flasche 10,80 EUR
    6 6er-Kartons Sekt, Scheurebe, halbtrocken je Flasche 8,90 EUR

    Wie viel EUR sind insgesamt zu zahlen?

5 Pkt. **6.** Ein Restaurantfachmann hat einem Gast auf 50,– EUR herauszugeben.

    a) 6,65 EUR;   b) 26,50 EUR;   c) 31,60 EUR;   d) 15,80 EUR;   e) 42,15 EUR
    Wie viel EUR sind das jeweils?

6 Pkt. **7.** Am 10.01. befinden sich im Magazin 58,500 kg Backfett. Es werden entnommen: am 15.01. 4,5 kg; am 19.01. 6,350 kg; am 23.01. 11,850 kg; am 25.01. 9,480 kg; 29.01. 12,250 kg.

    Wie viel kg Backfett müssen am 30.01. noch vorrätig sein?

6 Pkt. **8.** Für einen Empfang werden je Gast 2 Gläser Sekt und 1,5 Gläser Orangensaft gerechnet.

    Wie viel EUR hat der Gastgeber zu zahlen, wenn das Glas Sekt 1,90 EUR und das Glas Orangensaft 1,10 EUR kosten und der Gastgeber mit 56 Gästen rechnet?

4 Pkt. **9.** Ein Kasten mit 20 Flaschen Bier, zu je 0,5 l, kostet:

    a) 10,90 EUR; b) 11,60 EUR; c) 11,95 EUR; d) 12,40 EUR.
    Wie viel EUR kostet jeweils eine Flasche Bier im Einkauf?

5 Pkt. **10.** Die Einkaufspreise für jeweils 0,7 l betragen:

    a) Kornbrand 8,00 EUR; b) Kräuterlikör 10,50 EUR; c) Eierlikör 12,20 EUR;
    d) Edelweinbrand 14,40 EUR; e) Scotch Whisky 10,80 EUR.
    Aus jeder Flasche werden 32 Gläser zu je 2 cl erzielt.
    Berechnen Sie den jeweiligen Einstandspreis für ein Glas.

3 Pkt. **11.** 3,500 kg Parmaschinken kosten 19,00 EUR im Einkauf.
Berechnen Sie den Preis für 0,050 kg.

3 Pkt. **12.** 4,200 kg Lachsfilet kosten im Einkauf 46,20 EUR.
Berechnen Sie den Preis für 240 g.

16 Pkt. **13.** Der Fischhändler liefert:

a) 5,500 kg Regenbogenforellen,
küchenfertig . . . . je kg 6,60 EUR
b) 60 Stück Matjesdoppelfilets,
handfiletiert. . . . . je Stck 0,98 EUR
c) 8,600 kg Kabeljaufilets zum Dünsten je kg 11,40 EUR
d) 10,500 kg Rotbarschfilets zum Braten je kg 12,90 EUR
e) 6,400 kg Fjord-Lachsfilets . . . . je kg 13,80 EUR
f) 8,800 kg Dorade . . . . je kg 9,20 EUR
g) 4,400 kg Pangasiusfilets. . . . . je kg 7,90 EUR
h) 5,500 kg Schollenfilets . . . . je kg 14,80 EUR
Wie viel EUR sind insgesamt zu zahlen?

4 Pkt. **14.** Die Auszubildende Vanessa möchte ein Damenfahrrad kaufen, 28er, 7-Gang-Schaltung, Alu-Bremse vorne, Rücktrittbremse, klappbar.
Der Händler bietet das Fahrrad für 195,00 EUR bei Barkauf oder 6 x 34,10 EUR bei Ratenzahlung an.
Wie viel EUR kann Vanessa beim Barkauf sparen?

12 Pkt. **15.** Der Weingroßhändler liefert:
a) 4 12er-Kartons Merlot, trocken . . . . je Flasche 7,30 EUR
b) 6 12er-Kartons Chardonnay, QbA, trocken. . . . . je Flasche 10,50 EUR
c) 5 12er-Kartons Cabernet Sauvignon, trocken . . . . je Flasche 7,60 EUR
d) 4 12er-Kartons Epicuro Salice Salentino, trocken . . . . je Flasche 5,70 EUR
e) 4 12er-Kartons Cusumano Nero D'Avola, trocken. . . . . je Flasche 6,60 EUR
f) 2 12er-Kartons Ouirah Shiraz . . . . je Flasche 9,20 EUR
Wie viel EUR sind insgesamt zu zahlen?

100 Pkt.

2 Rechnen mit Brüchen

- Ein Bruch ist das Ergebnis des Dividierens zweier ganzer Zahlen p und q, geschrieben p/q, p heißt Zähler, q heißt Nenner. Somit ist ein Bruch ein Teil eines Ganzen.

  Beispiele: $\dfrac{1}{2}$; $\dfrac{1}{5}$; $\dfrac{1}{8}$

- Gemeine Brüche bestehen aus Zähler und Nenner.
- Beim echten Bruch ist der Zähler kleiner als der Nenner.
- Beim unechten Bruch ist der Zähler größer als der Nenner.

  Beispiele: $\dfrac{2}{3}$; $\dfrac{3}{4}$; $\dfrac{5}{6}$; $\dfrac{4}{3}$; $\dfrac{5}{4}$; $\dfrac{7}{6}$.

- Brüche mit gleichem Nenner nennt man gleichnamige Brüche.
- Brüche mit ungleichem Nenner nennt man ungleichnamige Brüche.

  Beispiele: $\dfrac{1}{5}$; $\dfrac{3}{5}$; $\dfrac{4}{7}$; $\dfrac{6}{7}$; $\dfrac{1}{2}$; $\dfrac{3}{4}$; $\dfrac{2}{3}$; $\dfrac{3}{5}$; $\dfrac{5}{8}$

- Brüche kann man kürzen, indem man Zähler und Nenner durch die gleiche Zahl teilt.

  Beispiele: $\dfrac{4}{6} : 2 = \dfrac{2}{3}$; $\dfrac{6}{9} : 3 = \dfrac{2}{3}$

- Brüche kann man erweitern, indem man Zähler und Nenner mit der gleichen Zahl multipliziert.

  Beispiele: $\dfrac{3}{4} \cdot 3 = \dfrac{9}{12}$; $\dfrac{5}{8} \cdot 4 = \dfrac{20}{32}$

2.1 Dezimalbrüche und Dezimalzahlen

Dezimalbrüche sind Brüche, deren Nenner aus dem Zehnersystem stammen, z. B. 10, 100, 1000. Man schreibt sie besser als Dezimalzahlen.

Beispiele: $\dfrac{225}{100} = 2,25$; $\dfrac{15}{1.000} = 0,015$

2.1.1 Addieren und Subtrahieren

Beispiele

```
   14.053,125              67.328,439
+   7.315,920           − 43.096,240
───────────            ─────────────
   21.369,045              24.232,199
```

Übungsaufgaben

1. 315,436 + 428,3 + 23,04 + 0,039 + 0,07 + 6,5387

2. 57,243.9 + 0,257.18 + 777,7 + 0,000.32 + 888,41

3. 1,674 + 13,986 + 5.934,2 + 17,02 + 158,6 + 668,9

4. 76,12 + 8,159 + 24,345 + 0,023.8 + 674,002 + 4,1

5. 518,275 − 436,789

6. 93,418.3 − 71,035

18

7. 244,2 − 49,493.2

8. 3,6 − 1,829

9. Ein Fleischer liefert:

18,680 kg Kalbsschnitzel	261,51 EUR
8,500 kg Rinderfilet	156,40 EUR
6,400 kg Roastbeef..............................	88,94 EUR
22,500 kg Suppenfleisch	110,25 EUR
18,375 kg Knochenschinken	220,50 EUR

Wie hoch sind Gesamtgewicht und Rechnungsbetrag?

10. Von der Firma Obermann erhalten wir eine Rechnung über 436,85 EUR. Wie viel EUR sind zu zahlen, wenn 13,11 EUR als Skonto vom Rechnungsbetrag abgezogen werden?

2.1.2 Multiplizieren

Dezimalzahlen werden wie ganze Zahlen multipliziert. Dann werden von dem Ergebnis so viele Stellen von rechts nach links abgeteilt, wie bei den miteinander multiplizierten Zahlen (Faktoren) zusammen hinter dem Komma stehen.

Beispiele

5,863 · 7,5
41041
29315
43,972.5

23,42 · 3,456
7026
9368
11710
14052
80,939.52

Übungsaufgaben

11. 52,32 · 4,9   **12.** 1,8 · 15,93

13. 759,632.5 · 0,35   **14.** 16,35 · 14,8

15. 0,2 · 0,007   **16.** 0,789 · 1,236.655

17. Eingekauft werden:

8,500 kg Kaffee	je 0,5 kg	3,75 EUR
12,500 kg Kaffee	je 0,5 kg	4,20 EUR
15,250 kg Kaffee	je 0,5 kg	4,60 EUR

Wie hoch ist die Rechnungssumme?

18. Geliefert werden:

75 l Milch	je l	0,74 EUR
35,5 l Sahne	je l	2,40 EUR
18,5 kg Butter	je kg	4,00 EUR
4,65 kg Käse	je kg	7,80 EUR

Wie viel EUR sind bei 7,5 % Preisnachlass zu zahlen?

19. Überprüfen Sie die nachfolgende Rechnung Ihres Fleischlieferanten. Geben Sie an, welche Beträge richtig (r) und welche falsch (f) sind und tragen Sie den fehlenden Betrag nach.

a)	4,750 kg Kasseler Rippenspeer	zu 6,80 EUR je kg =	32,30 EUR
b)	20,350 kg Kalbskeule.	zu 12,20 EUR je kg =	248,27 EUR
c)	12,650 kg Schinkenrollbraten.	zu 5,20 EUR je kg =	65,38 EUR
d)	15,300 kg Schweinekotelett	zu 4,70 EUR je kg =	61,91 EUR
e)	35,000 kg Suppenknochen	zu 1,10 EUR je kg =	38,50 EUR
f)	12,850 kg Knochenschinken.	zu 9,60 EUR je kg =	132,36 EUR
g)	8,500 kg Kochschinken	zu 9,70 EUR je kg =	73,95 EUR
h)	6,500 kg Aufschnitt	zu 8,90 EUR je kg =	57,85 EUR
i)	Nettobetrag:.		710,52 EUR
j)	7 % Umsatzsteuer		49,74 EUR
k)	Bruttobetrag:		? EUR

20. Der Wildbrethändler liefert:

3 Hasen, Gesamtgewicht 9,250 kg . . . . zu 3,40 EUR je kg
2 Schmalrehe, Gesamtgewicht 22,500 kg . . . . . zu 4,80 EUR je kg
1 Reh, Gewicht 16,200 kg. . . . . zu 4,70 EUR je kg
1 Hirschkeule, Gewicht 13,400 kg . . . . zu 6,30 EUR je kg
6 Fasane . . . . zu 6,60 EUR je St

Wie viel EUR beträgt der Rechnungsbetrag?

21. Sie kaufen auf dem Großmarkt ein:

45 Hähnchen. . . . . . . zu 2,50 EUR je Stück 8,5 kg Zervelatwurst . . . zu 6,70 EUR je kg
75 Poularden. . . . . . . zu 3,70 EUR je Stück 15,3 kg Knochenschinken zu 12,90 EUR je kg

Auf obige Preise werden 15 % Mengenrabatt gewährt. Wie viel EUR haben Sie zu bezahlen?

2.1.3 Dividieren

Teilt man eine Dezimalzahl durch eine ganze Zahl, so muss ein Komma gesetzt werden, sobald mit den Stellen hinter dem Komma gerechnet wird.

Will man eine Dezimalzahl durch eine Dezimalzahl teilen, so muss zuvor durch Erweiterungen das Komma des Teilers beseitigt werden. Dann teilt man wie üblich.

Beispiel

$$568,08 : 36 = \mathbf{15,78}$$
36
‾‾‾
208
180
‾‾‾
280
252
‾‾‾
288
288

Übungsaufgaben

22. 65,95 : 5 *13,19*

23. 18,24 : 6 *3,04*

24. 684,375 : 12 *57,03125*

25. 729,432 : 25 *29,17728*

26. 1.396,256 : 84

27. 266.537,843 : 112

28. 16 kg Roastbeef kosten 147,20 EUR. Berechnen Sie den Preis für 1 kg.

29. 25 kg Suppenknochen kosten 15,00 EUR. Wie viel EUR kostet 1 kg?

30. 26 Flaschen Wein kosten 93,60 EUR. Wie viel EUR kostet 1 Flasche Wein?

31. 12 kg Kaffee kosten 45,60 EUR. Berechnen Sie den Preis für 1 kg.

Beispiele

42,938 : 3,62   578,6 : 2,385
= 4.293,8 : 362   = 578.600 : 2.385

Übungsaufgaben

32. 1.860,53 : 7,48

33. 163,736 : 13,43

34. 87,24 : 0,23

35. 163,945 : 3,493.8

36. 5,9: 0,223

37. 25,4 : 1,348

38. 18,500 kg Roastbeef kosten 244,20 EUR. Wie viel EUR kostet 1 kg?

39. 15,500 kg Äpfel kosten 17,05 EUR. Berechnen Sie den Preis für 1 kg Äpfel.

40. 1,925 kg Aufschnitt kosten 16,17 EUR. Wie viel EUR sind für 0,5 kg Aufschnitt zu zahlen?

41. 8,750 kg Kaffee kosten 66,50 EUR. Was kostet 1 kg Kaffee?

2.2 Gemeine Brüche

2.2.1 Umwandeln von Brüchen

Gemeine Brüche können in Dezimalzahlen umgewandelt werden und umgekehrt können Dezimalzahlen in gemeine Brüche verwandelt werden.

Beispiele

$\frac{3}{5} = 3 : 5 = 0,6$ $0,25 = \frac{1}{4}$

Übungsaufgaben

1. Verwandeln Sie folgende Brüche in Dezimalzahlen:

$$\frac{3}{4} \quad \frac{3}{8} \quad \frac{5}{8} \quad \frac{2}{3} \quad \frac{4}{5} \quad \frac{7}{10} \quad \frac{1}{5} \quad \frac{4}{6} \quad \frac{1}{2} \quad \frac{3}{10}$$

2. Verwandeln Sie folgende Dezimalzahlen in gemeine Brüche:

0,5;   0,25;   0,8;   0,75;   0,333;   0,84;   0,3;   0,2;   0,9;   0,45

2.2.2 Kürzen von Brüchen

> Ein Bruch kann gekürzt werden, wenn Zähler und Nenner durch die gleiche Zahl teilbar sind.

Beispiel

$$\frac{90}{150} = \frac{3}{5}$$ Zähler und Nenner dieses Bruches wurden durch 30 geteilt (gekürzt).

Übungsaufgaben

3. Kürzen Sie folgende Brüche:

$$\frac{16}{64} \quad \frac{26}{65} \quad \frac{375}{822} \quad \frac{464}{728} \quad \frac{594}{834} \quad \frac{1.150}{3.750} \quad \frac{48 \cdot 25 \cdot 36}{360 \cdot 6 \cdot 80} \quad \frac{255 \cdot 10 \cdot 172}{366 \cdot 3 \cdot 240}$$

$$\frac{69 \cdot 125 \cdot 42 \cdot 65 \cdot 24}{15 \cdot 28 \cdot 36 \cdot 325 \cdot 23} \quad \frac{0,09 \cdot 4,25 \cdot 15 \cdot 2,3}{1,725 \cdot 0,9}$$

2.2.3 Erweitern von Brüchen

> Ein Bruch wird erweitert, indem Zähler und Nenner mit der gleichen Zahl multipliziert werden. Das Erweitern ist notwendig, um ungleichnamige Brüche, z. B. $\frac{1}{4} + \frac{1}{3}$ die addiert oder subtrahiert werden sollen, auf den gleichen Nenner zu bringen.

Beispiele

$$\frac{4}{5} + \frac{2}{3} = \frac{4 \cdot 3}{5 \cdot 3} + \frac{2 \cdot 5}{3 \cdot 5} = \frac{12}{15} + \frac{10}{15} = \frac{22}{15} = 1\frac{7}{15}$$

$$\frac{5}{6} - \frac{1}{4} = \frac{5 \cdot 2}{6 \cdot 2} - \frac{1 \cdot 3}{4 \cdot 3} = \frac{10}{12} - \frac{3}{12} = \frac{7}{12}$$

2.2.4 Addieren und Subtrahieren von Brüchen

4. Zählen Sie folgende Brüche zusammen.

a) $\dfrac{2}{3} + \dfrac{1}{4}$ b) $\dfrac{3}{4} + \dfrac{2}{5}$ c) $\dfrac{5}{8} + \dfrac{4}{9}$ d) $\dfrac{3}{5} + \dfrac{5}{7}$ e) $\dfrac{5}{6} + \dfrac{1}{4} + \dfrac{4}{5}$

5. Ziehen Sie folgende Brüche ab:

a) $\dfrac{5}{6} - \dfrac{2}{3}$ b) $\dfrac{7}{10} - \dfrac{1}{4}$ c) $\dfrac{9}{11} - \dfrac{3}{8}$ d) $\dfrac{5}{7} - \dfrac{1}{2}$ e) $\dfrac{4}{5} - \dfrac{3}{4}$

2.2.5 Multiplizieren von Brüchen

Brüche werden multipliziert, indem man Zähler mit Zähler und Nenner mit Nenner multipliziert. Gemischte Zahlen müssen vorher in unechte Brüche verwandelt werden. Ganze Zahlen erhalten den Nenner 1.

Beispiele

$$\frac{2}{3} \cdot \frac{5}{6} = \frac{10}{18} = \frac{5}{9}$$

$$3\frac{1}{2} \cdot 4\frac{2}{3} = \frac{7 \cdot 14}{2 \cdot 3} = \frac{98}{6} = \mathbf{16\frac{1}{3}}$$

Übungsaufgaben

6. a) $\dfrac{4}{5} \cdot \dfrac{2}{3}$ b) $\dfrac{7}{12} \cdot \dfrac{6}{7}$ c) $\dfrac{4}{9} \cdot \dfrac{5}{6}$ d) $\dfrac{13}{24} \cdot \dfrac{17}{35}$ e) $\dfrac{23}{49} \cdot \dfrac{15}{7}$

f) $5\dfrac{1}{2} \cdot 3\dfrac{1}{3}$ g) $7\dfrac{1}{9} \cdot 5\dfrac{5}{8}$ h) $4\dfrac{1}{6} \cdot 2\dfrac{3}{8}$ i) $3\dfrac{2}{9} \cdot 6\dfrac{1}{2}$ k) $7\dfrac{1}{3} \cdot 3$

2.2.6 Dividieren von Brüchen

Brüche werden dividiert, indem der zweite Bruch umgekehrt wird und dann Zähler mit Zähler und Nenner mit Nenner multipliziert werden.

Beispiel

$$\frac{7}{10} : \frac{2}{5} = \frac{7 \cdot 5}{10 \cdot 2} = \frac{35}{20} = 1\frac{15}{20} = \mathbf{1\frac{3}{4}}$$

Übungsaufgaben

7. a) $\dfrac{3}{4} : \dfrac{2}{3}$ b) $\dfrac{5}{6} : \dfrac{2}{5}$ c) $\dfrac{7}{9} : \dfrac{4}{15}$ d) $\dfrac{9}{16} : \dfrac{2}{5}$ e) $\dfrac{3}{5} : \dfrac{2}{7}$

f) $2\dfrac{1}{12} : 1\dfrac{2}{5}$ g) $3\dfrac{5}{8} : 2\dfrac{1}{9}$ h) $4\dfrac{1}{2} : 2\dfrac{1}{3}$ i) $5\dfrac{1}{5} : 3\dfrac{3}{4}$ k) $9\dfrac{1}{9} : 2\dfrac{1}{6}$

2.3 Aufgabensatz mit Punktevorschlägen

3 Pkt.   **1.** 427,538 + 716,5 + 28,07 + 0,048 + 0,08 + 8,684

3 Pkt.   **2.** 67,291 + 0,329 + 368,250 + 0,009 + 555,73 + 74,796

3 Pkt.   **3.** 728,375 − 567,319

3 Pkt. **4.** 84,526 − 72,086

10 Pkt. **5.** Ein Fischhändler liefert:

a) 3,5 kg frische Heringe, ohne Kopf . . . . . 17,15 EUR
b) 6,45 kg Pangasiusfilets . . . . 37,41 EUR
c) 4,75 kg Thunfischfilets . . . . 133,95 EUR
d) 5,85 kg Schollenfilets . . . . 86,58 EUR
e) 9,38 kg Schellfisch . . . . 89,11 EUR
f) 6,80 kg Regenbogenforellen . . . . 44,88 EUR
g) 25 Stück Matjesdoppelfilets zu je 90 g . 24,50 EUR
h) 3,8 kg Riesengarnelen . . . . 112,48 EUR

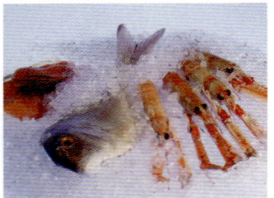

Wie hoch sind Gesamtgewicht und Rechnungsbetrag?

5 Pkt. **6.** In einer Großstadt hatte ein Gastwirt 2010 für das Aufstellen von 4 Tischen vor seinem Restaurant für die Zeit von April bis Oktober 798,00 EUR Gebühr an die Stadt zu entrichten. Für 2011 erhöht die Stadt die Gebühr um $3\frac{1}{2}$ %.
Wie viel EUR sind 2011 fällig?

4 Pkt. **7.** Die Miete für eine Garage beträgt monatlich 54,00 EUR. Sie wird um $\frac{1}{3}$ erhöht. Wie viel EUR sind jetzt zu zahlen?

4 Pkt. **8.** Der Preis für einen Bodenstaubsauger, der 157,00 EUR kostete, ist um $\frac{2}{5}$ herabgesetzt worden.
Wie viel EUR sind jetzt zu zahlen?

4 Pkt. **9.** Der Preis für eine Digitalkamera, die 207,00 EUR kostete, ist um $16\frac{2}{3}$ % herabgesetzt worden.
Wie viel EUR kostet die Kamera jetzt?

8 Pkt. **10.** Durch das Garen verlieren:

a) Schweineschnitzel, Frischgewicht 175 g, $14\frac{2}{7}$ %
b) Kalbsnierenbraten, Frischgewicht 210 g je Portion, $\frac{1}{5}$
c) Ente, Frischgewicht 2000 g, $\frac{1}{4}$
d) Rehkeule, Frischgewicht je Portion 210 g, $16\frac{2}{3}$ %

Wie viel Gramm betragen die Fertiggewichte?

9 Pkt. **11.** Drei Arbeitskollegen spielen Lotto. Sie setzen insgesamt 25,– EUR ein.
Günter 8 EUR; Marc 7 EUR; Klaus 10 EUR.
Sie gewinnen 2800 EUR und wollen den Gewinn nach den Einsätzen verteilen.
Wie viel EUR erhält jeder Teilnehmer?

56 Pkt.

3 Maße und Gewichte

3.1 Hohlmaße

Maßeinheit ist der Liter

1 cbm	= 1.000 l	= 1.000.000 ccm
1 hl	= 100 l	= 100.000 ccm
1 l	= 1.000 ml	= 1.000 ccm
1 dl	= 100 ml	= 100 ccm
1 cl	= 10 ml	= 10 ccm
	= 1.001 ml	= 1 ccm
	= 1.001 ccm	= 1.000 cmm

Anwendung im Gaststättengewerbe

Fässer	Bier:	Inhalt ca. 25 bis 100 l
	Wein:	Inhalt ca. 1.200 l = 1 Stück
		Inhalt ca. 600 l = ½ Stück (Halbstück)
		Inhalt ca. 300 l = ¼ Stück (Viertelstück)
		Inhalt ca. 1.000 l = 1 Fuder (Mosel-Saar-Ruwer)
Flaschen	Bier:	Inhalt 1 l; 0,75 l; 0,7 l; 0,5 l; 0,35 l; 0,25 l
	Wein:	Inhalt 1 l; 0,75 l; 0,7 l; 0,375 l; 0,35 l; 0,5 l
	Schaumwein:	Inhalt 0,75 l; 0,375 l; 0,2 l
	Spirituosen:	Inhalt 1 l; 0,75 l; 0,7 l; 0,35 l; 0,2 l; 0,175 l
Ausschank	Bier:	0,2 l; 0,25 l; 0,3 l; 0,4 l; 0,5 l; 1 l; 1,5 l; 2 l
	Wein:	0,1 l; 0,2 l; 0,25 l; 0,3 l
	Spirituosen:	1 cl; 2 cl; 2,5 cl; 4 cl; 5 cl

Rechnen mit Hohlmaßen

Beispiel

Ein Gastwirt kauft ein Fass Wein mit 320 l Inhalt und lässt den Wein in 0,75-Liter-Flaschen abfüllen. Er bekommt 420 Flaschen.
Wie viel l beträgt der Abfüllverlust?

$420 \cdot 0,75 = 315$ l

$$\begin{array}{r} 320 \text{ l} \\ -\ 315 \text{ l} \\ \hline 5 \text{ l} \end{array}$$

Der Abfüllverlust beträgt 5 l.

Übungsaufgaben

1. Rechnen Sie in Liter um und addieren Sie:

    a) 0,75 l;   20 cl;   0,07 l;   12 cl;   1,5 l   b) 0,52 hl;   64 cl;   324 cl;   3,7 l;   0,35 l
    c) 0,75 l;   0,04 hl;   16 cl;   4,6 l;   1,25 hl

2. Rechnen Sie in cl um, und addieren Sie:

    a) 2,8 l;   0,4 l;   0,2 hl;   0,06 l;   0,78 l;   b) 4,6 l;   0,003 hl;   0,75 l;   0,4 l;   8,37 l
    c) 0,37 l;   3,8 l;   12 dl;   0,04 hl;   2,75 l

3. In einem Weinkeller lagern 1.425 1-Liter-Flaschen, 3.845 0,75-Liter-Flaschen, 6.780 0,7-Liter-Flaschen und 826 0,35-Liter-Flaschen Wein. Wie viel Liter Wein sind das insgesamt?

4. In einem Weinkeller lagern 6.350 0,75-Liter-Flaschen und 4.720 0,375-Liter-Flaschen Wein. Wie viel l Wein sind das insgesamt?

5. Ein Weinhändler kauft 6 Fuder Moselwein, je Fuder 980 l, zu einem Literpreis von 3,60 EUR. Wie viel EUR hat der Händler insgesamt zu zahlen?

6. Ein Fass Wein enthält 296 Liter. Wie viel 0,75-Liter-Flaschen können abgefüllt werden, wenn 4,25 Liter Abfüllverlust zu verzeichnen sind und zunächst 70 0,375-Liter-Flaschen abgefüllt werden?

7. Ein Liter Weißwein kostet im Einkauf 3,90 EUR. Wie viel EUR sind für 180 0,75-Liter-Flaschen Wein zu bezahlen?

8. Aus einem Fass Bier, 50 l Inhalt, wurden 35 Gläser zu je 0,5 l und 75 Gläser zu je 0,2 l ausgeschenkt. Wie viel Gläser zu 0,3 l können noch ausgeschenkt werden, wenn 2,2 l Schankverlust zu berücksichtigen sind?

9. In einem Restaurant sind gezapft worden: 480 Gläser mit 0,2 l Inhalt, 330 Gläser mit 0,3 l Inhalt, 85 Gläser mit 0,4 l Inhalt und 112 Gläser mit 0,5 l Inhalt. Der Schankverlust beträgt 11,5 Liter. Wie viel Liter Bier müssen noch vorhanden sein, wenn der Gesamtvorrat 475 Liter betrug?

10. Wie viel 0,375-Liter-Flaschen Wein können aus einem Fass von 54,6 l Inhalt abgefüllt werden, wenn ein Abfüllverlust von 1,35 l berücksichtigt wird?

11. Ein Fass Wein enthält 294 l. Wie viel 0,75-Liter-Flaschen können abgefüllt werden, wenn 3,75 l Abfüllverlust zu verzeichnen sind und zunächst 250 0,375-Liter-Flaschen gefüllt werden?

12. Ein Liter Weißwein kostet im Einkauf 4,40 EUR. Wie viel EUR sind für 75 0,75-Liter-Flaschen Wein zu bezahlen?

13. Brauerei Francken liefert 5 Fässer Bier, Inhalt: 25 l, 35 l, 55 l, 75 l und 90 l. Auf wie viel EUR lautet der Rechnungsbetrag, wenn der Hektoliterpreis 145,00 EUR beträgt?

14. Aus einem Fass Bier, 30 l Inhalt, wurden 18 Gläser zu je 0,5 l und 65 Gläser zu je 0,2 l ausgeschenkt. Wie viel Gläser zu je 0,2 l können noch ausgeschenkt werden, wenn 1,4 l Zapfverlust zu berücksichtigen sind?

15. In einem Restaurant sind gezapft worden: 520 Gläser mit 0,2 l Inhalt, 380 Gläser mit 0,3 l Inhalt, 185 Gläser mit 0,5 l Inhalt. Der Zapfverlust beträgt 13,5 l. Wie viel Liter Bier müssen noch vorhanden sein, wenn der Gesamtvorrat 455 l betrug?

16. Wie viel Gläser Bier mit 0,3 l Inhalt können aus einem Fass mit 65 l Inhalt gezapft werden bei einem Zapfverlust von 2,6 l?

17. Die Abrechnung ergibt folgenden Bierausschank: 242 Gläser zu je 0,2 l Inhalt, 329 Gläser zu je 0,3 l Inhalt, 126 Gläser zu je 0,5 l Inhalt. Wie viel Liter Bier sind das insgesamt?

18. Aus einer 0,7-Liter-Flasche Kräuterlikör sind 16 Gläser mit 2,5 cl Inhalt ausgeschenkt worden. Wie viel Liter müssen theoretisch noch in der Flasche sein?

19. Wie viel Gläser Whisky mit 4 cl Inhalt können aus einer Flasche mit 0,75 l Inhalt ausgeschenkt werden?

0,75 l — 75 cl : 4 = 18,75

20. Aus einem Fass Bier mit 0,51 hl Inhalt wurden 165 Gläser zu je 0,2 l und 52 Gläser zu je 0,3 l ausgeschenkt. Wie viel Liter beträgt der Schankverlust?

2,4 l

0,51 hl — 51 l

33 l
15,6 l   48,6 l

3.2 Besondere Maße

1 Dutzend (Dtzd.)	=	12 Stück
1 Gros (Grs)	=	144 Stück
1 Schock	=	60 Stück
1 Mandel	=	15 Stück

Übungsaufgaben

1. Ein Gastwirt kauft ein: 3 ½ Dtzd. Weingläser zu 3,20 EUR je Stück, 6 ¼ Dtzd. Biergläser zu 1,10 EUR je Stück, 2 Dtzd. Sektgläser zu 2,80 EUR je Stück. Wie hoch ist der Rechnungsbetrag?

2. Der Eierhändler liefert: 3 Schock Eier zu 0,24 EUR je Stück, 5 Schock Eier zu 0,25 EUR je Stück, 3 ½ Schock Eier zu 0,26 EUR je Stück, 3 Mandel Eier zu 0,27 EUR je Stück. Berechnen Sie die Gesamtstückzahl und den Rechnungsbetrag.

3. Wie viel Stück sind: a) 6 ½ Gros,   b) 7 ¼ Gros,   c) 8 ⅓ Gros?

3.3 Längenmaße, Flächenmaße, Körpermaße

Längenmaße

1 km	=	1.000 m	
1 m	=	10 dm	= 100 cm
1 dm	=	10 cm	= 100 mm
1 cm	=	10 mm	

Flächenmaße

1 m²	=	100 dm²	= 10.000 cm²
1 dm²	=	100 cm²	= 10.000 mm²
1 cm²	=	100 mm²	

Flächeninhalt = Länge · Breite

$A^* = l \cdot b$ (Umfang: Länge · 2 + Breite · 2)

Dreieck: $A = \dfrac{l \cdot b}{2}$

Körpermaße

1 m³	=	1.000 dm³	= 1.000.000 cm³
1 dm³	=	1.000 cm³	= 1.000.000 mm³
1 cm³	=	1.000 mm³	

Rauminhalt (Volumen) = Länge · Breite · Höhe

$V = l \cdot b \cdot h$

---

* A (engl.: Areal), früher: F

Beispiele:

- Ein Lkw wird in einer Woche gefahren: 325,856 km; 112,500 km; 65,325 km; 45,254 km; 31,655 km; 87,455 km.
Einzelne Zahlen miteinander addieren = 668,045 km

- Ein Gastzimmer ist 6,50 m lang und 4,20 m breit.
Wie viel Quadratmeter sind das?
l · b = 6,50 m · 4,20 m = 27,3 m²

- Ein rechtwinkliger Hotelparkplatz, 48 m lang und 35 m breit, soll mit einem Zaun geschützt werden. Für die Einfahrt bleiben auf einer Seite 8 m offen.
Wie viel Meter Zaun benötigt man?
Umfang: l · 2 + b · 2 = 48 · 2 = 96 m + 35 · 2 = 70 m = 166 m
166 m – 8 m = 158 m Zaun.

- Ein Grundstück in der Form eines Dreiecks misst 25,50 m in der Länge und in der größten Tiefe 19,50 m.
Wie viel Quadratmeter sind das?
Dreieck: A l · b / 2
25,50 m · 19,5 m = 497,25 m² : 2 = 248,625 m²

- Ein Restaurant hat folgende Maße: Länge 12,5 m; Breite 7,5 m; Höhe 3,8 m.
Berechnen Sie den Rauminhalt.
V = l · b · h; 12,5 m · 7,5 m · 3,8 m = 356,25 m³

Übungsaufgaben

1. Ein Gastzimmer von 6,50 m Länge und 5,20 m Breite soll mit Auslegeware ausgelegt werden. Wie hoch sind die Kosten, wenn die Auslegeware je m² einschließlich Legen 26,65 EUR kostet?

2. Für die Empfangshalle eines Hotels wird ein Teppich in der Größe von 2,5 m × 3,5 m angeschafft. Er kostet 337,75 EUR. Wie viel EUR kostet 1 m²?

3. Eine Küche ist 8,55 m lang und 11,15 m breit. Einrichtungsgegenstände und Herd belegen 10,75 m² der Fläche. Wie viel m² bleiben übrig?

4. Der Fußboden einer Küche ist 8,50 m lang und 7,25 m breit. Er soll mit quadratischen Platten, die eine Seitenlänge von 25 cm haben, belegt werden.
   a) Wie viele Platten werden benötigt?
   b) Wie hoch sind die Kosten, wenn für 1 m² 14,00 EUR zu bezahlen sind?

5. Für einen Vorratsraum von 6,4 m Länge und 4,85 m Breite werden im Monat 82,50 EUR Miete gezahlt. Wie hoch ist die Miete für 1 m²?

6. Eine Gaststube hat folgende Ausmaße: 7,50 m lang, 9,25 m breit und 3,25 m hoch. Berechnen Sie den Rauminhalt.

7. Der Schlafraum für 2 Jungköche hat eine Länge von 4,20 m, eine Breite von 3,10 m und eine Höhe von 2,75 m. Für die Möbel werden 6,25 m³ benötigt. Wie viel m³ Luft kommen auf jeden Jungkoch?

8. Ein Restaurant hat folgende Ausmaße: Länge 10,5 m, Breite 7,20 m und Höhe 3,50 m. Wie viel m³ Luft kommen auf 1 Person, wenn 36 Gäste anwesend sind?

9. Eine Küche ist 6,50 m lang, 4,70 m breit und 3,90 m hoch. Wie viel m³ Luft kommen auf 1 Person, wenn 4 Personen in diesem Raum arbeiten?

10. Ein rechtwinkliges Gartengrundstück mit den Maßen 22,5 m × 37,15 m soll mit einem Jägerzaun umzäunt werden.
    a) Wie viel m² ist das Grundstück groß?

b) Wie viele laufende Meter Scherenzaun (je m 2,60 EUR) werden benötigt?

c) Wie teuer wird der Zaun, wenn man auf ca. 2,50 m einen Pfahl (je 1,10 EUR) rechnet?

11. Ein Hotelier kann ein Nachbargrundstück in der Form eines Dreiecks erwerben. Die Straßenseite misst 21,80 m, die größte Tiefe 18,40 m. Der Preis beträgt 13.500,00 EUR, Vermessungskosten 780,00 EUR. Wie teuer ist ein m² des Grundstücks?

12. Der Hotelier will einen Platz als Gästeparkplatz herrichten lassen. Die Asphaltdecke kostet pro m² 10,25 EUR, für Markierungen rechnet er mit 360,00 EUR und die Grunderwerbssteuer belastet ihn mit 116,80 EUR. Wie teuer wird ein Wageneinstellplatz, wenn er mit 18 Plätzen rechnet, die 5 m lang und 3 m breit sind?

13. Eine Fritteuse mit den Innenmaßen 42 cm × 54,5 cm hat den Füllstrich in 18 cm Höhe und die Heizstäbe in 4 cm Höhe.

a) Wie viel Liter Frittierfett fasst sie bis zum Füllstrich, wenn das Volumen der Heizstäbe unberücksichtigt bleibt?

b) Wie viel Liter Fett müssen nachgefüllt werden, wenn der Fettspiegel vor dem Gebrauch 2,5 cm über den Heizstäben liegt?

14. Ein Heizöltank hat folgende Ausmaße:

Länge 2,85 m; Breite 1,62 m; Höhe 1,55 m.

a) Wie viel Liter Heizöl fasst der Tank theoretisch?

b) Aus Sicherheitsgründen dürfen 1.000 Liter nicht gefüllt werden. Wie viel Liter können nachgefüllt werden, wenn noch 2.800 l im Tank sind?

c) Es werden 3.000 Liter Heizöl eingekauft. 100 Liter kosten 74,00 EUR. Wie viel EUR kostet die Lieferung?

15. Der Tank eines Firmenwagens fasst 65 Liter Benzin.

a) Wie viel Kilometer kann man damit fahren, wenn der Verbrauch 8,5 Liter pro 100 km beträgt? Auf volle Kilometer abrunden.

b) Wie viel EUR sind bei einer Tankfüllung von 62 Litern zu zahlen, wenn der Literpreis 1,389 EUR beträgt?

3.4 Gewichte

1 t	=	10 dz	= 1.000 kg	t	= Tonne
1 dz	=	2 Ztr.	= 100 kg	dz	= Doppelzentner
1 Ztr.	=	50 kg		Ztr.	= Zentner
1 kg	= 1.000 g			kg	= Kilogramm
1 g	= 1.000 mg			g	= Gramm
				mg	= Milligramm

Übungsaufgaben

1. Wie viel g sind: $\frac{3}{4}$ kg, $\frac{5}{8}$ kg, $\frac{2}{5}$ kg, $\frac{7}{10}$ kg, $\frac{1}{8}$ kg, $\frac{1}{3}$ kg, $3\frac{1}{4}$ kg, $4\frac{3}{8}$ kg, $6\frac{4}{5}$ kg, $11\frac{3}{10}$ kg?

2. Eine Fleischerei liefert an ein Hotel: 4 ¼ kg Kalbsbrust, 6 ¾ kg Rinderbraten, 3 ½ kg Schweinekoteletts, 4⅗ kg Schweinebauch, 8⅜ kg Rinderrouladen, 5⅗ kg Hammelkeule. Schreiben Sie Anteile und Gesamtgewicht in g.

3. Beim Zerlegen einer Kalbskeule ergeben sich folgende Anteile:

Oberschale	$1\tfrac{5}{10}$ kg	Hachse	$1\tfrac{1}{2}$ kg
Frikandeau	$2\tfrac{1}{2}$ kg	Ragoutfleisch	$1\tfrac{7}{8}$ kg
Große Nuss	$1\tfrac{3}{8}$ kg	Parüren	$\tfrac{4}{5}$ kg
Kleine Nuss	$\tfrac{5}{8}$ kg	Fett	$\tfrac{3}{10}$ kg
Lendchen	$\tfrac{1}{2}$ kg	Knochen	$2\tfrac{1}{8}$ kg

Ermitteln Sie das Gesamtgewicht in g.

4. Verwandeln Sie: a) in dz: 175 kg,   8,5 kg,   50 kg,   3.800 kg,   2.765 kg
                  b) in t: 35 dz,   150 dz,   3.575 dz,   4.500 kg, 12.700 kg

5. Ziehen Sie ab:

a) 36,320 kg –   760 g   c)   8,790 kg – 7.812 g   e)   5,060 dz –   135,415 kg
b) 16,350 kg – 3.780 g   d) 18,400 dz – 13.800 kg   f) 24,180 dz – 1.418,300 kg

6. Eingekellert werden 850 dz Kartoffeln. Bei der Lagerung entsteht ein Verlust von 42,5 Ztr.

Wie viel Ztr. Kartoffeln können in der Küche verarbeitet werden?

3.5   Aufgabensatz mit Punktevorschlägen

8 Pkt.   **1.** Verwandeln Sie in kg und addieren Sie.

0,7 t;   145 kg;   0,19 dz.;   2.420 kg;   2 Ztr.;   1,560 kg

8 Pkt.   **2.** Eingekauft wurden:

35,5 kg Rinderkeule . . . . je kg   8,20 EUR
18,5 kg Schweinefleisch . . . . je kg   5,40 EUR
12,4 kg Kalbfleisch . . . . je kg 11,60 EUR
 7,3 kg Dauerwurst . . . . je kg   8,40 EUR

Errechnen Sie:
a) die gesamte Fleischmenge in kg,   b) den Rechnungsbetrag.

8 Pkt.   **3.** Drei parierte Lachsseiten wiegen insgesamt 3,100 kg und kosten 40,00 EUR. Man schneidet daraus 96 Scheiben je 32 g.

Errechnen Sie:
a) die Restmenge in g,   b) den Preis einer Lachsscheibe.

5 Pkt.   **4.** Errechnen Sie die Fläche eines Quadrates mit der Seite von 5,20 m.

8 Pkt.   **5.** Für ein „Freiland-Schach-Spiel" werden quadratische Platten mit der Seitenlänge 55 cm verlegt. Die 32 weißen Platten kosten jeweils 6,50 EUR, die 32 dunklen Platten jeweils 5,50 EUR.

Errechnen Sie:
a) die Größe der Fläche,   b) den Preis der Anlage.

8 Pkt.   **6.** Für einen Lagerraum, der 11,3 m lang und 6,7 m breit ist, werden im Monat 88,00 EUR Miete gezahlt.

Wie hoch ist der Preis der Miete je m²?

8 Pkt.   **7.** Ein Restaurant, 17,2 m lang und 11,4 m breit, wird mit einem Teppichboden ausgelegt. Die Auslegeware kostet 26,75 EUR je m².

Errechnen Sie die Kosten für den Teppichboden.

8 Pkt.   **8.** Das Restaurant „Niveau" hat folgende Maße:

Länge 17,5 m; Breite 13,2 m; Höhe 3,5 m. Durch die Einrichtung werden 19,4 m³ gefüllt.

Errechnen Sie den Luftraum pro Person, wenn 82 Personen anwesend sind.

8 Pkt. **9.** Ein Schwimmbecken hat die Maße 8,40 m × 5,20 m × 2,20 m. Das Becken wird bis 1,85 m mit Wasser gefüllt.
Wie viel Liter Wasser werden eingefüllt?

12 Pkt. **10.** Bei der Renovierung des Hauses sollen statt der Einfachverglasung Isolierglas-Scheiben in die Fenster gesetzt werden.
Das Angebot lautet: pro m² Scheibe 102,00 EUR, für jedes Fenster Montagekosten von 38,00 EUR.
Es sollen 12 Fenster von 160 cm Höhe und 120 cm Breite sowie ein Terrassenfenster von 255 cm Höhe und 600 cm Breite geändert werden.
Errechnen Sie die Gesamtkosten.

12 Pkt. **11.** Ein Hotelgrundstück ist 2.280 m² groß. $\frac{1}{5}$ davon wird durch Gebäude, $\frac{1}{3}$ durch den Parkplatz, $\frac{1}{8}$ durch Blumenanlagen, der Rest durch den Rasen eingenommen.
Errechnen Sie:

   a) die Kosten für das Asphaltieren des Parkplatzes, je m² 14,10 EUR,
   b) die Kosten für die Pflege der Blumen, pro m² 1,10 EUR die Woche, für 32 Wochen,
   c) die Kosten für die Anlage des Rasens, pro m² 4,80 EUR,
   d) die Gesamtkosten.

5 Pkt. **12.** Ein Rinderfilet wiegt 4,930 kg.

   a) Wie viele Steaks zu je 160 g kann man daraus schneiden?
   b) Wie schwer ist der Rest?

98 Pkt.

4 Dreisatzrechnen

Bei Aufgaben des einfachen Dreisatzes müssen immer drei Größen gegeben sein. Sind es mehr als drei gegebene Größen, so spricht man vom zusammengesetzten Dreisatz. Wichtig ist, dass eine Dreisatzaufgabe richtig aufgebaut wird. Dies soll am folgenden Beispiel gezeigt werden.

4.1 Einfacher Dreisatz

Beispiel

500 g Costa Rica kosten 5,80 EUR. Wie viel EUR kosten 16 g dieser Kaffeesorte (Kaffee für ein Kännchen)?

Ansatz:

$$500 \text{ g} \rightarrow 5,80 \text{ EUR}$$
$$16 \text{ g} \rightarrow \quad ? \quad \text{EUR}$$

Bruchstrich:

$$500 \text{ g} \rightarrow 5,80 \text{ EUR}$$
$$1 \text{ g} \rightarrow \frac{5,80 \text{ EUR}}{500 \text{ EUR}}$$
$$16 \text{ g} \rightarrow \frac{5,80 \text{ EUR} \cdot 16}{500} = 0,19 \text{ EUR}$$

Bruchstrich ausrechnen:

$$
\begin{array}{r}
5,80 \cdot 16 \\
\hline
580 \\
3480 \\
\hline
92,80
\end{array}
$$

$$
\begin{array}{l}
92,80 : 500 = 0,185 \\
\underline{500} \qquad = 019 \text{ EUR} \\
4280 \\
\underline{4000} \\
2800
\end{array}
$$

Übungsaufgaben

1. Eine Flasche Weinbrand (0,7 l) kostet im Einkauf 7,00 EUR. Wie viel EUR betragen die Materialkosten für 1 Glas Weinbrand mit 4 cl Inhalt?

2. Ein Roastbeef wiegt pariert 11,200 kg und kostet 118,16 EUR. Wie viel EUR kostet ein Rumpsteak von 180 g?

3. 75 l Milch kosten 60,00 EUR. Wie viel EUR kosten 0,5 l?

4. Die große Nuss einer Kalbskeule wiegt pariert 1.350 g und kostet 16,74 EUR. Wie viel EUR kostet ein Schnitzel von 170 g?

5. 25 hl Bier kosten 3.375,00 EUR. Wie viel EUR kosten 7 hl?

6. Ein Steinbutt wiegt geputzt 4,250 kg und kostet 50,15 EUR. Wie viel EUR beträgt der Materialwert einer Tranche von 220 g Rohgewicht?

7. 50 kg Zucker kosten 42,60 EUR. Berechnen Sie den Preis für 0,375 kg.

8. 500 g Santos kosten 5,20 EUR. Wie viel EUR kosten 8 g für eine Tasse Kaffee?

9. 12 Dosen Ananas kosten 14,65 EUR. Berechnen Sie den Preis für 7 Dosen.

10. 6,125 kg Rotbarschfilet kosten 85,14 EUR. Welchen Materialwert hat eine Portion von 175 g Rohgewicht?

11. Ein parierter Rehrücken hat ein Einkaufsgewicht von 2,700 kg und kostet 38,60 EUR. Wie hoch ist der Materialwert für 1 Portion von 185 g Rohgewicht?

12. Zwei Hasenkeulen wiegen insgesamt 1,120 kg und haben einen Materialwert von 15,12 EUR. Welchen Materialwert haben 350 g?

4.2 Einfacher Dreisatz mit ungeraden Verhältnissen

Beispiel

Ein Berghotel hat für 75 Gäste einen Lebensmittelvorrat für 21 Tage. Wie lange reichen die Lebensmittel für 90 Personen?

75 Gäste → 21 Tage

1 Gast → 75-mal so lange, also 75 · 21 Tage = 1.575 Tage

90 Gäste → brauchen den 90. Teil von 1.575 Tagen = **17,5 Tage**

Gleiche Benennungen stets untereinander schreiben.

Übungsaufgaben

1. Fünf Köche benötigen für eine Arbeit 6 Stunden. Welche Zeit brauchen 8 Köche für diese Arbeit?

2. Drei Zimmermädchen reinigen 15 Zimmer in fünf Stunden. Welche Zeit benötigten fünf Zimmermädchen?

3. Eine bestimmte Menge Dauerwurst reicht 18 Personen 25 Tage. Wie lange reicht die gleiche Menge für 22 Personen?

4. Für den Innenanstrich eines Gaststättenbetriebes werden, bei einer Arbeitszeit von täglich 8 Stunden, für 5 Arbeitskräfte 3 Arbeitstage veranschlagt. Ein Mann fällt durch Krankheit von Anfang an aus. Wie viel Stunden müssen die anderen Arbeitskräfte pro Tag länger arbeiten, wenn die Räume termingerecht fertiggestellt sein sollen?

5. Eine Kochklasse hat für die Fahrt zu einer Fachmesse einen Bus bestellt. Die Fahrtkosten betragen bei 25 teilnehmenden Schülern 5,15 EUR je Person. Am Besichtigungstag fehlen 2 Schüler wegen Krankheit. Welchen Fahrtpreis muss jetzt jeder Schüler zahlen?

4.3 Zusammengesetzter Dreisatz

Beispiel

3 Köche verdienen in 30 Tagen 2.880,00 EUR. Wie viel EUR verdienen 12 Köche in 18 Tagen?

3 Köche verdienen in 30 Tagen 2.880,00 EUR

1 Koch verdient in 30 Tagen $\dfrac{2.880}{3}$ EUR

1 Koch verdient in 1 Tag $\dfrac{2.880}{3 \cdot 30}$ EUR

12 Köche verdienen in 1 Tag $\dfrac{2.880 \cdot 12}{3 \cdot 30}$ EUR

12 Köche verdienen in 18 Tagen $\dfrac{2.880 \cdot 12 \cdot 18}{3 \cdot 30}$ EUR = **6.912,00 EUR**

Übungsaufgaben

1. Wie viel EUR verdienen 6 Köche in 15 Tagen, wenn 4 Köche in 21 Tagen 7.560,00 EUR verdienen?

2. 45 Gäste eines Hotels verzehren in 28 Tagen 630 kg Gemüse. Wie viel kg Gemüse verzehren 65 Gäste in 24 Tagen?

3. Eine Werbeanzeige in einer Zeitung, dreispaltig und 105 mm breit, kostet 84,00 EUR. Wie viel EUR kostet eine Anzeige, die fünfspaltig und 145 mm breit ist?

4. Der Heizölvorrat eines Gaststättenbetriebes beträgt 14.800 Liter und reicht bei einer zu beheizenden Fläche von 210 m² etwa 80 Tage. Ein weiterer Raum von 18 m² kommt hinzu. Gleichzeitig wird der Vorrat um 3.000 Liter erweitert.
Wie viel Tage reicht nun der Gesamtvorrat?

5. Ein Gasherd verbraucht bei 4 Brennern und fünfstündiger Betriebsdauer 5,4 m³ Gas je Woche. Mit welchem Verbrauch muss gerechnet werden, wenn ein Gerät mit zwei Brennern hinzukommt und die Betriebsdauer auf 6 Stunden steigt?

6. Zur Zubereitung von 20 Broten, mit 1,25 kg Backgewicht, benötigt man 22,4 kg Mehl. Wie viel Mehl braucht man für

    a) 42 Brote je 1,5 kg Backgewicht?
    b) 34 Brote je 550 g Backgewicht?

4.4 Gemischte Übungsaufgaben

1. 2,2 kg geräucherte Schillerlocken kosten 36,30 EUR.
Wie viel EUR kosten 500 g?

2. Drei Restaurantfachleute decken vier Festtafeln in 50 Minuten ein. Wie viel Minuten benötigen vier Restaurantfachleute für diese Arbeit?

3. Eine Flasche Weinbrand (0,75 l) kostet im Einkauf 10,44 EUR.
Wie viel EUR betragen die Materialkosten für 1 Glas Weinbrand mit 2 cl Inhalt?

4. Wie viel EUR verdienen 4 Commis in 30 Tagen, wenn 6 Commis in 18 Tagen 5.850,00 EUR verdienen?

5. Zur Reinigung der Fenster eines Hotels benötigen 2 Fensterputzer 3 Tage zu je 7 Stunden.
Wie viel Stunden insgesamt benötigen 3 Arbeitskräfte?

6. 12 Dosen Erbsen kosten insgesamt 11,88 EUR.
Wie viel EUR kosten 5 Dosen?

7. Für 150 Gäste werden in 8 Tagen 680 kg Gemüse benötigt.
Wie viel kg beträgt der Verbrauch bei 148 Gästen in 15 Tagen?

8. 0,75 l Sonnenblumenöl kosten im Einkauf 1,40 EUR.
Wie viel EUR kosten 30 cl?

9. Bei Malerarbeiten in Hotelzimmern werden bei einer Arbeitszeit von 7 Stunden täglich 6 Arbeitskräfte 4 Tage benötigt. 2 Maler fallen durch einen Verkehrsunfall von Anfang an aus.
Wie viel Stunden müssen die anderen Arbeitskräfte je Tag länger arbeiten, wenn die Zimmer termingerecht fertiggestellt sein sollen?

10. 500 g einer Kaffeemischung kosten 3,45 EUR.
Wie viel EUR kosten 16 g für ein Kännchen Kaffee?

11. Eine Hotelfachfrauenklasse hat für die Fahrt zu einem Weingut einen Bus bestellt. Die Fahrtkosten betragen bei 30 Teilnehmerinnen 14,50 EUR je Person. Am Besichtigungstag fehlen 5 Schülerinnen wegen Krankheit.
Welchen Fahrpreis muss jetzt jede teilnehmende Schülerin entrichten?

12. 3,400 kg Heilbuttschnitten kosten 40,12 EUR.
Wie viel EUR kostet eine Heilbuttschnitte von 210 g?

13. Zur Herstellung von 180 Canapés benötigen 3 Köche 1 Stunde und 12 Minuten.
Wie viel Minuten benötigen 4 Köche für diese Arbeit?

14. 0,75 l Kräuteressig kosten 0,73 EUR.
Wie viel EUR kosten 15 cl für ein Dressing?

15. Eine Werbeanzeige in einer Zeitung, vierspaltig und 140 mm breit, kostet 130,00 EUR. Wie viel EUR kostet eine Anzeige, die fünfspaltig und 175 mm breit ist?

16. Ein zum Braten fertiges Hähnchen wiegt 1,050 kg. Es kostet 1,98 EUR je kg. Wie viel EUR betragen die Materialkosten für 350 g?

17. 140 Liter Weindestillat mit 74,2 Vol.-Prozent Alkohol kosten 992,50 EUR. Wie viel EUR kosten 90 Liter mit 68,4 Vol.-Prozent?

4.5 Aufgabensatz mit Punktevorschlägen

5 Pkt.   1. Eine 0,7-Liter-Flasche Wodka kostet im Einkauf 7,50 EUR. Wie viel EUR betragen die Materialkosten für 1 Glas Wodka mit 4 cl Inhalt?

5 Pkt.   2. 15,000 kg Butter kosten 58,50 EUR.
Wie viel EUR kosten 7,000 kg?

8 Pkt.   3. Ein Berghotel beherbergt augenblicklich 48 Gäste und kommt mit der eingelagerten Ware 6 Tage aus.
Wie viel Tage reicht der Vorrat bei 36 Gästen?

5 Pkt.   4. 500 g Kenia-Kaffee kosten 4,10 EUR.
Wie viel EUR kosten 16 g für ein Kännchen Kaffee?

6 Pkt   5. Vier Köche benötigen für eine Arbeit 6 Stunden.
Welche Zeit brauchen fünf Köche für diese Arbeit?

6 Pkt.   6. Aus einem Fass Bier werden 160 Gläser zu je 0,3 l gezapft.
Wie viel Gläser zu je 0,2 l hätten gezapft werden können?

6 Pkt.   7. Eine Klasse mit Hotelfachfrauen hat für die Fahrt zu einem Winzer einen Bus bestellt. Die Fahrtkosten betragen bei 24 Teilnehmerinnen 12,50 EUR je Person. Am Besichtigungstag fehlen zwei Schülerinnen wegen Krankheit.
Wie viel EUR muss jetzt jede Schülerin zahlen?

8 Pkt.   8. Vier Köche verdienen in 30 Tagen 9840,00 EUR brutto.
Wie viel EUR verdienen fünf Köche in 18 Tagen?

5 Pkt.   9. Eine Obsttorte mit 12 Stücken kostet im Verkauf 25,20 EUR.
Wie viel EUR müssen für 7 Stücke berechnet werden?

8 Pkt.   10. Für 100 Gäste werden in einem Restaurant für 8 Tage 1.050 kg Gemüse benötigt.
Wie viel kg Gemüse braucht man für 60 Gäste in 20 Tagen?

6 Pkt.   11. Eine bestimmte Menge Gouda reicht für 22 Personen 15 Tage.
Wie lange reicht die gleiche Menge für 24 Personen?

6 Pkt.   12. 4,600 kg Viktoriabarschfilet kosten 59,34 EUR.
Wie viel EUR beträgt der Materialwert einer Tranche von 220 g?

5 Pkt. **13.** 55 Liter fettarme Milch kosten 43,45 EUR.
Wie viel EUR kosten 2,5 Liter?

6 Pkt. **14.** Zwei Zimmermädchen reinigen 18 Zimmer in 6 Stunden.
Wie viel Stunden benötigen drei Zimmermädchen?

5 Pkt. **15.** 1,5 kg Putengeschnetzeltes kosten 3,10 EUR je kg.
Wie viel EUR betragen die Materialkosten für 320 g?

---

90 Pkt.

5 Prozentrechnen

Im Prozentrechnen ist die Einheit (Grundwert), von der Teile gerechnet werden sollen, gleich 100 gesetzt. Die Teile werden auf diese Einheit bezogen. Wird der Grundwert mit einem Aufschlag zusammengezählt, so erhält man den „erhöhten Grundwert". Werden vom Grundwert Teile abgezogen, so gelangt man zum „verminderten Grundwert".
Auch von diesen Werten können Berechnungen ausgehen.
Es ergeben sich im Rahmen des Prozentrechnens fünf Aufgabengruppen:
1. das Berechnen des Prozentsatzes,
2. das Berechnen des Prozentwertes,
3. das Berechnen des Grundwertes,
4. das Rechnen mit „vermindertem Grundwert",
5. das Rechnen mit „erhöhtem Grundwert".

5.1 Berechnen des Prozentsatzes

$$\text{Prozentsatz} = \frac{\text{Prozentwert} \cdot 100}{\text{Grundwert}}$$

Beispiel

Ein Schinken wiegt vor dem Räuchern 10,250 kg, nach dem Räuchern 9,200 kg. Wie viel % seines Gewichtes hat der Schinken verloren?

Grundwert   = 10,250 kg → 100 %   Nebenrechnung
Prozentwert = 1,050 kg → ? %   10,250 kg
            ────────────────────   − 9,200 kg
            10,250 kg → 100 %   ─────────
                                                 1,050 kg = Prozentwert
            1,000 kg → $\dfrac{100\,\%}{10,25}$

            1,050 kg → $\dfrac{100\,\% \cdot 1,05}{10,25}$ = 10,24 % ≈ **10,20 %** = Prozentsatz

Übungsaufgaben

1. Aus 6,3 kg Roastbeef werden 28 Portionen zu je 170 g tafelfertig erzielt. Wie viel % beträgt der Bratverlust?

2. Ein Schweinerücken wiegt 7,250 kg. Durch das Auslösen der Wirbel verliert er 0,530 kg seines Gewichtes. Wie viel % beträgt der Verlust?

3. 10,887 kg Rehrücken ergeben 45 Portionen zu je 150 g Bratgewicht. Berechnen Sie den Bratverlust in %.

4. Aus 6,750 kg Fisch werden 20 Portionen zu 210 g tafelfertig erzielt. Wie viel % beträgt der Putz- und Kochverlust?

5. Es werden 30 kg Wirsingkohl geliefert. Nach dem Putzen ergibt sich ein Gewicht von 24,600 kg. Wie viel % beträgt der Putzverlust?

6. Ein Gastwirt hat zu Beginn der Woche einen Biervorrat von 836 l. Laut Bon-Abrechnung sind 820,9 l ausgeschenkt worden. Wie viel % beträgt der Zapfverlust?

7. Wie viel % beträgt der Gewichtsverlust?

a) 150 g von 1.600 g   c) 80 g von 1.740 g   e) 26,400 kg von 75,325 kg

b) 125 g von 2.100 g   d) 0,170 kg von 4,500 kg   f)   6,750 kg von 8,790 kg

5.2 Berechnen des Prozentwertes

$$\text{Prozentwert} = \frac{\text{Grundwert} \cdot \text{Prozentsatz}}{100}$$

Beispiel

Ein Roastbeef wiegt vor dem Braten 3,940 kg. Beim Braten verliert es 18,5 % seines Gewichtes. Wie viel kg hat das Roastbeef verloren?

Grundwert = 100 % →   3,940 kg
Prozentwert = 18,5 % →   ? %
               100 % →   3,940 kg

$$1\,\% \rightarrow \frac{3,940 \text{ kg}}{100}$$

$$18,5\,\% \rightarrow \frac{3,49 \text{ kg} \cdot 100}{100} = \mathbf{0,729 \text{ kg}}$$

Übungsaufgaben

1. Ein Knochenschinken, Gewicht 4,860 kg, wird vom Fleischer geliefert. Nach 8 Tagen hat der Schinken 4,2 % seines Gewichtes verloren. Wie viel g beträgt der Lagerverlust?

2. Ein Knochenschinken mit einem Frischgewicht von 3,450 kg wird gepökelt. Dabei ist eine Gewichtszunahme von 6,2 % festzustellen. Wie viel g beträgt die Pökelzunahme?

3. Bei der Verarbeitung von 8,600 kg Fisch entsteht ein Putz- und Kochverlust von 42,6 %. Wie viel kg sind das?

4. Eine Dose Erbsen kostet 0,90 EUR. Der Preis steigt ab 01.01. um 3 %. Berechnen Sie den Preisanstieg in EUR.

5. Gemüsehandlung Rößner schickt eine Rechnung über 568,20 EUR. Bei der Bezahlung werden 3 % Skonto abgezogen. Wie viel EUR sind das?

6. In einer Küche werden monatlich 650 kg ungeschälte Kartoffeln verbraucht. Der Schälverlust beträgt durchschnittlich 22 %. Berechnen Sie den Schälverlust in kg.

7. Wie viel EUR beträgt der Preisnachlass?

a) 2,5 % von   35,12 EUR

b) 7,5 % von 224,18 EUR

c) 15 % von 436,25 EUR

8. Wie viel kg beträgt der Gewichtsverlust?

a)   5,4 % von   4,760 kg

b)   7,6 % von 45,350 kg

c) 19,5 % von 18,640 kg

5.3 Berechnen des Grundwertes

$$\text{Grundwert} = \frac{\text{Prozentwert} \cdot 100}{\text{Prozentsatz}}$$

Beispiel

Bei der Verarbeitung von 35 Portionen Fischfilets entsteht ein Verlust von 3,295 kg, das sind 42 % des Frischgewichtes. Wie groß ist das Frischgewicht?

42 % → 3,295 kg (Prozentwert)
100 % → _____?_____ kg (Grundwert)

42 % → 3,295 kg

1 % → $\dfrac{3,295 \text{ kg}}{42}$

100 % → $\dfrac{3,295 \text{ kg} \cdot 100}{42}$ = **7,845 kg**

Übungsaufgaben

1. Ein Hecht wird geputzt. Dabei entsteht ein Verlust von 32 %, es sind 918 g. Berechnen Sie das Gewicht des ungeputzten Fisches.

2. Beim Auslösen eines Roastbeefs fallen 6,700 kg an Knochen und Parüren an. Sie machen 34,5 % des Rohgewichtes aus. Ermitteln Sie das Rohgewicht.

3. Eine Poularde wird bratfertig gemacht. Dabei entsteht ein Verlust von 0,630 kg, das sind 22,7 % des Einkaufsgewichtes. Berechnen Sie das Einkaufsgewicht.

4. Frische Bohnen werden geputzt. Dabei entsteht ein Putzverlust von 2,150 kg = 23 % des Frischgewichtes. Wie viel kg Bohnen wurden eingekauft?

5. Bei Barzahlung zieht ein Gastwirt von der Rechnung 3,0 % Skonto = 16,92 EUR ab. Wie viel EUR beträgt die Rechnungssumme?

6. Der Preis für eine Flasche Cognac fällt um 1,33 EUR. Das sind 7,0 % des ursprünglichen Preises. Wie viel EUR kostete die Flasche vor der Preissenkung?

7. Wie hoch war der Rechnungsbetrag? Der Preisnachlass beträgt:
   a) 2,5 % = 4,32 EUR   d) 7,5 % = 21,45 EUR
   b) 3,0 % = 5,67 EUR   e) 8,5 % = 35,26 EUR
   c) 6,0 % = 8,10 EUR   f) 12,5 % = 42,68 EUR

5.4 Rechnen mit vermindertem Grundwert

$$\text{Grundwert} = \frac{\text{verminderter Grundwert} \cdot 100}{\text{Prozentsatz}}$$

Beispiel

Es werden 55 Portionen Seezungenfilets zu je 120 g tafelfertig benötigt. Wie viel kg Seezunge sind einzukaufen, wenn mit einem Putz- und Zubereitungsverlust von 43 % zu rechnen ist?

57 % → 6,600 kg   Nebenrechnung   100 %
100 % →   ? kg   120 g · 55 = 6.600 g   – 43 %
57 % → 6,600 kg   57 %

$$1\,\% \rightarrow \frac{6{,}6 \text{ kg}}{57}$$

$$100\,\% \rightarrow \frac{6{,}6 \text{ kg} \cdot 100}{57} = \mathbf{11{,}579 \text{ kg}}$$

Übungsaufgaben

1. 18 Personen bestellen je ein Filetsteak, 160 g tischfertig, mit Beilagen. Wie viel kg Frischfleisch müssen vorhanden sein, wenn mit einem Parier- und Bratverlust von 21 % zu rechnen ist?

2. Für ein Extra-Essen sind 45 Portionen Rehrücken zu je 150 g tischfertig herzustellen. Wie viel kg Rehrücken sind einzukaufen, wenn der Parier- und Bratverlust 38 % beträgt?

3. Ein Mastochse wiegt ausgeschlachtet 421,500 kg, das sind 64,9 % seines Lebendgewichtes. Berechnen Sie das Lebendgewicht.

4. 45 Portionen Poularde zu je 220 g tischfertig sind herzustellen. Bei der Zubereitung entsteht ein Gewichtsverlust von 25 %. Das Einkaufsgewicht einer Poularde beträgt 2,200 kg. Wie viele Poularden sind einzukaufen?

5. Als Gemüsebeilage werden 8,600 kg geputzte Karotten gebraucht. Wie viel kg Karotten (ungeputzt) müssen vorrätig sein, wenn mit einem Putzverlust von 28 % zu rechnen ist?

6. Im Rahmen eines Menüs werden 6,300 kg Blumenkohl (geputzt) gebraucht. Wie viel kg Blumenkohl sind bereitzuhalten, wenn mit einem Abfallanteil von 22 % gerechnet werden muss?

7. Wie groß ist das Frischgewicht?

   Das Fertiggewicht beträgt:
   a) 80,5 % = 4,350 kgd)   d) 64 % = 32,060 kg
   b) 78 % = 6,585 kge)   e) 42 % = 37,350 kg
   c) 72,3 % = 8,776 kgf)   f) 41 % = 42,385 kg

5.5 Rechnen mit erhöhtem Grundwert

$$\text{Grundwert} = \frac{\text{erhöhter Grundwert} \cdot 100}{\text{Prozentsatz}}$$

Beispiel

Ein Schinken wiegt gepökelt 6,850 kg. Die Pökelzunahme beträgt 4,7 %. Berechnen Sie das Frischgewicht.

erhöhter Grundwert = 104,7 % → 6,850 kg

Grundwert = 100 % → ? kg
$$\overline{\phantom{104,7 \% \rightarrow 6,850 \text{ kg}}}$$

104,7 % → 6,850 kg

$$1 \% \rightarrow \frac{6,850 \text{ kg}}{104,7}$$

$$100 \% \rightarrow \frac{6,850 \text{ kg} \cdot 100}{104,7} = \textbf{6,543 kg}$$

Übungsaufgaben

1. Ein Kochschinken wiegt gepökelt 6,450 kg. Die Pökelzunahme beträgt 6,8 %. Wie schwer war der Kochschinken vor der Pökelung?

2. Ein Stück Kasseler Rippenspeer nimmt beim Dünsten um 2,7 % an Gewicht zu und wiegt dann 2,300 kg. Wie hoch war das Gewicht vor dem Dünsten?

3. Ein Koch erhält eine Lohnerhöhung von 8,5 % und bekommt danach einen Bruttolohn von 2.821,00 EUR. Wie hoch war der Bruttolohn vor der Erhöhung?

4. Der Umsatz einer Gaststätte liegt im Oktober dieses Jahres um 13,5 % über dem Umsatz des Vormonats und beträgt 24.340,00 EUR. Errechnen Sie den Umsatz des Vormonats.

5. Der Preis für eine Dose Brechbohnen wurde um 5,5 % erhöht und beträgt jetzt 1,30 EUR. Wie hoch war der ursprüngliche Preis?

6. Der vorläufige Verkaufspreis für eine Portion Wiener Rostbraten mit Beilagen beträgt 10,80 EUR. Wie hoch sind die Selbstkosten, wenn der Gastwirt mit 20 % Gewinn rechnet?

7. Errechnen Sie den Grundwert.

	Aufschlag	erhöhter Grundwert
a)	5,5 %	1,78 EUR
b)	6,7 %	3,85 EUR
c)	8,5 %	540,80 EUR
	Gewichtszunahme	erhöhter Grundwert
d)	6,5 %	7,620 kg
e)	4,6 %	5,370 kg
f)	2,4 %	3,825 kg

5.6 Gemischte Übungsaufgaben

1. Für ein Essen werden 24 Portionen Kalbsbraten zu je 120 g tischfertig benötigt. Wie viel kg Kalbfleisch sind zu braten, wenn ein Bratverlust von 23 % zu berücksichtigen ist?

2. Aus 8,500 kg Roastbeef werden 45 Portionen zu je 150g tischfertig erzielt. Errechnen Sie den Bratverlust in %.

3. Für ein Essen werden 3,600 kg Rosenkohl eingekauft. Beim Putzen entsteht ein Verlust von 38 %. Berechnen Sie den Putzverlust in g.

4. Ein Kasseler Rippenspeer wiegt nach dem Pökeln 8,550 kg. Die Gewichtszunahme macht 5,6 % aus. Wie hoch war das Gewicht vor der Pökelung?

5. Beim Garen von Fisch entsteht ein Verlust von 2,750 kg, das sind 24,3 % des Gewichtes des geputzten Fisches. Wie hoch war dieses Gewicht?

6. Benötigt werden 45 Portionen kaltes Roastbeef zu je 115 g tischfertig. Wie viel kg Roastbeef müssen gebraten werden, wenn mit 24 % Aufschnitt- und Bratverlust zu rechnen ist?

7. Eine Hotelfachfrau erhält nach einer Gehaltserhöhung von 6 % ein Bruttogehalt von 2.322,00 EUR. Wie viel EUR beträgt das Bruttogehalt vor der Erhöhung?

8. Benötigt werden 35 Portionen Seezungenfilets zu je 120 g tischfertig. Wie viel kg Seezunge sind bereitzuhalten, wenn mit einem Gesamtverlust von 41 % zu rechnen ist?

9. Das Rohgewicht eines Roastbeefs beträgt 4,220 kg. Beim Braten verliert es 19,5 % seines Gewichtes. Berechnen Sie den Verlust in kg.

10. 8,600 kg Roastbeef haben 1,480 kg Knochen. Berechnen Sie den Knochenanteil in %.

11. 5,300 kg Rindfleisch verlieren beim Kochen 24,5 % ihres Gewichts. Wie viel kg sind das?

12. Für ein Essen werden 45 Portionen Fisch zu je 210 g tischfertig benötigt. Wie viel kg Fisch sind einzukaufen, wenn mit einem Putz- und Kochverlust von 40,5 % gerechnet wird?

13. Der Preis für Schinkenplockwurst wurde um 6,5 % erhöht und beträgt jetzt 10,50 EUR je kg. Wie hoch war der Preis vor der Erhöhung?

14. Die Materialkosten für ein Essen betragen 3,80 EUR. Wie viel EUR beträgt der Inklusivpreis, wenn der Gastwirt mit 280 % Bruttoaufschlag rechnet?

15. Ein zum Braten bestimmter Kalbsbraten wiegt 3,650 kg. Wie viel kg wiegt das Fleisch nach dem Braten, wenn 22,5 % Bratverlust entstehen?

16. Ein Schellfisch wiegt beim Einkauf 2,480 kg. Beim Putzen entsteht ein Verlust von 23,2 %. Wie viel kg sind das?

17. Aus 3,600 kg Schoten werden beim Entkernen 0,750 kg frische Erbsen gewonnen. Wie viel % beträgt die Ausbeute?

18. Der Umsatz eines Hotelbetriebes lag in diesem Monat 6,3 % über dem des Vormonats und betrug 75.630,00 EUR. Wie hoch war der Umsatz im Vormonat?

19. Bei der Bezahlung einer Rechnung werden 3 % Skonto abgezogen. Wie viel EUR sind das bei einer Rechnungssumme von 728,70 EUR?

20. Ein Steinbutt wiegt 9,250 kg. Bei der Zubereitung werden 25 Portionen zu je 225 g erzielt. Wie viel % beträgt der Gesamtverlust?

21. Ein Restaurantfachmann hat einschließlich Umsatzsteuer (19 %) 2.380,00 EUR eingenommen. Wie viel EUR Umsatzsteuer sind in den Einnahmen enthalten?

22. Das Portionsgewicht für gebratene Rehkeule beträgt 125 g. Wie viel g müssen für das Rohgewicht eingesetzt werden, wenn mit einem Bratverlust von 18 % gerechnet wird?

23. Eine Flasche Wein kostet im Einkauf 3,70 EUR. Wie viel EUR beträgt der Inklusivpreis bei einem Aufschlag von 350 %?

24. 15 kg Wirsingkohl werden geliefert. Sie ergeben 11,5 kg geputztes Gemüse. Wie viel % beträgt der Putzverlust?

25. Zu einem Spargelessen für 85 Personen sollen je Person 350 g Spargel tischfertig geboten werden. Wie viel kg Spargel sind einzukaufen, wenn mit einem Verlust von 43 % gerechnet wird?

26. Von einer Rechnung werden 7,5 % Rabatt = 25,20 EUR abgezogen. Wie hoch war die Rechnungssumme?

27. Ein Fass enthält 850 l Wein. Wie viel % beträgt der Abfüllverlust, wenn 812 l in Flaschen abgefüllt wurden?

27. Eine Gans wiegt beim Einkauf 4,750 kg. Wie viel kg wiegt die zum Braten fertige Gans, wenn die Abgänge 34 % ausmachen?

29. Das Einkaufsgewicht einer Poularde beträgt 2,2 kg. Wie viel kg wiegt die gebratene Poularde, wenn 480 g verwertbare Abgänge und Abfälle zu berücksichtigen sind und der Bratverlust von der zum Braten fertigen Poularde 24 % beträgt?

30. 7,500 kg Roastbeef haben 1,620 kg Knochen. Der fertige Braten wiegt noch 4,810 kg. Berechnen Sie

  a) den Knochenanteil in %,   b) den Bratverlust (vom parierten Fleisch) in %.

31. Eine Fritteuse wird als Ausstellungsstück mit 24 % Rabatt angeboten. Wie viel EUR kostet das Gerät netto, wenn der Listenpreis 592,00 EUR beträgt?

32. 25 kg Muscheln werden eingekauft. Beim Putzen stellt sich ein Verlust von 5,5 % heraus. Wie viel kg sind das?

33. 3,6 kg Pfifferlinge werden eingekauft. Nach dem Putzen sind es noch 2,412 kg. Berechnen Sie den Putzverlust in Prozent.

34. Auf wie viel EUR lautet der Rechnungsbetrag, wenn der Preisnachlass bei 3,2 % 13,80 EUR beträgt?

35. Aus einer Kalbskeule, die 9,750 kg wiegt, werden 7,634 kg schieres Fleisch gewonnen. Wie viel % beträgt der Fleischanteil?

36. Ein Steinbutt wiegt beim Einkauf 3,720 kg. Bei einem Putzverlust von 33⅓ % werden 11 Portionen erzielt. Wie viel g wiegt eine Portion vor dem Kochen?

37. Der Biervorrat einer Gaststätte beträgt 856 l. Wie viel l Bier können bei einem Schankverlust von 1,7 % ausgeschenkt werden?

38. Das Rohgewicht eines Roastbeefs beträgt 3,750 kg. Beim Braten verliert es 19,6 % seines Gewichtes. Wie viel g hat das Roastbeef verloren?

39. Ein Rind wiegt ausgeschlachtet 320,5 kg, das sind 65,5 % seines Lebendgewichtes. Welches Gewicht hatte das Tier vor dem Schlachten?

40. Ein Gast hat 178,50 EUR für Speisen und Getränke zu zahlen. Wie viel EUR beträgt die Umsatzsteuer von 19 %, die in dem Betrag enthalten ist?

41. Für ein Schützenfest werden 1.150 Bratwürstchen zu je 110 g Bratgewicht benötigt. Wie viel kg beträgt das Frischgewicht, wenn mit 20 % Bratverlust zu rechnen ist?

42. 32 Filetsteaks werden bestellt. Sie sollen gebraten je 170 g wiegen. Der Bratverlust beträgt 16 %.
  a) Wie viel g beträgt das Frischgewicht für 1 Steak?
  b) Wie viel g beträgt das gesamte Frischgewicht?

43. Der Fleischwert eines Gerichtes beträgt 1,80 EUR. Wie viel EUR dürfen die Beilagen kosten, wenn sie 36 % des Fleischwertes ausmachen sollen?

44. Der Preis für gemischten Aufschnitt wurde um 5 % erhöht und beträgt jetzt für 250 g 2,20 EUR. Wie hoch war der Preis für 1 kg vor der Erhöhung?

45. Es werden 80 Frikadellen zu je 70 g Bratgewicht bestellt. Der Bratverlust beträgt erfahrungsgemäß 20 %.
  a) Wie viel g muss eine Frikadelle ungebraten wiegen?
  b) Wie viel kg verträgt das Frischgewicht der Gesamtmasse?

46. Ein Koch kauft eine Rinderkeule, die 14,200 kg wiegt. Wie viel Portionen Schmorbraten zu je 220 g kann er daraus schneiden, wenn der Knochenanteil 18 % ausmacht?

47. Ein geräucherter Schinken wiegt 7,525 kg. Der Räucherverlust beträgt 21 %. Wie viel kg wog der Schinken vor dem Räuchern?

48. Der Fleischwert für ein Essen beträgt 1,60 EUR. Wie viel % des Fleischwertes machen die Beilagen aus, wenn die Gesamtmaterialkosten 2,30 EUR betragen?

Prozentsätze, die glatte Teile von 100 sind		
50 % = 100 : 2	$14\frac{2}{7}$ % = 100 : 7	$6\frac{2}{3}$ % = 100 : 15
$33\frac{1}{3}$ % = 100 : 3	$12\frac{1}{2}$ % = 100 : 8	$6\frac{1}{4}$ % = 100 : 16
25 % = 100 : 4	$11\frac{1}{9}$ % = 100 : 9	5 % = 100 : 20
20 % = 100 : 5	10 % = 100 : 10	4 % = 100 : 25
$16\frac{2}{3}$ % = 100 : 6	$8\frac{1}{3}$ % = 100 : 12	2 % = 100 : 50

Übersicht über die Möglichkeiten der Prozentrechnung

Art	Grund-wert	Pro-zent-satz	Pro-zent-wert	Grundwert ver-mehrt	ver-mindert	Lösung
1	82,50 EUR	3 %	?	–	–	100 % → 82,50 EUR 3 % → ? EUR $\dfrac{82,50\ \text{EUR} \cdot 3}{100} = \textbf{2,47 EUR}$
2	145 kg	5 %	–	–	?	100 % → 145 kg 95 % → ? kg $\dfrac{145\ \text{kg} \cdot 95}{100} = \textbf{137,75 kg}$
3	350,00 EUR	8 %	–	?	–	100 % → 350,00 EUR 108 % → ? EUR $\dfrac{350,00\ \text{EUR} \cdot 108}{100} = \textbf{378,00 EUR}$
4	60 kg	?	3 kg	–	–	60 kg → 100 % 3 kg → ? % $\dfrac{100\ \% \cdot 3}{60} = \textbf{5 \%}$
5	?	2 %	4,00 EUR	–	–	2 % → 4,00 EUR 100 % → ? EUR $\dfrac{4,00\ \text{EUR} \cdot 100}{2} = \textbf{200,00 EUR}$
6	?	12 %	–	–	80 kg	88 % → 80 kg 100 % → ? kg $\dfrac{80\ \text{kg} \cdot 100}{88} = \textbf{90,909 kg}$
7	?	8 %	–	120,00 EUR	–	108 % → 120,00 EUR 100 % → ? EUR $\dfrac{120,00\ \text{EUR} \cdot 100}{108} = \textbf{111,11 EUR}$

5.7 Aufgabensatz mit Punktevorschlägen

5 Pkt. 1. Ein Glas Bienenhonig mit 420 g kostet 3,10 EUR.
Wie teuer ist 1 kg Bienenhonig?

6 Pkt. 2. Ein Küchenhelfer erhält als Teilzeitkraft bei 18 Std. wöchentlicher Arbeitszeit 156,60 EUR. Wie hoch wäre der Wochenlohn bei 21 Std. Arbeitszeit?

5 Pkt. 3. 6,400 kg Mehl ergeben 9,920 kg Teig.
Errechnen Sie die mögliche Teigmenge von 12 kg Mehl.

6 Pkt. 4. Die Krankenhausküche beköstigt täglich 240 Personen. Der Wareneinsatz ist 342,00 EUR. Errechnen Sie die Kosten, wenn weitere 25 Personen am Essen teilnehmen.

8 Pkt. 5. Das Taschengeld einer Touristin reicht 15 Tage, wenn sie täglich 38,40 EUR ausgibt.
Wie lange reicht es, wenn sie täglich 48,00 EUR ausgibt?

10 Pkt. 6. Für eine Busreise nach Holland rechnet der Veranstalter bei 24 Mitfahrern mit 15,00 EUR pro Person. Es nehmen aber 28 Zahlende teil.
Wie teuer wird die Fahrt für jeden?

10 Pkt. 7. In einem Großbetrieb werden für 680 Personen in 3 Monaten 18.360 kg Kartoffeln verbraucht. Der Küchenchef will für 4 Wintermonate bei durchschnittlich 550 Essensteilnehmern einkellern.
Wie viel kg Kartoffeln muss er bestellen?

5 Pkt. 8. Eine Hotelfachfrau erhält 2.820,00 EUR brutto im Monat, die Abzüge sind 36,5 %.
Errechnen Sie den Nettolohn.

5 Pkt. 9. Ein Lederkostüm wird während des Schlussverkaufs von 750,00 EUR auf 525,00 EUR im Preis gesenkt.
Errechnen Sie den Preisnachlass in %.

8 Pkt. 10. Ein Hotelier überweist 12.625,50 EUR Umsatzsteuer an das Finanzamt.
Wie hoch war der Umsatz bei 19 % Umsatzsteuer?

8 Pkt. 11. Bei einem Umtrunk will man 22 Gäste mit jeweils 4 Gläsern Bier (je 0,3 l) bewirten. Ermitteln Sie den richtigen Bruch für die Bestellmenge, wenn man mit 4,8 % Schankverlust rechnet.

a) $\dfrac{95,2 \cdot 26,4\ \text{l}}{100}$ c) $\dfrac{100 \cdot 26,4\ \text{l}}{95,2}$

b) $\dfrac{100 \cdot 26,4\ \text{l}}{104,2}$ d) $\dfrac{104,2 \cdot 26,4\ \text{l}}{100}$

8 Pkt. 12. Aus 18 kg Teig erhält man 24 Gugelhupf zu je 650 g. Errechnen Sie den Backverlust:
a) in kg,   b) in Prozent.

8 Pkt. 13. Ein Hotel hat im Juni 992 Übernachtungen, das sind 62 % Belegung.
Berechnen Sie die Übernachtungszahl bei 100 % Belegung.

8 Pkt. 14. Für ein Sonderessen werden 32 Lachssteaks à 180 g tischfertig bestellt. Der Garverlust beträgt 22 %.
Errechnen Sie das Rohgewicht in kg.

100 Pkt.

6 Zinsrechnen

Zinsen sind der Preis, den der Verleiher für sein Geld erhält oder den der Entleiher für das geliehene Geld (Kredit) zahlt.

Dieser Preis wird stets aus Prozentsätzen ermittelt, somit ist das Zinsrechnen ein angewandtes Prozentrechnen.

Zur Abkürzung des Rechenganges nutzt man die *Zinsgrundformel:*

$$z = \frac{K \cdot i \cdot p}{100} \qquad \text{oder} \qquad z = \frac{K \cdot p \cdot t}{100}$$

Man nennt sie auch **„Kip"-Formel**.

Beispiel

2.000,00 EUR	bringen in 1 Jahr	zu 4 %	80,00 EUR Zinsen	
Kapital K		Zeit i (t)	Zinssatz p	= Zinsen z

In die Formel gekleidet:

$$z = \frac{K \cdot i \cdot p}{100} = \frac{2.000 \cdot 1 \cdot 4}{100} = \textbf{80,00 EUR}$$

Man muss aber berücksichtigen:

a) 1 Jahr = 12 Monate
  1 Jahr = 52 Wochen
  1 Jahr = 360 Tage
  1 Monat = 30 Tage

b) die Zeitangabe erfolgt stets als Jahreswert:

$$7 \text{ Monate} = \frac{7}{12} \text{ Jahre}$$

$$1 \text{ Jahr, 7 Monate} = \frac{19}{12} \text{ Jahre}$$

$$1 \text{ Jahr, 20 Tage} = \frac{380}{360} \text{ Jahre}$$

Übungsaufgaben

Nennen Sie als Jahr:

a) 4 Monate
b) 1 Jahr, 4 Monate
c) 2 Jahre, 8 Monate
d) 3 Wochen

e) 1 Jahr, 5 Wochen
f) 6 Tage
g) 2 Jahre, 4 Monate, 10 Tage
h) 3 Jahre, 2 Monate, 20 Tage

6.1 Berechnen der Zinsen

1. Wie viel EUR Zinsen erhält man
  a) für 460,00 EUR bei 3 % in 2 Jahren,
  b) für 840,00 EUR bei 4 % in 3 Jahren?

2. Um wie viel EUR erhöht sich ein Konto von 1.250,40 EUR in 2 Jahren, 8 Monaten bei 4,5 % Zinsen?

3. Wie viel EUR Schuldzinsen müssten Sie aufbringen für 12.480,00 EUR in 6½ Jahren, wenn der Zinssatz 9,2 % ist?

4. Sie nehmen 2.650,00 EUR als Kleinkredit bei Ihrer Bank auf. Wie viel EUR Zinsen müssen Sie monatlich zahlen, wenn der Zinssatz 12,8 % beträgt?

5. Errechnen Sie den Kontostand nach 8 Monaten, wenn Sie 825,40 EUR einzahlen und 5 % Zinsen erhalten.

6. Ergänzen Sie die fehlenden Werte:

	a)	b)	c)	d)	e)	f)	g)	h)
K in EUR	250	425	600	1.125	2.400	8,50	85.400	920
p in %	4	4,5	4	3	3,2	12	9,2	4,5
i	8 M.	7 M.	85 T.	22 T.	2 J., 4 M.	1 Wo.	1 J., 7 Mo., 10 T.	vom 01.04.09 01.06.09
z in EUR	?	?	?	?	?	?	?	?

In der Aufgabe 6 h) taucht eine Schwierigkeit auf: Die Zinszeit ist in Daten nicht als errechnete Zahl gegeben.
Um die Zinszeit zu ermitteln, nennt man

oben das spätere Datum, also   01.06.11
unten das frühere Datum, also   01.04.11
und subtrahiert   0 2 0 = **2 Monate**

Beispiele zur Ermittlung der Zinszeit

a) Welche Zeit ist in Ansatz zu bringen vom 17.04.08–25.10.11?
Wir rechnen:
neueres Datum = 25.10.11
älteres Datum = 17.04.08
                   8 6 3
Wir erhalten:
3 Jahre, 6 Monate und 8 Tage = 1080 Tage + 180 Tage + 8 Tage = 1268 Tage

In die Zinsformel setzen wir ein als Jahresbruch $\dfrac{1268}{360}$.

b) Vom 12.06.09   – 10.04.11
neueres Datum = 10.04.11
älteres Datum = 12.06.09   Man kann nicht einfach subtrahieren!
                    2

                  Aber: Wie beim Subtrahieren einfacher Zahlen
   2 4 0 8   „borgt" man sich von der nächst größeren Stelle einen Wert und kann ab-
 – 1 8 1 2   ziehen.
    5 9 6

Unser Beispiel:

10.04.11 → 40.03.11 → 40.15.11
12.06.09   12.06.09   12.06.10
    –   –   28 9 1

Demnach ergibt sich: 1 Jahr, 9 Monate und 28 Tage = 360 + 270 + 28 = $\dfrac{658}{360}$

Solche Berechnungen sind häufig nötig bei der Ermittlung von Spar-, Verzugs- oder Schuldzinsen der Hypotheken.

Übungsaufgaben

7. Errechnen Sie die Zinszeiten vom
- a) 28.04.05 bis 15.09.11
- c) 15.04.05 bis 28.03.11
- b) 01.08.05 bis 15.05.15
- d) 02.07.05 bis 03.09.11

8. Ergänzen Sie die fehlenden Werte:

	a)	b)	c)	d)
K in EUR	521,80	134,00	1.680,00	9.000,00
p	4,5 %	4,5 %	9,8 %	11,4 %
i	01.02.–05.07.	01.04.–15.09.	12.06.–04.10.	20.10.08– 01.01.12
z in EUR	?	?	?	?

9. Herr L. erhält eine Fritteuse für 1.850,00 EUR. Er zahlt 500,00 EUR an, der Rest soll in 18 Monatsraten bei 6,5 % Zinsen gezahlt werden.
- a) Wie viel zahlt er monatlich?
- b) Wie teuer wird die Fritteuse?

10. Eine Rechnung von 880 EUR, fällig am 07.03., wird erst am 22.10. d. J. gezahlt.
- a) Wie viel Verzugszinsen sind bei 6,5 % zu zahlen?
- b) Wie lautet der zu überweisende Betrag?

6.2 Berechnen des Zinssatzes

Beispiel

Bei welchem Zinssatz (p) zahlt die Kasse in 1 Jahr (i) für 720,00 EUR (K) 36,00 EUR (z) Zinsen?
Wir nutzen die abgewandelte Zinsgrundformel

$$z = \frac{K \cdot i \cdot p}{100} \qquad \text{als} \qquad \boxed{p = \frac{z \cdot 100}{K \cdot i}} \qquad \frac{36 \cdot 100}{720 \cdot 1} = 5\,\%$$

Übungsaufgaben

1. Zu wie viel % entleiht man
- a) 2.500,00 EUR bei 125,00 EUR Zinsen im Jahr,
- b) 620,00 EUR bei 18,60 EUR Zinsen in 9 Monaten?

2. Herr Neu nimmt einen Kredit von 4.200,00 EUR auf und zahlt nach 6 Monaten 4.536,00 EUR zurück. Wie viel % Zinsen hat er gezahlt?

Der Jahresbruch (i) wird jetzt am Bruchstrich umgekehrt, denn man teilt Brüche, indem man mit dem Kehrwert malnimmt.
Also statt $^4/_{12}$ jetzt $^{12}/_4$; oder statt $^1/_2$ jetzt $^2/_1$.

3. Martina Kühn leiht sich 120,00 EUR und verspricht, nach einem Vierteljahr 160,00 EUR zurückzuzahlen. Ist sie leichtsinnig, ist der Zinssatz annehmbar?

4. Für ein Darlehen von 25.000,00 EUR werden monatlich 220,00 EUR Zinsen gezahlt. Wie hoch ist die prozentuale Zinslast?

5. Errechnen Sie, ob Herr Frisch bei einer vierteljährlichen Belastung von 620,00 EUR für entliehene 24.200,00 EUR einen zinsgünstigen Kredit erhalten hat.

6. Heinz leiht seinem Zimmernachbarn 5,00 EUR, am nächsten Tage soll er 6,00 EUR zurück erhalten. Ist Heinz ein freundlicher Partner?

7. Ergänzen Sie die fehlenden Werte:

	a)	b)	c)	d)	e)	f)
K in EUR	1.240	840	2.250	2.160	120	1.000
i	2 J.	3 J.	165 T.	200 T.	45 T.	vom 04.04.09 bis 25.10.11
z in EUR	86,60	100,80	49,50	45	1,20	153,50
p	?	?	?	?	?	?

6.3 Berechnen des Kapitals

Beispiel

Welches Kapital (K) bringt in 1 Jahr (i) bei 4 % (p) 60,00 EUR (z) Zinsen?
Wie bei der Errechnung des Zinssatzes nutzen wir die abgewandelte Zinsgrundformel.

$$z = \frac{K \cdot i \cdot p}{100} \qquad \text{als} \qquad \boxed{K = \frac{z \cdot 100}{p \cdot i}} \qquad \frac{60 \cdot 100}{4 \cdot 1} = \textbf{1.500,00 EUR}$$

Übungsaufgaben

1. Welches Kapital bringt in 2 Jahren bei 4,5 % 90,00 EUR Zinsen?

2. Welche Sparsumme erhöht sich in 8 Monaten bei 5 % um 124,00 EUR?

Wie der Jahresbruch wird auch die Prozentangabe mit dem Kehrwert in die Formel eingesetzt, wenn sie als gemeiner Bruch genannt ist:
Statt ¾ % jetzt ⁴⁄₃ % oder statt 3¾ % = ¹⁵⁄₄ % jetzt ⁴⁄₁₅ %.

3. Für welchen Kredit zahlt man vierteljährlich 64,00 EUR Zinsen, wenn er mit 7,2 % verzinst wird?

4. Für eine Hypothek bezahlt ein Hausbesitzer monatlich 195,00 EUR (205,00 EUR). Die Bank verlangt 9,5 % Zinsen. Wie viel EUR Schulden sind zu verzinsen?

5. Herr Sparsam erhält aus seinem Anteil aus der *Hotel KG* monatlich 280,00 EUR, nämlich 11,5 %. Wie viel EUR investierte er?

6. Der Miteigner von Herrn Sparsam erhält 13 % und gelangt vierteljährlich an 985,00 EUR. Wie groß ist sein Anteil?

7. Ein Hotelkaufmann hält eine monatliche Zinslast von 450,00 EUR für seinen Betrieb als tragbar. Die Bank bietet Kredite zu 8,5 %, ein Privatmann zu 5,8 %, will dafür aber Mitspracherecht im Betrieb haben.
   a) Wie viel EUR kann der Hotelier von der Bank leihen?
   b) Wie groß wäre der Privatkredit?
   c) Lohnt sich der Privatkredit?

8. Ergänzen Sie die fehlenden Werte:

	a)	b)	c)	d)	e)	f)
z in EUR	40,80	26,40	1.000	48	26,40	50,40
i	¼ J.	11 Mo.	5 J., 4 Mo.	16 Wo.	11 Mo.	15.05.– 30.08.
p	6	4,5	8,4	3¾	3	4,2
K in EUR	?	?	?	?	?	?

6.4 Berechnen der Zinszeit

Beispiel

In welcher Zeit (i) erhält man für 2.000,00 EUR (K) bei 4 % (p) 160,00 EUR (z) Zinsen?
Wir wenden die abgewandelte Zinsgrundformel an

$$z = \frac{K \cdot i \cdot p}{100} \quad \text{als} \quad i = \frac{z \cdot 100 \cdot 360}{K \cdot p} = \frac{160 \cdot 100 \cdot 360}{4 \cdot 1} = 720 \text{ Tage} = \textbf{2 Jahre}$$

Bei der Errechnung der Zinszeit erweitert man auf dem Bruchstrich mit 360, weil die Zeiteinheit 1 Jahr, die kleinste Zinszeit aber 1 Tag ist.

Ergibt das Resultat Zahlen wie 372 oder 420, zieht man 1 Jahr (360 Tage) ab und erhält 1 Jahr, 12 Tage bzw. 1 Jahr und 2 Monate (60 Tage).

Übungsaufgaben

1. Ein Commis hat 4.800,00 EUR. Wie viel Zeit braucht er, um bei 6 % 200,00 EUR Zinsen zu erhalten?
2. In welcher Zeit erhöht sich bei 3,5 % sein Konto auf 4.900 EUR?
3. In welcher Zeit bringen 2.400,00 EUR zu 4 % 100,00 EUR Zinsen?
4. Welche Laufzeit hat ein Kredit von 2.450,00 EUR, für den man bei 8,4 % 257,25 EUR zahlt?
5. In welcher Zeit verdoppeln sich 1.000,00 EUR bei
   a) 5 %,   b) 6 %,   c) 12 %?
6. In welcher Zeit erhöht sich ein Kapital bei 8,4 %
   a) von 2.450,00 EUR auf 2.707,25 EUR   b) von 7.820,00 EUR auf 8.000,00 EUR?
7. Ergänzen Sie die fehlenden Werte:

	a)	b)	c)	d)	e)	f)	g)
K in EUR	2.415	1.845	1.086	2.160	2.500	1.725	985
p	4,5	4	5¼	5¼	3	6	5,6
z in EUR	72,45	65,60	85,52	393,75	150	72,45	13,79
i	?	?	?	?	?	?	?

6.5 Gemischte Übungsaufgaben

1. Ergänzen Sie die fehlenden Werte:

$$z = \frac{K \cdot i \cdot p}{100} \qquad p = \frac{z \cdot 100}{K \cdot i} \qquad K = \frac{z \cdot 100}{p \cdot i} \qquad i = \frac{z \cdot 100 \cdot 360}{K \cdot p}$$

	a)	b)	c)	d)	e)	f)	g)	h)
K in EUR	7.540,10	460	28	25.480	6.520	420	?	?
p in %	3,81	6⅓	4,5	4,8	?	?	9,5	7,2
i	14 Tg.	1 J., 40 Tg.	?	?	1 J., 4 Mo.	½ J.	15.04.–20.11.	1 Mo.
z in EUR	?	?	3,78	4.520	720,60	33,60	800	23,25

2. Welches Kapital bringt in der Zeit vom 14.03.11 bis zum 06.09.11 bei 4½ % 69,00 EUR Zinsen?

3. In welcher Zeit erhält ein Sparer für 1.600,00 EUR bei 3½ % 32,00 EUR Zinsen?

4. Mit wie viel Zinsen darf man rechnen, wenn man zu 2,5 % 2.880,00 EUR Kapital vom 12.03. bis zum 20.10. d.J. auf dem Konto lässt?

5. Für 840,00 EUR erhält ein Auszubildender bei seiner Sparkasse 36,00 EUR Zinsen für die Zeit vom 12.04.–20.12. d.J. Wie viel Prozent betrug der Zinssatz?

6. Am 01.01. hatte ein Koch 1.440,00 EUR auf dem Konto. Am 29.06. d.J. zahlt er weitere 380,00 EUR ein.

Wie groß ist sein Guthaben am 05.12. d.J., wenn er einen Zinssatz von 4¼ % zu Grunde legt?

7. Ein Hotelier zahlt am 31. Oktober einen Kredit von 15.000,00 EUR mit Zinsen für insgesamt 15.892,50 EUR zurück. Es waren 8,5 % Zinsen vereinbart. Wann wurde der Kredit aufgenommen?

8. Zwei Freunde vereinbaren am 1. Mai: Für einen Kredit von 3.200,00 EUR muss der Freund am 19. Mai 3.206,40 EUR zurückzahlen. Welchen Zinssatz hatten die beiden verabredet?

Beachten Sie bitte:
Beim Leihen von Geld (Kredit) kann die Rückzahlung vereinbart werden:
a) zum fälligen Termin (die volle Summe),
b) ratenweise (z.B. monatlich) als Tilgung.

Man unterscheidet

Schuldzinsen	Tilgungszinsen
Schuldzinsen sind der Preis für das Leihen des Geldes, die Höhe der Geldschuld (Kredit) bleibt *unverändert*.	Durch Tilgungszinsen wird die Geldschuld ratenweise getilgt. Die Höhe der Schuld *vermindert* sich mit jeder Zahlung. Die Tilgungsdauer ist abhängig von der Höhe des Zinses: hoher Tilgungszins → kurze Laufzeit, niedriger Tilgungszins → lange Laufzeit.

9. Ein Kredit von 15.000,00 EUR wird bei 5 % Tilgung und 8,5 % Schuldzinsen aufgenommen.

    a) Errechnen Sie die monatliche Gesamtbelastung.

    b) Wie hoch ist die jährliche Tilgungsrate?

    c) Wie lang ist die Laufzeit des Kredites?

10. Ein Hotelier nimmt für die Renovierung 25.000,00 EUR auf.

    a) Berechnen Sie die monatliche Belastung bei 5,5 % Tilgung und 8,5 % Schuldzinsen.

    b) Wie viel ist nach 6 Jahren getilgt?

    c) Wie viel EUR hat er an Tilgung und Zinsen nach 10 Jahren dem Gläubiger gezahlt?

    d) Welche Restschuld bleibt?

11. Für den Ausbau des Terrassencafés belastet sich ein Hotelier mit 25.400,00 EUR, die bei 8,6 % Schuld- und 5,5 % Tilgungszinsen aufgenommen werden. Wie groß sind:

    a) Gesamtbelastung im Jahr?   b) Schuldzins im Monat?   c) Tilgung nach 7 Jahren?

12. Nach jahrelanger Arbeit im Ausland erwirbt ein junger Restaurateur ein Hotel für 380.000,00 EUR. Er hat 35.000,00 EUR Ersparnisse und erhält 240.000,00 EUR zinslos von seinem Vater.

    a) Wie hoch ist der erforderliche Kredit?

    b) Wie groß ist die monatliche Belastung bei 8,3 % Schuldzinsen und 7,2 % Tilgung?

    c) Errechnen Sie den jährlichen Schuldzins.

    d) Wie viel Restschulden verbleiben nach 10 Jahren?

    e) Wie hoch muss der Umsatz sein, wenn die jährliche Gesamtbelastung höchstens 7,5 % sein darf?

13. Eine Rechnung von 880,00 EUR, fällig am 07.03.11, wird aus Vergesslichkeit erst am 20.10.11 mit 7,5 % Verzugszinsen gezahlt. Wie viel EUR zahlt dieser Säumige insgesamt?

14. Am 01.01. hat ein Restaurantfachmann 1.235,00 EUR auf seinem Konto, am 17.05. d.J. zahlt er weitere 285,00 EUR ein.

    Wie viel Geld hätte er auf seinem Konto

    a) bei gesetzlicher Kündigungsfrist 4,5 %,

    b) bei jährlicher Kündigungsfrist 5,5 %? Stichtag 31.12.11.

15. Am 01.01. dieses Jahres sind 820,00 EUR auf dem Konto, am 04.03. werden 64,00 EUR eingezahlt, am 27.05. wird das Konto bis auf 5,00 EUR abgehoben. Wie viel EUR kann der Sparer bei 4 % Zinsen abheben?

16. Ein umsichtiger Kaufmann legt sein Geld wegen der verschiedenen Zinsen und Sicherheit variant an: 2.500,00 EUR zu 4,5 % auf dem Festgeldkonto, 8.200,00 EUR als Industrie-Aktien zu 10,5 %, 2.800,00 EUR als Kommunal-Obligation zu 7 %. Wie viel EUR Ertrag hat er jährlich?

17. Nach einem Unfall mit Totalschaden an seinem Pkw kauft ein Küchenchef einen Wagen aus 2. Hand. ⅖ des Kaufpreises werden sofort gezahlt, die Restsumme soll über 42 Wochen durch eine Bank bis zur endgültigen Schadensregulierung durch die Versicherung finanziert werden.

    Der Küchenchef erhält von der Bank eine Zinsrechnung von 345,00 EUR auf der Basis von 9 % Zinsen.

    a) Wie hoch war die Kreditsumme?

    b) Für welchen Preis wurde der Wagen gekauft?

18. Ein Spekulant kauft ein Grundstück von 860 m² für 132,00 EUR je m² und hat an Spesen und Notariatsgebühren 1.480,00 EUR. Nach 2¼ Jahren verkauft er es als Baugrundstück für 182.000,00 EUR. Mit welchem Zinsaufschlag hat er verkauft?

19. Eine große Warenlieferung für das Silvestergeschäft kostet insgesamt 14.685,00 EUR, bei Sofortzahlung werden 3 % Skonto gewährt. Um diesen Vorteil ausnutzen zu können, muss der Chef einen Zwischenkredit von 8.500,00 EUR für 10,5 % Zinsen aufnehmen, den er der Bank erst nach 11 Wochen erstatten kann.

    a) Wie viel EUR Skonto könnte er abziehen?

    b) Was kostet der Kredit?

    c) Wofür würden Sie sich entscheiden, auch unter dem Aspekt, dass Sie bei der Bank „schon wieder" als Kreditnehmer auftreten?

20. Ein junges Gastronomen-Ehepaar plant einen Neubau für 315.000,00 EUR laut Voranschlag.
An Eigenkapital ist vorhanden:
Ersparnisse 32.000,00 EUR, aus einer Erbschaft 63.500,00 EUR und als zinsloses Darlehen der Eltern 40.000,00 EUR.
Der verbleibende Rest soll je zur Hälfte durch eine
 I. Hypothek der Hypo-Bank zu 7,8 % Zinsen und eine
II. Hypothek der Bausparkasse zu 6,5 % Zinsen aufgebracht werden.
Welche monatliche Belastung ergibt sich?

6.6 Aufgabensatz mit Punktevorschlägen

10 Pkt. **1.** Eine 0,75-l-Flasche Doppelkorn bringt im Verkauf 47,60 EUR. Ein Glas Doppelkorn (2 cl) kostet 1,40 EUR.
Wie viel Prozent beträgt der Schankverlust?

8 Pkt. **2.** Ein Fass Wein enthält 298 l.
Wie viele Flaschen zu 0,75 l können abgefüllt werden, wenn 3,9 % Abfüllverlust zu berücksichtigen sind?

6 Pkt. **3.** Ein Restaurantfachmann verdient nach einer Lohn-erhöhung von 6 % 1.920,00 EUR. Wie viel EUR betrug der Bruttolohn vor der Erhöhung?

8 Pkt. **4.** Benötigt werden 18 Steaks zu je 160 g tischfertig. Der Bratverlust beträgt 17 %.
Wie viel kg Steakfleisch müssen gebraten werden?

8 Pkt. **5.** Mittelfettes Schweinefleisch enthält 18 % Eiweiß und 21 % Fett.
Wie viel Kilojoule liefert eine Fleischportion von 190 g? (1 g Eiweiß = 17 kJ; 1 g Fett = 38 kJ).

10 Pkt. **6.** 12,400 g Rindfleisch haben 3,200 kg Knochen und Parüren. Der fertige Braten wiegt noch 5,980 kg.
Errechnen Sie:
a) den Knochen- und Parürenanteil in %,
b) den Schmorverlust in kg und % (vom parierten Fleisch).

6 Pkt. **7.** Wie viel Zinsen bringen 9.330,00 EUR zu 4,5 % in 9 Monaten?

8 Pkt. **8.** Welches Kapital bringt vom 15.06. bis zum 20.12. eines Jahres zu 4,8 % 120,00 EUR Zinsen?

6 Pkt. **9.** In welcher Zeit bringen 12.000,00 EUR Kapital zu 9 % 300,00 EUR Zinsen?

6 Pkt. **10.** Ein Gastwirt nimmt für 7 Monate einem Kredit von 13.600,00 EUR auf. Er zahlt dafür 737,80 EUR Zinsen.
Berechnen Sie den Zinssatz.

8 Pkt. 11. Um ein Auto zu finanzieren, nimmt eine Hotelfachfrau einen Kredit für 9 Monate bei 9,6 % Zinsen auf. Sie zahlt dafür 324,00 EUR an Zinsen.
Bestimmen Sie den richtigen Bruch für die Ermittlung des Kapitals.

a) $\dfrac{324 \cdot 100 \cdot 9}{9,6 \cdot 12}$

c) $\dfrac{324 \cdot 100 \cdot 270}{9,6 \cdot 360}$

e) Alle angebotenen Brüche sind falsch.

b) $\dfrac{324 \cdot 9,6 \cdot 9}{100 \cdot 12}$

d) $\dfrac{324 \cdot 100 \cdot 12}{9,6 \cdot 9}$

8 Pkt. 12. Ein Wirt nimmt einen Kredit in Höhe von 16.500,00 EUR für 10 Monate auf und zahlt ihn mit 18.050,00 EUR zurück.
Wie hoch ist der Zinssatz?

8 Pkt. 13. Eine Gästerechnung in Höhe von 7.500,00 EUR war am 18.02. fällig und wird erst am 08.09. des Jahres bezahlt. Der Hotelbesitzer erhebt 7,2 % Verzugszinsen.
Wie viel EUR muss der Gast insgesamt überweisen?

100 Pkt.

7 Ernährungsrechnen

Grundkenntnisse der Ernährungslehre sind wichtig, um zu einer richtigen Ernährung zu kommen. Entsprechende Berechnungen dienen dazu, für den Gast und für sich selbst gesunde Speisen zusammenzustellen.

In unseren Lebensmitteln finden wir Nährstoffe, die dem Körper die zum Leben notwendige Energie liefern. Sie wird zu einem großen Teil für Wärmebildung und Arbeitsleistungen benötigt. Da Wärmemenge, Arbeit und Energie physikalische Größen gleicher Art sind, berechnet man sie mit der internationalen Einheit Joule (J). Die besondere Einheit für Wärmemenge, Kalorie genannt, die bis 1978 in der Bundesrepublik Deutschland die übliche Maßeinheit war, entfällt. Der Umrechnungsfaktor lautet:

1 Kilokalorie (kcal) = 4,2 Kilojoule (kJ).

> 1 Joule (J) ist die Energie, die benötigt wird, um einen Körper mit der Masse von 102 Gramm um 1 Meter zu heben.
> 1.000 Joule (J) sind 1 Kilojoule (kJ).

Mögliche Energielieferanten sind: Fett, Alkohol, Kohlenhydrate, Eiweiß und organische Säuren.

> 1 g Fett   liefert 38 kJ   1 g Eiweiß   liefert 17 kJ
> 1 g Alkohol   liefert 30 kJ   1 g Fruchtsäure liefert 14 kJ
> 1 g Kohlenhydrate   liefert 17 kJ

7.1 Nährstoffgehalt von Lebensmitteln

Nährstofftabelle (Angaben in %)

Lebensmittel	Eiweiß	Fett	Kohlen-hydrate	Lebensmittel	Eiweiß	Fett	Kohlen-hydrate
Aal, geräuchert	14	22	–	Marmelade, durchschnittl.	–	–	66
Bohnen, grün	2	–	5				
Brathuhn	15	4	–	Mehl, Weizen TYPE 550	11	1	74
Brot, Mischbrot	7	1	52				
Brot, Vollk.-Roggen	7	1	46	Milch, Vollmilch	3,5	3,5	5
Brötchen, Weißbrot	7	1	58	Nudeln, Eierteig-waren	13	3	72
Butter	1	83	–				
Ei	11	10	1	Quark (mager)	17	1	2
Erbsen, getrocknet	22	1	59	Reis, poliert	7	0,6	79
Fett, Platten, Öl	–	100	–	Rotkohl	1	–	4
Fleisch, Kalbskeule	20,7	2	–	Sahne	2	30	–
Fleisch, Lammkeule	18	18	–	Salat, Kopfsalat	1	–	1
Fleisch, Rinder-Oberschale	21	5	–	Seelachs, Filet	18	1	–
				Spargel	1	–	2
Fleisch, Schweine-schinken	15	31	–	Wurst, Dauerwurst	17	41	–
				Zucker	–	–	100
Forelle	10	1	–	Zwiebeln	1	–	9
Hering, Filet	18	15	–				
Kabeljau, Filet, paniert, TK	15	0,5	11			Frucht-säure	
Kartoffeln	2	–	15	Kirschen	1	1	13
Leber, Kalb	18	4	4	Orangen	1	1	9

Beispiel

Wie viel Gramm der einzelnen Nährstoffe enthält ein Brötchen (50 g) mit Butter (20 g) und Marmelade (25 g)?

Lösung

Brötchen:	7 % Eiweiß in 50 g = 3,5 g	1 % Fett in 50 g = 0,5 g	
Butter:	1 % Eiweiß in 20 g = 0,2 g	83 % Fett in 20 g = 16,6 g	
Marmelade:	0 % Eiweiß in 25 g = 0 g	0 % Fett in 25 g = 0 g	
	Eiweiß = 3,7 g	**Fett = 17,1 g**	

Brötchen:	58 % Kohlenhydrate in 50 g = 29 g
Butter:	0 % Kohlenhydrate in 20 g = 0 g
Marmelade:	66 % Kohlenhydrate in 25 g = 16,5 g
	Kohlenhydrate = 45,5 g

Übungsaufgaben

1. Wie viel Gramm der einzelnen Nährstoffe stehen zur Verfügung, wenn eine Scheibe Mischbrot (50 g) mit Butter (25 g) und ein Ei (60 g) gegessen werden?

2. Gegessen werden: 1 Brötchen (50 g), 1 Scheibe Vollkornbrot (40 g), 40 g Butter, 50 g Magerquark und 60 g Marmelade. Dazu wird ein Glas Milch getrunken (200 g). Wie viel Gramm der jeweiligen Nährstoffe werden bei diesem Frühstück aufgenommen?

3. Für eine Portion Forelle „blau" mit Kartoffeln und zerlassener Butter werden tischfertig gerechnet: 1 Forelle (200 g), 180 g Kartoffeln und 40 g Butter. Wie viel Gramm der einzelnen Nährstoffe kann der Gast aufnehmen?

4. Wie viel Gramm der Nährstoffe liefert ein paniertes Schweineschnitzel mit Pommes frites? Dazu sind erforderlich: 180 g Schweinefleisch aus dem Schinken, 10 g Mehl, 1 Ei (50 g), 40 g Semmelmehl (Brötchen), 120 g Fett und 200 g Kartoffeln.

5. Wie viel Gramm der einzelnen Nährstoffe sind enthalten in:
   a) 160 g Kabeljaufilet, paniert,   c) 150 g Kalbskeule für ein Wiener Schnitzel,
   b) 150 g Oberschale für eine Roulade,   d) 90 g Lammkeulenfleisch?

6. Ein Gast bestellt ein Omelett mit Konfitüre. Dazu benötigt man: 3 Eier zu je 50 g, 30 g Zucker, 25 Butter, 60 g Konfitüre. Wie viel Gramm der einzelnen Nährstoffe sind in diesem Omelett enthalten?

7. Für eine Quarkspeise mit Kirschen (8 Portionen) werden folgende Rohstoffe eingesetzt: 400 g Quark (mager), 250 g Milch, 50 g Zucker, 400 g Kirschen.
   a) Berechnen Sie die Grammzahlen der einzelnen Nährstoffe für 8 Portionen.
   b) Wie viel Gramm kommen jeweils auf eine Portion?

7.2 Energiegehalt von Lebensmitteln

Nährwerttabellen, die nur die prozentualen Anteile der Nährstoffe in den Lebensmitteln angeben, sind unvollständig. Hinzutreten muss die Berechnung des Energiegehaltes, der in den Nährstoffen enthalten ist. Dabei werden die für die einzelnen Nährstoffe ermittelten Grammzahlen mit den entsprechenden Energiezahlen multipliziert.

Beispiel

Ein Frühstücksei (50 g) enthält laut Tabelle 11 % Eiweiß, 10 % Fett und 1 % Kohlenhydrate. Wie viel Kilojoule (kJ) werden beim Verzehr aufgenommen?

Lösung

11 % Eiweiß	in 50 g = 5,5 g · 17 =	93,5 kJ
10 % Fett	in 50 g = 5,0 g · 38 =	190,0 kJ
1 % Kohlenhdrate	in 50 g = 0,5 g · 17 =	8,5 kJ
		292,0 kJ

Es werden 292 kJ aufgenommen!

Übungsaufgaben

1. Geräucherter Aal enthält durchschnittlich 9 % Eiweiß und 18 % Fett. Als Vorspeise lässt sich ein Gast 60 g Aal vorlegen. Wie viel kJ sind darin enthalten?

2. Ein Schweinebraten von 3,5 kg Gewicht enthält 15 % Eiweiß und 31 % Fett. Ermitteln Sie:
   a) die einzelnen Nährstoffmengen in Gramm,
   b) die gesamte Kilojoulemenge.

3. Wie viel Kilojoule liefert eine Scheibe Mischbrot (50 g), bestrichen mit 20 g Butter und belegt mit 20 g Dauerwurst? (Prozentsätze der Nährstoffe sind der Tabelle zu entnehmen.)

4. Ein Gast verzehrt bei einem Frühstück 30 g Honig, der 82 % Kohlenhydrate enthält. Wie viel Kilojoule liefert diese Honigmenge?

5. Wie viel Kilojoule liefern 150 g Kalbsleber? (Prozentsätze der darin enthaltenen Nährstoffe sind der Tabelle zu entnehmen.)

6. Ein Hauptgericht besteht aus Schweinebraten mit Rahmsauce und Butterspätzle. Für eine Portion werden benötigt: 150 g Schweinefleisch (Schinken), 20 g Fett, 100 g Zwiebeln, 100 g Eierteigwaren, 30 g Butter, 10 g Mehl und 80 g Sahne.
   a) Berechnen Sie mit den in der Tabelle angegebenen Werten die Grammzahlen der einzelnen Nährstoffe.
   b) Berechnen Sie die gesamten Kilojoule, die dieses Hauptgericht liefert.

7. Wiener Schnitzel mit Pommes frites und Kopfsalat: 150 g Kalbfleisch (Keule), 10 g Mehl, 1 Ei (40 g), 20 g Semmelbrösel (Brötchen), 70 g Fett, 200 g Kartoffeln, 60 g Kopfsalat, 5 g Öl.
   a) Berechnen Sie mit den Werten der Tabelle die Grammzahlen der einzelnen Nährstoffe.
   b) Berechnen Sie die in diesem Gericht enthaltene Energie in Kilojoule.

8. Quarkspeise mit Orangen für 4 Personen: 200 g Magerquark, 150 g Sahne, 40 g Zucker, 200 g Orangen.
   a) Wie viel Gramm der einzelnen Nährstoffe sind in den 4 Portionen enthalten?
   b) Wie viel Kilojoule liefert die Gesamtmenge?
   c) Wie viel Kilojoule entfallen auf eine Portion?

9. Vergleichen Sie:

Forelle „blau"	**Forelle „Müllerin"**
Forelle (200 g)	Forelle (200 g)
40 g Butter	20 g Mehl
	30 g Butter
	10 g Öl

   a) Wie viel Kilojoule enthält jedes der Gerichte?
   b) Welches Gericht enthält mehr Energie?
   c) Wie viel Prozent mehr Energie enthält dieses Gericht?

10. Gegessen werden:

160 g gebratene Rehkeule	160 g Schweinebraten (Keule)
(17 % Eiweiß, 3 % Fett)	(15 % Eiweiß, 30 % Fett)

    a) Berechnen Sie den Energiegehalt jeder Portion.
    b) Wie viel Prozent mehr Energie enthält die Portion Schweinebraten?

8 Verteilungsrechnen

Bei der kostengerechten Aufteilung von Gewinnen oder Verlusten nutzt man das Verteilungsrechnen.

Beispiel

Drei Kollegen spielen seit Monaten mit einem Gemeinschaftstipp in der Lotterie. Als sie 16.400,00 EUR gewinnen, wollen sie das Geld nach dem Einsatz verteilen.
Michael setzte 3,00 EUR, Dennis 2,00 EUR und Kevin 5,00 EUR.

Lösung

Michael	3,00 EUR =	3 Teile · 1.640,00 EUR =	**4.920,00 EUR**
Dennis	2,00 EUR =	2 Teile · 1.640,00 EUR =	**3.280,00 EUR**
Kevin	5,00 EUR =	5 Teile · 1.640,00 EUR =	**8.200,00 EUR**
Einsatz	10,00 EUR =	10 Teile · 1.640,00 EUR =	16.400,00 EUR

16.400,00 EUR : 10 = 1640,00 EUR Teilwert

1. Wir setzen die eingesetzten EUR = Teile und zählen zusammen.
2. Der Gewinn (16.400,00 EUR) wird durch die Summe der Teile (10) geteilt = Teilwert (1.640,00 EUR).
3. Die Teile werden mit dem Teilwert vervielfacht (Michael: 3 · 1.6400,00 EUR).
4. Probe: Summe der Gewinnanteile = Gesamtgewinn.

Übungsaufgaben

1. Wie viel EUR würden die Gewinner erhalten, wenn sie statt 16.400,00 EUR sogar 25.250,00 EUR gewonnen hätten?

2. Welche Aufteilung ergäbe sich, wenn Michael 7,00 EUR, Dennis 2,00 EUR und Kevin 6,00 EUR gesetzt und die Kollegen 25.500,00 EUR gewonnen hätten?

3. Verteilen Sie nach dem oben gezeigten Beispiel:
   a) 500 g Bonbons im Verhältnis 1 : 3
   b) 360,00 EUR im Verhältnis 1 : 5;   1 : 2 : 3;   5 : 4
   c) 10.400 g im Verhältnis 6 : 7;   2 : 5 : 6;   7 : 9
   d) 19.200,00 EUR im Verhältnis 2 : 3;   3 : 5 : 7;   2 : 8

4. Fünf Familien nutzen wegen der geringeren Kosten gemeinsam eine Villa in der Toskana. Die entstandenen Kosten für Reparaturen, Energieverbrauch, Steuern u. a. von 14.850,00 EUR sollen danach aufgeschlüsselt werden, wie lange die Familien jeweils das Haus bewohnten, nämlich:

Familie A	16 Tage,
Familie B	4 Wochen,
Familie C	35 Tage,
Familie D	3 Wochen und
Familie E	14 Tage und noch 3 Wochen.

   Wie viel EUR hat jede Familie zu bezahlen?

5. Wie viel EUR hätten die Familien zu entrichten, wenn die Kosten 29.970,00 EUR betragen würden?

6. Die Kosten von 14.296,00 EUR sind den beteiligten Familien für ein „Ferienhobby" zu hoch geworden, darum laden sie noch die Familien F und G ein, je 14 Tage in dem Haus zu verbringen
   a) Wie teuer wird ein Ferientag, wenn sich an sonstigen Zeiten der Bewohnung nichts ändert?
   b) Wie teuer ist ein Tag im Jahr wirklich (360 Tage)?
   c) Welche Anteile entrichten die beteiligten 7 Familien?

7. An der *Hotel KG* sind 3 Eigner beteiligt. Sie erwirtschaften 72.400,00 EUR Jahresgewinn. Die Einlagen werden mit 12 % verzinst, der Rest des Ertrages wird zu gleichen Teilen aufgeteilt. Wie viel EUR erhält jeder, wenn der Senior 55.000,00 EUR, der Junior 25.000,00 EUR, Herr Freund 20.000,00 EUR aufgebracht hat?

8. Die Kaufleute A (50.000,00 EUR), B (27.000,00 EUR) und C (33.000,00 EUR) betreiben ein gemeinschaftliches Geschäft mit einem Jahresgewinn von 48.605,00 EUR.
   a) Wie viel EUR erhält jeder, wenn der Gewinn nach den Anteilen aufgeschlüsselt würde?
   b) Wie viel EUR würde jeder erhalten, wenn 12 % des Jahresgewinns nach den Anteilen, der Rest zu gleichen Teilen aufgeteilt wird, weil die 3 Partner aktiv im Betrieb tätig sind?

9. Nach der Abrechnung des Silvestergeschäftes stellt der Chef de restaurant fest, dass der Umsatz und damit der Verdienst sehr gut war. An der Arbeit waren auch die Auszubildenden beteiligt, sie sollen jeweils nach ihrem Ausbildungsjahr anteilig an einer Spende teilhaben. Spende der Restaurantfachleute: 100,00 EUR, Spende des Chefs: 200,00 EUR. Resttronc des Dezembers: 18,40 EUR. Wie viel erhält jeder Auszubildende, wenn 3 Auszubildende im 1. Ausbildungsjahr, 2 Auszubildende im 2. Ausbildungsjahr und 4 Auszubildende im 3. Ausbildungsjahr beschäftigt sind?

10. Die Restaurantfachleute und der Eigner des *Hotels Watzmann* verhalten sich genauso (Aufgabe 9). Am Ende der Hochsaison stehen 828,00 EUR zur Verfügung. 2 Hotelfachfrauen im 2. Ausbildungsjahr erhalten auch etwas. Wie verteilt sich das Geld, was erhält jeder?

11. Die Hotels eines oberpfälzischen Landkreises wollen durch Gemeinschaftswerbung den Fremdenverkehr ankurbeln. Die Kosten sollen nach der Bettenzahl aufgeschlüsselt werden. Nach einem Jahr ergeben sich 43.935,00 EUR Werbungkosten. Wie viel EUR hat jeder Hotelier aufzubringen?

Hotel Waldblick	24 Betten,	Hotel Weißer Turm	26 Betten,
Hotel Schlösschen	75 Betten,	Hotel Zur Post	18 Betten,
Hotel Kaiserhof	135 Betten,	Hotel Bayerischer Hof	12 Betten.

12. Im folgenden Jahr sind die Kosten erheblich gestiegen, nämlich auf 68.425,00 EUR. Alle sind aber gern bereit, ihren Anteil zu bezahlen, weil die Erträge sich gesteigert haben und das *Hotel Kaiserhof* einen Anbau mit 60 Betten erstellt hat. Wie viel EUR zahlen die Hoteliers?

13. Als Grundlage der anteiligen Kosten für die Kalkulation sollen die Frachtspesen und das Rollgeld berücksichtigt werden:
    13.1 220 Flaschen *Ürziger Schwarzley* .... je 3,60 EUR
    13.2 800 Flaschen *Zeller Schwarze Katz* .... je 3,50 EUR
    13.3 75 Flaschen *Reiler vom heißen Stein* .... je 3,90 EUR
    13.4 60 Flaschen *Nikolauswein* .... je 10,50 EUR
    a) Wie lautet der Rechnungsbetrag?
    b) Frachtspesen 298,00 EUR, Rollgeld 48,50 EUR. Wie verteilen sich die Kosten auf die Sorten (nach Flaschenzahl)?
    c) Welcher Gestehungspreis für jeweils 1 Flasche ergibt sich?

14. Rollgeld 91,25 EUR, Verpackungsspesen 82,00 EUR. Antworten Sie auf die Fragen der Aufgabe 13.

15. Als Grundlage für die Kalkulation ermitteln Sie die anteiligen Kosten der Sorten nach der Dosenzahl. Versandkosten 67,62 EUR.
    24 Dosen Fischkonserve. . je 0,80 EUR   50 Dosen Spargel . . . . je 2,50 EUR
    48 Dosen Champignons. . je 2,00 EUR   25 Dosen Spargelspitzen . je 3,50 EUR

Sie vermeiden Fehler durch sorgfältige Einhaltung des Schemas.

8.1 Aufgabensatz mit Punktevorschlägen

8 Pkt. **1.** Ein Kapital von 25.200,00 EUR auf dem Festgeldkonto war bisher mit 4 % verzinst. Nach der Auflösung des Kontos werden für 25.200,00 EUR Wertpapiere gekauft, die mit 8 % verzinst werden.
In welcher Zeit erzielen die Wertpapiere den gleichen Zins, wie das Sparkonto in einem Jahr erbrachte?

8 Pkt. **2.** Welches Kapital bringt in 120 Tagen zu 8 % genauso viel Zinsen wie 6.750,00 EUR in 90 Tagen zu 6 %?

8 Pkt. **3.** Für die Renovierung nimmt ein Gastronom insgesamt 72.000,00 EUR auf, dafür zahlt er monatlich insgesamt 496,00 EUR Zinsen. Für ein Darlehen in Höhe von 40.000,00 EUR zahlt er 7,2 %. Wie viel % zahlt er für das andere Darlehen?

8 Pkt. **4.** Der Hotelier Lehmann zahlt am 28. August eine Rechnung von 15.600,00 EUR und 332,80 EUR Verzugszinsen, nämlich 9,6 %. Wann war die Rechnung eigentlich fällig?

8 Pkt. **5.** Eine Familienpension hat den Preis für die Vollpension um 15 % auf 32,20 EUR erhöht. Wie hoch war der Preis vor der Erhöhung?

8 Pkt. **6.** Eine Fachgehilfin hat einen monatlichen Nettolohn von 1.240,00 EUR vereinbart. Wie lautet der Bruttolohn, wenn 54 % Gesamtbezüge für Steuern, Sozialversicherung, Kost und Logis erfolgen?

8 Pkt. **7.** Eine Kalbsschulter wird ausgelöst und gebraten. Der fertige Braten wiegt 1.404 g, der Auslöseverlust ist 22 %, der Bratverlust 25 %.
Errechnen Sie das Gewicht der Kalbsschulter.

8 Pkt. **8.** Wegen gestiegener Kosten werden die Preise um 12 % erhöht.
Was kostet ein Menü vor und nach der Erhöhung, wenn der Aufschlag 1,80 EUR beträgt?

8 Pkt. **9.** Ein Chef de rang hat laut Abrechnung 1.904,00 EUR einschließlich 19 % Umsatzsteuer eingenommen.
Berechnen Sie die Umsatzsteuer in EUR.

12 Pkt. **10.** Ein Hotel hat 120 Betten. Es war:
2008 zu 64 % belegt, durchschnittlicher Preis pro Übernachtung 32,00 EUR
2009 zu 57 % belegt, durchschnittlicher Preis pro Übernachtung 60,00 EUR
2010 zu 59 % belegt, durchschnittlicher Preis pro Übernachtung 70,00 EUR.
Errechnen Sie:
a) die durchschnittliche Belegung der 3 Jahre in %.
b) die Zahl der belegten Betten im Jahr 2008 (1 J = 360 Tage)
c) die Gesamteinnahme in den 3 Jahren.

8 Pkt. **11.** Zwei Sorten Teegebäck zu 8,25 EUR und 7,40 EUR je kg sollen so gemischt werden, dass der Mischungspreis je kg 7,90 EUR beträgt und 8,5 kg benötigt werden.
Errechnen Sie:
a) das Mischungsverhältnis,
b) die Mengen der beiden Sorten.

8 Pkt. **12.** Eine Knabbermischung soll im Kilo 7,50 EUR kosten. Die Haselnüsse kosten je kg 6,70 EUR, ein Restposten von 12 kg Cashew-Kernen kostet je kg 8,70 EUR; er soll voll verwendet werden:
Errechnen Sie:
a) das Mischungsverhältnis,
b) wie viel kg Haselnüsse beigemischt werden.

_____
100 Pkt.

9 Währungsrechnen

Das gesetzliche Zahlungsmittel eines Staates nennt man Währung. Fast alle Staaten haben eine eigene Währung, darum muss man bei gestiegenem internationalem Verkehr die wichtigen Währungen kennen. Das gilt besonders für die Beschäftigten der Gastronomie als Träger des Fremdenverkehrs. Seit dem 01.01.1999 besteht in der Europäischen Gemeinschaft (EU) offiziell eine Währungsunion aus Ländern, die die hochgesteckten Stabilitätskriterien erfüllen, z.B. solide Haushaltserstellung, geringer Schuldenstand u.a.

Vorbild in der Kontrolle und Lenkung ist die deutsche Bundesbank, jetzt weitgehend abgelöst durch die Europäische Zentralbank (EZB) mit Sitz in Frankfurt. Teilnehmende Länder sind: „Euroland": Belgien, Deutschland, Finnland, Frankreich, Griechenland, Republik Irland, Italien, Luxemburg, Malta, Niederlande, Österreich, Portugal, Slowakei, Slowenien, Spanien und Zypern.

Weitere Länder können teilhaben, wenn sie die Kriterien erfüllen und deren Parlamente zustimmen. In den 16 Ländern („Euroland") wurden die nationalen Währungen abgelöst durch den Euro (die Abkürzung lautet „EUR", für die Untereinheit Cent lautet sie „ct"). Somit entfallen intern Wechselkurse und Währungstausch.

Festgeschrieben sind die Kurse zum Euro, z.B.:   1 Euro = 1,955.83 DM

Es gilt in den genannten Ländern nur noch der Euro.
Wichtig sind zwei Arten des Umtausches:

$$\text{Fremdwährung} \longrightarrow \text{EUR}$$
$$\text{EUR} \longrightarrow \text{Fremdwährung}$$

Grundlage für solche Umrechnungen ist der Kurs als Preis, der für eine Einheit oder 100 Einheiten einer anderen Währung in EUR gezahlt werden muss.

Auszug aus der Kurstabelle der Banken*

Land	Währung			Kurs in EUR für 100
	Einheit	Zeichen	Unterteilung	Einheiten
Japan	Yen	JPY	100 Sen	0,65
Brasilien	Real	R$	100 Centavos	21,37
Kanada	Can.Dollar	CDA	100 Cent	64,00
Schweiz	Schweizer Franken	sfr	100 Rappen	60,68
Südafrika	Rand	ZAR	100 Cent	7,27
Türkei	Lyras	TL	100 Kurus	52,08
Polen	Zloty	ZL	100 Groszy	24,59
Dänemark	Kronen	dkr	100 Öre	12,82
Norwegen	Kronen	nkr	100 Öre	11,87
Schweden	Kronen	skr	100 Öre	9,93
Australien	Aus.Dollar	AUD	100 Cent	58,00
USA	Dollar	$	100 Cent	70,00
Großbritannien	Pfund Sterling	£	100 New Pence	129,00

* Die Kurse ändern sich von Tag zu Tag und unterliegen z.T. großen Schwankungen. Der jeweilige Tageskurs ist bei einem Kreditinstitut zu erfahren. Die abgedruckte Tabelle zeigt daher nur sehr grob die Wechselkurse an.

Beispiele

a) Ein Gast zahlt mit 10 Dollar, wie viel EUR sind das?

$$\frac{70,00 \cdot 10}{100} = 7,00 \text{ EUR}$$

Auslandswährung → EUR

$$\boxed{\frac{\text{Kurs} \cdot \text{Auslandswährung}}{100} = \text{EUR}}$$

b) Sie möchten 20 EUR in englische Pfund umtauschen, wie viel erhalten Sie?

$$\frac{100 \cdot 20}{152,20} = 13,14 \text{ £}$$

EUR → Auslandswährung

$$\boxed{\frac{100 \cdot \text{EUR}}{\text{Kurs}} = \textbf{Auslandswährung}}$$

Übungsaufgaben

1. 85 $ = ? EUR

2. 138,5 dkr = ? EUR

3. 48,56 TL = ? EUR

4. 5.860 ZL = ? EUR

5. 50,00 EUR = ? $

6. 122,00 EUR = ? dkr

7. 25,60 EUR = ? TL

8. 810,00 EUR = ? ZL

9. Während Ihres Urlaubs in Norwegen bietet man Ihnen eine Holzstatue eines bekannten Schnitzers für 712 nkr an. Sie haben nur noch 60,00 EUR für Geschenke übrig. Wie viel nkrs haben Sie?

10. Der Koch-Commis Thomas erhält ein Angebot aus Genf, für 1.450 sfrs in einem Spezialitäten-Restaurant zu arbeiten. Wie viel EUR würden ihm verbleiben, wenn er für das Zimmer 60 sfrs und an die Bausparkasse monatliche 132,50 EUR zahlen muss?

11. Der Zahlkellner eines Skihotels errechnet für eine Familie: 2 × Gedeck 4 zu 12,60 EUR, 1 × Gedeck 3 zu 11,20 EUR, 1 × Gedeck 5 zu 14,00 EUR und Getränke für 16,40 EUR. Der Herr zahlt mit 1.25 $. Wie viel EUR erhält er zurück?

12. Ein deutscher Gast hat in Kopenhagen für 5 Tage Aufenthalt 248,80 EUR zu entrichten. Er zahlt mit 50 $ und legt für die Bedienung noch 80,00 EUR dazu. Wie viel EUR hat der Gast noch zu zahlen?

13. Während eines Kurzaufenthaltes in Davos erhalten Sie ein Sonderangebot: Herrenpullover 42 sfr, Ski-Stiefel 185 sfr, Ski 143 sfr, Zubehör 46 sfr. Der Verkäufer erklärt zwinkernd, das seien noch nicht einmal 350,00 EUR. Prüfen Sie seine Angabe.

14. Der Hotelier Wagemann kauft von der Bodenkauf AG für 2.500 sfr ein Wochenendhaus in den Cevennen. Die Bodenkauf AG berechnet zusätzlich 3,5 % des Verkaufspreises als Vermittlungsgebühr. Wie viel EUR muss Herr Wagemann bezahlen?

15. Ein Handelsvertreter bittet Sie, ihm folgendes Geld einzutauschen: 100,00 EUR in nkrs, 22,00 skrs in dkrs, 85,00 EUR in sfrs. Wie viel erhält er jeweils?

16. Ein schwedischer Gast bittet den Portier, ihm 200 skr in $ umtauschen zu lassen. Der Portier kennt nicht den direkten Kurs, er findet aber eine Lösung. Wie viel $ erhält der Gast?

17. Während einer Zwischenlandung in Frankfurt will ein Amerikaner 240 $ in EUR tauschen, damit er bei der Ankunft in Rom sofort passendes Geld hat. Wie viel EUR erhält er?

18. Ein Weltenbummler bezahlt seinen Urlaub im Kurort in Bayern: 280,00 $, 610 sfrs, 135 £ Sterling. Wie teuer war die Pension täglich, wenn er 28 Tage anwesend war?

19. Die Empfangsassistentin Renders soll im Auftrag eines amerikanischen Gastes 2.500 Dollar in EUR eintauschen.
Am Bankschalter liest sie:
Ankauf: 100 $ = 70,00 EUR
Verkauf: 100 $ = 74,60 EUR
Welcher Kurs gilt? Wie viel EUR erhält sie?

1. An- oder Verkauf beziehen sich immer auf eine Fremdwährung, niemals auf die eigene Währung.
2. Ob es sich bei der Abwicklung um einen Ankauf oder Verkauf handelt, ist immer aus der Sicht der Bank zu sehen.

Also: $100 \$ = 70,00 \text{ EUR} = \dfrac{70,00 \text{ EUR} \cdot 2.500}{100} = 1.750,00 \text{ EUR}$

20. Wie viel EUR erhält ein Gast aus Chicago für 282 $?

21. Ein Journalist möchte in Mannheim 4.200,00 EUR in Dollar wechseln.
    Wie viel Dollar erhält er?

22. Der Hotelboy hat nach der Frankfurter Messe Kassensturz gemacht und folgendes Trinkgeld erhalten:
    142,40 $; 126,80 sfrs (Ankauf 61,01 EUR, Verkauf 63,78 EUR)
    Wie viel EUR erhält er?

23. In einem Großhotel will ein schwedischer Tourist 16.280 skrs in EUR wechseln. Das Haus berechnet 1,2 % Gebühr und bietet folgende Kurse: Ankauf 100 skr = 9,88 EUR, Verkauf 100 skr = 10,99 EUR.
    Wie viel EUR erhält er?

24. Für eine Informationsreise nach Oslo und Schweden, um eine Aktionswoche in seinem Hotel vorzubereiten, benötigt Hotelier Leyer für
    2.400,00 EUR (nkrs; 100 nkrs = 7,46/8,28 EUR)
    4.300,00 EUR (skrs; 100 skrs = 9,88/10,99 EUR)
    Errechnen Sie, wie viel norwegische und schwedische Kronen er erhält.

Im Bankwesen unterscheidet man:

1. Sorten
Münzen und Banknoten ausländischer Währungen

2. Devisen
Wechsel, Schecks oder Zahlungsanweisungen, die auf ausländische Währungen lauten und im Ausland zahlbar sind

---

Der Kettensatz ist eine Zusammenfassung von Dreisätzen mit geradem Verhältnis. Beim Währungsrechnen nutzen wir ihn, wenn wir zwei Fremdwährungen miteinander wechseln wollen.

Beispiel

Ein Gast aus Kopenhagen beauftragt den Portier, 500 dkr in amerikanische Dollar wechseln zu lassen. Wie viel $ erhält der Gast?

Lösungsmöglichkeiten

a) Dreisatz

(1) Umwandlung von dkr in EUR
100 dkr – 7,45 EUR
500 dkr – ? EUR

$x = \dfrac{7,45 \text{ EUR} \cdot 500}{100} = 37,25 \text{ EUR}$

(2) Umwandlung von EUR in $
70   EUR – 100 $
37,25 EUR – ? $

$x = \dfrac{100 \cdot 37,25}{70} = 53,21 \$$

b) Kettensatz

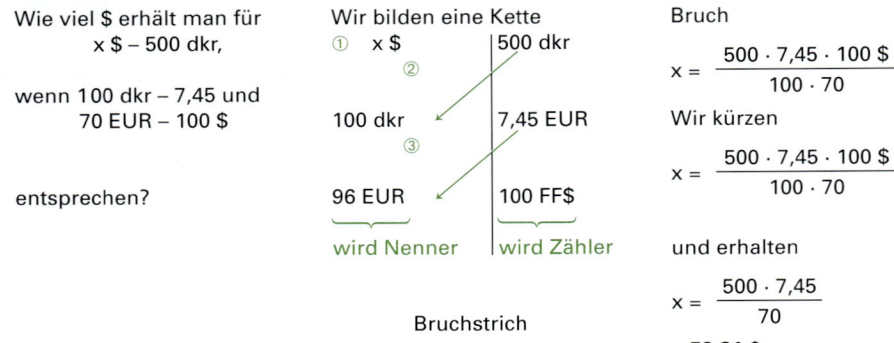

Wie viel \$ erhält man für
x \$ – 500 dkr,

wenn 100 dkr – 7,45 und
70 EUR – 100 \$

entsprechen?

Wir bilden eine Kette

①   x \$ | 500 dkr

     ②

100 dkr   7,45 EUR

     ③

96 EUR | 100 FF\$

wird Nenner |_wird Zähler_

Bruchstrich

Bruch

$$x = \frac{500 \cdot 7{,}45 \cdot 100 \ \$}{100 \cdot 70}$$

Wir kürzen

$$x = \frac{500 \cdot 7{,}45 \cdot 100 \ \$}{100 \cdot 70}$$

und erhalten

$$x = \frac{500 \cdot 7{,}45}{70}$$

$$= \mathbf{53{,}21 \ \$}$$

① Wonach ist gefragt?
② Die folgenden Glieder haben rechts wie links dieselbe Bezeichnung.
③ Die Kette ist geschlossen, wenn das erste und letzte Glied in der Benennung übereinstimmen.

Die Kette wird gelöst, indem man das Produkt _rechts_ durch das Produkt _links_ dividiert.
Folgerung: Der Rechenweg ist kürzer und bietet Rechenvorteile durch Kürzen.

25. Das Messehotel „Turmhof" beherbergt Gäste aus vielen Ländern. In der Bar möchte ein Deutscher 104,40 EUR einem Schweden in Kronen eintauschen.
Wie viele skr muss der schwedische Gast auszahlen?

26. Ein Schweizer Importeur soll eine Lieferung Fjordlachs für 25.420 nkr mit Franken bezahlen. Errechnen Sie den Betrag in Schweizer Franken.

27. Ein deutscher Tourist möchte überzählige 1.240 US Dollar in EUR tauschen.
Kurs: 70 EUR = 100 US-Dollar. Wie viel EUR erhält er?

28. Der Empfangs-Assistent Kurtz soll im Auftrag von Gästen folgende „Vorgänge" bei der Bank erledigen:
  – Für Gast A 6.200 \$ in norwegische Kronen,
  – für Gast B 14.430 dkr in Pfund Sterling,
  – für Gast C 420 £ in amerikanische Dollar einwechseln.

Errechnen Sie die jeweiligen Werte.

10 Mischungsrechnen

In der Praxis werden Waren zur Verbesserung der Qualität, zur Anpassung an die Preisentwicklung, vor allem aber um den gewandelten Verbraucherwünschen gerecht zu werden, in unterschiedlichen Mengen gemischt.
Nach dem Ziel dieses Mischens ergeben sich verschiedene Aufgabenstellungen.

10.1 Errechnen des Durchschnitts

Beispiele

a) In einem Betrieb soll der durchschnittliche Stromverbrauch ermittelt werden:

Montag	185 kWh	(1)
Dienstag	165 kWh	(2)
Mittwoch	205 kWh	(3)
Donnerstag	202 kWh	(4)
Ruhetag	40 kWh	(5)
Samstag	408 kWh	(6)
Sonntag	500 kWh	(7)
	1.705 kWh	: 7 Tage = 243,6 kWh

Durchschnittlich werden **243,6 kWh** pro Tag verbraucht.

b) Wie teuer ist ein Kilo Mischung, wenn Folgendes gekauft wurde:

2 kg Santos	je 8,00 EUR	= 16,00 EUR
3 kg Rio	je 11,00 EUR	= 33,00 EUR
5 kg Costa Rica	je 12,50 EUR	= 62,50 EUR
10 kg Kaffee kosten		111,50 EUR

111,50 EUR : 10 = 11,15 EUR
1 kg dieser Mischung kostet **11,15 EUR**.

Übungsaufgaben

1. Ermitteln Sie den Durchschnitt:
   27,605 kg,   45,228 kg,   27,325 kg   1,005 kg   48,175 kg.

2. Ermitteln Sie den Durchschnitt:
   68,000 kWh,   104,680 kWh,   22,070 kWh,   45,140 kWh.

3. Wie viel Liter Bier sind täglich durchschnittlich bereitzustellen?

Montag	612 Glas je 0,2 l	Donnerstag	523 Glas je 0,2 l
Dienstag.	316 Glas je 0,2 l	Samstag.	628 Glas je 0,2 l
Mittwoch	518 Glas je 0,2 l	Sonntag	1.314 Glas je 0,2 l

4. 18 kg Brasil je 9,60 EUR und 21 kg Santos je 11,35 EUR werden gemischt. Wie teuer ist 1 kg Mischung?

5. Wie teuer ist 1 kg gemischtes Obst, wenn Folgendes gekauft wurde:

15,5 kg Äpfel	je 1,32 EUR
28,0 kg Birnen	je 1,56 EUR
18,2 kg Kirschen	je 0,95 EUR
24,5 kg Pflaumen	je 1,13 EUR

6. Für *Mischfett* zum Braten benötigt man:

1,4 kg Schmalz . . . . je 2,40 EUR   1,3 kg Erdnussfett . . . .   je 1,40 EUR
0,6 kg Palmin. . . . . je 1,87 EUR

a) Wie viel EUR kostet 1 kg Mischung?
b) Was kosten 60 g?

7. Gemischer *Aufschnitt* wird zusammengestellt aus:

1,2 kg Leberkäs	je kg 8,20 EUR
0,8 kg Zigeunerpastete	je kg 9,30 EUR
0,8 kg gekochtem Schinken	je kg 9,10 EUR
0,6 kg rohem Schinken	je kg 12,40 EUR
1,4 kg Zungenwurst	je kg 9,10 EUR

a) Wie teuer ist die Gesamtmenge?
b) Was kostet ein Aufschnittteller (180 g), wenn für sonstige Beilagen 0,60 EUR gerechnet werden?

8. Für einen erfrischenden *Heringssalat* lautet das Rezept

		A	B
8 Matjesfilets je 65 g	je kg	11,40 EUR	11,60 EUR
⅜ l saure Sahne	je l	1,80 EUR	1,85 EUR
¾ kg Rote Beete	je kg	1,30 EUR	1,30 EUR
4 saure Gurken je 50 g	je St.	0,20 EUR	0,15 EUR
¼ Pfund Zwiebeln	je kg	1,20 EUR	1,60 EUR
0,8 kg Äpfel	je kg	0,90 EUR	1,20 EUR
0,8 kg gebratenes Schweinefleisch	je kg	9,40 EUR	9,40 EUR

a) Wie viel EUR kostet die Rezeptur A, wie viel kg ergibt sie?
b) Wie viel ganze Portionen zu 125 g erhält man?
c) Wie teuer sind 200 g Salat?
d) Errechnen Sie die Angaben nach B.

9. Für eine Kindergesellschaft wird *Studentenfutter* bereitet:

2,5 kg Haselnüsse	je kg	5,20 EUR
1,5 kg Cashew-Kerne	je kg	11,85 EUR
1,2 kg Walnüsse	je kg	9,70 EUR
0,6 kg Mandeln	je kg	9,10 EUR
2,5 kg Rosinen	je kg	2,30 EUR

a) Wie teuer ist die Mischung?
b) Was kostet eine Portion von 125 g?
c) 95 Kinder sollen eine Tüte davon erhalten. Wie viel g enthält sie und wie teuer wird sie sein?

10. Für eine *Kaffeemischung* benötigen Sie:

7,50 kg Santos	je kg	9,10 EUR
4,25 kg Salvador	je kg	10,50 EUR
8,25 kg Costa Rica	je kg	12,20 EUR

a) Wie teuer wird die Mischung?
b) Welcher Materialpreis muss für die Kalkulation zugrunde gelegt werden für 1. eine Tasse Kaffee (8 g), 2. ein Kännchen Kaffee (20 g), 3. eine Maschine von 4 l (310 g)?

10.2 Ermitteln des Mischungsverhältnisses

Beispiel

Zwei Weine sollen so gemischt werden, dass der Liter Verschnitt für 3,00 EUR angeboten werden kann. Vorhanden sind:
Wein A je l 2,40 EUR und Wein B je l 3,40 EUR. In welchem Verhältnis müssen die Weine gemischt werden?

Lösung

| je verwendeten Liter + 0,60 EUR = Gewinn | | je verwendeten Liter − 0,40 EUR = Verlust |

Für den Betrieb wäre es interessant und gewinnreich, möglichst viel Wein der Sorte A zu verwenden. Das geht aber aus Gründen der Qualität nicht. Nimmt man zu viel von Sorte B, bessert sich die Qualität, aber man erleidet einen Verlust.
Darum rechnet man mit dem *Andreaskreuz*:
Mischen

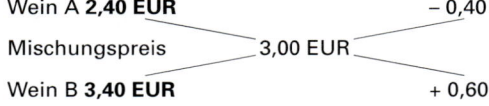

Wein A **2,40 EUR** − 0,40

Mischungspreis 3,00 EUR

Wein B **3,40 EUR** + 0,60

Kürzen	Probe
4 = 2	· **2,40 EUR** = 4,80 EUR
6 = 3	· **3,40 EUR** = 10,20 EUR

5 Teile kosten 15,00 EUR

Mischungsverhältnis A : B = **2 : 3**.
Denn: das Verhältnis von + und − muss ausgeglichen sein.

Probe
5 l kosten 15,00 EUR
1 l kostet 15,00 EUR: 5 → 1 l kostet 3,00 EUR

Erläuterung des Kürzens:
A : B = 0,40 : 0,60 als Bruch geschrieben →

$$\frac{A}{B} = \frac{0,40}{0,60} \rightarrow \text{gekürzt } \frac{A}{B} = \frac{2}{3}$$

also → A : B = 2 : 3

Übungsaufgaben

Errechnen Sie die Mischungsverhältnisse, stellen Sie die Probe.

	Sorte A	Sorte B	Mischung	Probe
1.	7,50 EUR	9,50 EUR	9,00 EUR	?
2.	1,85 EUR	2,60 EUR	2,25 EUR	?
3.	16,40 EUR	22,00 EUR	18,00 EUR	?
4.	2,80 EUR	4,00 EUR	3,50 EUR	?
5.	12,60 EUR	14,10 EUR	13,40 EUR	?
6.	12,72 EUR	18,80 EUR	15,00 EUR	?

7. Ein Restposten von 8 kg Tee, je kg 33,00 EUR, soll mit der Sorte B, je kg 40,00 EUR, zu einer Mischung verarbeitet werden, die pro kg 38,00 EUR kostet und als Friesentee angeboten werden soll.

   a) Wie ist das Mischungsverhältnis?
   b) Wie viel kg der Sorte B kann man hinzumischen?

8. 42,4 l Wein, je l 8,40 EUR, soll mit Wein der Sorten B, je l 16,00 EUR, so verschnitten werden, dass der Liter für 9,00 EUR verkauft werden kann.

   a) Wie viel l Verschnitt ergeben sich?
   b) Welches Mischungsverhältnis ist richtig?

Stellen Sie den Mischungspreis stets in die Mitte!

10.3 Ermitteln der Mischungsmengen

Beispiel

Drei Weine sollen zur Verbesserung der Qualität im Verhältnis A : B : C = 2 : 3 : 5 verschnitten werden.
A kostet je l 2,50 EUR, B je l 2,80 EUR und C je l 4,00 EUR.
Wie viel Liter der Sorten müssen genommen werden und was kostet 1 l Verschnitt, wenn man 100 l erzeugt?

Lösung

```
   A        B        C       M
2 Teile + 3 Teile + 5 Teile = 10 Teile
                        10 Teile → 100 l
                         1 Teil  →  10 l
```

Danach ergibt sich:

Sorte A	2 Teile · 10 l →	20 l · 2,50 EUR =	50,00 EUR
Sorte B	3 Teile · 10 l →	30 l · 2,80 EUR =	84,00 EUR
Sorte C	5 Teile · 10 l →	50 l · 4,00 EUR =	200,00 EUR
Mischung M 10 Teile · 10 l →	100 l kosten		334,00 EUR (: 100)
	1 l kostet		**3,34 EUR**

Übungsaufgaben

Errechnen Sie Mischungsmengen und Preis je l oder kg.

	Mischungs menge	Verhältnis	Sorte A	Sorte B	Sorte C	Mengen	kg-Preis
1.	72 l	1 : 2 : 3	2,00 EUR	3,00 EUR	3,50 EUR	?	?
2.	1.200 kg	2 : 3 : 4	0,80 EUR	1,20 EUR	1,80 EUR	?	?
3.	15,4 l	5 : 6	14,60 EUR	22,00 EUR	–	?	?
4.	128,5 l	3 : 4	11,00 EUR	12,50 EUR	–	?	?
5.	1.000 kg	1,5 : 4 : 5	2,10 EUR	2,60 EUR	3,00 EUR	?	?
6.	240 l	2,5 : 3 : 5	0,80 EUR	0,95 EUR	1,50 EUR	?	?

7. Bei einer Veranstaltung sollen 80 Gäste je drei Gläser Bowle zu je 0,15 l erhalten.
  a) Wie teuer wird die Gesamtmenge, wenn A Wein je l 2,80 EUR, B Sekt je 0,7 l 6,50 EUR, C Früchte je l 4,00 EUR im Verhältnis A : B : C = 2 : 1 : 1,5 gemischt werden?
  b) Wie teuer wird 1 Glas Bowle?

8. Zum Mocca soll anlässlich eines Festmenüs feines Gebäck gereicht werden. Jeder der 82 Gäste soll ca 60 g Gebäck erhalten. Das Gebäck wird aus folgenden Sorten gemischt:
  A Waffeln je kg 7,20 EUR
  B Keks je kg 6,50 EUR
  C Spritzgebäck je kg 9,10 EUR
  Mischungsverhältnis: A : B : C = 2 : 3 : 5

  a) Wie viel kg von jeder Sorte werden benötigt?
  b) Wie hoch ist der Portionspreis?

10.4 Mischen mit drei Sorten

Beispiel

Zum Rosenmontag soll eine Kalte Ente angeboten werden zum Preis von 6,00 EUR je Liter. Aus Restbeständen verwendet man:
30 l Wein der Sorte A, je l 4,00 EUR
20 l der Sorte B, je l 5,00 EUR
Wie viel Liter Sekt der Sorte C, je l 7,20 EUR, dürfen genommen werden, damit man den Preis von 6,00 EUR je Liter Kalte Ente halten kann?

Lösung
1. Ermittlung der vorläufigen Mischung
   $M_1 \rightarrow$ Durchschnittsrechnung
2. $M_2 \rightarrow$ Andreaskreuz

zu 1.

A	30 l · 4,00 EUR	= 120,00 EUR
B	20 l · 5,00 EUR	= 100,00 EUR
M_1	**50 l** kosten	= 220,00 EUR
	1 l kostet	= **4,40 EUR**

Nebenrechnung:

3 Teile = 50 l Wein

$$1 \text{ Teil} = \frac{50}{3} \text{ l}$$

$$4 \text{ Teile} = \frac{50 \cdot 4}{3} = 66{,}667 \text{ l Sekt}$$

zu 2.
M_1 **4,40 EUR**   1,20

   Mischung M_2 6,00 EUR

   C   7,20 EUR   1,60

Kürzen	Probe		
3 Teile	= **50 l** ·	4,40 EUR	= 220,00 EUR
4 Teile	= 66,667 l ·	7,20 EUR	= 480,00 EUR

116,667 l kosten 700,00 EUR

Es können noch 66,667 l Sekt beigemischt werden.

> Richtig aufrunden oder abrunden!

Übungsaufgaben

1. In einem Delikatessengeschäft soll aus 4,5 kg Salami, kg 19,80 EUR, und 3,5 kg Bierwurst, kg 11,20 EUR, durch Verwendung von Knochenschinken, kg 19,00 EUR, eine verbesserte 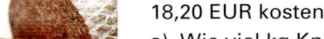 Aufschnittmischung hergestellt werden. Das kg darf nicht mehr als 18,20 EUR kosten.
   a) Wie viel kg Knochenschinken kann man nehmen?
   b) Wie groß ist das Gesamtgewicht des Aufschnittes?

2. Zu einem Sektfrühstück soll ein Käsebrett gerichtet werden. Der Gastgeber setzt als Norm 10,00 EUR je kg. Wie viel „alter Holländer", kg 11,00 EUR, kann noch eingeplant werden, wenn bereits 1,8 kg Tilsiter, kg 8,80 EUR, und 2 kg edler Camembert, kg 9,00 EUR, eingesetzt werden?

3. Mit wie viel Honduras, kg 12,50 EUR, darf man eine Mischung verfeinern, die aus 6 kg Santako, kg 8,80 EUR, und 14 kg Bolivia, kg 12,20 EUR, besteht und nur 12,00 EUR kosten darf?

4. Friesentee wird von der Firma gemischt aus:
   220 kg Pecco-Souchong . . . . kg 19,00 EUR
   300 kg Assam-Orange . . . . kg 22,00 EUR
   Wie viel kg der Spitzensorte Flowery Orange Pecco, kg 30,00 EUR, dürfen verwendet werden, wenn ⅛ kg 3,00 EUR kosten soll?

10.5 Mischen von drei oder mehr Sorten ohne Mengenvorgaben

Beispiel

Drei Kaffeesorten sollen zum Mischungspreis 18,00 EUR je kg gemischt werden aus: Sorte A 16,50 EUR, B 18,20 EUR, C 20,00 EUR je kg.
Wie lautet das Mischungsverhältnis?

Lösung

Wir reihen den Mischungspreis ein, ermitteln die + und – Werte und finden einen Ausgleich.

> Mehrere Lösungen sind möglich; notwendig ist ein Ausgleich zwischen Mischungsgewinn (+) und Mischungsverlust (–)

1. Lösungsbeispiel

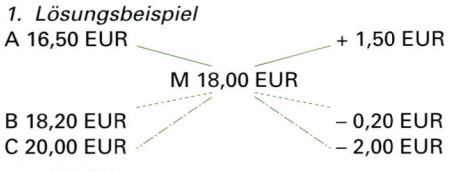

A 16,50 EUR   + 1,50 EUR

M 18,00 EUR

B 18,20 EUR   – 0,20 EUR
C 20,00 EUR   – 2,00 EUR

	Kürzen	Ausgleich	Probe
150 T	15 T	2 T = 30 +	2 · 16,50 EUR = 33,00 EUR
20 T	2 T	5 T = 10 –	5 · 18,20 EUR = 91,00 EUR
200 T	20 T	1 T = 20 –	1 · 20,00 EUR = 20,00 EUR

                30 –   8 Teile = 8 kg = 144,00 EUR : 8 kg = **18,00 EUR**

Antwort: A : B : C = 2 : 5 : 1

2. Lösungsbeispiel

A 16,50 EUR   + 1,50 EUR

M 18,00 EUR

B 18,20 EUR   – 0,20 EUR
C 20,00 EUR   – 2,00 EUR

	Kürzen	Ausgleich	Probe
150 T	15 T	6 T = 90 +	6 · 16,50 EUR = 99,00 EUR
20 T	2 T	5 T = 10 –	5 · 18,20 EUR = 91,00 EUR
200 T	20 T	4 T = 80 –	4 · 20,00 EUR = 80,00 EUR

                90 –   15 Teile = 15 kg = 270,00 EUR : 15 kg
                              = **18,00 EUR**

Antwort: A : B : C = 6 : 5 : 4

> Diese Lösungen sind auch bei 4, 5 oder mehr Mischungsanteilen richtig. Der Ausgleich zwischen den (+) Gewinn- und (–) Verlustwerten muss stimmen.

Übungsaufgaben

1. Getrocknetes Mischobst soll in kg für 5,00 EUR angeboten werden. Es besteht aus: Apfelringen, kg 4,20 EUR, Backpflaumen, kg 4,50 EUR, und Aprikosen, kg 6,00 EUR.
   Wie lautet das Mischungsverhältnis?

2. Eine Bowle aus Moselwein, je Liter 15,80 EUR, Rheinhessenwein, je Liter 18,40 EUR, und Sekt, je Liter 22,00 EUR, soll zum Glas-Preis von 3,00 EUR angeboten werden.
   Wie lautet das Mischungsverhältnis, wenn aus einem Liter sechs Gläser ausgeschenkt werden können?

3. Für ein Kurhotel soll eine Bettfedermischung von 66,00 EUR aus Sorte A (54,00 EUR), Sorte B (75,00 EUR) und C (71,00 EUR) hergestellt werden.
   Errechnen Sie das Mischungsverhältnis.

4. Eine Gebäckmischung soll zum 125-g-Preis von 0,85 EUR angeboten werden. Sie wird zusammengestellt aus:
   Eiswaffeln . . . . kg 5,20 EUR
   Spritzgebäck . . . . kg 6,00 EUR
   Kipferl . . . . kg 7,10 EUR
   Schokowaffeln . . . . kg 9,15 EUR
   In welchem Verhältnis werden die Gebäcke gemischt?

5. Studentenfutter soll für eine Kinder-Fete pro 62,5-g-Portion für 0,50 EUR angeboten werden. Mischungsanteile werden genommen von:
   Haselnüssen . . . . kg 6,80 EUR   Mandeln . . . . kg 11,40 EUR
   Sultaninen . . . . kg 7,00 EUR   Pistazien . . . . kg 12,80 EUR
   Walnusskernen . . . . kg 11,00 EUR
   In welchem Verhältnis kann die Mischung hergestellt werden?

6. Hergestellt werden 9,6 kg Hackfleisch zu 5,10 EUR je kg. Das Rindfleisch kostet 5,45 EUR je kg, das Kalbfleisch 5,65 EUR je kg und das Schweinefleisch 4,65 EUR je kg.
   Wie viel kg jeder Sorte braucht man?

7. Ein Marillenlikör soll zum Liter-Preis von 12,40 EUR verkauft werden. Zur Verfügung stehen:
   44 l Primasprit, je Liter 14,80 EUR
   Dicksaft, je Liter 10,20 EUR und
   Marillenbrand, je Liter 16,00 EUR
   Errechnen Sie:
   a) das Mischungsverhältnis,
   b) die Mengen des Dicksaftes und Marillenbrandes.

8. Der Rest einer Teesorte von 24 kg zum Preis von 27,00 EUR je kg soll für eine Mischung zum Kilopreis von 30,00 EUR verbraucht werden.
   Ergänzungssorten: A je kg 34,50 EUR und B je kg 37,50 EUR.
   a) Wie lautet das Mischungsverhältnis?
   b) Welche Gesamtmenge erhält man?

9. Aus drei Sorten soll eine Mischung zum ⅛-kg-Preis von 1,15 EUR hergestellt werden und zwar aus Sorte A zu 8,40 EUR/kg; B zu 9,40 EUR/kg; C zu 10,40 EUR/kg.
   a) Errechnen Sie das Mischungsverhältnis.
   b) Wie viel kg müssen von den Sorten B und C genommen werden, wenn von der Sorte A noch 3,500 kg verwendet werden?

10. Errechnen Sie das Mischungsverhältnis und die Ergänzungsmengen:

	a)	b)	c)	d)
Vorrat Sorte I	18,200 kg	25,000 kg	100,000 kg	2.640,000 kg
Mischungspreis	4,30 EUR	6,00 EUR	15,00 EUR	24,80 EUR
Sorte I	4,80 EUR	4,80 EUR	11,20 EUR	22,50 EUR
Sorte II	3,60 EUR	5,40 EUR	14,80 EUR	25,00 EUR
Sorte III	–	7,20 EUR	16,60 EUR	27,00 EUR

10.6 Gemischte Übungsaufgaben

11. Das Restaurant *Bierquelle* hatte am Freitag einen glänzenden Umsatz:
    612 Glas Export à 0,2 l je 1,10 EUR
    234 Glas Export à 0,4 l je 1,90 EUR
     12 Glas Export à 0,5 l je 2,20 EUR
    Wie teuer ist 1 l Bier durchschnittlich?

12. Der Inhaber des Weinlokals *Rebstock* in Rüdesheim kauft 4 Halbstück Wein:
    1. Halbstück 602 l für 540,00 EUR
    2. Halbstück 612 l für 625,00 EUR
    3. Halbstück 608 l für 912,00 EUR
    4. Halbstück 598 l für 1.216,00 EUR
    Um einen harmonischen Wein zu erhalten, mischt er vom
    1. Halbstück 420 l,
    2. Halbstück 430 l,
    3. Halbstück 350 l,
    4. Halbstück 400 l.
    Wie teuer wird 1 l Verschnitt?

13. Errechnen Sie das Mischungsverhältnis:
    a) Sorte A 2,10 EUR, Sorte B   3,00 EUR, Mischung 2,50 EUR
    b) Sorte A 8,50 EUR, Sorte B 12,00 EUR, Mischung 9,00 EUR

14. a) Sorte A 16,80 EUR, Sorte B 22,00 EUR, Mischung 20,00 EUR
    b) Sorte A 22,50 EUR, Sorte B 28,00 EUR, Mischung 24,00 EUR

15. 58,5 kg Pralinen sollen aus den Sorten
    A zu 6,50 EUR je kg,
    B zu 8,00 EUR je kg,
    C zu 9,50 EUR je kg gemischt werden.
    Mischungsverhältnis: A : B : C = 2 : 3 : 4
    a) Wie viel kg jeder Sorte müssen genommen werden?
    b) Wie teuer wird eine Schachtel mit 400 g Pralinen?

16. Wie viel kg Mischung entstehen, wenn die Sorten A, B und C im Verhältnis 1 : 2 : 3 gemischt werden? B = 10,5 kg.

17. Wie teuer wird die Gesamtmischung, wenn die Sorten A = 0,80 EUR je kg, B = 0,95 EUR je kg und C = 2,10 EUR je kg im Verhältnis A : B : C = 2 : 3 : 5 stehen. C = 12 kg.

18. Wie teuer würde die Mischung, wenn A = 0,80 EUR mit 24 kg an der Mischung beteiligt wäre?

19. 4,4 Liter Bowle werden hergestellt aus: Ananassaft, je Liter 4,60 EUR; Moselwein, je Liter 5,20 EUR; Sekt, je Liter 6,00 EUR. Die Bowle soll 5,40 EUR je Liter kosten. Berechnen Sie:
    a) das Mischungsverhältnis,
    b) die Anteile in Liter.

20. Der Kunde verlangt 285 g Aufschnitt, bestehend aus Roastbeef und rohem Schinken.

    a) In welchem Verhältnis muss die Verkäuferin mischen, wenn der Mischungspreis von 11,50 EUR/kg vorgegeben ist, aber der Kilopreis für Roastbeef 8,70 EUR und für Schinken 14,50 EUR ist?

    b) Wie viel Gramm der beiden Sorten erhält der Kunde?

    c) Wie teuer wird die gewünschte Menge?

21. Ein Restposten von 6,4 kg Kaffee, je kg 8,50 EUR soll mit einer besseren Sorte B, je kg 12,00 EUR, aufgebessert werden. Die Mischung darf pro kg 11,00 EUR kosten.

    a) Welches Mischungsverhältnis ist richtig?

    b) Welche Gesamtmenge erhält man?

22. Waldorfsalat wird bereitet aus:

2.250 g Boskop-Äpfeln	je kg	1,42 EUR
12 jungen Sellerieknollen (á 210 g)	je kg	1,75 EUR
650 g Walnusskernen	je kg	8,46 EUR
$\frac{3}{8}$ l Schlagsahne	je l	2,80 EUR
450 g Mayonnaise	je kg	3,60 EUR
$\frac{1}{8}$ l Zitronensaft von 6 Zitronen	je St.	0,22 EUR
w. Pfeffer, Salz, etwas Zucker	für	0,70 EUR

    a) Wie viel Kilo Salat erhält man? (1 l = 1.000 g)

    b) Wie teuer wird diese Rezeptur?

    c) Was kostet eine Portion von 125 g?

    d) Wie teuer wird eine Schale von 150 g als Beilage zum Rehrücken, wenn man 350 % Bruttoaufschlag veranschlagt?

10.7 Aufgabensatz mit Punktevorschlägen

6 Pkt.   **1.** Ein Koch bewirbt sich in Basel um die Stelle als Chef-Entremetier. Er verdient zzt. 2.250,00 EUR brutto und möchte sich finanziell nicht verschlechtern.

        Wie viel Schweizer Franken muss er fordern?

8 Pkt.   **2.** Wo ist es günstiger, 9.600,00 Dollar umzutauschen, wenn der Kurs in Paris 0,68 EUR und in Düsseldorf 0,70 EUR beträgt, man hier für 100 Dollar aber 0,4 % Provision zahlt?

        Ermitteln Sie den Gewinn in EUR.

8 Pkt.   **3.** Ein Gast aus Genf hat 8 Tage ein Einzelzimmer für 78,00 EUR bewohnt. Er erhält 10 % Hausrabatt und zahlt 250,00 EUR an. Die Restsumme möchte er mit Schwedischen Kronen bezahlen (100 skr = 11,45 EUR).

        Wie viel Schwedische Kronen muss er zur Ergänzung zahlen?

8 Pkt.   **4.** Ein amerikanischer Gast möchte 2.000,00 Dollar in Schweizer Franken eintauschen. Errechnen Sie den Betrag.

8 Pkt.   **5.** Ein Auslandskorrespondent bittet die Hotelsekretärin, 4.500,00 Pfund Sterling in kanadische Dollar zu tauschen. Die Wechselgebühr des Hotels ist 0,8 %.

        Wie viele kanadische Dollar erhält er?

6 Pkt.   **6.** Ein Gast bittet an der Rezeption eines deutschen Hotels, ihm 820 sfrs in EUR umzutauschen.

        Kurs: **Ankauf** 53,10 EUR,   **Verkauf** 57,32 EUR

        Wie viel EUR erhält er?

8 Pkt. **7.** Der Umsatz einer Raststätte von 918.240,00 EUR verteilt sich wie folgt:
a) alkoholhaltige Getränke $\frac{3}{8}$,
b) alkoholfreie Getränke $\frac{1}{5}$,
c) Speisen $\frac{1}{3}$,
d) Rest andere Dienstleistungen und Waren.
Berechnen Sie die wertmäßigen Anteile der vier Warengruppen in EUR.

8 Pkt. **8.** Beim Konkurs eines Wirtes haben die Gläubiger folgende Forderungen:
A 18.000,00 EUR   B 13.000,00 EUR   C 9.500,00 EUR
D 4.500,00 EUR   E 1.500,00 EUR

Wie viel EUR erhält jeder Gläubiger, wenn nach der Abrechnung nur 5.115,00 EUR zur Verfügung stehen, die entsprechend der Forderung zu verteilen sind?

8 Pkt. **9.** Anlässlich eines Betriebsjubiläums soll an die Mitarbeiter eine Treueprämie in Höhe von 17.264,00 EUR ausgezahlt werden. Errechnen Sie den jeweiligen Anteil, wenn die Dauer der Betriebszugehörigkeit zum Verteilerschlüssel wird.

Name des Mitarbeiters	Zugehörigkeit zum Betrieb
Lehmann	18 Jahre und 9 Monate
Koch	15 Jahre und 4 Monate
Tsionanis	11 Jahre und 5 Monate
Herzberg	6 Jahre und 3 Monate
Kurtenbach	3 Jahre und 7 Monate

6 Pkt. **10.** Zwei Sorten Pralinen zu 16,50 EUR und 14,80 EUR je kg sollen so gemischt werden, dass der Mischungspreis 15,20 EUR je kg beträgt. Errechnen Sie:
a) das Mischungsverhältnis,
b) die Anteilsmengen, wenn 8,5 kg bestellt sind.

8 Pkt. **11.** Eine Kaffeemischung wird bereitet aus:
5,7 kg Santos . . . . je kg   8,50 EUR
7,4 kg Costa Rica . . . . je kg 10,80 EUR
8,3 kg Kenia . . . . je kg 11,20 EUR
a) Wie teuer ist 1 kg Mischung?
b) Was kosten 18 g Kaffee für ein Kännchen?

8 Pkt. **12.** Gemischt werden: Santos-Kaffee, je kg 8,60 EUR, mit Kenia-Kaffee, je kg 11,60 EUR. Der Preis der Mischung soll 10,00 EUR betragen und 32,5 kg des Kenia-Kaffees sollen in die Mischung eingehen.
Errechnen Sie:
a) das Mischungsverhältnis,
b) die Menge des zuzumischenden Santos-Kaffees.

10 Pkt. **13.** Für „Bunte Teller" werden zusammengestellt:
4,250 kg Spekulatius . . . . je kg   4,20 EUR
3,200 kg Dominosteine . . . . je kg   5,90 EUR
und Aachener Printen . . . . je kg 11,00 EUR
Der Mischungspreis pro kg darf 7,00 EUR betragen.
Errechnen Sie:
a) das Mischungsverhältnis,
b) wie viel kg der Printen verwendet werden können.

100 Pkt.

74

Fachrechnen

1 Arbeiten in der Küche

1.1 Vorbereitungsverluste – Mengen und Kosten

Übungsaufgaben

1. Ein Roastbeef wiegt 16,500 kg und kostet je kg 13,00 EUR. Die Knochen und Parüren wiegen 5,3 kg und werden mit 2,00 EUR je kg angerechnet.
   a) Wie viel % betragen die Knochen und Parüren?
   b) Wie viel EUR kostet 1 kg pariertes Fleisch?

2. Das Rohgewicht eines Roastbeefs beträgt 18,50 kg. 1 kg kostet im Einkauf 12,80 EUR. Die Knochen und Parüren betragen 34,5 % und werden mit 2,20 EUR je kg abgesetzt.
   a) Wie viel kg des angelieferten Roastbeefs sind Knochen und Parüren?
   b) Wie viel EUR kostet 1 kg pariertes Fleisch?

3. 22,6 kg Rinderrücken kosten im Einkauf 11,20 EUR je kg.
   a) Wie viel EUR sind an den Fleischlieferanten zu zahlen, wenn 7,5 % Rabatt gewährt und 3 % Skonto durch Barzahlung genutzt wurden?
   b) Wie viel EUR kostet 1 kg pariertes Fleisch, wenn folgende Abgänge anfallen: 3,950 kg Parüren für Ragout, je kg 5,00 EUR; 1,120 kg Parüren für Hackfleisch, je kg 3,60 EUR; 5,750 kg Knochen, Fett und Sehnen, je kg 1,20 EUR?

4. Ein Kalbssattel mit 5,350 kg Einkaufsgewicht kostet je kg 11,60 EUR. Die Abgänge betragen 46,5 % und werden mit 3,50 EUR je kg angerechnet.
   a) Wie viel EUR kostet 1 kg pariertes Fleisch?
   b) Wie viel EUR beträgt der Materialwert eines Steaks von 160 g Rohgewicht?

5. Eine Oberschale aus der Kalbskeule wiegt pariert 1,360 kg und kostet je kg 12,00 EUR. Aus der Oberschale werden 9 Schnitzel geschnitten, dabei fallen 100 g Fleischreste an.
   a) Wie viel g wiegt 1 Kalbsschnitzel?
   b) Wie viel EUR beträgt der Materialwert eines Schnitzels, wenn die Fleischreste mit 1,00 EUR bewertet werden?

6. 5,800 kg Schweinerücken kosten je kg 5,20 EUR. Der Knochen- und Fettanteil beträgt 986 g und wird mit 0,70 EUR je kg abgesetzt.
   a) Wie viel % des Schweinerückens beträgt der Knochen- und Parürenanteil?
   b) Wie viel EUR kostet 1 Schweinesteak von 200 g Rohgewicht?

7. Eine Lieferung Hammelrücken, die 18 % Parierverlust aufweist, ergibt 72 Koteletts zu je 70 g Rohgewicht und 6 Hammelchops zu je 220 g Rohgewicht.
   Berechnen Sie das Gesamtgewicht der Lieferung.

8. Das Rippenstück eines Hammels wiegt, nachdem es von Fett befreit worden ist, 2,030 kg. Wie viel Portionen Hammelkoteletts können aus den beiden Hälften geschnitten werden, wenn auf den Rückgratknochen 350 g entfallen und eine Portion 2 Koteletts zu je 70 g enthält?

9. Ein Gastwirt kauft 4 Hasen im Fell mit 2,900 kg, 3,150 kg, 3,300 kg und 3,650 kg Gewicht ein. Die Hasen kosten 4,00 EUR je kg.
   a) Wie viel EUR sind an den Wildbrethändler zu zahlen, wenn 7,5 % Rabatt gewährt und 3 % Skonto durch Barzahlung genutzt werden?
   b) Welchen Materialwert haben 1.000 g Rücken oder Keulen, wenn die Felle mit einem Gesamtgewicht von 2.000 g ohne Bewertung bleiben und für die anfallenden 3,550 kg Ragoutfleisch ein Materialwert von 2,00 EUR je kg angesetzt wird?

10. Ein parierter Rehrücken von 3,400 kg kostet im Einkauf 10,20 EUR je kg.

a) Wie viel EUR sind für den Rücken zu zahlen, wenn 8,5 % Rabatt gewährt werden?

b) Wie viel EUR kostet der gespickte Rücken, wenn je kg Rohgewicht 110 g Speck (je kg 3,00 EUR) verarbeitet werden?

11. Ein Hotelier kauft 24 Rebhühner zu einem Gesamtpreis von 106,80 EUR ein. Bei Überprüfung der Lieferung werden 25 % der Tiere als Althühner aussortiert. Die Althühner werden im Wert um 1,25 EUR je Stück herabgesetzt, der Wert der Junghühner erhöht sich dementsprechend.

a) Wie viel EUR kostet 1 Rebhuhn im Einkauf?

b) Wie viel Jung- bzw. Althühner enthält die Lieferung?

c) Welchen Wert haben die Jung- bzw. Althühner vor der Verarbeitung?

12. Eine Poularde wiegt im Einkauf 2,250 kg und kostet 3,00 EUR je kg. Vom Einkaufsgewicht sind 210 g Abfälle und 180 g verwertbare Abgänge abzurechnen. Für die Abgänge sind 3,10 EUR je kg anzurechnen. Aus der Poularde werden 5 Portionen erzielt.

a) Wie viel kg wiegt die zum Braten fertige Poularde?

b) Welchen Materialpreis hat eine Portion?

13. Für ein Hühnerfrikassee werden 4 Hühner mit folgenden Einkaufsgewichten verarbeitet: 2,100 kg, 2,350 kg, 2,450 kg und 2,600 kg. Vom Einkaufsgewicht sind 5,5 % Abfälle und 23,5 % verwertbare Abgänge abzurechnen.

a) Wie viel kg wiegen die zum Kochen fertigen Hühner?

b) Wie viel Portionen zu je 250 g Rohgewicht lassen sich gewinnen? (Auf volle Portionen aufrunden.)

14. Drei gerupfte Gänse weisen folgende Gewichte auf: 3,650 kg, 4,250 kg, 4,600 kg. Beim Zurichten ergeben sich folgende Anteile: 3,9 % Abfälle, 22,5 % verwertbare Abgänge, 1,8 % Leber, 10,5 % Fett und 61,3 % Rumpf. Der Einkaufspreis beträgt je kg 3,60 EUR. Die verwertbaren Abgänge werden mit 1,00 EUR je kg, die Leber mit 2,50 EUR je kg und das Fett mit 1,30 EUR je kg angerechnet.

a) Wie viel kg ergeben die einzelnen Anteile?

b) Welchen Materialwert hat 1 kg Gänserumpf?

15. Ein Dorsch wiegt 3,240 kg und kostet 30,78 EUR. Bei einem Putzverlust von 28 % werden 11 Portionen erzielt.

a) Wie viel EUR kostet 1 kg Dorsch im Einkauf?

b) Wie viel kg wiegt 1 Portion vor der Zubereitung?

c) Wie viel EUR betragen die Materialkosten für 1 Portion?

16. Geliefert werden 14,5 kg Rotbarsch zu 12,80 EUR je kg. Beim Filetieren gibt es einen Gewichtsverlust von 42 %.

a) Wie viel kg Rotbarschfilet werden erzielt?

b) Wie viel EUR beträgt der Materialwert für eine Portion von 180 g Rohgewicht?

17. Für den Hauptgang eines Menüs werden 25 Portionen Heilbutt benötigt. Der Putzverlust beträgt 43 %. Eine Portion soll vor dem Dünsten 180 g wiegen. 0,5 kg Heilbutt kosten im Einkauf 6,00 EUR.

a) Wie viel kg Heilbutt sind einzukaufen?

b) Wie viel EUR beträgt der Einkaufspreis?

18. Geliefert werden 75 kg Seelachs in Eis verpackt. Der Einkaufspreis beträgt 6,00 EUR je kg. Beim Filetieren entsteht ein Verlust von 36 %.

a) Wie viel Portionen zu je 180 g Rohgewicht können erzielt werden?

b) Wie viel EUR kostet 1 Portion Seelachs?

19. Geliefert werden 48 kg Hecht zu 6,30 EUR je kg. ¼ der Lieferung sind Brathechte von durchschnittlich 400 g Gewicht, 45 % der Hechte werden gekocht und der Rest wird zur Farce verarbeitet.

a) Wie viel Brathechte stehen zur Verfügung?

b) Wie viel Portionen Kochhechte zu je 200 g Rohgewicht können zubereitet werden, wenn der Putzverlust 25 % beträgt?

c) Wie viel EUR sind für die Lieferung zu bezahlen?

20. Eine Seite Räucherlachs wiegt 4,625 kg und kostet 36,30 EUR je kg. Beim Parieren und Schneiden ergibt sich ein Verlust von 8 %.

a) Wie teuer ist die Seite im Einkauf?

b) Wie viel Portionen zu je 60 g erzielt man?

21. 1 kg Hummer kostet 60,00 EUR.

a) Was kostet 1 Portionshummer von 420 g?

b) Nach dem Tranchieren verbleiben davon 240 g Fleisch. Wie teuer wäre davon 1 kg?

22. 40 kg Muscheln kosten 140,00 EUR. 1 Muschel wiegt 12,5 g. Beim Putzen und Sortieren ergibt sich ein Verlust von 4,5 %. Bei der Zubereitung als Muscheln in Weißweinsud (25 Stück je Portion) rechnet man für die übrigen Zutaten 260 % des Muschelwertes.

a) Wie viel Muscheln (Stückzahl) werden eingekauft?

b) Wie viel Muscheln werden aussortiert?

c) Wie viel EUR betragen die Materialkosten für 1 Portion Muscheln?

1.2 Vor- und Zubereitungsverluste – Mengen und Kosten

Übungsaufgaben

1. 8,500 kg Roastbeef kosten je kg 13,60 EUR. Die Knochen und Parüren betragen 33,5 % und werden mit 2,50 EUR je kg angerechnet. Beim Braten entsteht ein Verlust von 18 %.

a) Wie viel EUR kostet 1 kg parierter Fleisch?

b) Wie viel EUR kosten 150 g tischfertig?

2. 11,5 kg Roastbeef kosten je kg 13,80 EUR. Die Knochen und Parüren betragen 3,910 kg und werden mit 2,50 EUR je kg angerechnet. Der Bratverlust beträgt 19 %.

a) Wie viel % betragen die Knochen und Parüren?

b) Wie viel EUR kostet 1 kg pariertes Fleisch?

c) Wie viel EUR kostet 1 kg tischfertiges Fleisch?

3. 18 Personen bestellen je 1 Filetsteak, das tischfertig 160 g wiegen soll.

a) Wie schwer muss ein Steak vor dem Braten sein, wenn mit 16 % Bratverlust zu rechnen ist (auf eine Stelle hinter dem Komma rechnen)?

b) Wie viel kg unpariertes Filet müssen vorrätig sein, wenn mit einem Parierverlust von 11 % zu rechnen ist?
(Lösungshilfe: Zweimal mit vermindertem Grundwert ansetzen!)

4. 10,8 kg Roastbeef haben 2,550 kg Knochen. Der fertige Braten wiegt noch 6,450 kg. Berechnen Sie:
a) den Knochenanteil in %,   b) den Bratverlust in % (vom parierten Fleisch).

5. Ein Küchenchef soll für 32 Personen Steaks zu je 160 g tischfertig herstellen. Der Bratverlust beträgt 18 %, der Parierverlust macht 28 % aus. Der Einkaufspreis beträgt je kg 10,30 EUR. Die Parüren werden mit 1,00 EUR je kg angerechnet.

a) Wie viel kg Fleisch sind einzukaufen?

b) Wie viel EUR kostet 1 kg pariertes Fleisch?

c) Wie viel EUR betragen die Materialkosten für 1 Steak?

6. Ein Kalbssattel hat ein Einkaufsgewicht von 5,850 kg und kostet je kg 11,40 EUR. Die Abgänge betragen 42 % und werden mit 2,60 EUR je kg angerechnet. Der Bratverlust beträgt 20 %.

a) Wie viel EUR kostet 1 kg pariertes Fleisch?

b) Wie viel EUR betragen die Materialkosten für 1 Steak von 170 g Rohgewicht?

c) Wie viel g wiegt 1 Steak tischfertig?

7. 5,150 kg Kalbssattel zu einem Einkaufspreis von 11,80 EUR je kg werden zu 2 Kalbs-nierenbraten verarbeitet. Bei der Vorbereitung ergeben sich folgende Abgänge: 620 g Fett, 910 g Knochen, 110 g Fleischabschnitte.
   a) Wie viel % des Gesamtgewichtes betragen die Parüren?
   b) Wie viel kg wiegen die beiden Braten, wenn der Bratverlust 25 % ausmacht?
   c) Wie viel EUR Materialwert hat 1 Portion von 150 g Bratgewicht, wenn die Abgänge einen Gesamtwert von 4,80 EUR haben?

8. Ein Kasseler Rippenspeer wiegt gepökelt und geräuchert 9,350 kg. Bei der Zubereitung ent-steht ein Verlust von 20,7 %. Der Einkaufspreis beträgt 6,30 EUR je kg.
   a) Wie viel Portionen zu je 150 g tischfertig können erzielt werden?
   b) Welchen Materialwert hat 1 Portion?

9. Zwei Hammelkeulen wiegen insgesamt 7,450 kg und kosten im Einkauf 6,10 EUR je kg. Das Parieren ergibt 0,975 kg Knochen und 0,160 kg Fett. Beim Schmoren entsteht ein Verlust von 26 % des schieren Fleisches.
   a) Wie viel kg wiegen die Keulen nach dem Schmoren?
   b) Wie viel Portionen zu je 150 g sind zu erzielen?
   c) Welchen Materialwert hat eine Portion?

10. Es werden 28 Portionen Rehrücken zu je 150 g tischfertig hergestellt.
   a) Wie viel kg Rehrücken müssen vorrätig sein, wenn mit einem Parier- und Bratverlust von 41 % zu rechnen ist?
   b) Welchen Materialwert hat 1 Portion Rehrücken, wenn der Einkaufspreis je kg 9,10 EUR beträgt und ferner je kg Rehrücken 100 g Spickspeck zu 2,80 EUR je kg erforderlich sind?

11. Zubereitet werden 30 Portionen Poularde zu je 225 g tischfertig. Bei der Zubereitung ent-steht ein Verlust von 25 %. Die Poularden wiegen im Einkauf 1,8 kg je Stück und kosten 4,20 EUR je kg.
   a) Wie viele Poularden sind einzukaufen?
   b) Wie viel EUR sind bei 8,5 % Rabatt zu zahlen?

12. Eine Poularde wiegt im Einkauf (mit verwertbaren Innereien) 1,400 kg und kostet je kg 4,40 EUR.
   a) Wie viel kg wiegt die gebratene Poularde, wenn vom Einkaufsgewicht 5 % für die Innereien abzurechnen sind und der Bratverlust von der zum Braten fertigen Poularde 20 % beträgt?
   b) Welchen Materialwert hat eine Portion, wenn die Innereien mit 2,40 EUR je kg zu berück-sichtigen sind und die Poularde 4 Portionen ergibt?

13. Für ein Essen werden 40 Portionen Hecht zu je 210 g tischfertig benötigt. Der Einkaufspreis beträgt je 0,5 kg 3,20 EUR.
   a) Wie viel kg Hecht sind einzukaufen, wenn der Kochverlust 21 % des geputzten Fisches beträgt und der Putzverlust 24,5 % des ungeputzten Hechtes ausmacht?
   b) Wie viel EUR sind für diesen Hechteinkauf zu zahlen?
   c) Welchen Materialwert hat 1 Portion?

14. 26 Fischtranchen sollen tischfertig je Stück 120 g wiegen. Gerechnet wird mit 18 % Bratver-lust und 33⅓ % Putzverlust. Der Einkaufspreis für den Fisch beträgt 6,50 EUR je kg.
   a) Wie viel kg Fisch sind einzukaufen?
   b) Welchen Materialwert hat 1 Portion?

15. Benötigt werden 22 Portionen Seezungenfilets zu je 210 g tischfertig. Eine Portion besteht aus 3 Filets. Der Zubereitungsverlust beträgt 44 %.
   a) Wie viele Seezungen sind einzukaufen?
   b) Wie viel Gramm muss eine Seezunge im Einkauf wiegen?

16. Für ein Essen werden 35 Portionen Rotbarsch zu je 210 g tischfertig benötigt. Gerechnet wird mit 24 % Zubereitungsverlust und 32 % Putzverlust. 1 kg Rotbarsch kostet im Einkauf 8,60 EUR. Für die Beilagen sind 1,60 EUR Materialkosten je Portion zu rechnen.
   a) Wie viel kg Rotbarsch sind einzukaufen?
   b) Wie viel EUR betragen die gesamten Materialkosten je Portion?

17. Das Gewicht einer Kiste Äpfel beträgt 7,2 kg. Sie kostet 12,96 EUR.

   a) Wie viel EUR kostet 1 kg Äpfel?
   b) Wie viel EUR kosten 150 g Apfelmus, wenn 20 % Schälverlust zu berücksichtigen sind und der Kochverlust 25 % des Gewichtes der geschälten Äpfel ausmacht?

18. Es werden 80 Portionen Pommes frites zu je 160 g Rohgewicht (geschnitten) benötigt. Der Schneideverlust beträgt 22 % der geschälten Kartoffeln, der Schälverlust 26 %.
   a) Wie viel kg Kartoffeln müssen verarbeitet werden?
   b) Wie viel g wiegt 1 Portion tischfertig, wenn mit 15 % Zubereitungsverlust zu rechnen ist?

19. 50 Portionen Kohlrabi zu je 170 g Rohgewicht (geschnitten) sind herzustellen. 1 kg Kohlrabi kostet im Einkauf 1,30 EUR. Der Schneideverlust beträgt 20 % der geschälten Kohlrabi, der Schälverlust 24 %.
   a) Wie viel kg Kohlrabi müssen eingekauft werden?
   b) Wie viel g wiegt eine Portion tischfertig bei 25 % Kochverlust?
   c) Welchen Materialwert hat 1 Portion?

20. Benötigt werden 30 Portionen Spargel, tischfertig 350 g. Der Einkaufspreis beträgt 3,80 EUR je kg.
   a) Wie viel kg Spargel müssen vorrätig sein, wenn mit 35 % Schälverlust und 25 % Kochverlust (vom geschälten Spargel) zu rechnen ist? (Auf volle 100 g aufrunden!)
   b) Berechnen Sie die Materialkosten für 1 Portion Spargel.

1.3 Gewichtszunahmen bei der Vor- und Zubereitung

Übungsaufgaben

1. Ein Kotelettstrang wiegt 7,450 kg und kostet im Einkauf 5,40 EUR je kg. Durch das Spritzen mit Pökellake ergibt sich eine Gewichtszunahme von 8 %. Beim anschließenden Räuchern erfolgt ein Gewichtsverlust von 3 % des gepökelten Fleisches und durch die Zubereitung verliert das geräucherte Fleisch 19 % seines Gewichts.
   a) Wie viel kg wiegt das zubereitete Fleisch?
   b) Wie viel EUR beträgt der Materialwert für eine Portion von 150 g?

2. Ein Schweineschinken wird gepökelt. Er wiegt ungepökelt 5,800 kg und nach dem Pökeln 6,235 kg. Beim anschließenden Räuchern verliert der gepökelte Schinken 3,5 % seines Gewichtes, und beim Braten tritt ein weiterer Gewichtsverlust von 22 % ein.
   a) Wie viel % beträgt die Pökelzunahme?
   b) Wie viel kg wiegt der gebratene Schinken?

3. Ein Schweinenacken wiegt nach dem Pökeln 5,500 kg. Die Gewichtszunahme beträgt 8,2 %.
   a) Berechnen Sie das Frischgewicht.
   b) Beim Räuchern verliert das gepökelte Fleisch 4 % seines Gewichtes. Wie viel kg wiegt der Schweinenacken vor dem Kochen?

4. Als Beilage für ein Kalbsragout werden 45 Portionen Nudeln zu je 70 g tischfertig benötigt. Die Gewichtszunahme beim Kochen beträgt 150 %.
   Wie viel kg Nudeln sind zu kochen?

5. Benötigt werden 30 Portionen Reis zu je 45 g Beilage zu Fisch. Beim Dünsten erfolgt beim Reis eine Gewichtszunahme von 200 %. Wie viel kg Reis sind zu dünsten?

6. Herzustellen sind 60 Portionen Risotto zu je 120 g tischfertig. Die Gewichtszunahme beim Dünsten beträgt 250 %. Wie viel kg Reis sind zu garen?

7. 1,250 kg Spaghetti werden gekocht. Das Fertiggewicht beträgt 3,250 kg.
   Berechnen Sie die Gewichtszunahme in %.

8. Zu Lachs wird als Beilage Wildreis benötigt. Man rechnet pro Portion 50 g tischfertig. Der Wildreis wird mit einem Wasserverhältnis von 1 : 4 gekocht.

Wie viel kg müssen für 45 Portionen gekocht werden?

9. Für Pilawreis werden 1,400 kg Reis gegart.

Wie viel Liter Fleischbrühe müssen zugesetzt werden, wenn die Gewichtszunahme 210 % beträgt?

10. Aus 0,8 kg Wildreis ergeben sich nach dem Garen 3,84 kg.

Berechnen Sie die Gewichtszunahme in %.

1.4 Aufgabensatz mit Punktevorschlägen

8 Pkt. **1.** 12,8 kg Roastbeef haben 3,6 kg Knochen. Der fertige Braten wiegt noch 7,3 kg. Berechnen Sie:
  a) den Knochenanteil in %,
  b) den Bratverlust in % (vom parierten Fleisch).

8 Pkt. **2.** 26,5 kg Rindfleisch kosten 7,60 EUR je kg. Die Parüren betragen 14 % und werden mit 2,30 EUR je kg angerechnet. Der Händler gewährt 7 % Rabatt und 3 % Skonto.
  a) Wie viel EUR kostet die Lieferung?
  b) Wie viel EUR kostet 1 kg pariertes Fleisch?

8 Pkt. **3.** Benötigt werden 24 Filetsteaks zu je 170 g tischfertig.
  a) Wie schwer muss 1 Steak vor dem Braten sein, wenn mit 15 % Bratverlust zu rechnen ist?
  b) Wie viel kg unpariertes Filet müssen vorrätig sein, wenn man 11 % Parierverlust berücksichtigt?

8 Pkt. **4.** 8,4 kg Roastbeef kosten 12,80 EUR je kg. Die Knochen und Parüren betragen 30 % und werden mit 2,00 EUR je kg angerechnet.
  a) Wie viel EUR kostet 1 kg pariertes Fleisch?
  b) Wie viel EUR kosten 180 g tischfertig bei 19 % Bratverlust?

10 Pkt. **5.** Ein Kotelettstrang, der zu Kasseler Rippenspeer verarbeitet wird, wiegt 7,2 kg und kostet im Einkauf 5,30 EUR je kg. Durch das Pökeln ergibt sich eine Gewichtszunahme von 6 %. Das anschließende Räuchern bringt 3 % Gewichtsverlust des gepökelten Fleisches und bei der Zubereitung verliert das geräucherte Fleisch 20 % seines Gewichtes.
  a) Wie viel kg wiegt das zubereitete Fleisch?
  b) Wie viel Portionen zu je 160 g können erzielt werden?
  c) Wie viel EUR beträgt der Materialwert für eine Portion?

6 Pkt. **6.** Ein parierter Rehrücken wiegt 3,4 kg und kostet im Einkauf 12,80 EUR je kg.
  Wie viel EUR kostet der gespickte Rehrücken insgesamt, wenn je kg 100 g Spickspeck zu 2,90 EUR je kg verarbeitet werden?

8 Pkt. **7.** Ein Gastwirt kauft 35 Fasane zu einem Gesamtpreis von 171,50 EUR ein. Bei der Überprüfung der Lieferung wird festgestellt, dass ⅕ der Fasane Alttiere sind. Die Alttiere werden um 1,40 EUR je Stück im Wert herabgesetzt, der Wert der Jungtiere erhöht sich dementsprechend.
  a) Wie viel EUR kostet 1 Fasan im Einkauf?
  b) Wie viel Alttiere enthält die Lieferung?
  c) Welchen Wert hat ein Jungtier vor der Verarbeitung?

10 Pkt. **8.** Für ein Fischessen werden 38 Portionen Schellfisch zu je 210 g tischfertig benötigt. Der Schellfisch kostet im Einkauf 8,80 EUR je kg. Gerechnet wird mit 21 % Putzverlust und 28 % Pochierverlust.
a) Wie viel kg Schellfisch müssen vorrätig sein?
b) Welchen Materialwert hat eine Portion?

8 Pkt. **9.** Benötigt werden 25 Portionen Rotzungenfilets zu je 180 g tischfertig. Eine Portion enthält drei Filets. Der Abfall beim Filetieren beträgt 46 %.
a) Wie viel Rotzungen sind einzukaufen?
b) Wie viel Gramm muss eine Rotzunge im Einkauf wiegen?

8 Pkt. **10.** Eine Lieferung Äpfel wiegt 171,2 kg und kostet 179,76 EUR.
a) Wie viel EUR kostet 1 kg Äpfel im Einkauf?
b) Wie viel EUR kostet 1 kg Äpfel geschält bei 22 % Schälverlust?

82 Pkt.

1.5 Aufgabensatz mit Punktevorschlägen

8 Pkt. **1.** 9,6 kg Roastbeef kosten im Einkauf 12,80 EUR je kg. Die Knochen und Parüren betragen 3,264 kg und werden mit 2,00 EUR je kg angerechnet.
a) Wie viel % betragen die Knochen und Parüren?
b) Wie viel EUR kostet 1 kg pariertes Fleisch?

8 Pkt. **2.** 40 Portionen Kohlrabi zu je 150 g Rohgewicht (geschnitten) werden benötigt. Der Schneideverlust beträgt 22 % der geschälten Kohlrabi, der Schälverlust 20 %.
Wie viel kg Kohlrabi müssen verarbeitet werden?

8 Pkt. **3.** Eine Lieferung Fisch wiegt im Einkauf 4,8 kg und kostet 6,40 EUR je kg. Der Putzverlust beträgt 28%. Es werden 18 Portionen erzielt.
a) Berechnen Sie das Gewicht des geputzten Fisches.
b) Wie viel EUR beträgt der Materialwert einer Portion?

8 Pkt. **4.** Für ein Essen werden 42 Portionen Fisch zu je 190 g tischfertig benötigt.
Wie viel kg Fisch sind einzukaufen, wenn mit 22 % Bratverlust und 26 % Putzverlust zu rechnen ist?

8 Pkt. **5.** 1 kg Kalbfleisch unausgelöst kostet im Einkauf 11,40 EUR. Die Knochen und Parüren betragen 28 % und werden mit 2,30 EUR je kg angerechnet. Der Bratverlust beträgt 25 % des parierten Fleisches.
a) Wie viel EUR kostet 1 kg pariertes Kalbfleisch?
b) Wie viel EUR kostet 1 kg Kalbsbraten tischfertig?

8 Pkt. **6.** Eine Poularde wiegt im Einkauf 1,5 kg und kostet je kg 4,20 EUR. Es werden bei einem Bratverlust von 22 % 5 Portionen erzielt.
a) Wie viel g wiegt eine Portion tischfertig?
b) Welchen Materialwert hat eine Portion?

10 Pkt. **7.** Geliefert werden 65 kg Rotbarsch. Der Einkaufspreis beträgt 507,00 EUR. Beim Filetieren entsteht ein Verlust von 40 %. Eine Portion wiegt filetiert 200 g.
a) Wie viel EUR kostet 1 kg Rotbarsch im Einkauf?
b) Wie viel Portionen Rotbarschfilet können erzielt werden?
c) Welchen Materialwert hat 1 Portion?

12 Pkt. **8.** 27,3 kg Muscheln kosten 95,55 EUR. 1 Muschel wiegt 13 g. Beim Putzen und Sortieren ergibt sich ein Verlust von 5 %. Bei der Zubereitung in einem Gemüsefond (25 Stück je Portion) rechnet man für die übrigen Zutaten 280 % des Muschelwertes.
  a) Wie viele Muscheln (Stückzahl) werden eingekauft?
  b) Wie viele Muscheln werden aussortiert?
  c) Wie viele Portionen Muscheln können verkauft werden?
  d) Welchen Materialwert hat eine Portion Muscheln?

6 Pkt. **9.** Als Beilage werden 55 Portionen Wildreis zu je 60 g tischfertig benötigt. Die Gewichtszunahme beim Kochen beträgt 400 %.
  Wie viel kg Wildreis müssen gekocht werden?

8 Pkt. **10.** Für 75 Portionen Wildragout werden 12 kg Wildschweinfleisch benötigt. Es kostet im Einkauf 5,80 EUR je kg. Der Händler gewährt 7 % Rabatt und 3 % Skonto. Der Garverlust beträgt 22 %.
  a) Wie viel g wiegt eine Portion tischfertig?
  b) Wie viel EUR sind für das Fleisch zu zahlen?

84 Pkt.

1.6 Suppen und Saucen

Übungsaufgaben

1. 55 Portionen **klare Ochsenschwanzsuppe mit Madeira:**

3,2 kg Ochsenschwanz .. je kg 6,40 EUR	0,4 kg Zwiebeln .... je kg 0,50 EUR
0,8 kg Klärfleisch .... je kg 4,40 EUR	½ Fl. Rotwein .... je Fl. 2,50 EUR
3,7 kg Kalbsknochen .... je kg 1,80 EUR	¼ Fl. Madeirawein .... je Fl. 4,90 EUR
8 St. Eiweiß .... je St. 0,12 EUR	0,2 kg frische Champignons . je kg 3,80 EUR
0,4 kg Karotten......... je kg 0,60 EUR	6,0 l Grundbrühe......... je l 1,80 EUR
0,4 kg Sellerie.......... je kg 0,80 EUR	Gewürze............ für 1,60 EUR

  a) Wie viel EUR betragen die Gesamtmaterialkosten?
  b) Wie viel EUR beträgt der Materialwert für 1 Portion?

2. Doppelte **Kraftbrühe „Royale"** für 25 Personen:

1,20 kg Klärfleisch .... je kg 4,40 EUR	5 Eiweiß .... je St. 0,12 EUR
0,18 kg Karotten......... je kg 0,60 EUR	7,5 l Brühe .... je 1,80 EUR
0,18 kg Sellerie.......... je kg 0,80 EUR	Gewürze.......... für 1,70 EUR
0,18 kg Lauch .... je kg 0,70 EUR	10 Eier .... je St. 0,24 EUR
	½ l Milch.............. je l 0,74 EUR

  Wie viel EUR beträgt der Materialwert für 1 Portion?

3. Für 40 Portionen **klare Hühnerbrühe** mit Fleisch- und Reiseinlage werden benötigt:

2,1 kg Suppenhuhn .... je kg 3,00 EUR	1,4 kg Wurzelgemüse .... je kg 1,00 EUR
3,0 kg Rinderknochen...... je kg 1,20 EUR	0,4 kg Patnareis .... je kg 2,50 EUR
	Gewürze........ für 1,10 EUR

  a) Wie viel EUR betragen die Gesamtmaterialkosten?
  b) Wie viel EUR betragen die Materialkosten für 1 Portion?

4. **Kraftbrühe „Celestine"** für 30 Personen:

0,8 kg Klärfleisch........ je kg 4,40 EUR	5 Eiweiß .... je St. 0,12 EUR
8,5 l Brühe .... je l 1,80 EUR	Gewürze .... für 1,60 EUR
0,3 kg Karotten .... je kg 0,60 EUR	0,9 kg Mehl.............. je kg 0,60 EUR
0,3 kg Sellerie .... je kg 0,80 EUR	7 Eier.............. je St. 0,24 EUR
0,3 kg Lauch .... je kg 0,80 EUR	½ l Milch .... je l 0,74 EUR

  Berechnen Sie die Gesamtmaterialkosten.

5. Gebundene Ochsenschwanzsuppe für 70 Personen:

6,5 kg	Ochsenschwanz . .	je kg	6,40 EUR	0,60 kg	Tomatenmark	je kg	3,10 EUR
6,4 kg	Kalbsknochen	je kg	1,10 EUR	0,50 kg	Mehl	je kg	0,60 EUR
0,6 kg	Zwiebeln	je kg	0,50 EUR	¾ Fl.	Rotwein	je Fl.	2,52 EUR
0,6 kg	Karotten	je kg	0,80 EUR	7,50 l	Grundbrühe	je l	1,80 EUR
0,6 kg	Sellerie	je kg	0,80 EUR		Gewürze	für	1,60 EUR

a) Wie viel EUR beträgt der Gesamtmaterialwert?
b) Wie viel EUR beträgt der Materialwert für 1 Portion?

6. 30 Portionen **legierte Blumenkohlsuppe**:

5 l	Brühe	je l	1,80 EUR	0,45 kg	Butter	je kg	4,00 EUR
3,5 l	Blumenkohlfond . . .	je l	0,80 EUR	0,40 kg	Mehl	je kg	0,60 EUR
0,4 kg	Sellerie	je kg	0,80 EUR	0,70 l	Sahne	je l	2,40 EUR
0,4 kg	Lauch	je kg	0,70 EUR	6	Eigelb	je St.	0,12 EUR
0,4 kg	Zwiebeln	je kg	0,50 EUR		Gewürze	für	1,40 EUR

a) Wie viel EUR beträgt der Gesamtmaterialwert?
b) Wie viel EUR beträgt der Materialwert für 1 Portion?

7. Im Rahmen eines Menüs sind 40 Portionen **Champignoncremesuppe** herzustellen. Verarbeitet werden zu diesem Zweck:

3,5 kg	Kalbsknochen . . .	je kg	1,40 EUR	0,35 kg	Champignons	je kg	3,80 EUR
0,2 kg	Butter	je kg	4,00 EUR	⅜ l	Sahne	je l	2,40 EUR
0,3 kg	Mehl	je kg	0,60 EUR	3	Eigelb	je St.	0,12 EUR
	. . . .				Wurzelgemüse und Gewürze	für	2,00 EUR

Wie viel EUR betragen die Materialkosten für 1 Portion?

8. Spargelcremesuppe für 54 Personen:

5 Dosen	Spargelabschnitte . .	je D.	1,70 EUR	0,8 kg	Butter	je kg	4,00 EUR
14,5 l	Brühe	je l	1,80 EUR	0,7 kg	Mehl	je kg	0,60 EUR
0,9 kg	Sellerie	je kg	0,80 EUR	1⅛ l	Sahne	je l	2,40 EUR
0,8 kg	Lauch	je kg	0,80 EUR	9	Eigelb	je St.	0,12 EUR
0,8 kg	Zwiebeln	je kg	0,50 EUR		Gewürze	für	1,50 EUR

a) Wie viel EUR betragen die Gesamtmaterialkosten?
b) Wie viel EUR betragen die Materialkosten für 1 Portion?

9. 50 Portionen **Kartoffelsuppe**:

7,50 kg	Kartoffeln	je kg	0,60 EUR	0,60 kg	Zwiebeln	je kg	0,50 EUR
0,60 kg	Lauch	je kg	0,70 EUR	0,25 kg	Schmalz	je kg	1,60 EUR
1,25 kg	Karotten	je kg	0,60 EUR	0,65 kg	mag. Speck	je kg	4,10 EUR
0,40 kg	Sellerie	je kg	0,80 EUR	12,50 l	Brühe	je l	1,80 EUR
					Gewürze	für	1,60 EUR

a) Wie viel EUR betragen die Gesamtmaterialkosten?
b) Wie viel EUR beträgt der Materialwert einer Portion?

10. Für 20 Portionen **Geflügelcremesuppe** werden verarbeitet:

0,16 kg	Butter	je kg	4,00 EUR	0,25 kg	Sellerie	je kg	0,80 EUR
0,16 kg	Geflügelfett	je kg	4,20 EUR	0,25 kg	Zwiebeln	je kg	0,40 EUR
0,30 kg	Mehl	je kg	0,60 EUR	0,25 kg	Lauch	je kg	0,70 EUR
3,50 l	Hühnerbrühe	je l	1,40 EUR	0,20 l	Sahne	je l	2,40 EUR
0,60 kg	Hühnerfleisch	je kg	3,00 EUR	3	Eigelb	je St.	0,12 EUR
					Gewürze	für	1,50 EUR

Welchen Materialwert hat 1 Portion?

11. 45 Portionen **Hühnerkraftbrühe mit Reis:**

2	Suppenhühner (2,4 kg u. 2,55 kg)		je kg	3,00 EUR
1,55 kg	Wurzelgemüse		je kg	0,70 EUR
0,60 kg	Patnareis		je kg	2,50 EUR
	Gewürze		für	1,40 EUR

a) Wie viel EUR beträgt der Gesamtaufwand?

b) Wie viel EUR beträgt der Materialwert einer Portion, wenn das gekochte Hühnerfleisch mit 40 % seines ursprünglichen Wertes für Geflügelsalat eingesetzt wird?

12. Für 10 l **Fleischbrühe** werden benötigt:

2,7 kg	Rindfleisch	je kg	4,40 EUR	1,5 kg	Wurzelgemüse	...	je kg	0,70 EUR
5,5 kg	Rinderknochen	je kg	1,20 EUR		Gewürze		für	1,20 EUR

Welchen Materialwert hat eine Tasse Brühe mit ½ l Inhalt?

13. Für eine **braune Grundbrühe** zum Auffüllen von braunen Suppen und Saucen werden verwendet:

9 kg	Knochen	je kg	1,20 EUR	0,4 kg	Sellerie		je kg	0,70 EUR
0,25 kg	Fett	je kg	1,60 EUR	0,3 kg	Tomatenmark		je kg	3,00 EUR
1,20 kg	Zwiebeln	je kg	0,50 EUR	0,4 kg	Tomaten		je kg	1,50 EUR
1,20 kg	Karotten	je kg	0,70 EUR		Gewürze		für	1,00 EUR

Nach dem Einkochen stehen 9 l Grundbrühe zur Verfügung. Berechnen Sie die Materialkosten für 1 l Brühe.

14. Es werden 15 l **Hühnerbrühe** zum Auffüllen von Suppen und Saucen hergestellt. Dazu werden verarbeitet:

4,250 kg	Suppenhuhn	je kg	3,00 EUR	0,750 kg	Karotten		je kg	0,60 EUR
0,650 kg	Sellerie	je kg	0,80 EUR	0,700 kg	Lauch		je kg	0,70 EUR
					Gewürze		für	1,60 EUR

Wie viel EUR betragen die Materialkosten für 1 l Brühe, wenn das Hühnerfleisch mit 40 % seines Einkaufswertes in der Küche anderweitig verwendet wird?

15. Zur Herstellung von 15 l **Demiglace** werden benötigt:

8 kg	Kalbsknochen	je kg	1,40 EUR	0,4 kg	Tomatenmark		je kg	3,00 EUR
0,45 kg	Fett	je kg	1,80 EUR	¾ l	Rotwein		je Fl.	2,40 EUR
0,75 kg	Zwiebeln	je kg	0,50 EUR	1,1 kg	Mehl		je kg	0,60 EUR
0,75 kg	Karotten	je kg	0,60 EUR	30 l	Grundbrühe		je l	1,80 EUR
0,75 kg	Sellerie	je kg	0,80 EUR		Gewürze		für	1,40 EUR

Wie viel EUR betragen die Materialkosten für 1 l Grundsauce?

16. Zur Herstellung von 5 l **Béchamel-Sauce** werden verarbeitet:

0,65 kg	Schinken- u.			2,5 l	Kalbsbrühe		je l	1,80 EUR
	Speckabschnitte	je kg	2,40 EUR	2,5 l	Milch		je l	0,74 EUR
0,30 kg	Butter	je kg	4,00 EUR		Gewürze		für	1,40 EUR
0,40 kg	Mehl	je kg	0,60 EUR					

a) Wie viel EUR beträgt der Materialwert für 1 l Sauce?

b) 2 l Sauce werden zu Meerrettichsauce verarbeitet. Dafür werden 0,2 kg Meerrettich je l zugesetzt. Wie viel beträgt der Materialwert für 0,1 l Meerrettichsauce, wenn 1 kg Meerrettich 1,90 EUR kostet?

17. 50 Portionen **Sauce suprême** werden hergestellt. Dazu werden folgende Rohstoffe benötigt:

0,650 kg	Butter	je kg	4,00 EUR	5 l	Hühnerbrühe		je l	1,40 EUR
0,850 kg	Mehl	je kg	0,60 EUR	9	Eigelb		je St.	0,13 EUR
0,6 l	Champignonfond	je l	1,20 EUR	1,2 l	Sahne		je l	2,40 EUR
					Weißwein, Zitronensaft	für	1,00 EUR

Wie viel EUR beträgt der Materialwert für 1 Portion Sauce?

18. Benötigt werden 30 Portionen **Sauce hollandaise**, die aus folgenden Rohstoffen bereitet werden:

1,8 kg	Butter	je kg	4,00 EUR
18	Eigelb	je St.	0,12 EUR
¹⁄₁₀ l	Weinessig.	je l	0,90 EUR
2	Zitronen	je St.	0,20 EUR
	Gewürze	für	1,50 EUR

Welchen Materialwert hat 1 Portion Sauce?

19. Für 20 Portionen **Sauce Cumberland** werden verarbeitet:

200 g	Johannisbeergelee .	je kg	4,20 EUR		Zucker, Salz, Cayenne-		
150 g	engl. Senf	je kg	1,90 EUR		pfeffer	für	0,50 EUR
¼ l	Rotwein	je l	2,40 EUR	5	Zitronen.	je St.	0,20 EUR
4	Apfelsinen	je St.	0,20 EUR		gehackte Schalotten.	für	0,30 EUR

Berechnen Sie den Materialwert für 1 Portion.

20. Ein Koch stellt **Sauce Mayonnaise** von 1,5 l Öl her. Dazu benötigt er:

1,5 l	Öl.	je l	2,80 EUR	5	Zitronen.	je St.	0,20 EUR
15	Eigelb	je St.	0,12 EUR		Gewürze	für	1,40 EUR

Berechnen Sie die Materialkosten.

1.7 Süßspeisen und Gebäck

Übungsaufgaben

1. Für einen **Obstsalat** verwendet man:

¾ kg	Äpfel	je kg	1,20 EUR	2 ½ Dos.	Mandarinen. . .	je Dose	1,40 EUR
½ kg	Bananen	je kg	2,00 EUR	¼ Fl.	Maraschino . . .	je Fl.	8,40 EUR
¾ kg	Weintrauben.	je kg	2,60 EUR	¼ kg	Zucker	je kg	0,92 EUR

Errechnen Sie
a) die Materialkosten,
b) den Materialkostenanteil pro Portion (32 Portionen).

2. Zu einer **Omelette aux confitures** nimmt man:

3	Eier	je St.	0,25 EUR	25 g	Butter.	je kg	4,00 EUR
30 g	Zucker	je kg	0,90 EUR	60 g	Konfitüre	je kg	3,40 EUR

Errechnen Sie
a) die Materialkosten,
b) den Inklusivpreis; Bruttoaufschlag 285 %.

3. Für 42 Personen soll **Apfelstrudel „Wiener Art"** bereitet werden:

1,50 kg	Mehl	je kg	0,80 EUR	120 g	Mandeln	je kg	3,50 EUR
0,80 kg	Zucker.	je kg	0,90 EUR	4,2 kg	Äpfel	je kg	1,20 EUR
0,35 kg	Butter	je kg	4,00 EUR	2	Eier	je St.	0,25 EUR
0,25 kg	Rosinen.	je kg	1,90 EUR		Gewürze	für	0,80 EUR
150 g	Puderzucker	je kg	1,40 EUR				

Errechnen Sie
a) die Gesamtmaterialkosten,
b) die Portionskosten,
c) den Bruttoaufschlag in %, wenn das Stück für 1,50 EUR verkauft wird.

4. Für 45 Personen soll **Pfirsich Melba** als Dessert gereicht werden.

Rezept:

5 D.	Pfirsiche	je D.	2,10 EUR	½ kg	Himbeermark	je kg	2,60 EUR
3,2 l	Vanille-Eis	je l	3,00 EUR	½ l	Schlagsahne	je l	2,40 EUR
					Waffeln pro Person		0,20 EUR

Errechnen Sie die Materialkosten.

5. Eine frische **Ananas** von 850 g wird ausgehöhlt, das Fruchtfleisch zerkleinert, aromatisiert, angezuckert und wieder in die Schale gefüllt.

Material:

850 g	Ananas	kg	2,10 EUR
50 g	Zucker	kg	0,90 EUR
0,2 l	Schwarzwälder Kirschwasser	0,7 l	15,00 EUR
0,1 l	Schlagsahne	l	2,40 EUR

a) Errechnen Sie die Materialkosten.

b) Stellen Sie fest, wie viel g jeder Gast erhält, wenn 6 Personen davon essen und die Ananas mit 35 % Verlust verarbeitet wird.

6. Für eine Hochzeit sollen **Eisbomben** gefertigt werden. Für die 60 Personen rechnet man 8 Eisbomben zu 1 l.

Verwendet werden:

2	l	Vanille-Eis	je l	2,50 EUR	0,8 l	Schokoladen-Eis	je l	3,50 EUR
1	l	Mandel-Eis	je l	3,00 EUR	1,6 l	Schlagsahne	je l	2,40 EUR
1,2 l		Erdbeer-Eis	je l	3,10 EUR		Garniermaterial je Bombe	für	0,70 EUR

Errechnen Sie die Gesamtmaterialkosten.

7. Weincreme-Masse

Rezept:

2,5 l	saurer Weißwein	je l	2,40 EUR	2,80 l	Schlagsahne	je l	2,40 EUR
1,7 kg	Zucker	je kg	0,90 EUR	0,75 l	Schwarzwälder		
200 g	Gelatine, gem.	je kg	13,00 EUR		Kirschwasser	je l	22,00 EUR
24	Eier	je St.	0,25 EUR		Aroma	für	1,20 EUR

Zur Garnierung:

½ kg	Kirschen	je kg	2,70 EUR
	Gebäck	für	2,40 EUR

a) Berechnen Sie die Materialkosten.

b) Wie hoch ist die Gesamteinnahme, wenn mit 280 % Bruttoaufschlag gerechnet wird?

8. Apfelbeignets mit Weinschaumsauce.

Rezept für 20 Beignets:

1 kg	große Äpfel	je kg	1,20 EUR	2	cl	Rum	je l	12,60 EUR
2	Eier	je St.	0,26 EUR	0,14 l		Weißwein	je l	2,10 EUR
0,2 l	helles Bier	je l	1,50 EUR	75	g	Zucker	je kg	0,90 EUR
200 g	Mehl	je kg	0,60 EUR	1½ St.		Zitronen	je St.	0,20 EUR

a) Errechnen Sie die Rezeptkosten.

b) Ermitteln Sie die notwendige Menge der einzelnen Zutaten für 80 Portionen.

9. Rezept für 26 Portionen **Crêpes Suzette**:

0,45 kg	Mehl	je kg	0,60 EUR	4	Zitronen	je St.	0,20 EUR
6	Eier	je St.	0,25 EUR	0,35 kg	Zucker	je kg	0,90 EUR
0,2 l	Milch	je l	0,75 EUR	0,35 kg	Butter	je kg	4,00 EUR
0,7 kg	geh. Mandeln	je kg	4,10 EUR	¼ Fl.	Weinbrand	je Fl.	7,60 EUR
12	Orangen	je St.	0,20 EUR	⅓ Fl.	Cointreau	je Fl.	14,10 EUR

a) Berechnen Sie die Materialkosten.

b) Berechnen Sie die Materialkosten für 1 Portion.

10. Rezept für **Bayerische Creme**:

8	Eigelb	je St. 0,12 EUR	1 Stange	Vanille		0,30 EUR
250 g	Zucker	je kg 0,90 EUR	12 Blatt	Gelatine	je Blatt	0,02 EUR
1 l	Milch	je l 0,74 EUR	¾ l	Sahne	je l	2,40 EUR

Berechnen Sie die Materialkosten.

11. Rezept für **Diplomaten-Pudding**:

1 l	Milch	je l 0,74 EUR	150 g	Sultaninen	je kg 1,50 EUR
180 g	Zucker	je kg 0,90 EUR	350 g	Bisquit oder	
6	Eier (je 50 g)	je St. 0,25 EUR		Gebäckreste	je kg 1,80 EUR
120 g	Zitronat	je kg 3,40 EUR	2 Glas je 20 g	Rum	je Gl. 1,00 EUR

a) Errechnen Sie die Rezeptkosten (1 Timbal wird mit 60 g Masse gefüllt)
b) Wie viel Portionen erhält man?
c) Ermitteln Sie die Portionskosten; für Weinsauce sind insgesamt 3,00 EUR anzusetzen.

12. Für Brandteig – **Pâte à chou** – kennt man zwei Grundrezepte:

A.

1 l Wasser	je l 0,00 EUR	800 g	Mehl	je kg 0,60 EUR
150 g Fett	je kg 1,70 EUR	24	Eier (je 50 g)	je St. 0,25 EUR
Salz, Gewürze für Windbeutel oder Kartoffelmassen				0,60 EUR

B.

1 l Milch	je l 0,74 EUR	22 Eier (je 50 g)	je St. 0,25 EUR
250 g Butter	je kg 4,00 EUR	Salz, Gewürze für Süß-	
650 g Mehl	je kg 0,70 EUR	speisen oder Gebäcke	0,80 EUR

Errechnen Sie:
a) die jeweiligen Materialkosten,
b) die fertigen Mengen, wenn für das Abrösten 6 % Verlust gerechnet werden.

13. Aus dem Brandteig B sollen **Spritzringe** (200 Stück) hergestellt werden. Errechnen Sie, wie oft das Rezept genommen werden muss. Jeder Ring sollte ungebacken 50 g wiegen.

14. Grundrezept für **Wiener-Masse**:

30	Eier	je St. 0,25 EUR	650 g	Weizenpuder	je kg 1,80 EUR
1.000 g	Zucker	je kg 0,90 EUR	550 g	Mehl	je kg 0,60 EUR
150 g	heißes Fett	je kg 1,60 EUR		Aroma	für 0,60 EUR

Errechnen Sie die jeweiligen Materialkosten pro Stück, wenn man aus der Masse
a) 10 Tortenböden Ø 26 cm oder
b) 8 Tortenböden Ø 28 cm oder
c) 15 Obstböden oder
d) 18 kleine Frankfurter Kränze erhält.

15. Für eine **Schwarzwälder Kirschtorte** nimmt man einen 28er Boden, für Buttercreme rechnet man 3,40 EUR, Früchte 1,40 EUR, Schokolade und Dekor 0,40 EUR. Man schneidet 18 Stücke daraus.

a) Errechnen Sie die Materialkosten,
b) den Bruttoaufschlag, wenn das Stück im Café 1,30 EUR kostet.

16. Für **Obstböden** nimmt man als Belag:

1 Dose	Aprikosen-Pulpe		3,80 EUR
1,2 kg	Bananen	je kg	2,00 EUR
0,6 kg	Weintrauben	je kg	2,60 EUR
0,8 kg	Dunstsauer Kirschen je kg		2,70 EUR
5	Scheiben Ananas, Dose mit 12 Scheiben .		1,32 EUR
	Geleeguss pro Boden		0,30 EUR

a) Errechnen Sie die Materialkosten für die Torte.
b) Errechnen Sie die Materialkosten für 1 Stück Torte (Torte = 12 Stück).

17. Zum Füllen verwendet man bei **Frankfurter Kränzen** Buttercreme, Aprikosen- und Erdbeer-konfitüre, zum Dekor Mandelkrokant und Belegkirschen.

Pro Kranz rechnet man:

250 g	Buttercreme	je kg	3,20 EUR	40 g	Erdbeerkonfitüre .. je kg	2,80 EUR
60 g	Aprikosenkonfitüre	je kg	3,00 EUR	120 g	Krokant.......... je kg	4,80 EUR
					Belegfrüchte (20 g) . für	0,30 EUR

Berechnen Sie die Materialkosten für 6 Kränze.

18. Grundrezept für **Mürbeteig**:

900 g	Mehl	je kg	0,60 EUR	350 g	Zucker	je kg	0,90 EUR
600 g	Fett	je kg	1,60 EUR	1	Ei (50 g)	je St.	0,25 EUR

a) Errechnen Sie Rezeptmenge und Materialkosten.
b) Wie viel Tortelettes à 35 g Teig erhält man?
c) Wie viel Mürbeteigböden mit 310 g Teigeinlage erhält man?

19. Aus der Mürbeteigrezeptur soll eine **Teegebäckmischung** hergestellt werden. Für eine Kaffeetafel benötigt man 68 Portionen von je 75 g tischfertigem Gebäck. Wie viel g Mürbeteig benötigt man, wenn

a) der Backverlust 18 % ist,
b) der Backverlust nur 14 % ist, weil Dekormaterial zugegeben wurde?

20. Für ein kaltes Buffet sollen **Frühstücksbrötchen** gebacken werden, Fertiggewicht 40 g.

Rezept:

½ l	Wasser.............	je l	0,00 EUR	150 g	Fett	je kg	1,60 EUR
½ l	Milch	je l	0,74 EUR	1.600 g	Mehl	je kg	0,60 EUR
					Hefe	für	0,50 EUR

a) Errechnen Sie die Rezeptmenge und den Rezeptpreis.
b) Wie viel kg Teig werden für 400 tischfertige Brötchen gebraucht (Backverlust 8 %)?

21. Errechnen Sie die Brötchenzahl, wenn man von 4 l Flüssigkeit ausgeht und die Teigeinlage je Brötchen 53 g beträgt.

22. **Blätterteig** wird nach 3 Verfahren hergestellt:

französischer B.: getourt mit Fett außen, Teig innen.
deutscher B.: getourt mit Fett innen, Teig außen.
holländischer B.: getourt mit gehacktem Fett im Teig.
Das Grundrezept für alle Verfahren ist:

Teig:

1.000 g	Mehl	für	0,60 EUR	100 g	Fett	je kg	1,60 EUR
530 ml	Wasser		0,00 EUR	1	Eigelb (20 g)		0,12 EUR
					Aromen, Salz.....		0,40 EUR

zum Einrollen:

900 g	Ziehmargarine.....	je kg	3,00 EUR	150 g	Mehl...........	je kg	0,60 EUR

a) Errechnen Sie Materialmenge und die Materialkosten.
b) Wie viel g Fertiggebäck erhält man bei einem Backverlust von 12 %?

23. Für **Blätterteig-Teilchen** rechnet man pro Stück 45 g Teig.

a) Errechnen Sie die Stückzahl aus der Rezeptur.
b) ⅓ wird mit einer Aprikosenhälfte belegt, je 0,05 EUR, ⅓ mit angedickten Schattenmorellen, je 0,03 EUR, ⅓ mit Ananas-Ecken für 0,04 EUR. Ermitteln Sie den jeweiligen Stückpreis, wenn für das Aprikotieren und Glasieren je 20 Stück 1,00 EUR zu veranschlagen sind.

24. Aus 2.000 g Blätterteig, je kg 3,40 EUR, werden **Käsestangen** hergestellt unter Verwendung von 320 g Chester, je kg 8,60 EUR, und 130 g Parmesan, je kg 10,80 EUR.

a) Errechnen Sie die Materialkosten.
b) Wie viele Stangen à 25 g erhält man?
c) Wie teuer wird 1 Stange?

25. Eine **Holländer Kirschtorte** wird aus 3 Blätterteigböden, 1 kg 2,20 EUR, à 150 g Teigeinlage vorbereitet.

Zum Füllen rechnet man:

400 g	angedickte Schattenmorellen	....	je kg	2,70 EUR
½ l	Schlagsahne	....	je l	2,40 EUR
	Aromen, Dekor	....	für	1,00 EUR

Ermitteln Sie die Materialkosten.

26. Es sollen 30 **Sandkuchen** gebacken werden, Einwaage 420 g.

Rezept:

1.000 g	Margarine	....	je kg	1,50 EUR
800 g	Zucker	....	je kg	0,90 EUR
800 g	Eier (1 Ei = 50 g)	....	je St.	0,25 EUR
550 g	Weizenmehl	....	je kg	0,60 EUR
450 g	Weizenpuder	....	je kg	1,80 EUR
	Aromen	....	für	0,90 EUR

a) Errechnen Sie Rezeptmenge und die Materialkosten.
b) Wie oft muss das Rezept eingewogen werden (genau rechnen)?
c) Wie teuer wird ein Kuchen?

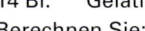

27. Nach dem Grundrezept (Aufg. 26) werden **Marmorkuchen** hergestellt: ⅓ der Masse wird mit 200 g Kakao, kg 3,40 EUR, vermengt.

Wie teuer wird diese Masse?

28. Es sollen **„imitierte" englische Teekuchen** gebacken werden. Zu dem Grundrezept mischt man:

250 g	Rosinen	....	je kg	1,92 EUR
300 g	Zitronat	....	je kg	2,40 EUR
200 g	Orangeat	....	je kg	3,10 EUR
150 g	Nüsse	....	je kg	3,00 EUR
150 g	Rum (150 ml)	....	je l	12,60 EUR

a) Errechnen Sie die Rezeptmenge und die Materialkosten.
b) Was kostet 1 kg Masse?

29. Für 15 Portionen Weingelee mit Früchten werden benötigt:

0,75 l	Weißwein	....	je l	3,20 EUR
0,75 l	Wasser	....	je l	0,01 EUR
0,35 kg	helle Weintrauben	....	je kg	1,60 EUR
0,35 kg	Erdbeeren	....	je kg	2,40 EUR
2	Orangen	....	je St.	0,30 EUR
¾ St.	Zitrone	....	je St.	0,20 EUR
0,4 kg	Zucker	....	je kg	0,90 EUR
14 Bl.	Gelatine	....	je Bl.	0,02 EUR

Berechnen Sie:
a) die Gesamtmaterialkosten,
b) die Portionskosten,
c) den Inklusivpreis je Portion bei einem Bruttoaufschlag von 390 %.

30. Die Materialkosten für eine Portion Bananensplit betragen 0,55 EUR. Berechnen Sie den Kartenpreis bei einem Bruttoaufschlag von 400 %.

1.8 Vorspeisen und kaltes Büfett

Rechentafel

Sc. Mayonnaise.	je kg	2,40 EUR
Sc. Remoulade	je kg	3,30 EUR
Sc. Vinaigrette.	je kg	0,80 EUR
Sc. Cumberland	je kg	4,50 EUR
Fleischsalat	je kg	3,60 EUR
Gemüsesalat	je kg	3,30 EUR
Duxelles.	je kg	5,60 EUR
1 Tomate		0,20 EUR
1 pochiertes Ei.		0,20 EUR
½ gekochtes Ei		0,13 EUR
1 Scheibe Toastbrot		0,10 EUR
1 Scheibe Schwarzbrot.		0,10 EUR
1 kleine saure Gurke.		0,20 EUR
1 Scheibe Roastbeef oder Schinken		0,60 EUR
Zur Garnierung: Zwiebelringe, Zitronenscheibe, Salatblatt	je	0,10 EUR
Sardellen, Perlzwiebeln, Trüffel, Radieschen	je	0,15 EUR

Übungsaufgaben

1. Errechnen Sie den Materialpeis für 2 **gefüllte Tomaten** mit je 60 g Fleischsalat, 1 Scheibe Schwarzbrot, Zwiebelringe.

2. Ermitteln Sie den Preis für ³⁄₂ **Eier gefüllt** mit je 40 g Duxelles, 1 Zitronenscheibe, Sardellen-ring.

3. Errechnen Sie die Materialkosten für einen Vorspeisen-Teller:
   1   gefüllte Tomate mit 60 g Fleischsalat
   ½   gefülltes Ei mit 50 g Duxelles
   ½   gefülltes Ei mit angemachtem Ei (0,10 EUR) und Trüffelscheibe
   1   gefüllte Tomate mit 60 g Gemüsesalat
   2   Scheiben Schwarzbrot 2 × Zwiebelringe und 2 × Perlzwiebeln

4. **Waldorfsalat** aus:

1,80 kg	Knollensellerie	je kg	0,90 EUR
2,50 kg	Äpfel	je kg	1,20 EUR
0,30 kg	Nüsse	je kg	3,50 EUR
0,40 kg	Mayonnaise	je kg	2,40 EUR
0,35 kg	Sahne	je l/kg	2,40 EUR
3	Zitronen	je St.	0,20 EUR
	weitere Aromen u. a.	für	0,50 EUR

   a) Errechnen Sie die Rezeptmenge.
   b) Ermitteln Sie die Materialkosten.

5. Ermitteln Sie die Kosten für eine Portion **Hühnerbrust** à 200 g, kg 5,40 EUR, 200 g Waldorfsalat und 50 g Sc. Cumberland.

6. **Kartoffelsalat A**

1 kg	gekochte Kartoffeln.	für	0,60 EUR
0,2 l	Fleischfond	je l	0,60 EUR
	Salz, Pfeffer	für	0,40 EUR
0,1 kg	Mayonnaise.	je kg	2,40 EUR
	Zwiebeln	für	0,60 EUR

Kartoffelsalat B

1 kg	gekochte Kartoffeln	für	0,60 EUR	0,1 kg saure Gurken.....	je kg	1,50 EUR
0,2kg	Remoulade.......	je kg	3,30 EUR	Zwiebeln	für	0,60 EUR
0,1kg	Mayonnaise	je kg	2,40 EUR	Salz, Pfeffer......	für	0,30 EUR

a) Errechnen Sie die Materialmengen und -kosten beider Rezepturen.
b) Wie viel EUR kosten jeweils 100 g der Salate?

7. In einer bürgerlichen Gaststätte werden angeboten

a) Portion Kartoffelsalat A, 220 g, mit 2 pochierten Eiern,
b) oder mit einem Kotelett, Stück 1,00 EUR,
c) oder mit einem Paar Frankfurter Würstchen zu 1,20 EUR.

Errechnen Sie die jeweiligen Materialkosten.

8. **Bergischer Teller** aus:

200 g	Kartoffelsalat je kg 2,50 EUR		³⁄₂	Eier
50 g	Fleischsalat		1	Tomate
50 g	Gemüsesalat		2	Scheiben Roastbeef
1	Gurke		2	Scheiben gekochter Schinken
4	Scheiben Schwarzbrot		100 g	Remoulade

Errechnen Sie die Materialkosten.

9. **Ragout fin** aus:

200 g	gekochte Kalbszunge	je kg	7,30 EUR
150 g	blanchiertes Kalbshirn	je kg	9,00 EUR
300 g	gekochtes Kalbfleisch	je kg	8,00 EUR
250 g	Champignons..	je kg	3,80 EUR
¼ l	Weißwein	je l	2,00 EUR
400 g	Zutaten für die Sauce	je kg	5,00 EUR
	Gewürze	für	0,80 EUR

Errechnen Sie Rezeptmenge und Materialkosten.

10. Aus der Menge lassen sich 12 Pastetchen füllen. Wie teuer ist ein überbackenes **Königin-Pastetchen** (ungefüllt 0,50 EUR), wenn für den Käse 0,20 EUR gerechnet werden?

11. Mit der Rezeptmenge füllt man 15 **Muschelschalen**, zum Überbacken entstehen jeweils 0,10 EUR Nebenkosten.

Errechnen Sie die Materialkosten für eine Muschelschale.

12. Für 240 Personen soll **Langusten-Cocktail** geboten werden aus:

58 Dosen	span. Langusten à 185 g.............................	je Dose	2,00 EUR
5,2 kg	Mayonnaise..	je kg	2,40 EUR
2,5 kg	Tomaten-Ketchup	je kg	2,40 EUR
1,2 l	Sahne...	je l	2,30 EUR
0,3 l	Weinbrand	je 0,7 l	6,50 EUR
10 Kopf	Blattsalat	je St.	0,40 EUR
¾ kg	Champignons	je kg	3,80 EUR
	Garnitur	für	3,20 EUR
	Gewürze...	für	1,50 EUR

Errechnen Sie:
a) die Rezeptkosten, b) die Portionskosten.

13. Für 42 Portionen **Grapefruit-Cocktail** in Kelchgläsern benötigt man:

9	große Pampelmusen	je St.	0,30 EUR
1 Dose	Ananas in Scheiben	je Dose	1,40 EUR
¾ Dose	Maraschino-Kirschen	je Dose	2,40 EUR
¾ Dose	halbierte Pfirsiche.....................................	je Dose	2,16 EUR
²⁄₅ kg	Mayonnaise..	je kg	2,40 EUR
100 g	Tomaten-Ketchup	je kg	2,40 EUR
2 Kopf	Salat..	je St.	0,40 EUR
	Gewürze	für	1,20 EUR

Errechnen Sie den Portionspreis bei 320 % Bruttoaufschlag.

14. Für 42 Personen sollen **Toastschnitten** mit Gänseleber und hausgebeiztem Lachs vorbereitet werden.

4	Toastbrote	je St.	1,00 EUR
600 g	Butter	je kg	4,00 EUR
1,4 kg	Gänseleber	je kg	39,00 EUR
0,7 kg	Lachs	je kg	34,00 EUR
0,2 kg	echter Kaviar	je kg	450,00 EUR
10	Eier zum Garnieren	je St.	0,25 EUR
	andere Garnituren	für	2,00 EUR

a) Errechnen Sie die Gesamtmaterialkosten.
b) Wie teuer wird eine Schnitte, wenn man 126 erhält?
c) Welcher Bruttoaufschlag ergibt sich bei einem Inklusivpreis von 7,50 EUR?

15. Artischocken 1. Qualität kosten das Stück 0,50 EUR im Feinkostgeschäft.
Auf dem Großmarkt zahlt man für eine Kiste algerischer Artischocken (24
Stück) 7,20 EUR.
Errechnen Sie den Preisunterschied in EUR und Prozent.

16. Als Vorspeise reicht man 2 algerische Artischocken, 0,30 EUR pro Stück,
gestutzt, in Salzwasser gekocht mit Sc. Vinaigrette.
a) Errechnen Sie die Materialkosten bei Zugabe von 0,15 l Vinaigrette und 2 Zitronenscheiben.
b) Der Inklusivpreis für 1 Portion beträgt 3,50 EUR. Wie viel % Bruttoaufschlag sind darin
enthalten?

17. Ein Paar geräucherte **Forellenfilets** kostet 3,50 EUR. Was kostet eine Vorspeise aus:
1 Filet, 1 Scheibe Toast, Zitronenscheibe und 60 g Sahne-Meerrettich (kg 3,00 EUR)?

18. Eine Dose indischer **Krabben** kostet 2,00 EUR und wiegt 4,5 Unzen (1 Unze = 28,35 g).
a) Welchen Inhalt hat man bei einer Tara von 30 g?
b) Wie teuer wäre 1 kg dieser Ware?

19. Eine Dose **Kaviar** wiegt 543 g und kostet 510,00 EUR. Die leere Dose wiegt
65 g. Wie viel EUR kosten 50 g netto?

20. Für einen **Hummer-Cocktail** nimmt man 80 g Fleisch, kg 60,00 EUR, 50 g Champignon-Köp-
fe, kg 4,50 EUR, 60 g Cocktail-Sauce, kg 4,00 EUR, und für die Garnitur und Toast 0,90 EUR.
Errechnen Sie die Materialkosten.

21. Eine Packung **Imperial Austern 00** kostet 102,00 EUR und enthält 85 Stück.
Wie teuer wird eine Portion Austern nature? Es werden 6 Stück gereicht.

22. Eine ¼ Dose **Weinbergschnecken** enthält 60 parierte Schnecken und kostet 6,00 EUR.
a) Wie viel EUR kosten die Schnecken für eine Portion (für eine Portion rechnet man
12 Schnecken)?
b) Für Kräuterbutter, Weißbrot und Gewürze rechnet man 0,50 EUR. Welche Materialkosten
ergeben sich für 6 Portionen?

1.9 Aufgabensatz mit Punktevorschlägen

5 Pkt. **1.** Klare Tomatensuppe mit Mozzarella-Croûtons für 30 Personen.
Die Gesamtmaterialkosten betragen 26,40 EUR.
a) Wie viel EUR betragen die Materialkosten für 1 Portion?
b) Wie viel EUR beträgt der Bruttoaufschlag bei einem Kartenpreis von 3,60 EUR?

5 Pkt. **2.** Hergestellt werden 40 Portionen Karotten-Curry-Cremesuppe.
Die Materialkosten für 1 Portion betragen 0,75 EUR.
a) Wie viel EUR betragen die Gesamtmaterialkosten?
b) Wie viel EUR beträgt der Kartenpreis für 1 Portion, wenn
mit 360 % Bruttoaufschlag gerechnet wird?

5 Pkt. **3.** Ein gemischter Salat mit Schinken und Käse hat einen Materialwert von 1,90 EUR. Er wird für 7,60 EUR verkauft.
Wie viel Prozent beträgt der Bruttoaufschlag?

12 Pkt. **4.** Für einen Obstsalat verwendet man:

1,2	kg Äpfel	je kg	1,80 EUR
0,75	kg Bananen	je kg	1,20 EUR
0,85	kg Weintrauben	je kg	2,90 EUR
3 ½	Dos. Mandarinen	je Dos.	1,50 EUR
0,9	kg Birnen	je kg	2,80 EUR
0,6	kg Zucker	je kg	0,95 EUR
¼	Fl. Maraschino	je Fl.	8,60 EUR

Errechnen Sie:
a) Die Gesamtmaterialkosten,
b) den Materialkostenanteil pro Portion (40 Portionen).

5 Pkt. **5.** Warmer Leberkäse mit Bratkartoffeln, Zwiebeln und Senf hat je Portion einen Materialwert von 1,80 EUR.
Wie viel EUR beträgt der Kartenpreis, wenn mit einem Bruttoaufschlag von 280 % gerechnet wird? (auf volle 0,10 EUR aufrunden)

5 Pkt. **6.** Ein warmer Antipasti-Teller für Vegetarier besteht aus: Champignons, Gurken, Paprika, Oliven, Tomaten, Mozzarellascheiben und geröstetem Roggenbrot.
Die Materialkosten betragen je Portion 1,60 EUR.
Berechnen Sie den Kartenpreis bei einem Bruttoaufschlag von 350 %.

12 Pkt. **7.** Matjesfilets „Hausfrauenart", 40 Portionen, mit Petersilienkartoffeln und Salat:

5,500	kg Matjesfilets	je kg	8,80 EUR
2,500	l Saure Sahne	je l	1,90 EUR
1,500	kg Äpfel	je kg	1,80 EUR
0,900	kg Zwiebeln	je kg	1,00 EUR
1,200	kg Delikatessgurken	je kg	1,50 EUR
1,700	kg Tomaten	je kg	1,20 EUR
3,500	kg Kartoffeln	je kg	0,60 EUR
6	Köpfe Salat	je K.	0,50 EUR
	Dressing und Gewürze	für	1,90 EUR

a) Berechnen Sie den Gesamtmaterialwert. (Auf 10er-Stelle abrunden.)
b) Berechnen Sie den Kartenpreis bei einem Bruttoaufschlag von 380 %.

5 Pkt. **8.** Gegrilltes Lachssteak mit Basilikum-Butter, Wildreis und Blattspinat.
Die Materialkosten pro Portion betragen 3,50 EUR. Der Bruttoaufschlag ist 340 %.
Berechnen Sie den Kartenpreis.

5 Pkt. **9.** Ein Schweineschnitzel mit Pommes frites und Salat kostet 10,50 EUR.
Der Bruttoaufschlag beträgt 220 %.
Berechnen Sie die Materialkosten.

5 Pkt. **10.** Gebratene Hähnchenbrust mit Reis, Tomaten-Erbsen-Gemüse und Kerbelsauce, 15 Portionen.
Die Gesamtmaterialkosten betragen 45,00 EUR.
Berechnen Sie den Kartenpreis je Portion bei 300 % Bruttoaufschlag.

5 Pkt. **11.** Spargel (400 g) mit gekochtem Schinken und Butterkartoffeln.
Die Materialkosten pro Portion betragen 3,40 EUR.
Berechnen Sie den Kartenpreis bei einem Bruttoaufschlag von 350 %.

8 Pkt. **12.** Für 25 Portionen Karamellcreme benötigt man:

2,5 l Milch . . . . je l   0,80 EUR
0,5 kg Zucker . . . . je kg   0,90 EUR
18 Stck Eier. . . . . je Stck 0,16 EUR
2 Stangen Vanille. . . . . je St.   1,50 EUR
0,750 kg Zucker für Karamell . je kg   0,90 EUR

a) Berechnen Sie die Gesamtmaterialkosten.
b) Wie viel EUR kostet 1 Portion bei einem Bruttoaufschlag von 650 %? (auf volle EUR aufrunden)

5 Pkt. **13.** Ein Erdbeer-Käse-Sahneküchlein mit Vanillecreme ist auf der Karte mit 3,20 EUR ausgezeichnet.
Wie viel EUR betragen die Materialkosten, wenn mit 360 % Bruttoaufschlag gerechnet wird?

8 Pkt. **14.** Eine Familie, 2 Erwachsene, 2 Kinder, kehrt zu einem Sonntagsbrunch in ein Restaurant ein. Für die Erwachsenen werden 12,00 EUR je Person gerechnet, für die Kinder 6,00 EUR je Person. Getrunken werden: 3 Gläser Wein, je Glas 2,80 EUR, 2 Gläser Apfelschorle, je Glas 1,80 EUR; 1 Flasche Mineralwasser zu 2,50 EUR, 1 Tasse Espresso zu 1,60 EUR.
a) Wie viel EUR stehen auf der Rechnung?
Die Gäste runden den Betrag auf 56,00 EUR auf.
b) Wie viel Prozent Trinkgeld haben sie gegeben?

90 Pkt.

94

2 Arbeiten im Service

2.1 Planung

1. 42 (65) Personen sollen jeweils 1 Glas Sherry (12 pro Flasche), 1 Glas Mosel (6 pro Flasche), 1 Glas Burgunder (5 pro Flasche), 2 Glas Sekt (8 pro Flasche) erhalten. Wie viele Flaschen jeder Sorte müssen bereitgestellt werden?

2. Für den Silvesterabend sind Eintrittskarten zu 95,00 EUR pro Person verkauft worden. Im Preis enthalten sind:

   Festmenü . . . . Kostenanteil 40 %,
   Getränke zum Essen. . . . . Kostenanteil 25 %,
   kleiner Imbiss und Silvestergruß . . . . Kostenanteil 22 %.
   Es wurden 820 Karten verkauft.

   a) Wie viel EUR stehen der Küche für das Menü zur Verfügung?
   b) Wie viel EUR verbleiben für den kleinen Imbiss und den Silvestergruß des Hauses?
   c) Wie viel Flaschen müssen bereitgestellt werden, wenn aus dem Getränkeanteil jeder Gast
      2 Glas Sherry (pro Flasche 12 Glas)
      2 Glas Mosel (pro Flasche 8 Glas)
      2 Glas Burgunder (pro Flasche 6 Glas) erhalten soll?
   d) Wie viel Flaschen Sekt je 22,00 EUR können für das Restgeld noch vorgekühlt werden?

3. Errechnen Sie die Durchführungsbedingungen für ein kleineres Haus, wenn nur 150 Karten zu 75,00 EUR verkauft werden.

4. Errechnen Sie die Kostenanteile pro Person, wenn für Musik, Dekorationen, Preise und Feuerwerk 25 % beansprucht werden, die Küche 37 % der Einnahme beansprucht, für Mitternachtsüberraschungen 18 % nötig sind und somit für die Getränke nur noch 20 % verbleiben. Eintritt 95,00 EUR.

5. Der Gastgeber will für ein Extraessen inlusive Getränke pro Person 120,00 EUR ausgeben. 32 Gäste werden erwartet.
   a) Wie viel EUR entfallen auf den Getränkeanteil, der 33 1/3 % beträgt?
   b) Jeder Gast soll einen Apéritif für 4,40 EUR erhalten und zum Schluss ein Tässchen Mocca je 3,60 EUR. Wie viel EUR sind dafür vom Getränkeanteil abzuziehen?
   c) Wie viel Flaschen Wein je 48,00 EUR können noch bewilligt werden? (Auf volle Flaschen runden!)

6. Anlässlich einer Jubiläumsfeier bewilligt der Firmenchef 8.500,00 EUR für einen festlichen Abend. 85 Personen werden erscheinen.
   a) Wie viel EUR beansprucht die Küche, wenn ein Menü 45,00 EUR kostet?
   b) Wie viel EUR verbleiben für Getränke, wenn 2 Musiker 700,00 EUR für die musikalische Ausgestaltung erhalten?

Rechentafel zu Aufgabe 7–12

1 Buttercreme-Moccatorte	22,00 EUR	18 Stücke
1 Buttercreme-Schwarzwälder-Kirschtorte	23,00 EUR	18 Stücke
1 Ananas-Sahnetorte	13,60 EUR	16 Stücke
1 Holländer Kirschtorte	14,20 EUR	16 Stücke
1 Obsttorte mit Sahne	12,00 EUR	12 Stücke
1 Sandkuchen	12,00 EUR	30 Stücke
1 Kännchen Kaffee	3,50 EUR	
1 Kännchen Kakao	4,50 EUR	
1 Portion Milch und Zucker für den Kaffee	0,40 EUR	

7. Für 42 Personen wird ein Kaffeegedeck aus jeweils 1 Stück Erdbeertorte, 2 Stückchen Sand-kuchen und 1 Kännchen Kaffee mit Milch und Zucker bestellt.
   a) Wie viele Torten müssen jeweils bestellt werden?
   b) Wie teuer wird ein Gedeck?

8. 22 Personen wünschen ein Gedeck aus:
   1 Stück Obsttorte mit Sahne, 1 Stück Ananas-Sahne, 1 Kännchen Kaffee ohne Milch und Zucker.
   a) Wie hoch ist die Gesamtrechnung?
   b) Wie hoch ist der Gedeckpreis?

9. Für einen Empfang werden 90 Aperitifs mit je 5 cl vorbereitet: 60 Gläser trockener Sherry und 30 Gläser trockener Rotwein. Es wird mit einem Ausschankverlust von 3 % gerechnet.
   Wie viel 0,75 l Flaschen müssen jeweils vorrätig sein?

10. Für einen Silvesterball rechnet man für die Sektbar mit einem Bedarf von 300 Gläsern zu je 0,1 l.
   a) Wie viel Flaschen Sekt mit je 0,75 l Inhalt müssen vorrätig sein, wenn mit einem Aus-schankverlust von 6 % zu rechnen ist?
   b) Eine Flasche Sekt kostet im Einkauf 6,40 EUR. Der Händler gewährt 3 % Skonto. Wie viel EUR sind zu überweisen?
   c) Das Glas Sekt wird mit 450 % Bruttoaufschlag verkauft.
      Wie viel EUR beträgt der Kartenpreis?

11. In ein Ausflugslokal in der Nähe von Wiesbaden gelangt eine größere Gesellschaft.
   28 Personen wünschen jeweils 1 Stück Holländer Kirschtorte und 1 Stückchen Sandkuchen, 1 Kännchen Kaffee mit Milch und Zucker.
   44 Personen wünschen jeweils 1 Stück Schwarzwälder Kirschtorte, 1 Stück Obsttorte mit Sahne, 1 Kännchen Kakao.

   a) Wie viele Torten müssen angeschnitten werden?
   b) Wie teuer ist ein Gedeck mit dem Kakao?
   c) Was zahlen die Gäste, die Kaffee und Kuchen wählten?
   d) Errechnen Sie die Gesamteinnahme.

12. Für eine Kindergesellschaft (26 Kinder und 4 Erwachsene) wird gewünscht:
   Jedes Kind erhält ein Kännchen Kakao, ein Stück Obst- und Erdbeertorte; die Erwachsenen wählen statt des Kakaos Kaffee (pur) und jeweils 1 Stück Ananas- und Schwarzwälder Kirschtorte.
   a) Wie hoch ist die Gesamtrechnung?
   b) Wie teuer wird 1 Kindergedeck?
   c) Was ist für die Erwachsenen jeweils zu berechnen?

Zu 13 + 14

Versilberte Bestecke sind mit einer Silberauflage versehen, ein Stempel gibt deren Stärke an. Die Zahl 90 bedeutet, dass 90 g Silber für 24 Besteckteile (12 Gabeln, 12 Löffel) verwendet wurden.

13. Wie viele Besteckteile kann man mit
   a) 7,380 kg Silber bei einer 90er Auflage,
   b) 4,248 kg Silber bei einer 60er Auflage,
   c) 1,440 kg bei einer 40er Auflage versilbern?

14. Wie viel Silber benötigt man
   a) bei einer 90er Auflage für   86 Besteckteile,
   b) bei einer 60er Auflage für 128 Besteckteile,
   c) bei einer 40er Auflage für 185 Besteckteile?

Auszug aus einer Preisliste (zu Aufgabe 13.–14.)

	Kaffeekannen			Milchkännchen			Eierbecher
	0,3 l	0,6 l	1 l	50 ml	100 ml	250 ml	
Porzellan	5,10	8,00	11,00	2,00	3,00	4,20	0,90 EUR
Silber	35,00	42,50	–	9,20	16,80	–	2,85 EUR

	Messer	Kaffeelöffel	Kuchengabel	Eierlöffel
Edelstahl	5,90 EUR	1,80 EUR	2,60 EUR	2,10 EUR
Silber, 90er	14,80 EUR	6,20 EUR	8,20 EUR	5,30 EUR

Kaffeegedeck		
mit Goldrand 13,00 EUR	mit Farbrand 11,80 EUR	einfach 7,70 EUR

15. Welchen Wert stellt eine einfache Kaffeetafel für 5 Personen dar, wenn man das Tischtuch mit 17,00 EUR ansetzt und
   a) 0,3-l-Porzellankännchen wählt, Edelstahlbestecke und Eier gibt;
   b) wenn man Silbergeschirr verwendet?

16. Für eine Kaffeetafel im großen Saal werden bereitgestellt für 250 Personen: jeweils 1 Gedeck ohne Messer, Eierbecher und -löffel, für jeweils 5 Personen ein 250-ml-Milchkännchen, für jeweils 2 Personen eine 0,6-l-Kanne. Es werden nur einfache Porzellan- bzw. Edelstahlteile verwendet. Welchen Wert stellt diese Kaffeetafel dar?

2.2 Getränkeausschank – Schankverluste

Der Ausschank offener Getränke ist wie der Verkauf anderer Lebens- oder Genussmittel an gesetzliche Vorschriften gebunden. Der Gast muss vor Übervorteilung geschützt werden. Beim Ausschank entstehen Verluste, die rechnerisch erfasst werden müssen.

Gesetzlich erlaubte Füllmengen (Auszug)

Bier	
Flaschen: 1 l; 0,5 l; 0,3 l	Gläser: 0,2 l; 0,25 l; 0,3 l; 0,4 l; 0,5 l
Wein	
Flaschen: 1 l; 0,75 l; 0,7 l	Gläser: 0,25 l = Schoppen
0,5 l; 0,375 l; 0,35 l	0,2 l = Glas Wein
	0,1 l = Südwein
	0,05 l = Südwein
Sekt	
Flaschen: 0,75 l = ⅟₁-Fl.	Gläser: 0,1 l im Barausschank
0,375 l = ½-Fl.	
0,2 l = Kleinflasche	
Spirituosen	
Flaschen: 1 l; 0,75 l; 0,7 l; 0,5 l;	Gläser: 0,02 l = 2 cl „Einfacher"
0,35 l; 0,25 l; 0,2 l	0,04 l = 4 cl „Doppelter"
Bargetränke	
0,05 l = 5 cl Shortdrink	0,1 l = 10 cl Longdrink

2.2.1 Bier

Übungsaufgaben

1. Aus einem Fass *Export* werden 377 Gläser je 0,2 l erzielt. Errechnen Sie den Zapfverlust in l und %, wenn das Fass 78 l enthielt.

2. Laut Abrechnung erzielte man aus einem 45,8-l-Fass und einem 68,7-l-Fass 428 Glas je 0,2 l; 52 Glas je 0,4 l und 4 Glas je 0,5 l. Errechnen Sie den Zapfverlust in l und %.

3. Bei einem Schützenfest ist Großbetrieb. Aus 4 Fässern mit 98,6 l; 66,4 l; 85,8 l und 104,5 l erzielte der Wirt innerhalb weniger Stunden 1.264 Glas je 0,2 l und 241 Glas je 0,4 l.

   Wie viel l und % beträgt der Zapfverlust?

4. Drei Fässer von 48,5 l; 49,2 l und 50,4 l werden zum Hektoliterpreis von 150,00 EUR eingekauft. Ausgeschenkt werden 711 Glas je 0,2 l, je 1,90 EUR.
   a) Rechnungssumme? c) Zapfverlust in l und %?
   b) Einnahme?

5. Ein Fass ergibt bei 4,5 % Ausschankverlust 422 Glas je 0,2 l. Wie viel l enthält das Fass?

6. Der Restaurantfachmann eines Biergartens arbeitet auf eigene Rechnung. Aus einem großen Fass *Kölsch* verkaufte er laut Kasse 128 Glas je 0,2 l zu 1,10 EUR und 72 Glas je 04 l zu 1,90 EUR. Anhand des durchschnittlichen Zapfverlustes von 4,2 % errechnet er die Fassgröße.
   a) Wie viel l enthielt das Fass?
   b) Berechnen Sie die Einnahme.

7. Anlässlich der Deutschen Meisterschaft stiftet eine Dortmunder Brauerei 2.000 l Bier, die durch einen Bierbrunnen „ausgesprudelt" werden. Wie viel Gläser je 0,2 l können die Feiernden trinken, wenn man mit 14,2 % Verlust rechnen muss?

2.2.2 Weinhaltige Getränke

Bowlen:	2 Teile Wein, 1 Teil Sekt, Früchte oder Aromaten
Kalte Ente:	2 Teile Wein, 1 Teil Sekt, Zironen- oder Orangenspirale
Schorle-Morle:	1 Teil Wein, 1 Teil Mineralwasser, Zitronenscheibe

Die Bezeichnung Schorle-Morle wird mittlerweile ersetzt durch namensgebende Bezeichnungen wie Weißweinschorle, Apfelschorle u.a. Der Anteil des Mineralwassers bleibt erhalten.

Übungsaufgaben

8. Für eine Familienfeier wird eine *Maibowle* gewünscht.

   Rezept: 2 Flaschen Wehlener Sonnenuhr, je 8,80 EUR, 1 Flasche Sekt zu 11,00 EUR, 1 Sträußchen Waldmeister 0,80 EUR. Jede Flasche hat 0,75 l Inhalt.
   a) Wie viel Bowle ist anzusetzen, wenn jeder Gast 6 Glas je 0,2 l erhält? Es werden 24 Personen erscheinen.
   b) Welche Rezeptmenge ergibt sich?
   c) Stellen Sie die Rechnung auf.

9. 42 Gäste wünschen als Erfrischung je ein Glas *Weißweinschorle* zu 0,3 l. Verwendet werden spritziger Mosel, 0,75-l-Flasche 8,40 EUR, und pro Flasche Wein 2 Flaschen Reginaris je 0,2 l zu 0,80 EUR, pro Glas ferner 1 Scheibe Zitrone, Stück 0,05 EUR.
   a) Wie viel Flaschen Wein und Reginaris sind bereitzustellen?
   b) Wie teuer wird ein Glas Weißweinschorle?

10. Tisch Nr. 21, mit 12 Personen besetzt, wünscht *Kalte Ente*.
    Rezept: 1 0,75-l-Flasche Mosel 12,80 EUR, 1 0,75-l-Flasche Nahe 17,40 EUR, 1 0,75-l-Flasche Sekt 22,20 EUR, 1 Zitronenspirale 0,40 EUR.
    a) Das Rezept wird 3-fach genommen; errechnen Sie die Kosten.
    b) Wie viel Gläser je 0,14 l ergeben sich?
    c) Was hätte jeder einzeln zahlende Gast zu entrichten?

11. Für eine *Feuerzangenbowle* verwendet man: 2 0,75-l-Flaschen Beaujolais je 9,20 EUR; 0,4 l Jamaika-Rum, 0,7-l-Flasche 14,60 EUR; 500 g Hutzucker, kg 4,80 EUR; Gewürze und Zitrone für 1,20 EUR.
    a) Wie teuer wird die Bowle?
    b) Wie viel Gläser erhält man, wenn Henkelgläser (Kandel) zu 0,22 l verwendet werden?

2.2.3 Spirituosen – Cocktails

12. Eine Flasche *Black Label* zu 0,75 l ergibt 34 Glas je 0,02 l. Wie viel % Schankverlust hat man?

13. Eine 0,7-l-Flasche *Remy Martin* ergibt 33 Glas je 0,02 l, die für 2,80 EUR verkauft werden.
    a) Errechnen Sie den Schankverlust in %.
    b) Wie hoch ist die Gesamteinnahme?

14. Eine Flasche *Courvoisier* kostet im Einkauf 24,20 EUR.
    a) Wie viel % ist der Schankverlust, wenn aus der 0,72-l-Flasche 33 Glas je 0,02 l ausgeschenkt werden?
    b) Welche Einnahme ergibt sich, wenn die Karte den Preis von 3,50 EUR pro Glas nennt?
    c) Errechnen Sie den Bruttoaufschlag in EUR und %.

Rechentafel zu Spirituosen und Cocktails

Marke	Inhalt	Einkaufspreis	Glasinhalt	Glaspreis
Grand Armagnac	0,72 l	19,60 EUR	2,5 cl	3,50 EUR
Cognac Hennessy	0,70 l	16,20 EUR	2,5 cl	3,50 EUR
Black and White	0,75 l	18,80 EUR	4 cl	3,80 EUR
Queen Anne	0,75 l	14,60 EUR	4 cl	3,80 EUR
Bola Dry Gin	0,50 l	8,20 EUR	2 cl	2,00 EUR
Schinkenhäger	0,70 l	9,80 EUR	2 cl	1,50 EUR
Malteserkreuz Aquavit	0,70 l	10,80 EUR	2 cl	1,50 EUR
Cointreau	0,65 l	12,00 EUR	2,5 cl	1,50 EUR
Danziger Goldwasser	0,50 l	7,80 EUR	2,5 cl	1,20 EUR
Martini Bianco	0,70 l	4,80 EUR	5 cl	3,50 EUR
Amer Picon	0,95 l	6,50 EUR	5 cl	3,50 EUR
Byrrh	0,75 l	7,80 EUR	5 cl	4,00 EUR
Crème de Cacao	0,50 l	8,20 EUR	2,5 cl	1,40 EUR
Canadian Whisky	0,70 l	18,40 EUR	4 cl	4,20 EUR
Vermouth	0,75 l	4,60 EUR	4 cl	3,40 EUR

Übungsaufgaben

15. Errechnen Sie die Anzahl der Gläser, die aus jeder dieser Flaschen zu erhalten sind (abrunden).

16. Ermitteln Sie
    a) die Einnahme, die jeweils eine Flasche ergibt.
    b) den Bruttoaufschlag in EUR und %.

17. Errechnen Sie die Schankverluste der Einzelsorten:
    a) Grand Armagnac (= 27 Glas)
    b) Black and White (= 17 Glas) in Prozent.

18. Stellen Sie die Rechnungen auf für die einzelnen Herren.
    a) Herr Lehmann bestellte: 2 *Hennessy* und 4 *Dry Gin*.
    b) Herr Lange wählte: 1 *Armagnac*, 2 *Malteserkreuz* und 1 *Martini*.

19. Ein Kännchen Mocca, 2 Tässchen, kostet 4,00 EUR. Herr Fein trinkt zu jeder Tasse ein Glas *Hennessy*. Wie viel hat er zu bezahlen?

20. Für Irish Coffee verwendet man:
    0,025 l Irish Whiskey, 0,75-l-Flasche 16,00 EUR,
    0,020 l Kaffee Double, 1 l für 6,00 EUR,
    40 g Farinzucker, kg für 1,80 EUR,
    0,010 l ungeschlagene Sahne, 1 l für 3,80 EUR.
    a) Errechnen Sie den Materialbedarf für 6 Portionen.
    b) Ermitteln Sie die Materialkosten für 6 Portionen.
    c) Errechnen Sie den Inklusivpreis für 1 Portion bei einem Bruttoaufschlag von 480 % (550 %).

21. Ermitteln Sie den Preis für einen Longdrink, wenn 5 cl Martini mit 5 cl Mineralwasser, l 2,50 EUR, aufgefüllt werden. Rechnen Sie mit 480 % Bruttoaufschlag.

22. Anlässlich eines größeren Essens sollen 135 Personen je ein Glas Portwein als *Apéritif* erhalten.
    a) Wie viel Flaschen müssen bereitgestellt werden, wenn die Flasche je 0,725 l 9,80 EUR kostet, die Gläser 4 cl fassen?
    b) Wie teuer wird ein Glas?
    c) Ermitteln Sie die Gesamtrechnung.

23. Ein Mixer bereitet für einen Empfang Cocktails vor. Es werden je 70 Cocktails hergestellt. Rezepte:

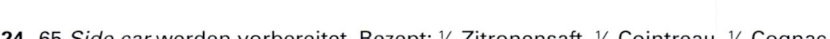

1. *Manhattan*: 3 D Angostura, 4 cl Whisky, 2 cl Vermouth, Cocktailkirsche (eine Fl. Angostura = 200 D).
2. *White Lady*: 2 cl Zitronensaft, 2 cl Cointreau, 2 cl Gin, Eis
3. *Alexander*: 2 cl Cognac, 2 cl Creme de Cacao, 2 cl flüssige Sahne, Muskat, Eis
a) Wie viel Liter bzw. dash der einzelnen Rezeptbestandteile benötigt der Mixer?
b) Wie viele Flaschen der Einzelsorten muss er unter Berücksichtigung von 3 % Schankverlust aus dem Magazin anfordern?
c) Wie viele Zitronen sind erforderlich (1 Zitrone = 30 cl Saft)?

24. 65 *Side car* werden vorbereitet. Rezept: ⅓ Zitronensaft, ⅓ Cointreau, ⅓ Cognac.
a) Errechnen Sie die Rezeptmengen je 0,05-l-Glas.
b) Wie viele Zitronen werden gebraucht, wenn ein Kilo 350 g Saft ergibt (1 kg = 12 Zitronen)?
c) Errechnen Sie die Einnahme (1 Cocktail 4,25 EUR).

2.2.4 Alkoholfreie Mixgetränke

25. *Miami:* Eis, 1 cl Zitronensaft, 9 cl Orangensaft, 10 cl Ananassaft, 1cl Grenadine-Sirup

26. *Tropical-Night:* 5 cl Ananassaft, 4 cl Maracujasaft, 4 cl Orangensaft, 1 cl Zitronensaft, 1 cl Grenadine-Sirup, Orangenscheibe, Eis

27. *Santa Luisa:* Eis, 6 cl Pfirsichsaft, 3 cl Orangensaft, 3 cl Grapefruitsaft, 4 cl Bananensaft, 1 cl Grenadine-Sirup, Karambolascheibe

28. *Sinai:* Eis, 10 cl Milch, 1 Eigelb, 1 Tl Honig, Zimtpulver

29. *Athleticel:* 4 Eiswürfel, 6 cl Sahne, 6 cl Traubensaft, 2 cl Zitronensaft, 1 Eigelb, 1 Löffel Zucker, Soda-Wasser für 0,10 EUR, Zitronenscheibe

30. *Bourbone:* 2 cl Erdbeermark, je 0,7 l 12,00 EUR; 10 g geraspelte Ananas, je kg 10,00 EUR; 2 Kugeln Vanille-Eis, je Kugel 1,20 EUR, ⅛ l kalte Milch, Erdbeeren für 0,80 EUR (Garnitur)

Rechentafel – Alkoholfreie Mixgetränke

Traubensaft	je l	18,00 EUR	Sahne	je l	3,80 EUR
Zitronensaft	je l	16,00 EUR	Maracujasaft	je l	14,00 EUR
Orangensaft	je l	9,00 EUR	Grenadine-Sirup	je l	18,00 EUR
Grapefruitsaft	je l	14,00 EUR	Milch	je l	0,70 EUR
Ananassaft	je l	12,00 EUR	Eigelb	je Stk.	0,10 EUR
Pfirsichsaft	je l	10,00 EUR	Honig	1 Tl	0,10 EUR
Bananensaft	je l	8,00 EUR	Zucker, Zimt	je	0,10 EUR
Carambola-, Orangen- und Zitronenscheibe				je	0,05 EUR

a) Berechnen Sie für die einzelnen alkoholfreien Mixgetränke die Materialkosten.
b) Berechnen Sie bei einem Bruttoaufschlag von 380 % die jeweiligen Inklusivpreise.

2.3 Abrechnung mit dem Gast

Nach der Einführung der Umsatzsteuer dürfen auf Speisen- und Getränkekarten nur noch Inklusivpreise genannt werden. In ihnen sind alle Kosten enthalten (siehe Kalkulation). Auf den Gästerechnungen muss

1. der Prozentsatz der Umsatzsteuer (7 % oder 19 %) genannt sein,
2. der auf die Umsatzsteuer entfallene Betrag getrennt ausgewiesen werden,
3. bei Rechnungen bis 200,00 EUR nur der Umsatzsteuersatz enthalten sein.

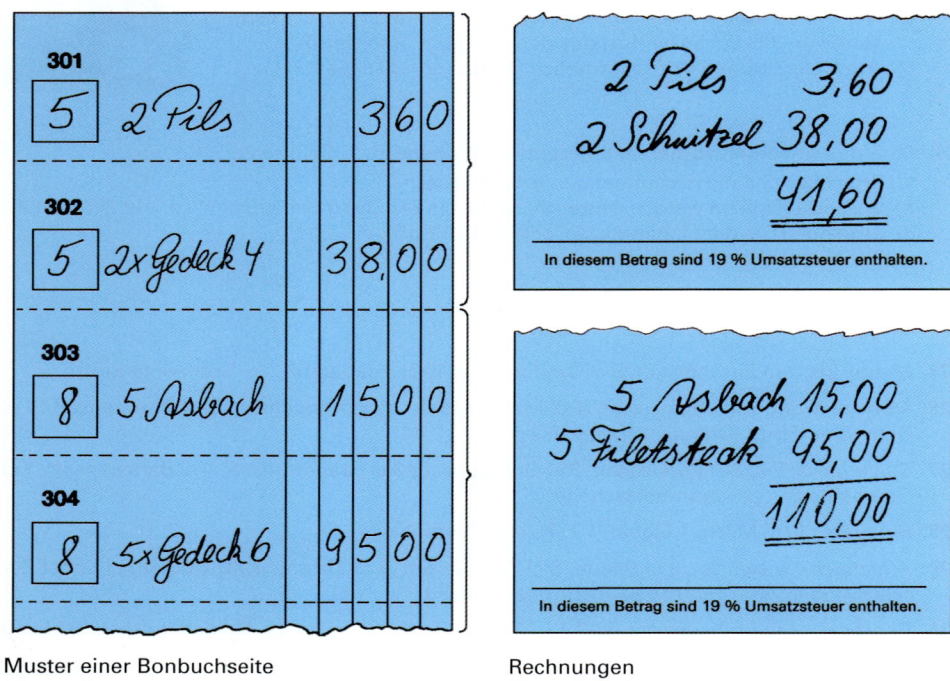

Muster einer Bonbuchseite
(Auszug)

Rechnungen
(Ausschnitt)

Das Bedienungspersonal entnimmt die Umsatzsteuer-Beträge Tabellen. In Frage kommen nur 19 % Umsatzsteuer, 7 % Umsatzsteuer gelten nur bei Lieferungen außer Haus.
Erstellen Sie nach den Vorschriften folgende Rechnungen:

1. Tisch 7:

3 *Dubonnet* je 2,60 EUR, 3 Menüs je 22,50 EUR, 1 Flasche *Reiler vom heißen Stein* 25,40 EUR, 2 Kännchen Kaffee zu je 6,60 EUR.

2. Tisch 9:

4 Pils je 2,20 EUR, 4 *Dornkaat* je 2,50 EUR, 2 Gedecke 4 je 17,50 EUR, 2 Gedecke 6 je 22,80 EUR, 2 Mocca je 3,60 EUR.

Übungsaufgaben

3. Im Laufe eines Abends verzehren 6 Personen je

1 Oxtail clair	6,00 EUR	1 *Eversbusch*	1,50 EUR
½ Poularde mit Beilagen	16,50 EUR	2 *Pilsner Urquell*	2,50 EUR
1 Vanille-Eis mit Himbeeren . . .	4,20 EUR	1 Kännchen Kaffee.	3,50 EUR

Wie hoch ist die Gesamtrechnung?

4. Vier Ehepaare verzehren:

die Damen je | | die Herren je |
---|---|---|---
1 Königinsuppe . . . . | 2,40 EUR | 1 Schwalbennestersuppe. . . . | 5,00 EUR
1 Lachs auf Toast . . . . | 3,80 EUR | 1 Lachs auf Toast . . . . | 3,80 EUR
1 Tournedos Hawaii. . . . . | 12,50 EUR | 1 Filetsteak „modern" . . . . . . | 13,80 EUR
1 Fruchtsaft . . . . | 2,20 EUR | 1 Crêpe Suzette. . . . . | 3,60 EUR
1 Pokal Mosel. . . . . | 2,60 EUR | 1 Rémy Martin . . . . | 3,10 EUR
1 Portion Mocca. . . . . | 3,70 EUR | 1 Pils . . . . | 1,60 EUR

Wie hoch ist die Gesamtrechnung?

5. Bei einer Betriebsfeier verzehren 62 Personen:

| | | | | |
---|---|---|---|---|---
54 Gedecke. . . . . | je | 22,50 EUR | 27 Pokale Wein . . . . | je | 4,60 EUR
4 Omelettes . . . . | je | 5,20 EUR | 22 Flaschen Sekt. . . . . | je | 16,20 EUR
4 Feinschmecker-Toast . . . | je | 6,50 EUR | 14 Glas Orangensaft. . . . . | je | 4,40 EUR
128 Glas Bier . . . . | je | 1,90 EUR | 12 Flaschen Sprudel. . . . . | je | 2,50 EUR

a) Ermitteln Sie die Gesamtrechnung des Firmenchefs.
b) Errechnen Sie den Umsatz, wenn 12 % Rabatt gewährt werden.
c) Errechnen Sie die durchschnittlichen Kosten pro Person nach a) und b).

6. Wie viel EUR muss ein amerikanischer Familienvater zulegen, der mit 100 Dollar zahlt und folgendes bestellte:

| | |
---|---|---
4 Menüs . . . . | je | 24,20 EUR
4 Apéritifs. . . . . | je | 6,20 EUR
2 Kännchen Kaffee . . . . | je | 6,80 EUR
4 Portionen Eis. . . . . | je | 6,00 EUR

7. Diese (Aufg. 6) Familie übernachtete im *Hotel Reichshof* und erhielt folgende Rechnung:

| | | | | |
---|---|---|---|---|---
2 Doppelzimmer . . . . | je | 94,00 EUR | 2 Mineralwasser . . . . | je | 2,50 EUR
4 Frühstück. . . . . | je | 8,80 EUR | 10 Zigarren . . . . | je | 1,80 EUR
4 Tomatensaft . . . . | je | 4,20 EUR | 1 Packung Pralinen. . . . . | | 16,00 EUR

Wie viel EUR legt der Vater dazu, wenn er mit 300 Dollar (1 Dollar = 0,80 EUR) zahlt?

8. Stellen Sie die Rechnung für den Brautvater nach einer Hochzeitsfeier auf:

| | | | | |
---|---|---|---|---|---
1 Kaltes Buffett . . . . | | 1.620,00 EUR | 14 Glas Weinbrand . . . . | je | 3,50 EUR
24 Kraftbrühen „Royal" . . . | je | 4,80 EUR | 6 Kannen Kalte Ente. . . . . . | je | 38,00 EUR
3 Blumenkohl- . . . . | | | 15 Glas Orangensaft natur . | je | 4,80 EUR
Cremesuppe . . . . | je | 4,40 EUR | 12 Flaschen Mineralwasser . | je | 3,50 EUR
32 Cocktails. . . . . | je | 9,50 EUR | | |

9. Eine Gruppe amerikanischer Monteure lässt 4 Tage den mittäglichen Verzehr auf Rechnung stellen. Der Manager stellt einen Scheck über 400 Dollar aus. (Kurs 1 Dollar = 0,80 EUR.)
Wie viel EUR beträgt der Restbetrag?

Montag:

| | | | | |
---|---|---|---|---|---
4 Menüs. . . . . | je | 19,60 EUR | 6 Pils . . . . | je | 2,20 EUR
2 Menüs. . . . . | je | 15,20 EUR | 6 Tassen Kaffee . . . . | je | 2,40 EUR

Dienstag:

| | | | | |
---|---|---|---|---|---
3 Menüs. . . . . | je | 26,50 EUR | 2 Remy Martin . . . . | je | 2,50 EUR
3 Menüs. . . . . | je | 18,20 EUR | 6 Orangen-Limonade . . . . . | je | 3,00 EUR

Mittwoch:

| | | | | |
---|---|---|---|---|---
6 Menüs. . . . . | je | 22,40 EUR | 10 Glas Pils . . . . | je | 2,20 EUR
2 Glas Grapefruit (frisch gepr.) | je | 6,00 EUR | | |

Donnerstag:

| | | | | |
---|---|---|---|---|---
2 Menüs. . . . . | je | 22,80 EUR | 2 Kännchen Kaffee. . . . . . . | je | 4,50 EUR
4 Menüs. . . . . | je | 12,50 EUR | 20 Zigarren . . . . | je | 1,60 EUR
4 Whisky Soda . . . . | je | 6,00 EUR | | |

10. An einer Bartheke spendiert ein auswärtiger Besucher für jeweils 6 Gäste:

| | | | |
---|---|---|---|---
1 Side Car Cocktail . . . . | für | 7,20 EUR | 1 Portwein Cobbler . . . . | 6,50 EUR
1 Silver Fizz . . . . | für | 8,40 EUR | |

Er möchte mit Pfund Sterling bezahlen. Errechnen Sie den Preis mit dem günstigen Kurs (100 EUR = 144 £).

2.4 Abrechnung mit dem Betrieb

Seit der Einführung der Inklusivpreise ermittelt der Restaurantfachmann sein Bedienungsgeld und den an den Wirt abzuführenden Betrag durch Rückrechnung.
Dabei sind zwei Rechenstufen mit jeweils erhöhtem Grundwert nötig, die sich aus dem Kalkulationsaufbau und der Rückkalkulation ergeben:

1	100 %	+	vorläufiger Verkaufspreis	100 %	**1**
	12 %		Bedienungsgeld	− 12 %	
	112 %		vorläufiger Verkaufspreis	112 %	
2	100 %	+	Nettoverkaufspreis	100 %	**2**
	19 %		Umsatzsteuer	− 19 %	
	119 %		Inklusivpreis	**119 %**	

Beispiel

Restaurantfachmann A hat 494,50 EUR Tagesumsatz.
a) Wie viel EUR sind die 12 % Bedienungsgeld?
b) Welchen Betrag muss er an den Wirt abführen?

Lösung

2. 119 % → 494,50 EUR   1. 112 % → 415,55 EUR
    100 % →   ?   EUR   12 % →   ?   EUR

$$\frac{494,50 \text{ EUR} \cdot 100}{119} = 415,55 \text{ EUR} \qquad \frac{415,55 \text{ EUR} \cdot 12}{112} = 44,92 \text{ EUR}$$

a) Der Restaurantfachmann darf 44,52 EUR Bedienungsgeld einbehalten.
b) Der Restaurantfachmann muss 494,50 EUR − 44,52 EUR = 449,98 EUR an den Betriebsinhaber zahlen.

Übungsaufgaben

1. Errechnen Sie bei 19 % Umsatzsteuer das Bedienungsgeld von 12 %.
   Umsätze:
   Chef de rang A . . . .   485,60 EUR   Commis C . . . .   620,00 EUR
   Chef de rang B . . . .   520,00 EUR   Commis D . . . .   685,40 EUR

2. Ermitteln Sie nach dem gleichen Rechengang das Bedienungsgeld, wenn in den Umsätzen 15 % Anteil enthalten sind!
   Chef de rang A . . . .   460,40 EUR   Commis C . . . .   312,00 EUR
   Chef de rang B . . . .   480,20 EUR   Commis D . . . .   366,70 EUR

3. Restaurantfachfrau Nr. 4 hat 538,20 EUR (428,60 EUR) Umsatz. Ermitteln Sie ihr Bedienungsgeld von 12 %. Umsatzsteuer 19 %.

4. Restaurantfachfrau Nr. 3 hat 602,60 EUR Umsatz aus dem Restaurant mit 12 % Bedienungsgeld und 185,80 EUR Umsatz aus der Hoteletage mit 15 % Bedienungsgeld. Errechnen Sie ihren Tagesverdienst. 19 % Umsatzsteuer.

5. Restaurantfachmann Nr. 2 hat folgende Umsätze an einem umsatzstarken Festtag:
   Speisen . . . .   460,50 EUR   alkoholfreie Getränke . . . . .   262,25 EUR
   alkoholische Getränke . . . .   210,20 EUR   Tabakwaren . . . .   24,00 EUR
   Ermitteln Sie den Tagesverdienst (12 %). 19 % Umsatzsteuer.

6. Restaurantfachfrau Nr. 1 hat nach Dienstende 1.564,40 EUR in der Tasche. Laut Kassenabschlag hatte sie 1.462,15 EUR Umsatz. Umsatzsteuer 19 %.

   a) Errechnen Sie, wie viel EUR sie bei 12 % Bedienungsgeld an den Betrieb zahlt.
   b) Sie hat 75,00 EUR Wechselgeld mitgebracht. Errechnen Sie ihr Trinkgeld.

7. Errechnen Sie das jeweilige Bedienungsgeld und das Trinkgeld (19 % Umsatzsteuer).

	Restaurant-fachmann	Tageskasse	Umsatz	Bedienungs-geld in %	Bedienungsgeld u. Trinkgeld
a)	A	1.480,40 EUR	1.442,30 EUR	12 %	?
b)	B	1.560,10 EUR	1.490,80 EUR	15 %	?
c)	C	1.732,16 EUR	1.708,80 EUR	12 %	?
d)	D	1.738,60 EUR	1.698,60 EUR	15 %	?

8. Ermitteln Sie den Tagesverdienst (Bedienungsgeld + Trinkgeld) der Restaurantfachleute und den Betrag, den der Wirt erhält (19 % Umsatzsteuer).

	Restaurant-fachmann	Tageskasse	Umsatz	Bedienungs-geld in %	Wechselgeld
a)	A	1.598,60 EUR	1.480,60 EUR	12 %	95,00 EUR
b)	B	1.495,00 EUR	1.362,40 EUR	15 %	120,00 EUR
c)	C	1.540,00 EUR	1.405,50 EUR	12 %	100,00 EUR
d)	D	1.885,25 EUR	1.758,10 EUR	15 %	70,00 EUR

9. Ein Restaurantfachmann hat am 1. Weihnachtsfeiertag folgende Umsätze:

Speisen:	650,80 EUR
Bier:	110,40 EUR
Wein:	240,60 EUR
alkohofreie Getränke:	360,10 EUR
Tabakwaren:	45,00 EUR

Berechnen Sie den Tagesverdienst bei 19 % Umsatzsteuer und 15 % Bedienungsgeld.

10. Eine Restaurantfachfrau hat nach Dienstende 1.740,30 EUR in der Tasche. Laut Kassenabschlag hatte sie 1.620,50 EUR Umsatz.

   a) Errechnen Sie, wie viel EUR sie bei 15 % Bedienungsgeld und 19 % Umsatzsteuer an den Betrieb zu zahlen hat. Sie hatte 90,00 EUR Wechselgeld mitgebracht.
   b) Wie viel EUR beträgt das Trinkgeld?

3 Arbeiten im Magazin

3.1 Abfüllen – Abfüllverluste

Verluste bei der Lagerung verpackter Waren treten nicht auf, wenn man Mängel bei der Lieferung feststellt und reklamiert, die Vorräte sachgerecht lagert und in der Reihenfolge der Lieferung verbraucht.

Kellermeister und Magazinverwalter haben beim Abfüllen, Mischen oder Verschneiden und Teilen mancher Waren sachkundiges Verhalten zu beweisen.

Dabei entstehen durchaus Verluste (Schwund), die bei sorgfältiger Arbeit gering sind.

Übungsaufgaben

1. Ein Hotelier ersteigert ein Halbstück von 612 l *Ürziger Schwarzley*, Spätlese. Nach dem Abfüllen werden 804 Flaschen à 0,75 l gezählt. Wie groß ist der Abfüllverlust in l und %?

2. Nach dem Abfüllen eines Fasses Apfelwein hat man 186 0,7-Liter-Flaschen. Wie viel Liter enthielt das Fass, wenn der Abfüllverlust

   a) 4 %   b) 5,5 % beträgt?

3. Eine Spirituosen-Handlung erwirbt ein Fass Weindestillat. Nach dem Herabsetzen auf Trinkstärke (38 Vol.-%) wird der Weinbrand in Flaschen abgefüllt bei 4,8 % (5,3 %) Verlust. Man erhält 262 0,7-Liter-Flaschen, 320 0,35-Liter-Flaschen, 42 Flaschen à 0,2 l. Wie viel Weinbrand war vorhanden?

4. Ein Halbstück *Brauneberger Juffer* von 602 l wird für 1.420,20 EUR ersteigert, Speditionskosten 165,00 EUR.

   a) Wie viel 0,75-Liter-Flaschen erhält man?

   b) Wie teuer wird eine 0,75-Liter-Flasche, wenn man mit einem Abfüllverlust von 6 % rechnet und für die Ausstattung jeder Flasche 0,40 EUR anzusetzen sind?

3.2 Mischen zur Einstellung der Trinkstärke

1. Ein Kirschlikör wird bereitet aus:

38 % Dicksaft	je l	4,80 EUR
34 % Kirschwasser	je l	14,00 EUR
28 % Primasprit	je l	8,00 EUR

   Von dem Sprit werden 42 l verwendet.
   Errechnen Sie:

   a) die Mengen der anderen Bestandteile,   c) Wie viel Liter Likör erhält man?

   b) den Gesamtpreis.   d) Wie teuer wird eine 0,7 l-Flasche?

   > Wenden Sie das richtige Rechenverfahren an (siehe Mischungsrechnen).

2. Likör aus:

12,5 l Primasprit	95,4 % Alkohol
40,0 l Weingeist	72,2 % Alkohol
100,0 l Dicksaft	– Alkohol
10,0 l Stärkesirup	– Alkohol

   a) Wie viel Alkohol ist in den Zutaten enthalten?

   b) Wie viel Liter Likör erhält man?

   c) Wie viel % Alkohol enthält dieser Fruchtsaftlikör?

3. Errechnen Sie die Fragen aus der vorherigen Aufgabe, wenn 40 l Primasprit und 130 l Dicksaft verwendet werden.

4. Doppelwacholder aus:

2.500 l Primasprit . . . . 95,4 % Alkohol
4.200 l Kornsprit . . . . 65,5 % Alkohol
   20 l Wacholdergeist. . . . . 72,2 % Alkohol

a) Wie viel l Alkohol sind insgesamt in der Mischung?
b) Wie viel l Wasser müssen ergänzt werden, wenn die Trinkstärke von 38 Vol.-% erreicht werden soll?
c) Errechnen Sie die Gesamtmenge.

5. Einfacher Wacholder aus:

220 l Primasprit. . . . . 95,4 % Alkohol, l 18,00 EUR
   5 l Wacholderdestillat. . . . . 72,2 % Alkohol, l 25,00 EUR

a) Wie viel l Wacholderbranntwein erhält man, wenn die Trinkstärke 32 Vol.-% sein soll?
b) Wie teuer wird die Mischung?
c) Wie viele Flaschen zu je 0,7 l erhält man?
d) Wie viel EUR kostet eine Flasche, wenn man mit 180 % Bruttoaufschlag rechnet?

Zur Wiederholung

Weinbrand,	mindestens 38 Vol.-%, reiner Weinalkohol
Weinbrandverschnitt,	mindestens 38 Vol.-%, 10 % reiner Weinalkohol
Rum und Arrak,	mindestens 38 Vol.-%, reines Ursprungserzeugnis
Rumverschnitt,	mindestens 38 Vol.-%, 5 % reiner Rumalkohol
Arrakverschnitt,	mindestens 38 Vol.-%, 10 % reiner Arrakalkohol

Beispiel

4 l Original Jamaika-Rum mit 74 Vol.-% Alkohol sollen auf die Trinkstärke von 40 Vol.-% gebracht werden. Wie viel Wasser muss zugesetzt werden?

Lösung

1.

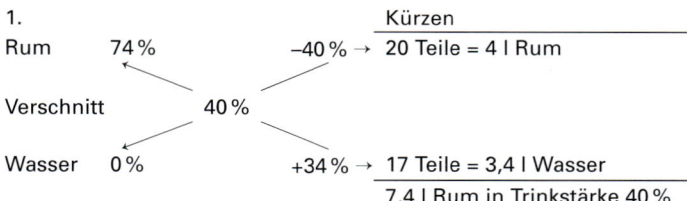

                          Kürzen

Rum   74 %   –40 % → 20 Teile = 4 l Rum

Verschnitt   40 %

Wasser 0 %   +34 % → 17 Teile = 3,4 l Wasser
                                   7,4 l Rum in Trinkstärke 40 %

Um Rum der Trinkstärke von 40 % zu erhalten, müssen 3,4 l Wasser zugesetzt werden.

Probe:

2. Nebenrechnung   1 l Original-Rum, 74 Vol.-%, enthält 0,74 l reinen Alkohol,
   20 Teile = 4 l Rum   4 l Original-Rum, 74 Vol.-%, enthalten 0,74 l · 4 = 2,96 l Alkohol.

$$1 \text{ Teil} = \frac{4}{20} \text{ l}$$

Durch die Herabsetzung auf die Trinkstärke erhielten wir 7,4 l Rum

$$17 \text{ Teile} = \frac{4 \cdot 17}{20}$$

$$= \textbf{3,4 l Wasser}$$

7,40 l Rum   – 100 %
2,96 l Alkohol   – ? %

$$\frac{296 \cdot 100 \, \%}{7,4} = \textbf{40 \% Alkoholgehalt}$$

1. Schritt: Ermittlung der Teile ⟶ Andreaskreuz
2. Schritt: Ermittlung der ergänzenden Menge ⟶ Dreisatz

Übungsaufgaben

6. 20 l Original-Jamaika-Rum, 76 Vol.-%, sollen mit Wasser auf die Trinkstärke von 40 % gebracht werden. Wie viel l Rum erhält man?

7. 54,5 l Jamaika-Rum, 74 Vol.-%, sollen mit Wasser auf die Trinkstärke von 38 Vol.-% gebracht werden.
   a) Wie viel l Rum ergeben sich?
   b) Wie viele Flaschen zu je 0,7 l Rum erhält man?
   c) Wie teuer wird eine 0,7-l-Flasche, wenn 1 l Original-Rum 11,50 EUR kostet?

8. Ein Fass Cognac Feinbrand von 272 l mit 72 % Alkohol soll auf die Trinkstärke von 38 % Vol.-% herabgesetzt werden.
   a) Wie viel l Cognac erhält man?
   b) Wie viel Flaschen zu je 0,7 l erhält man?
   c) Wie teuer wird eine 0,7-l-Flasche, wenn das Fass für 4.216,00 EUR eingeführt wurde?

9. Zum Flambieren von Fleisch oder Obst muss die Spirituose über 40 Vol.-% Alkohol enthalten. Wie viel 96-prozentigen Sprit muss man 4 l Weinbrand, 38 Vol.-%, zusetzen, damit ein Verschnitt von 45 Vol.-% entsteht?

10. Der Euro-Markt führt drei Fässer abgelagertes Weindestillat ein, um einen preiswerten Weinbrand anbieten zu können.
   Fass A 265 l mit 68 Vol.-%
   Fass B 268 l mit 70 Vol.-%
   Fass C 242 l mit 62 Vol.-%
   a) Wie viel Vol.-% Alkohol hat der Verschnitt?
   b) Errechnen Sie die Menge Weinbrand, die bei einer Trinkstärke von 38 Vol.-% durch Wasserzusatz erreicht wird?
   c) Wie viel Flaschen zu je 0,7 l erhält man?
   d) Welche Einnahme wird erzielt, wenn die 0,7-l-Flasche mit 12,80 EUR verkauft wird?

11. Ermitteln Sie den Alkoholgehalt:

	Produkt A	Produkt B	Verschnitt	Vol.-%
a)	40 l mit 72 Vol.-%	30 l mit 38 Vol.-%	?	?
b)	24 l mit 68 Vol.-%	65 l mit 38 Vol.-%	?	?
c)	112 l mit 96 Vol.-%	68 l mit 20 Vol.-%	?	?
d)	225 l mit 45 Vol.-%	115 l mit 20 Vol.-%	?	?

12. Ermitteln Sie die nötige Wassermenge und die Gesamtmenge.

	Produkt A	Produkt B	Vol.-% des Verschnitts	l Wasser
a)	60 l mit 72 Vol.-%	–	38	?
b)	80 l mit 72 Vol.-%	70 l mit 96 Vol.-%	40	?
c)	100 l mit 76 Vol.-%	80 l mit 96 Vol.-%	45	?
d)	120 l mit 76 Vol.-%	120 l mit 92 Vol.-%	48	?

4 Nährstoffwerte und Energiewerte

4.1 Nährstoffmengen und Kilojoule

Bei dieser Art von Aufgaben muss zunächst die Basis berechnet werden, auf die sich die jeweilige Nährstoffangabe bezieht.

Beispiel

Für ein Käsefondue werden 150 g Emmentaler je Person gerechnet. Dieser Käse enthält 25 % Eiweiß, 3 % Kohlenhydrate und in der Trockenmasse, die 62 % beträgt, 45 % Fett.
a) Wie viel Gramm der einzelnen Nährstoffe sind in der Portion enthalten?
b) Berechnen Sie den Energiegehalt in Kilojoule.

Lösung
a) 62 % Trockenmasse von 150 g = 93 g, davon 45 % Fett   = **41,85 g**

                          25 % Eiweiß von 150 g   = **37,50 g**

                    3 % Kohlenhydrate von 150 g = **4,50 g**

b) 41,85 g Fett   · 38 = 1.590,3 kJ
    37,50 g Eiweiß   · 17 =   637,5 kJ
     4,50 g Kohlenhydrate · 17 =   76,5 kJ
                                    2.304,3 kJ

Übungsaufgaben

1. Berechnen Sie den Fettgehalt für 120 g (Portionsgewicht) folgender Käsesorten:
   a) Edamer   40 % Fett i.Tr., 53 % Trockenmasse
   b) Limburger 20 % Fett i.Tr., 38 % Trockenmasse
   c) Chester   50 % Fett i.Tr., 60 % Trockenmasse
   d) Quark   20 % Fett i.Tr., 22 % Trockenmasse

2. Ein Gast isst 80 g Camembert. Dieser Käse enthält 19 % Eiweiß, 2 % Kohlenhydrate und in der Trockenmasse, die 40 % beträgt, 45 % Fett.
   a) Wie viel Gramm der einzelnen Nährstoffe sind in dem Käse enthalten?
   b) Wie viel Energie (in Kilojoule) liefert der Käse?

3. Eierteigwaren enthalten 72 % Kohlenhydrate (Stärke) in der Trockenware. Beim Kochen nehmen sie 150 % ihres Trockengewichtes an Flüssigkeit auf. Für eine Portion werden 180 g gekochte Teigwaren (Nudeln, Spätzle) gerechnet.
   a) Wie viel Gramm Kohlenhydrate sind in einer Portion enthalten?
   b) Wie viel Kilojoule Energie liefert der Kohlenhydratanteil einer Portion?

4. Langkornreis nimmt beim Garen 200 % seines Gewichtes an Flüssigkeit auf. Für Beilagen benötigt man etwa 150 g gekochten Reis je Portion. Polierter Reis enthält 79 % Kohlenhydrate (Stärke) im Rohzustand.
   a) Wie viel Gramm Kohlenhydrate sind in einer Portion enthalten?
   b) Wie viel Energie in Kilojoule liefert der Kohlenhydratanteil einer Portion?

5. Als Beilage zu einem Seezungenröllchen, das als Vorspeise gereicht wird, rechnet man 80 g zubereiteten Reis. Polierter Reis enthält 7 % Eiweiß, 0,6 % Fett und 79 % Kohlenhydrate in der Rohware. Gewichtszunahme beim Garen = 200 %.
   a) Wie viel Gramm der einzelnen Nährstoffe sind in der Portion Reis enthalten?
   b) Wie viel Kilojoule liefert diese Portion Reis?

6. Zu einer Portion Sauerbraten werden 200 g zubereitete Butterspätzle als Beilage gegeben. Beim Kochen nehmen die Spätzle das 1½-Fache ihres Trockengewichtes an Flüssigkeit auf. Spätzle enthalten 13 % Eiweiß, 3 % Fett und 72 % Kohlenhydrate.

a) Wie viel Gramm der einzelnen Nährstoffe enthält eine Portion?

b) Wie viel Energie (in Kilojoule) liefert diese Portion?

7. Der Jungkoch Michael isst zum Frühstück 2 Scheiben Mischbrot (je 50 g) mit Butter (je 15 g) und Edamer Käse (je 25g). Dazu trinkt er 2 Gläser Milch (je 200 g). Edamer Käse enthält 20 % Eiweiß, 2 % Kohlenhydrate und in der Trockenmasse, die 52 % beträgt, 40 % Fett.

   a) Berechnen Sie die Grammzahlen der einzelnen Nährstoffe (soweit nicht angegeben) mithilfe der Nähstofftabelle.

   b) Wie viel Energie (in Kilojoule) liefert das Frühstück?

8. Die Hotelfachfrau Claudia benötigt zum Frühstück 1 Scheibe Vollkornbrot (30 g) mit Butter (10 g), Speisequark (40 g) und Marmelade (15 g). Dazu trinkt sie 1 Glas Milch (200 g). Der Speisequark enthält 16 % Eiweiß, 2 % Kohlenhydrate und in der Trockenmasse, die 21 % beträgt, 20 % Fett.

   a) Berechnen Sie die Grammzahlen der einzelnen Nährstoffe (soweit nicht angegeben) mithilfe der Nährstofftabelle.

   b) Wie viel Energie (in Kilojoule) liefert dieses Frühstück?

9. Zur Abrundung seines Abendessens verzehrt ein Gast 60 g Emmentaler und 60 g Chester. Emmentaler enthält 25 % Eiweiß, 3 % Kohlenhydrate und in der Trockenmasse 45 % Fett. Der Wasseranteil beträgt 38 %. Chester enthält 24 % Eiweiß, 2 % Kohlenhydrate und in der Trockenmasse 50 % Fett. Der Wasseranteil beträgt 40 %.

   a) Wie viel Gramm der einzelnen Nährstoffe sind in den beiden Käsesorten insgesamt enthalten?

   b) Wie viel Kilojoule liefert diese Abrundung des Abendessens?

10. Eingekauft werden 3,5 kg Tilsiter Käse. Abgezogen werden muss ein Rindenanteil von 5 %. Dieser Käse enthält 27 % Eiweiß, 3 % Kohlenhydrate und in der Trockenmasse 30 % Fett. Der Wassergehalt beträgt 47 %.

   a) Wie viel kg Käse stehen tatsächlich zur Verfügung?

   b) Wie viel Gramm der einzelnen Nährstoffe sind in dem Käse enthalten?

   c) Wie viel Kilojoule kann dieser Käse liefern?

4.2 Rechnen mit Broteinheiten

In der Diabetes-Diät ist die tägliche Kohlenhydrataufnahme genau zu kontrollieren. Der Arzt verordnet Kohlenhydrate (Kh) in Broteinheiten (BE).

15 g Mehl, Grieß, Reis	614 g Karotten

Je 12 g Kohlenhydrate (Kh) = 1 BE sind enthalten in:

25 g Brot (Schwarzbrot, Mischbrot)	300 g Buttermilch
20 g Weißbrot, Brötchen	125 g frischem Obst
2 g Scheiben Knäckebrot	im Durchschnitt
15 g Mehl, Grieß, Reis	614 g Karotten
250 g Trinkmilch, Jogurt aus der Trinkmilch	65 g Kartoffeln

Beispiel

Wie viel BE entspricht eine Portion von 180 g Nudeln, deren Kohlenhydratanteil 72 % beträgt?

Lösung

100 g Nudeln = 72 g Kohlenhydrate

$\underline{180 \text{ g Nudeln} = \ \ x \text{ g Kohlenhydrate}}$ $\dfrac{72 \cdot 180}{100} = 129{,}6$ g Kohlenhydrate

129,6 g : 12 = **10,8 BE**

Übungsaufgaben

1. Wie viel Broteinheiten entsprechen 180 g Kabeljaufilet, paniert, das 11 % Kohlenhydrate aufweist?

2. Ein Diabetiker verzehrt zum Frühstück 10 g Knäckebrot (60 % Kh) mit 50 g Magerquark (2 % Kh) und trinkt dazu 1 Glas Milch = 200 g (5 % Kh). Wie viel BE hat er aufgenommen?

3. Wie viel BE entspricht eine Portion Kartoffelbrei, die aus 150 g Kartoffeln (15 % Kh) und 75 g Milch (5 % Kh) besteht?

4. Eine Portion Eintopf besteht aus 75 g grünen Bohnen (5 % Kh) und 75 g Kartoffeln (18 % Kh). Wie viel BE sind darin enthalten?

5. Ein Diabetiker isst im Laufe des Tages einen Apfel (13,5 % Kh) und eine Apfelsine (9 % Kh). Der Apfel wiegt 150 g, die Apfelsine geschält 80 g. Wie viel BE hat er mit dem Obst aufgenommen?

4.3 Rechnen mit Energieverbrauch

Energieverbrauch bei körperlichen Tätigkeiten			
Art der Tätigkeit	kJ pro Minute	Art der Tätigkeit	kJ pro Minute
Wandern mit 10 kg Last, 4 km/h	15,1	Skilaufen, 8 km/h	55,7
Radfahren, 20 km/h.	32,7	Laufen, 9 km/h.	41,9
Kartoffeln schälen.	12,1	Gymnastik.	20,9
Geschirr spülen.	10,9	Tischtennis	22,2
Boden aufwischen	22,2	Schwimmen	18,8
Rühren.	9,6	Tanzen, Foxtrott	21,8
		Tanzen, Rumba	29,3

Beispiel

Ein Gast macht eine Tageswanderung von 6 Stunden (reine Wanderzeit). Wie viel Energie hat er dabei verbraucht?
15,1 kJ · 60 = 906 kJ pro Stunde
906 kJ · 6 = **5.436 kJ**

Übungsaufgaben

1. Eine Küchenhilfe schält 25 Minuten lang Kartoffeln und spült 45 Minuten lang Geschirr. Wie viel Kilojoule Energie hat sie verbraucht?

2. Ein Tourist isst abends 100 g Haselnüsse (2.755 kJ). Wie viel Minuten müsste er am nächsten Tag in der Skilanglaufloipe sein, um die aufgenommene Energie zu verarbeiten?

3. Die Hotelfachfrau Martina tanzt an einem freien Abend zwei Stunden lang Rumba und vergleichbare Tänze. Sie trinkt in der Zeit 0,3 l Wein (je 0,1 l = 332 kJ) und isst 80 g Salzstangen (je 100 g = 1.440 kJ) sowie 60 g Erdnüsse (je 100 g = 1.400 kJ).
   a) Wie viel Energie (kJ) hat Martina durch das Tanzen verbraucht?
   b) Wie viel Energie (kJ) hat sie in der Zeit aufgenommen?
   c) Bleibt ein Energieüberschuss?

4. Der Restaurantfachmann Dirk arbeitet in einem Gartenrestaurant und läuft an einem Sonntagnachmittag, an dem schönes Wetter herrscht, 5 Stunden (kurze Pause abgerechnet).
   a) Wie viel Energie (kJ) hat er in dieser Zeit verbraucht?
   b) Wie viel Vollmilchschokolade (100 g = 2.200 kJ) müsste er essen, um den Energieverbrauch auszugleichen?

5. Michael, ein Auszubildender, fährt täglich eine Stunde mit dem Fahrrad, um Kondition zu gewinnen. Wie viel Energie (kJ) setzt er dabei ein?

6. Heike, Nina und Andrea, drei Freundinnen, treiben Sport, um abzunehmen. Heike macht täglich 30 Minuten gymnastische Übungen, Nina spielt täglich 25 Minuten Tischtennis und Andrea schwimmt täglich 40 Minuten.

   a) Wie viel Energie verbrauchen die einzelnen Mädchen bei ihrem Sport?
   b) Stellen sie die Unterschiede im Energieverbrauch bezogen auf Andrea fest (in kJ und %).

4.4 Nährstoffgehalt von Getränken

Nährstofftabelle (Angaben in %)				
Getränke (alkoholfrei)	Kohlenhydrate	Eiweiß	Fett	Fruchtsäure
Apfelsaft	6,5	–	–	1,8
Traubensaft	8,2	–	–	1,6
Fruchtsaftgetränk	12,5	–	–	1,2
Cola	16	–	–	1,2
Cola „Light"	–	–	–	1,2
Limonade	14	–	–	1,2
Kaffee/Tee	–	–	–	–
Kaffee/Tee mit Zucker	12	–	–	–
Kaffee mit Milch	1,8	0,8	2,4	–
Kakaogetränk	10,5	3,2	6,2	–
Milch	4,7	3,3	3,5	–
Buttermilch	4,0	4,2	1,2	–
Fruchtmilch	4,5	3,2	3,2	4,5

Nährstofftabelle (Angaben in %)			
Getränke (alkoholhaltig)	Kohlenhydrate	Eiweiß	Alkohol
Bier	3,5	0,4	4,2
Weißwein, lieblich	3,2	0,1	11
Rotwein, herb	0,8	0,1	12
Dessertwein	15,0	0,1	18
Sekt	3,5	0,1	11,5
Eierlikör	12,0	5,2	20
Fruchtsaftlikör	26,0	–	28
Fruchtaromalikör	28,0	–	30
Wacholder	–	–	32
Doppelwacholder	–	–	38
Kirschwasser	–	–	40
Whisky	–	–	43
Rum	–	–	56

Die Angabe des Alkoholgehaltes erfolgt in Volumenprozent (Vol.-% oder %vol.), d. h. in 100 cm³ (ml) sind 38 cm³ Alkohol, also 38 Vol.-%, enthalten. Man muss aber bedenken:

100 cm³ Wasser wiegen 100 g	**oder**	100 g Wasser entsprechen 100 cm³
100 cm³ Alkohol wiegen 79,4 g		100 g Alkohol entsprechen 126 cm³.

Alkohol ist also leichter als Wasser.

Weil die Getränke üblicherweise in Volumenmengen angeboten werden (z. B. Pils in 0,3 l-Gläsern oder Cognac als 2-cl-Menge), wird auch der Alkoholgehalt auf das Volumen bezogen. Der Unterschied im Volumen von Wasser und Alkohol wird beim Verschnitt durch Kontraktion bzw. Schrumpfung teilweise aufgehoben:

$$100 \text{ g Wasser} = 100 \text{ cm}^3$$
$$+\ 100 \text{ g Alkohol} = +\ 126 \text{ cm}^3$$

$\overline{200 \text{ g Verschnitt} = 226 \text{ cm}^3}$ (rechnerisch) → real jedoch nur ca. 220 cm^3

Das gilt nur bei Mischungen mit reinem Alkohol.

4.5 Energiegehalt von Getränken

Bei der Berechnung des Energiebedarfs wird oft der Nährstoffgehalt der Getränke vergessen. Besonders beim Genuss von Spirituosen nimmt man durch den hohen Energiewert des Alkohols (1 g = 30 kJ) schwierig zu berechnende Energiemengen auf.

Beispiel

Ein Gast trinkt drei Gläser Bier zu je 0,3 l. Wie viel kJ nimmt er auf?

Lösung

a) 3 Glas je 0,3 l = 0,9 oder 900 cm^3 Bier

b) 3,5 %   Kohlenhydrate   in 900 cm^3 =   31,5 g · 17 kJ =   535,5 kJ

    0,4 %   Eiweiß   in 900 cm^3 =   3,6 g · 17 kJ =   61,2 kJ

           Alkohol   in 900 cm^3 =   37,8 cm^3 = 30,0 g · 30 kJ = $\underline{900,0 \text{ kJ}}$

                                                         1.496,7 kJ

Nebenrechnung: 100 cm^3 wiegen 79,4 g

                     37,8 cm^3 wiegen   x   g $\dfrac{37,8 \cdot 79,4 \text{ g}}{100} = 30 \text{ g Alkohol}$

Der Gast nimmt durch das Bier 1.496,7 kJ auf.

Übungsaufgaben

1. Wie viel Gramm der jeweiligen Nährstoffe sind in 0,3 l Fruchtmilch enthalten?

2. Ermitteln Sie die Energiemenge in einem Kännchen (0,3 l) Kaffee. Der Gast nimmt Milch.

3. Ein Jugendlicher trinkt 1 Cola und 2 Limonaden zu je 0,2 l. Wie viel kJ sind darin enthalten?

4. Bei einem Kindergeburtstag trinken die Kinder jeweils 4 Becher (0,12 l) Kakao. Wie viel kJ nehmen die Kinder damit auf?

5. Für eine Diät soll ein Vergleich angestellt werden, um zu erkennen, welches Getränk die geringsten kJ-Mengen hat. Errechnen Sie die Werte für den Tagesbedarf von jeweils 0,72 l:
   a) Limonade,   c) Apfelsaft,
   b) Fruchtsaftgetränk,   d) Buttermilch.

6. Während eines Zechabends trinkt ein Gast 8 Doppelwacholder je 2 cl, und 12 Glas Bier je 0,3 l. Wie viel kJ sind in dieser „Mischung" enthalten?

7. Eine „Kalte Ente" wird aus einer Flasche Sekt (0,75 l) und 2 Flaschen Wein (je 0,7 l) gemischt. Errechnen Sie den Gehalt an kJ, wenn noch 30 g Zucker und 20 g Fruchtsäure von der Zitronenspirale hinzukommen.

8. Bei einem Kaffeeklatsch nimmt eine Dame neben dem Kuchen noch 2 Glas Eierlikör zu 2 cl und 3 Tassen Kaffee mit Milch und Zucker (0,48 l) zu sich. Errechnen Sie die kJ-Menge.

9. Ermitteln Sie, wie viel kJ in dem jeweiligen Getränk „schlummern":
   a) 0,75 l Fruchtaromalikör
   b) 4 cl Kirschwasser
   c) 5 cl Grog aus 3 Teilen Wasser, 2 Teilen Rum, 30 g Zucker
   d) 5 cl Sherry
   e) 5 cl Glühwein (Rotwein) mit 10 g Fruchtsäure und 20 g Zucker

10. Ein Pfeffersteak wird mit 4 cl Rum flambiert, dabei verbrennen 35 % des Alkohols. Wie viel kJ des Rums verbleiben?

5 Arbeiten im Empfangsbereich und im Betriebsbüro

5.1 Rechnen mit Währungen

Für den An- und Verkauf fremder Währungen haben die Banken verschiedene Kurse, die sich aus dem Spiel von Angebot und Nachfrage ergeben.
Auszug aus der Tabelle (vgl. Währungsrechnen):

Währungs-einheit	100 £	100 $	100 AUD	100 CAD	100 JPY	100 SKR	100 SFRS	100 ZL	100 LW
Ankaufskurs	152	70	98	112	158	10,2	58	4,30	94
Verkaufskurs	158	74	105	119	172	11,6	62	4,45	102

Übungsaufgaben

1. Ermitteln Sie, um wie viel Prozent der Verkaufskurs über dem Ankaufskurs liegt.

2. Welchen Betrag erhalten Sie in jeder der genannten Währungen, wenn Sie am Bankschalter jeweils 250,00 EUR umtauschen?

3. Ermitteln Sie, wie viel EUR Sie für jeweils 35 der genannten Währungseinheiten zum Ankaufkurs erhalten.

4. Ein deutscher Urlauber wechselt 1.000,00 EUR in CAD. Nach dem Urlaub tauscht er 268 CAD in Deutschland in EUR zurück.
   a) Wie viel CAD erhält der Urlauber?
   b) Wie viel EUR erhält er?

5. Ein Gast tauscht in einem Essener Hotel 700,00 EUR in SKR um.
   Wie viel SKR erhält der Hotelier?

6. Ein Vertreter beauftragt Sie, für den Besuch der Warschauer Messe 25.000 ZL bei der Bank zu kaufen. Ankauf bei der Bank 4,30 EUR, Verkauf bei der Bank 4,45 EUR für 100 Zloty.
   a) Wie viel EUR sind dafür erforderlich?
   b) Welchen Verlust erleidet der Vertreter, wenn er 8.000 Zloty zu viel eintauschte und sie zurücktauscht.

7. Ein amerikanischer Tourist hat 5.000,00 EUR eingetauscht, vor dem Abflug aus Deutschland gibt er 35,40 EUR zum Umtausch in Dollar. Wie viel Dollar erhält er?

8. Eine belgische Reisegruppe will 3.600,00 EUR in CAD eintauschen.
   Wie viel CAD zahlt die Bank?

> Auch beim Kettensatz muss man die Ankaufs- bzw. Verkaufskurse beachten.

9. Für eine Weinwerbeaktion tauscht eine französische Firma 2.250,00 EUR in Schweizer Franken ein. Wie viel Franken erhält sie?

10. Eine Lieferung dänischen Käses kostet 17.860,00 dkr, welchen Kurswert hat sie in englischen Pfund?

11. Eine amerikanische Hotelkette will das Schweizer Hotel „Alpenresidenz" im Werte von 12.680.000 sfrs aufkaufen. Wie viel Dollar muss sie dafür einwechseln?

12. Eine Fastfood-Kette will in Tirol Grundstücke erwerben. Angeboten werden 2.200 m² für je 82,00 EUR am Stadtrand und 1.620 m² für je 164,00 EUR in City-Lage.
    Errechnen Sie, wie viel Dollar jeweils eingewechselt werden müssten.

13. Ein Kunsthändler bietet eine Madonna im Werte von 17.200,00 EUR an.
    Wie viel skr müsste ein Reisender aus Stockholm dafür einwechseln?

14. Ein Folklore-Ensemble aus Sofia wird für 3 Auftritte mit 22.500 Leva angeboten. Der Manager verlangt 8 % Provision.
Wie viel Franken muss ein Basler Hotelier eintauschen, wenn er das Ensemble engagieren will?

15. Für 485,00 EUR erhält ein Gast am Bankschalter 5.340 dkr.
Welcher Kurs wurde ihm gewährt?

16. Für einen Tagesausflug nach Straßburg machen die Auszubildenden des Restaurants „Zum Löwen" in Karlsruhe Kassensturz und tauschen am Bankschalter in EUR um:
86 US-$, 60 sfrs, 120,00 £.
Wie viel EUR stehen ihnen zur Verfügung?

5.2 Rechnen mit Provisionen – Zinsen – Wechselkosten

1. Wie viel US-Dollar erhält man für 200,00 EUR, wenn 1,2 % Provision erhoben werden?

2. Für die Führung Ihres Girokontos verlangt die Bank 3/8 % Umsatzprovision vom höheren Posten.
Wie viel EUR Provision zahlen Sie bei folgendem Kontostand:
a) Soll 7.895,40 EUR, Haben 9.866,20 EUR.
b) Soll 17.868,20 EUR, Haben 16.232,00 EUR.

3. Welche Kosten entstehen bei folgenden Umsätzen ($\frac{3}{8}$ % Umsatzprovision)?
a) Soll 265.413,60 EUR, Haben 263.420,50 EUR.
b) Soll 492.628,42 EUR, Haben 691.022,40 EUR.

4. Manche Banken verlangen für die Führung des Kontos bei geringem Umsatz pro Überweisung 0,30 EUR ($\frac{3}{8}$ % Umsatzprovision).
a) Soll 19.485,20 EUR, Haben 18.512,45 EUR, 68 Überweisungen.
b) Soll 17.208,60 EUR, Haben 17.204,10 EUR, 92 Überweisungen.
Welche Kontoführungsgebühren entstehen?

5. Errechnen Sie den Kontostand.

		Haben	675,40 EUR
Auszahlung I	315,60 EUR,	Einzahlung I	365,48 EUR
Auszahlung II	982,18 EUR,	Einzahlung II	588,60 EUR
bar	325,60 EUR,	Einzahlung III	420,00 EUR

6. Ordnen Sie die Kontobewegungen nach Soll und Haben ein und ermitteln Sie den Saldo (Unterschied):
Haben 72,45 EUR, Überweisung eines Gastes 368,60 EUR, Barauszahlung 200,00 EUR, Telefonrechnung 418,14 EUR, Überweisungen von Gästen 220,00 EUR und 202,00 EUR, Tageskasse 7.415,40 EUR, Lieferanten-Rechnung 5.412,60 EUR.

7. Wenn man das Konto überzieht, berechnen die Banken Zinsen für einen „Konto-Korrentkredit" in Höhe von 10,5 % oder 8,5 %. Errechnen Sie Kontostand und Zinsen:
15.01. Haben . . . . 2.540,00 EUR
16.01. Auszahlung . . . . 9.000,00 EUR (10,5 % Zinsen)
03.02. Einzahlung . . . . 10.000,00 EUR

8. Errechnen Sie,
a) um wie viel EUR das Konto überzogen wird,
b) wie lange der Kredit läuft,
c) die Kosten des Kredits.
20.02. Haben . . . . 85,40 EUR
22.02. Auszahlung . . . . 552,60 EUR (8,5 % Zinsen)
10.03. Einzahlung . . . . 600,00 EUR

9. Rechnen Sie Aufgabe 8 mit folgenden Angaben:

17.02.	Haben	6.718,40 EUR	
18.02.	Auszahlung	22.312,00 EUR	(10,5 % Zinsen)
02.03.	Einzahlung	20.000,00 EUR	

Kosten für Wechsel (zu Aufgabe 10 bis 13)

> Durch die Zahlung mit Wechseln entstehen Kosten, nämlich
> Diskont: 6 % Diskontzinsen der Landeszentralbanken (LZB) - ein besonderer Zins, der
>   beim Wechselankauf fällig wird
>   + 3 % für die Bank (Provision).
>   Ist der Wechsel nicht LZB-fähig, erhebt die Bank weitere 1,5 % Zinsen.

Welche Kosten entstehen für folgende Wechsel:

10. Summe 7.520,00 EUR, LZB-fähig;
Ankauf durch die Bank am 15.02., Fälligkeitstermin 30.03.

11. Summe 15.800,00 EUR, LZB-fähig;
Ankauf durch die Bank am 20.01., Fälligkeitstermin 30.04.

12. Summe 22.400,00 EUR, nicht LZB-fähig;
Ankauf durch die Bank am 06.05., Fälligkeitstermin 15.08.

13. Summe 1.750,60 EUR, nicht LZB-fähig;
Ankauf durch die Bank am 12.08., fällig am 30.11.

5.3 Rechnungen für den Hotelgast

Rechentafel

Hotel *Bergischer Hof*		*Kurhotel* Bad S.	
Einzelzimmer.	34,00 EUR	Einzelzimmer mit Dusche	72,00 EUR
Einzelzimmer mit Bad.	38,00 EUR	Doppelzimmer mit Bad	95,00 EUR
Doppelzimmer mit Dusche	48,00 EUR	kleines Appartement	125,00 EUR
Doppelzimmer mit Bad	62,00 EUR	großes Appartement	220,00 EUR
Frühstück.	6,50 EUR	Frühstücksbüfett	11,00 EUR
Ortsgespräch.	0,45 EUR	Ortsgespräch	0,50 EUR
Garagenmiete	5,50 EUR	Garagenmiete.	7,00 EUR
		Wagenwäsche	15,00 EUR
		Massage	12,50 EUR

Bei Gästerechnungen über 300,00 EUR muss die Umsatzsteuer extra aufgeführt werden.

Übungsaufgaben

1. Die Buchhalterin des Hotels *Bergischer Hof* berechnet für den Handelsreisenden Muth:
   1 Einzelzimmer, 4 Tage,
   4 Frühstücke,
   12 Ortsgespräche.
   Was hat Herr Muth zu bezahlen?

2. Der Generalvertreter einer Elektrofirma übernachtet im *Kurhotel*. Die Rechnung soll direkt der Firma zugesandt werden.

3 Einzelzimmer mit Dusche . . .		9 Menüs . . . . je	48,00 EUR
3 × Frühstücksbüfett.		2 Flaschen Sekt . . . . . je	36,00 EUR
4 Ortsgespräche		6 Glas Pils . . . . je	2,80 EUR
3 Menüs.	je 42,00 EUR		

   Wie viel muss die Firma bezahlen?

3. Eine Familie mietet im *Bergischen Hof* 2 Doppelzimmer mit Dusche. Bei ihrer Abreise sind zu berechnen:

2 Übernachtungen		
4 Frühstücke, zusätzlich 4 gekochte Eier . . . . je		0,50 EUR
und 4 Tomatensäfte . . . . je		2,70 EUR
4 Menüs . . . . je		22,00 EUR
2 Flaschen Wein . . . . je		23,50 EUR
3 Ortsgespräche		
1 Blumengebinde . . . . für		28,00 EUR

   Wie viel EUR hat die Familie zu bezahlen?

4. Eine Hotelfachfrau des *Kurhotels* Bad S. stellt für einen Gast die Rechnung auf:

12 Übernachtungen im Einzelzimmer mit Dusche	8 Ortsgespräche
12 × Frühstücksbüfett	20 Massagen

   Wie hoch ist die Rechnung?

5. Eine Frau mietet für 28 Tage im *Kurhotel* ein kleines Appartement. Sie verzehrt:

28 × Frühstücksbüfett.		
20 Glas Kurtraubensaft . . . . je		4,20 EUR
26 Menüs im Abonnement . . . . je		32,00 EUR
26 Abendessen . . . . je		18,00 EUR

   Wie hoch ist die Rechnung?

6. Ein Ehepaar mietet im *Kurhotel* ein großes Appartement für 21 Tage und Frühstücksbüfett, Mittagessen für 21,00 EUR, Abendessen für 18,00 EUR pro Person im Abonnement. Ferner sind zu berechnen:

4 Flaschen Wein	je 22,50 EUR	24 Ortsgespräche	
2 Flaschen Wein	je 26,00 EUR	Ferngespräche	für 68,60 EUR
1 Flasche Sekt	34,00 EUR		

Wie hoch ist die Rechnung?

7. Ein älterer Herr verbringt 28 Tage in Bad S. Er hat im Hotel *Bergischer Hof* ein Einzelzimmer mit Bad gemietet. Täglich trinkt er zum Frühstück ein Glas Gemüsesaft je 3,20 EUR und telefoniert täglich für 4,10 EUR mit seiner Frau in Wiesbaden. Ferner sind zu berechnen: Garagenmiete für 28 Tage, 20 Abendessen je 18,00 EUR und 12 Essen je 24,00 EUR.

Stellen Sie die Rechnung auf.

8. Ein Ehepaar mit 2 Kindern verbringt 14 Tage im Kurhotel und mietet ein kleines Appartement und ein Doppelzimmer mit Bad. Sie frühstücken alle vier vom Frühstücksbüfett. Der Vater nimmt täglich eine Massage. Ferner:

13 Mittagessen	je 18,00 EUR	2 Ortsgespräche	
8 Mittagessen	je 23,00 EUR	2 Wagenwäschen	
5 Mittagessen	je 24,00 EUR	2 Theaterkarten	je 32,00 EUR
26 Gedecke	je 12,00 EUR		

Ermitteln Sie den Rechnungsbetrag.

5.4 Kreditkarten

 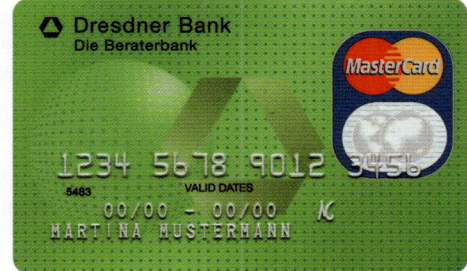

Kreditkarten sind moderne Zahlungsmittel, die stetig an Bedeutung gewinnen und z.B. in den USA von ca. 110 Mio. Karteninhabern (durchschnittlich 7 Karten pro Kopf) genutzt werden. Davon sind die meisten (ca. 660 Mio.) Kundenkarten von Großfirmen. Solche Karten werden auch in Europa von Unternehmen des Handels, des Tourismus und der Gastronomie angeboten.

Das eigentliche „Plastikgeld" sind Bankkarten (Kreditkarten) von Kreditinstituten, z.B. AMERI-CAN EXPRESS, Diners Club, EUROCARD und VISA, die weltweit von vielen Vertragspartnern der Wirtschaft akzeptiert werden, d. h., die diese Karten ihrer Kunden bzw. Gästen als Zahlungs-mittel annehmen.

Für die Abwicklung dieses bargeldlosen Zahlungsverkehrs verlangen die Institute:
– **vom Karteninhaber** (solvente, d.h. zahlungsfähige Personen mit geregeltem Einkommen): Jahresgebühr 20,00 EUR bis 50,00 EUR, manche Institute verlangen keine Gebühr. Gebühr für Familienzusatzkarte von 0,00 EUR bis 10,00 EUR.
– **vom Vertragsunternehmen:** 1,5–3 % Provision vom Umsatz, regelmäßige Abrechnung bei Einhaltung der Höchstsätze. Die Sicherheit, das ausstehende Geld zu erhalten, ist durch Nachfrage über eine Hotline sofort gegeben.

Geplant ist eine „DKK" (Die Kreditkarte der Hauptgemeinschaft des Deutschen Einzelhandels und des Deutschen Hotel- und Gaststättengewerbes) mit 2,25 % Provision.

Übungsaufgaben

1. Das *„Landhaus Schmalzgrube"*, Vertragsunternehmen Nr. 25.613, sendet als wöchentlichen Zusammenfassungsbeleg an Diners Club 14 Belege im Gesamtwert von 8.320,00 EUR. Der Provisionssatz ist 4 %.
   Errechnen Sie den um die Provision verminderten Betrag.

2. Die EUROCARD DEUTSCHLAND berechnet 2,5 % Provision. Das sind 425,00 EUR.
   Berechnen Sie den Gegenwert der Belege.

3. Herr Merker hat in einem Jahr über VISA-Kreditkarten Zahlungen von insgesamt 42.120,00 EUR geleistet.
   Welchen Prozentsatz macht die jährliche Kartengebühr von 25,00 EUR aus?

4. Der Inhaber der Lackfabrik „Lasur" nutzt den Vorteil mehrerer Karten. Er hat Umsätze über
   AMERICAN EXPRESS . . . .   1.760,00 EUR bei 20,00 EUR Jahresgebühr
   Diners Club . . . .   3.712,00 EUR bei 20,00 EUR Jahresgebühr
   VISA. . . . .   7.322,00 EUR bei 15,00 EUR Jahresgebühr
   zu verrechnen.
   Ermitteln Sie, was ihn der Komfort durch die Karten prozentual kostet.

5.5 Abschreibung

Der Betriebsgewinn kann festgestellt werden, wenn man die betrieblichen Ausgaben von den Einnahmen abzieht. Zu den Ausgaben zählen: Material-, Energie-, Personalkosten, Steuern u. a.; ferner die Kosten für Betriebseinrichtung, z. B. in der Küche, im Restaurant, auf den Zimmeretagen. Diese Ausgaben können aber nicht im Jahr der Anschaffung in voller Höhe „abgesetzt" werden, sondern prozentual verteilt über die Zeit (Jahre), in der diese Wirtschaftsgüter im Betrieb genutzt werden. Diesen jährlich abzugsfähigen Ausgabenanteil nennen wir „Abschreibung", kurz „AfA" (Abschreibung für Abnutzung). Die Sätze sind von den Finanzbehörden vorgegeben.

Die AfA-Tabelle für das Hotel- und Gaststättengewerbe gilt für alle Anlagegüter, die ab 1. Januar angeschafft oder hergestellt worden sind.

AfA-Tabelle für das Hotel- und Gaststättengewerbe

Lfd. Nr.	Anlagegüter	Nutzungs-dauer (ND) i.J.	Linearer AfA-Satz v. H.	Nutzungs-dauer (ND) i.J.	Linearer AfA-Satz v. H.
1	Ausschanksäulen	5	20	gleich	
2	Barschränke.	5	20	gleich	
6	Bilder				
	6.1 hochwertige Gemälde (ab 5.000 DM/2.556,46 EUR Anschaffungskosten)	20	5*	gleich	
	6.2 hochwertige Grafik, Aquarelle, Zeichnungen (ab 2.000 DM/ 1.022,58 EUR Anschaffungskosten)	20	5	gleich	
	6.3 sonstige Gemälde.	10	10	gleich	
7	Brat- und Backöfen	5	20	6	17
8	Bühnenvorhänge	8	12	gleich	
9	Vitrinen	8	12	10	10
10	Elektro-Kleingeräte.	3	33	5	20
11	Lastenfahrstühle.	10	10	gleich	
12	Fernsehgeräte (in Fremdenzimmern)	3	33	gleich	

* Für Werke anerkannter Meister sind Absetzungen für Abnutzung nicht zulässig.

Lfd. Nr.	Anlagegüter	Nutzungsdauer (ND) i.J.	Linearer AfA-Satz v. H.	Nutzungsdauer (ND) i.J.	Linearer AfA-Satz v. H.
13	Fettabscheider...................	10	10		
14	Fitnessgeräte....................	5	20		
16	Geschirrspülmaschinen...........	5	20	7	14
17	Herde..........................	5	20	gleich bzw. 6	17
18	Hühnerbratroste................	5	20	gleich	14
19	(elektrische, mit Gas oder Kohle)			bzw. 7, 10	10
20	Infrarotheizungen, beweglich......	5	20	gleich	
21	Kaffeemaschinen, elektrische......	5	20	gleich	
22	Kaffeemühlen, elektrische.........	5	20	gleich	
23	Kassen (mechanisch und elektron.) .	5	20		
24	Kegelbahnen....................	8	12	10	10
29	Kippbratpfannen.................	5	20	gleich	
30	Markisen	8	12	gleich	
	Möbel (einschließlich Einbaumöbel)				
	30.1 antike und hochwertige.......		12	8	gleich
	30.2 übrige.....................	10	10	gleich	
31	Musik- und Beschallungsanlagen ...	4	25	gleich	
	(einschl. Musikboxen)				
32	Musikinstrumente				
	32.1 Flügel.....................	15	7	gleich	
	32.2 Klaviere...................	10	10	gleich	
33	Oberhitzer (Salamander)	5	20	gleich	
34	Plattierungsausrüstungen	8	12	gleich	
35	Polstermöbel in Bars, Hallen und				
	Restaurants....................	5	20	gleich	
36	Radios	3	33	5	20
37	Reinigungsgeräte				
	(Staubsauger, Shampoonierer).....	3	33		
38	Rühr-, Schlag- u. Speiseeismaschinen	7	14	gleich	
39	Sahneautomaten	7	14		
40	Service- und Tranchierwagen	5	20		
41	Teigknet- und -mischmaschinen	10	10	gleich	
43	Tennisanlagen...................	10	10	gleich	
44	Teppiche und Brücken				
	44.1 hochwertige Orientteppiche				
	(Anschaffungskosten über				
	1.000 DM/511,29 EUR/m²)	15	7	gleich	
	44.2 normale...................	5	20	gleich	
	44.3 einfache..................	3	33	gleich	
45	Theken, einfache................	8	12	10	10
46	Theken- u. Kellnerausgaben, fahrbar. .	5	20		
47	Unterhaltungsautomaten..........	3	33	gleich	
48	Video-Übertragungsgeräte	3	33		
49	Wärmeschränke	8	12	gleich	
50	Wäschereiausrüstungen	7	14	10	10
51	Wäschereimaschinen, automatische..	7	14	gleich	
52	Wasseraufbereitungsanlagen	10	10		
53	Zimmermädchenwagen...........	3	33		

Die tatsächliche Nutzungsdauer kann von den Richtwerten der AfA-Tabelle abweichen. Ist ein Wirtschaftsgut abgeschrieben, wird aber weiter genutzt, erscheint es mit dem Erinnerungswert von 1,00 EUR im Inventarverzeichnis.

Man unterscheidet:

Lineare Abschreibung	Degressive Abschreibung
Gleicher **Abschreibungssatz** vom **Neuwert**, z. B 10 Jahre Nutzung = 10 % Abschreibung (AfA) jährlich	Gleicher **Prozentsatz** der AfA vom jeweiligen **Restwert**

Beispiel

Nennwert einer Schankanlage 16.000,00 EUR

Jahr	10 % AfA linear	Restwert (Buchwert)	20 % AfA degressiv	Restwert (Buchwert)
1	1.600,00 EUR	14.400,00 EUR	3.200,00 EUR	12.800,00 EUR
2	1.600,00 EUR	12.800,00 EUR	2.560,00 EUR	10.240,00 EUR
3	1.600,00 EUR	11.200,00 EUR	2.048,00 EUR	8.192,00 EUR
4	1.600,00 EUR	9.600,00 EUR	1.638,40 EUR	6.553,40 EUR
5	1.600,00 EUR	8.000,00 EUR	1.310,68 EUR	5.242,72 EUR
6	1.600,00 EUR	6.400,00 EUR	1.048,54 EUR	4.194,18 EUR
7	1.600,00 EUR	4.800,00 EUR	838,84 EUR	3.355,34 EUR
8	1.600,00 EUR	3.200,00 EUR	671,07 EUR	2.684,27 EUR
9	1.600,00 EUR	1.600,00 EUR	536,85 EUR	2.147,42 EUR
10	1.600,00 EUR	Erinnerungswert 1,00 EUR	439,48 EUR	1.707,94 EUR

Die Schankanlage ist „abgeschrieben", kann, aber muss nicht, noch im Betrieb sein.

Die Schankanlage kann weiter abgeschrieben werden zum gleichen Prozentsatz von 20 %.

Übungsaufgaben (zur AfA-Tabelle)

1. Errechnen Sie den Buchwert einer Geschirrspülanlage (Anschaffungspreis 12.600,00 EUR) nach 2 Jahren linearer Abschreibung.

2. Eine Anschlagmaschine ist seit 7 Jahren im Betrieb und hat bei linearer Abschreibung noch einen Wert von 855,00 EUR.
   Errechnen Sie den Einkaufspreis.

3. Die Markisen der Café-Terrasse kosten 28.600,00 EUR.
   Errechnen Sie:
   a) deren Buchwert nach 5 Jahren linearer Abschreibung,
   b) den Buchwert nach 5 Jahren 15 %iger degressiver Abschreibung.

4. Gebäude werden in 50 Jahren abgeschrieben. Ein Hotelzimmertrakt wird für 240.000,00 EUR errichtet.
   a) Welchen Wert hat das Gebäude nach 18 Jahren?
   b) Moderne Gebäude können auch mit 9 % degressiver Abschreibung erfasst werden.
      Errechnen Sie den Gebäudewert nach 13 Jahren.

5. Für die Ausstattung des Restaurants werden u. a. gekauft:

16 hochwertige Grafiken	je 2.120,00 EUR
4 Spiegelvitrinen	je 2.650,00 EUR
12 Garderoben	je 1.420,00 EUR
3 Servicewagen	je 2.412,00 EUR

    a) Errechnen Sie die Gesamtsumme.
    b) Welchen Wert haben die einzelnen Gegenstände nach 4 Jahren linearer Abschreibung?
    c) Wegen einer Modernisierung werden die Grafiken nach 8 Jahren mit jeweils 1.000,00 EUR verkauft. Errechnen Sie den materiellen Verlust gegenüber dem Buchwert.

6. Für den Freizeitbereich wird eine Tennisanlage für 28.600,00 EUR gebaut. Sie wird ergänzt durch eine Sauna mit Schwimmbad für 188.500,00 EUR (5 % Abschreibung) und Fitnessgeräte zum Preis von 62.400,00 EUR.

Errechnen Sie:
    a) den gesamten Wertverlust nach 5 Jahren linearer Abschreibung,
    b) den Restwert nach 7 Jahren, wenn aus finanziellen Gründen mit 15 % degressiv abgeschrieben würde.

7. Nach 3 Jahren bei 20 % degressiver Abschreibung ist eine Kegelbahn noch 8.400,00 EUR wert.

Errechnen Sie den Neupreis.

Zu 8.–11.
Errechnen Sie die gesuchten Werte.

	Nennwert EUR	Jahre	AfA linear			AfA degressiv		
			%	EUR jährlich	Restwert EUR	%	EUR i. J. d. Nenng. (3, 5, 8)	Restwert EUR
8.	1.640,00	4	12	?	?	–	–	–
9.	2.280,00	3	–	–	–	18	?	?
10.	18.400,00	5	8	?	?	–	–	–
11.	220.000,00	8	4	?	?	–	–	–

6 Lohnberechnungen

6.1 Vorbemerkungen

Nach der Art des Arbeitsverhältnisses unterscheidet man verschiedene Auszahlungsweisen:

a) Stundenlohn für Gelegenheitsarbeiter (Hilfskräfte)
b) Tageslohn für Aushilfskellner und andere kurzfristig Beschäftigte
c) Wochenlohn für fast alle Arbeiter
d) Monatslohn (Gehalt) für Angestellte oder länger Beschäftigte

Die Löhne werden dem Lohnempfänger in der Regel nicht voll ausbezahlt, denn der Arbeitgeber ist durch den Staat verpflichtet, bestimmte Abzüge einzuhalten.

Gesetzliche Abzüge*

A Bruttolohn: der vereinbarte Gesamtlohn	Übungssätze	Abzüge
	ca. 20 %	**Lohnsteuer** in % vom Bruttolohn 0 bis 53 %, je nach Einkommen und Steuerklasse (ledig, verheiratet, Kinderzahl)
	ca. 2 %	**Kirchensteuer:** 8 % der Lohnsteuer, in manchen Bundesländern 9 % der Lohnsteuer
	ca. 15 %	**Sozialabzüge** für die Sozialversicherungen (Krankenkasse, Rentenversicherung, Arbeitslosenversicherung) in % vom Bruttolohn
B Nettolohn: an den Arbeitnehmer auszuzahlender Betrag	ca. 63 % bis 65 %	Der Nettolohn ergibt sich: – Bruttolohn 100 % – Abzüge 37 % bis 35 % Nettolohn 63 % bis 65 %

Besondere Abzüge

Weiterhin sind noch besondere Abzüge zur Vermögensbildung möglich. Diese Gelder sind dem Arbeitnehmer aber nur auf Zeit vorenthalten und er kann später mit Zinszuschlag über sie verfügen und abhängig vom Familienstand unterschiedlich hohe Förderungsbeiträge vom Staat erhalten.

---

* Die Lohnsteuersätze und besonders die Sozialversicherungsbeitragssätze unterliegen Änderungen. Die angegebenen Prozentsätze sind daher als Übungssätze zu verstehen. Die derzeitig gültigen Lohnsteuersätze können Sie aus Lohnsteuertabellen entnehmen; die genauen Sozialversicherungssätze erfahren Sie bei den Krankenkassen.

Beispiel

Der Koch Andreas erhält **1.950,00 EUR** Bruttolohn, von dem 20 % Lohnsteuer, 8 % Kirchensteuer und 18 % Sozialabgaben abgehen.

Lösung

100 % → 1.950,00 EUR Bruttolohn
20 % →   ?   EUR

$$\frac{1.950,00\ EUR \cdot 20}{100} = 390,00\ EUR\ Lohnsteuer$$

100 % → 1.950,00 EUR Bruttolohn
18 % →   ?   EUR

$$\frac{1.950,00\ EUR \cdot 18}{100} = 351,00\ EUR\ Sozialabgaben$$

+ 421,20 EUR Steuern
772,20 EUR Gesamtabzüge

100 % → 390,00 EUR Lohnsteuer
8 % →   ?   EUR

$$\frac{390,00\ EUR \cdot 8}{100} =$$ 31,20 EUR Kirchensteuer
+ 390,00 EUR Lohnsteuer
421,20 EUR Steuern

Also:
1.950,00 EUR Bruttolohn
−   772,20 EUR Abzüge
1.177,80 EUR Nettolohn

Übungsaufgaben

1. Von 1.350,00 EUR Bruttolohn gehen 39 % Gesamtabzüge ab. Wie hoch ist der Nettolohn?

2. Der Bruttolohn beträgt 2.785,00 EUR. Davon sind 20 % Lohnsteuer, 9 % Kirchensteuer und 19 % Sozialabgaben abzuziehen. Wie hoch ist der Nettolohn?

3. Der Chef verspricht dem Hotelkaufmann Müller 2.965,00 EUR brutto. Welchen Lohn erhält Herr Müller bei 19 % Lohnsteuer, 8 % Kirchensteuer und 18,2 % Sozialabgaben ausgezahlt?

4. Errechnen Sie den Prozentsatz der Abzüge:
   Bruttolohn 1.968,20 EUR, Nettolohn 1.312,50 EUR.

5. Ein Koch erhält netto 1.825,60 EUR ausbezahlt. Laut Tabellen ersieht er Gesamtabzüge von 32,4 %. Welchen Bruttolohn hat der Koch?

In der Gastronomie haben sich 2 Arten der Entlohnung bewährt. Sie ergeben sich aus der Aufgabenstellung des Personals.

Entlohnungsarten

Internes Personal	**Externes Personal**
Kaufmännisches Personal im Büro, Magazin u. a., Köche und Hilfskräfte, die nicht unmittelbar für den Gast arbeiten	Bedienungspersonal Hallen- und Empfangspersonal, Etagenpersonal, auch Hilfskräfte, die unmittelbar für den Gast arbeiten
↓	↓
Festlohn laut Tarif oder privater Vereinbarung	*Umsatzabhängiger Lohn*, der sehr unterschiedlich sein kann.

6.2 Löhne für internes Personal

1. Der Koch Kraft soll 1.672,40 EUR Bruttolohn erhalten. Wie viel EUR werden ihm ausgezahlt bei 19 % Lohnsteuer, 9 % Kirchensteuer und 18,5 % Sozialabgaben?

2. Der Jungkoch Jonas fordert 862,00 EUR netto. Wie viel EUR muss der Chef bei 32,8 % Abzügen insgesamt brutto zahlen?

3. Der Geschäftsführer-Assistent Bruhn erhält 2.080,60 EUR brutto. 20 % Lohnsteuer, 8 % Kirchensteuer und Sozialabgaben in Höhe von 18,8 % werden abgezogen.
   a) Wie viel EUR werden Herrn Bruhn ausgezahlt?
   b) Nach einer vierteljährlichen Einarbeitungszeit fordert er 2.200,00 EUR netto. Wie viel muss jetzt der Chef brutto für ihn aufbringen bei 40,4 % Abzügen?

Abzüge für Kost und Logis

Neben den gesetzlichen Abzügen kennt man in der Gastronomie noch besondere Abzüge vom Nettolohn für Kost und Logis. Man rechnet für einen Erwachsenen (über 18 Jahren) 145,00 EUR im Monat, für einen Jugendlichen (unter 18 Jahren) 128,00 EUR bei voller Kost und Logis.
Dabei gibt es Zwischenformen wie:
nur Logis = $\frac{6}{20}$ des vollen Monatsbetrages, nur Mittagessen = $\frac{6}{20}$ des vollen Monatsbetrages. Für Frühstück rechnet man $\frac{3}{20}$ und Abendessen $\frac{5}{20}$ des Betrages.

4. Errechnen Sie den jeweiligen Satz für einen Erwachsenen:
   a) Logis, b) Mittagessen, c) Abendessen, d) Frühstück.

5. Errechnen Sie den vom Nettolohn abzugsfähigen Betrag für einen Jugendlichen bei
   a) nur Mittagessen,
   b) Übernachtung und Frühstück.

6. Errechnen Sie den auszuzahlenden Betrag für einen Chefkoch: Bruttolohn 3.216,80 EUR, Lohnsteuer 21 %, 8 % Kirchensteuer, Sozialabgaben 19 %, nur Mittagessen.

7. Errechnen Sie den auszuzahlenden Betrag für einen Commis im ersten Jahr: Bruttolohn 668,40 EUR, 19 % Lohnsteuer, 9 % Kirchensteuer, 18,5 % Sozialabgaben, Kost und Logis.

8. Ermitteln Sie den auszuzahlenden Betrag für einen 21-jährigen Kaufmann: Bruttolohn 1.410,00 EUR, Lohnsteuer 20,5 %, 8 % Kirchensteuer, Sozialabgaben 18,5 %, Mittagessen.

9. Der Koch Benny arbeitet in Bern und erhält 1.462,60 Franken, Abzüge 24 %. Für das Zimmer zahlt er 160 Franken. Wie viel EUR bleiben Benny übrig (100 sfr = 57,64 EUR).

10. Der Kaufmann Werner arbeitet für 268 Pfund Sterling, Abzüge 18 %. Für das Zimmer zahlt er 35 Pfund. Wie viel EUR bleiben ihm (100 £ = 144 EUR)?

6.3 Löhne für externes Personal

Für den Bereich des Service hat sich der Leistungslohn bewährt, d.h. jeder Bedienende wird seinem Umsatz gemäß entlohnt. Denn im Umsatz, der Summe der Inklusivpreise verkaufter Waren, sind 19 % Umsatzsteuer und 10–15 % Umsatzbeteiligung enthalten.
Man unterscheidet:

Entlohnungsarten im Service

a) **reiner Leistungslohn:**
Summe der Umsatzbeteiligung laut Umsatz des Tages, der Woche, des Monats.
b) **Garantielohn:**
Durch Vereinbarung mit dem Wirt festgelegt, meistens den Mindesttarifen entsprechend.
c) **Leistungslohn:**
Der Wirt garantiert einen Lohn, der durch gesteigerte Leistung aufgestockt wird.

In der Praxis ergeben sich daraus 2 Formen:

a) Einzelleistungslohn

Summe der Umsatzbeteiligung, die in einem Revier (4–8 Tische) erzielt wurde.

b) Gruppenleistungslohn

das Personal einer Abteilung (z. B. Restaurant) arbeitet für eine Kasse (Tronc).

Übungsaufgaben zum Einzelleistungslohn (Reviersystem)

1. Ein Restaurantfachmann hat einen Monatsumsatz von 24.600,00 EUR; er erhält 15 % Umsatzbeteiligung. Errechnen Sie seinen Bruttolohn.

2. Eine Serviererin setzt im Monat 18.000,00 EUR um. Wie hoch ist bei 15 % Umsatzbeteiligung und 26 Arbeitstagen ihr täglicher Bruttolohn?

3. Ein Chef de rang erzielt an Speisen 10.485,00 EUR und an Getränken 11.217,40 EUR Umsatz. Er erhält 15 % Umsatzbeteiligung. Errechnen Sie den Bruttolohn.

4. Bei 22.500,00 EUR Monatsumsatz erhält eine Restaurantfachfrau 12 % Umsatzbeteiligung. Davon gehen 34 % Abzüge ab. Wie hoch ist ihr täglicher Nettolohn bei 25 Arbeitstagen?

5. Eine Serviererin erhält 15 % Umsatzbeteiligung bei 26.500,00 EUR Umsatz. 34 % Abzüge. 3 % vom Bruttolohn muss sie an die Spülküche abführen. Errechnen Sie
   a) den Spülkostenanteil,   b) die Summe der Abzüge,   c) den Nettolohn.

Beachten Sie die Aufgaben zur Rückkalkulation und Abrechnung im Service.

Errechnen Sie den jeweils auszuzahlenden Betrag (Umsatzsteuer = 19 %):

	Umsatz EUR	Umsatzbe- teiligung	Brutto- lohn		Lohnsteuer		Sozial- abzüge	Kost/ Logis
6.	17.822,00	12 %	?	–	19 %	KiSt. 9 %	19 %	185,00
7.	24.356,50	15 %	?		20 %	KiSt. 9 %	18 %	–
8.	32.998,20	12 %	?	–	20 %		18,5 %	–
9.	28.046,00	12 %	?	–	20,5 %	KiSt. 8 %	19,5 %	168,00
10.	29.302,56	15 %	?		20 %		18 %	120,50

6.4 Der Tronc

6.4.1 Vorbemerkung

Der Tronc stellt den Gruppenleistungslohn dar und enthält die gesamte Beteiligung aus dem Umsatz einer Gruppe. Man unterscheidet:

Restaurant (Servicepersonal)
Beherbergungstronc (Etagen- und Hallenpersonal)
Hoteltronc (gesamtes Personal eines Hauses)
Übertronc = Tronc – Gesamtgarantielohn
Resttronc = Tronc – ausgezahlte Gesamtlöhne (wird als Übertrag dem nächsten Tronc zugezählt)

Aus dem Tronc dürfen keine Kräfte ohne Revier, also Geschäftsführer, Direktor, Aushilfskräfte, bezahlt werden. Weil sie nicht unmittelbar für den Gast arbeiten, werden sie durch den Betriebsinhaber entlohnt.

Der Tronc bietet:

Vorteile	Nachteile
1. schnellerer Service	1. besonders Tüchtige können sich kaum auszeichnen
2. bessere Abwicklung bei Gesellschaften	
3. besseres Betriebsklima (kein Streit um das beste Revier)	2. „Drückeberger" werden mit „durchgezogen"
4. geschlossenes Auftreten der Brigade steigert das Ansehen des Hauses	3. „bequeme" Angestellte fühlen sich nicht zuständig

Diesen Vor- und Nachteilen trägt man Rechnung bei der Verteilung des Tronc durch angemessene Garantielöhne und Punktanteile.

6.4.2 Troncrechnen nach dem Garantielohn

Verteilung des Tronc nach dem Garantielohn

Beispiel

Ein Hotelier gewährt folgende Garantielöhne:

1 Chef de restaurant		2.100,00 EUR	= 2.100,00 EUR
2 Chefs de rang	je	1.620,00 EUR	= 3.240,00 EUR
4 Demichefs	je	1.400,00 EUR	= 5.600,00 EUR
4 Commis	je	800,00 EUR	= 3.200,00 EUR
		Gesamtgarantielohn	= 14.140,00 EUR

Wie viel Bruttolohn erhalten die einzelnen Beschäftigten, wenn der Monatsumsatz 21.917,00 EUR Umsatzbeteiligung erbrachte?

Lösung

Wir rechnen die Einzellöhne nach folgenden Formeln aus:

$$(1) \quad \frac{\text{Tronc}}{\text{Gesamtgarantielohn}} = \text{Schlüsselzahl}$$

$$(2) \quad \text{Schlüsselzahl} \cdot \text{Einzelgarantielohn} = \text{Lohn}$$

$$(1) \quad \frac{21.917,00 \text{ EUR}}{14.140,00 \text{ EUR}} = 1,55 \text{ als Schlüsselzahl}$$

(2)
1,55 · 2.100,00 EUR =	3.255,00 EUR	· 1 =	3.255,00 EUR
1,55 · 1.620,00 EUR =	2.511,00 EUR	· 2 =	5.022,00 EUR
1,55 · 1.400,00 EUR =	2.170,00 EUR	· 4 =	8.680,00 EUR
1,55 · 800,00 EUR =	1.240,00 EUR	· 4 =	4.960,00 EUR
	Einzellöhne		21.917,00 EUR Gesamtlöhne

Der Tronc ist restlos verteilt, die Probe zeigt, dass die Ausrechnung richtig ist.

Für die folgenden Aufgaben sollte zur besseren Übersicht ein Schema verwendet werden, wie es in Aufgabe 1 dargestellt ist. Die Löhne ergeben sich dabei durch Anwendung der beiden Formeln.

Übungsaufgaben

1. Der Restaurantbesitzer Lehmann gewährt folgende Garantielöhne:

Wie viel steuerpflichtigen Lohn erhalten die Beschäftigten, wenn der Monatstronc 23.993,58 EUR ausweist?

Personal	Einzelgarantie EUR	Gesamtgarantie EUR	Gesamtlöhne EUR	Einzellohn EUR
1 Chef de restaurant	2.050,00 EUR	2.050,00 EUR	?	?
2 Chefs de rang	1.650,00 EUR	3.300,00 EUR	?	?
4 Demichefs	1.420,00 EUR	5.680,00 EUR	?	?
6 Commis	860,00 EUR	5.160,00 EUR	?	?
	–			–

2. Verteilen Sie für den Beschäftigtenkreis (Aufgabe 1.) 19.913,70 EUR.

3. Ermitteln Sie aus dem Umsatz der Brigade des Restaurants Jägerhof (1 Chef de restaurant, 2 Chefs de rang, 2 Demichefs, 2 Commis) den Tronc und verteilen Sie ihn nach Garantielöhnen der Aufgabe 1. Monatsumsatz im März 112.520,00 EUR einschließlich 19 % Umsatzsteuer und 12 % Bedienungsgeld.

4. Im Parkrestaurant *Schlösschen* verteilt sich der Monatstronc des Januar von 25.994,00 EUR und ein Resttronc (Übertrag) von 44,30 EUR auf folgende Garantielöhne:

1 Chef de restaurant . . . . . 2.000,00 EUR   2 Commis . . . . je 1.000,00 EUR
3 Chefs de rang . . . . je 1.600,00 EUR   2 Commis . . . . je   800,00 EUR
3 Demichefs . . . . je 1.400,00 EUR

a) Ermitteln Sie die Schlüsselzahl (2 Stellen nach dem Komma, nicht aufrunden).
b) Verteilen Sie die Einzellöhne.
c) Ermitteln Sie den Resttronc.

5. Im Mai des gleichen Jahres ergab sich eine Umsatzsteigerung und damit ein Tronc von 27.248,00 EUR. Der Resttronc des Monats April betrug 72,80 EUR. Rechnen Sie nach den Angaben der Aufgabe 4.

6. Die Service-Brigade des Schlossrestaurants erhält folgende Garantielöhne:

1 Chef de restaurant . . . . . 2.600 EUR   3 Demichefs . . . . je 1.900,00 EUR
2 Chefs de rang . . . . je 2.200,00 EUR   6 Commis . . . . je 1.300,00 EUR

Im Juni erzielte sie folgenden Umsatz: Speisen 105.400,00 EUR, Getränke 140.650,00 EUR.
a) Berechnen Sie den Tronc bei 19 % Umsatzsteuer und 15 % Bedienungsgeld.
b) Ermitteln Sie die Bruttolöhne,
c) Stellen Sie den Resttronc fest.

7. Im Restaurant „Opernterrasse" soll der Monatstronc von 25.991,00 EUR nach den Garantielöhnen verteilt werden und zwar erhalten:

1 Chef de restaurant . . . . . 1.800,00 EUR   4 Demichefs . . . . je 1.400,00 EUR
2 Chefs de rang . . . . je 1.600,00 EUR   5 Commis . . . . je 1.200,00 EUR

Berechnen Sie:
a) den Troncschlüssel,
b) die Bruttolöhne.

8. Errechnen Sie die Bruttolöhne dieser Service-Brigade aus dem Monatsumsatz von 367.500,00 EUR, in dem 19 % Umsatzsteuer und 12 % Bedienungsgeld enthalten sind.

Ermitteln Sie:
a) den Troncschlüssel auf 2 Stellen nach dem Komma,
b) den Lohn der Chefs de rang,
c) den Resttronc.

9. Der Tronc des Monats Februar wurde vom Inhaber des Hotels *„Zur Traube"* auf 28.000,00 EUR aufgerundet. Er soll im Verhältnis der Garantielöhne an die Mitarbeiter verteilt werden:

1 Chef de restaurant. . . . . 2.400,00 EUR   4 Demichefs . . . . je 1.700,00 EUR
2 Chefs de rang. . . . . je 2.000,00 EUR   6 Commis . . . . je 1.300,00 EUR

a) Wie lautet der Troncschlüssel?
b) Wie viel EUR Bruttolohn erhält jeder Mitarbeiter?
c) Wie viel EUR beträgt der Resttronc?

10. Für die Auszubildenden des Betriebes wird der TIP-Tronc von 714,80 EUR und der Überschuss des Telefongeldes mit 93,40 EUR im Verhältnis der Ausbildungsbeihilfe verteilt. Errechnen Sie:

a) den Troncschlüssel (3 Stellen nach dem Komma),
b) den Zuschlag zur Ausbildungshilfe
    für 3 Auszubildende mit 520,00 EUR
    für 2 Auszubildende mit 400,00 EUR
    für 2 Auszubildende mit 330,00 EUR
c) Wie viel EUR erhält jeder Beteiligte insgesamt?

> Diese Verteilungsart begünstigt weniger die Leistung, mehr die Zeit der Betriebszugehörigkeit und die Stellung. Darum empfiehlt sich eine Kombination von Garantielohn und Leistungspunkten.

6.4.3 Troncrechnen nach Punkten

Beispiel

Im Restaurant *Ratskeller* soll der Monatstronc von 33.940,00 EUR auf der Basis der Garantielöhne verteilt werden, der Übertronc nach Punkten.

1 Chef de restaurant.	3.000,00 EUR	=	3.000,00 EUR,	12	Punkte = 12 Gesamtpunkte
2 Chefs de rang.	2.600,00 EUR	=	5.200,00 EUR,	10	Punkte = 20 Gesamtpunkte
4 Demichefs.	2.100,00 EUR	=	8.400,00 EUR,	8	Punkte = 32 Gesamtpunkte
4 Commis	1.500,00 EUR	=	6.000,00 EUR,	6,5 Punkte	= 26 Gesamtpunkte
Gesamtgarantielohn		=	22.600,00 EUR		90 Gesamtpunkte

Lösung

Tronc	33.940,00 EUR
− Garantielohn	22.600,00 EUR
Übertronc	11.340,00 EUR

(1)
$$\frac{\text{Übertronc}}{\text{Gesamtpunkte}} = \text{Punktwert}$$

(1) $\dfrac{11.340,00 \text{ EUR}}{90} = 126,00$ EUR (Punktwert)

(2)
Punktwert · Einzelpunkte = Punktzuschlag

(2) 126,00 EUR · 12 = 1.512,00 EUR (Punktzuschlag)

(3)
$$\begin{array}{l} \text{Punktzuschlag} \\ + \text{ Garantielohn} \\ \hline \text{Lohn} \end{array}$$

(3)   3.000,00 EUR
    + **1.512,00 EUR**
    4.512,00 EUR Lohn des Chefs de restaurant

Wir setzen ein in das Schema, nachdem wir die Einzelpunkte der Lohngruppen jeweils mit dem Punktwert vervielfachen:

Personal	Garantielohn		Punkte	Punktzuschlag	Lohn
	Einzel	Gesamt			
1 Chef de restaurant	3.000	3.000	12	1.512 EUR	4.512,00 EUR
2 Chefs de rang	2.600	5.200	20	1.260 EUR	3.860,00 EUR
4 Demichefs	2.100	8.400	32	1.008 EUR	3.108,00 EUR
4 Commis	1.500	6.000	26	819 EUR	2.319,00 EUR
	–	22.600	90	–	–

Der Tronc ist restlos verteilt.

Übungsaufgaben

Verteilen Sie an das Personal des obigen Beispiels folgende Gesamtbedienungsgelder. (Sollte Übertronc : Gesamtpunktzahl nicht aufgehen, dann runden Sie die restlichen Teilbeträge nicht auf, sondern schreiben Sie sie dem Resttronc gut.) Rechnen Sie mit folgenden Angaben:

11. Monatstronc 35.460,00 EUR (Punktwert volle EUR).

12. Monatstronc 38.280,00 EUR.

13. Umsatz 205.400,00 EUR, 19 % Umsatzsteuer, 15 % Bedienungsgeld als Ergebnis eines „schlechten" Monats.

14. Verteilen Sie wie im Beispiel 53.464,00 EUR an folgendes Personal:

1 Chef de restaurant.	2.500,00 EUR,	12 Punkte
4 Chefs de rang.	je 2.000,00 EUR,	9 Punkte
6 Demichefs	je 1.600,00 EUR,	8 Punkte
6 Commis	je 1.200,00 EUR,	6 Punkte
5 Serviererinnen.	je 1.100,00 EUR,	7 Punkte

a) Wie hoch sind die Löhne der einzelnen Mitarbeiter?
b) Wie viel EUR beträgt der Rest?

15. Verteilen Sie an das Personal der Aufgabe 14 einen Tronc von 59.162,00 EUR. Errechnen Sie die Löhne der einzelnen Mitarbeiter. (Punktwert auf 2 Stellen nach dem Komma.)

16. Verteilen Sie den Monatstronc von 30.641,76 EUR an folgendes Personal:

1 Chef de restaurant.		2.600,00 EUR,	12 Punkte
2 Chefs de rang.	je	2.100,00 EUR,	8 Punkte
6 Demichefs	je	1.700,00 EUR,	7 Punkte
2 Portiers.	je	2.200,00 EUR,	10 Punkte
4 Zimmermädchen.	je	800,00 EUR,	5 Punkte

Wie viel EUR erhalten die einzelnen Mitarbeiter?

17. Verteilen Sie 38.200,00 EUR nach dem Muster der Aufgabe 16.

18. In einem Abendrestaurant soll der Monatstronc von 52.205,00 EUR nach Garantielöhnen und Punkten verteilt werden an:

1 Chef de restaurant.		2.800,00 EUR,	14 Punkte
3 Chefs de rang.	je	2.300,00 EUR,	11 Punkte
6 Demichefs	je	1.800,00 EUR,	8 Punkte
8 Commis	je	1.300,00 EUR,	6 Punkte

Errechnen Sie den Bruttolohn
a) des Chefs de restaurant,   b) eines Commis.

19. Im Turmrestaurant *„Rheinwiesen"* soll der Monatstronc von 52.237,20 EUR nach Garantielöhnen und Punkten verteilt werden. Es erhalten:

1 Chef de restaurant.	2.900,00 EUR und 16 Punkte
3 Chefs de rang. . . . . je	2.400,00 EUR und je 13 Punkte
9 Demichefs . . . . je	1.800,00 EUR und je 9 Punkte
12 Commis . . . . je	1.400,00 EUR und je 6 Punkte

Errechnen Sie:

a) die Summe der Garantielöhne und Punkte,

b) den Punktwert,

c) die Bruttolöhne der jeweiligen Personen.

20. Für den Monat August wurden nach sehr gutem Geschäft folgende Werte ermittelt:

(1) Umsatz aus dem Getränke-Service.	362.580,10 EUR
(2) Umsatz aus dem Speisenverkauf	321.640,60 EUR
(3) Resttronc des Monats Juli	146,30 EUR

In den Umsätzen sind 19 % Umsatzsteuer und 13 % Bedienungsgeld enthalten. Die Zusammensetzung und Entlohnung der Brigade von Aufgabe 19 änderten sich nicht.

Errechnen Sie:

a) den zu verteilenden Tronc,

b) die Bruttolöhne der Beschäftigten, wobei der Punktwert nur auf vollen EUR „ausgeschüttet" wird,

c) den Resttronc.

7 Wirtschaftsdienst

7.1 Vorbemerkungen: Strom, Wasser, Gas

Strom, Gas, Wasser und häufig auch Dampf für die Heizung werden von den Stadtwerken geliefert. Der Verbrauch wird über Zähler oder Uhren kontrolliert und regelmäßig abgelesen. Aufgrund der abgelesenen Werte und bestimmter Grundgebühren ermittelt sich der zu zahlende Betrag. Der Wettbewerb auf dem Energie-Markt hat auch die Strompreise ins Rutschen gebracht, sodass durch geschicktes Verhandeln niedrigere Gebühren erzielt werden können.

7.2 Auszug aus den Tarifen (Gebührentafel) und Übungsaufgaben

	Normaltarif	Sondertarif	Grundgebühren
Strom	1 kWh = 0,42 EUR	1 kWh = 0,26 EUR	Normaltarif: 1 Zimmer 4,50 EUR weitere 0,80 EUR Sondertarif: 1 Zimmer 6,30 EUR weitere 1,20 EUR
Wasser	1 m³ = 21,47 EUR	ab 2.000 m³/4,20 EUR 1 m³ = 4,45 EUR	bis 2.000 m³ pro Haupthahn 3,08 EUR über 2.000 m³ pro Haupthahn 4,50 EUR
Gas	1 m³ = 15,20 EUR	1 m³ = 18,32 EUR	16,50 EUR pro Hauptanschluss
Erdgas	1 m³ = 0,32 EUR	1 m³ = 0,36 EUR	18,50 EUR pro Hauptanschluss Der Verbrauch wird mit 8,1 vervielfacht.

Ein Kostenanteil muss derzeit – und gewiss in der Zukunft – beachtet werden: die hohe Abwassergebühr.
In den Großstädten und Ballungsräumen wird wegen der aufwendigen (teuren) Renaturierung des Abwassers zu neuem Trinkwasser oft mit dem Faktor 1:1 gerechnet, z.B. 850 m³ Wasserverbrauch = 850 m³ zu klärendes Wasser.

Übungsaufgaben

1. Errechnen Sie die monatlichen Stromkosten eines Haushaltes: Verbrauch 312 kWh, Normaltarif, 5 Zimmer.

2. Ermitteln Sie die monatlichen Stromkosten beim Sondertarif: 5 Zimmer, 248,5 kWh.

3. Der Wasserverbrauch in 2 Monaten beträgt 18,5 m³ bei 2 Haupthähnen. Errechnen Sie die monatlichen Kosten.

4. Ein Haushalt verbraucht 78,2 m³ Stadtgas zum Normaltarif. Errechnen Sie die Kosten.

5. Welche Kosten ergäben sich bei gleichem Verbrauch, wenn die Familie Erdgas bezöge?

6. Ein 2-Familienhaushalt verbraucht:

   405 kWh   Strom, Sondertarif, 8 Zimmer
   39 m³   Wasser, 2 Haupthähne
   104 m³   Stadtgas, Normaltarif, 2 Hauptanschlüsse.

   Errechnen Sie die Kosten.

7. Der Ableser der Stadtwerke liest ab:

	Strom	Wasser	Gas
alter Zählerstand	03.581,3 kWh	367 m³	07.854,2 m³
neuer Zählerstand	03.928,2 kWh	392 m³	09.821,3 m³
	6 Zimmer	2 Anschlüsse	2 Anschlüsse

   Wie viel EUR sind insgesamt zu zahlen?

8. Ein Hotel mit 16 Zimmern und 8 weiteren Räumen erhält die Rechnung der Stadtwerke. Der Ableser ermittelte:

	Strom	Gas	Wasser
alter Stand	10.785,6 kWh	1.004,6 m³	06.651,6 m³
neuer Stand	91.554,0 kWh	2.654,4 m³	08.873,2 m³
	Sondertarif	Sondertarif	3 Haupthähne
		1 Hauptanschluss	

   Wie viel EUR hat das Hotel zu zahlen?

9. Welcher Rechnungsbetrag würde sich für Gas ergeben, wenn statt des üblichen Stadtgases Erdgas verbraucht würde?

10. Errechnen Sie die Kosten für ein 22-Zimmer-Hotel mit 14 weiteren Räumen.

	Strom	Erdgas	Wasser
alter Zählerstand	17.756,4 kWh	2.165,2 m³	11.342,4 m³
neuer Zählerstand	41.153,3 kWh	4.553,0 m³	14.211,2 m³
	Sondertarif	Sondertarif	3 Haupthähne
		2 Hauptanschlüsse	

8 Warenwirtschaft

8.1 Wareneinkauf – Rabatt und Skonto

Jeder Inhaber eines gastronomischen Betriebes ist gleichzeitig ein Kaufmann. Die Rentabilität (Ertragssicherheit) des Betriebes wird wesentlich mitbestimmt durch preisgünstigen Einkauf, richtige Lagerhaltung und schnellen Umsatz der Waren. Beim Einkauf der Waren sollte man versuchen, Rabatt und Skonto wahrzunehmen. Beide mindern den wirklichen Preis der Ware.

Rabatt	**Skonto**
ist ein Preisnachlass, der auf die Ware gegeben wird. Man unterscheidet: a) *Mengenrabatt*, gewährt für die Abnahme großer Mengen oder ganzer Packungen. b) *Treuerabatt*, gewährt für ständigen Einkauf, auch bei kleinen Mengen (Marken). c) *Naturalrabatt*, ergibt sich durch kostenlose Mehrlieferung, z. B. statt 72 Flaschen werden 75 Flaschen geliefert. Diese Form ist heute unüblich.	ist ein Preisnachlass, der für die Zahlungsfreudigkeit des Kunden gewährt wird. Man unterscheidet: a) 3 % Skonto bei *sofortiger Zahlung*, b) 2 % oder 3 % bei Zahlung *innerhalb einer Frist* von 14 Tagen, c) Bei Zahlung innerhalb eines Monats gilt der Rechnungspreis. Wird diese Frist überzogen, können Verzugszinsen erhoben werden.

Rabatt und Skonto werden als Prozentsatz im Rechnungstext genannt und wie beim Prozentrechnen ermittelt.

> Stets erst den Rabattsatz abziehen, vom neuen Wert den Skontosatz abrechnen.

Beispiel

Der Listenpreis für einen großen Kochtopf beträgt 57,60 EUR. Der Händler gewährt 10 % Rabatt und 3 % Skonto bei Barzahlung.

Lösung a

100 % → 57,60 EUR
 90 % → ?   EUR

$$\frac{57,60\ \text{EUR} \cdot 90}{100} = \mathbf{51,84\ EUR}$$

100 % → 51,84 EUR
 97 % → ?   EUR

$$\frac{51,84\ \text{EUR} \cdot 97}{100} = \mathbf{50,28\ EUR}$$

Bei Barzahlung beträgt der Preis 50,28 EUR.

Lösung b

100 % → 57,60 EUR
 10 % → ?   EUR

$$\frac{57,60\ \text{EUR} \cdot 10}{100} = \mathbf{5,76\ EUR}$$

57,60 EUR
− 5,76 EUR
51,84 EUR

100 % → 51,84 EUR
  3 % → ?   EUR

$$\frac{51,84\ \text{EUR} \cdot 3}{100} = \mathbf{1,56\ EUR}$$

51,84 EUR
− 1,56 EUR
50, 28 EUR

Übungsaufgaben

1. 4.520,00 EUR   Rabatt 10 %, Skonto 3 %, Endbetrag ?

2. 6.850,40 EUR   Rabatt 12 %, Skonto 3 %, Endbetrag ?

3. 16.450,20 EUR   Rabatt 15 %, Skonto 2 %, Endbetrag ?

4.   4,90 EUR   Rabatt 6 %, Skonto 1 %, Endbetrag ?

5. Der Koch-Auszubildende Johannes errechnet für seine Erstausstattung laut Preisliste 645,50 EUR, der Verkäufer gibt ihm einen Nachlass von 12 % Rabatt und 3 % Skonto. Was zahlt Johannes?

Niemals Rabatt und Skonto zusammenzählen und dann abziehen!

---

6. Der Einkäufer des Hotels *Luckner* kauft für 2.685,20 EUR Porzellan und Glas ein. Der Verkäufer senkt den Preis auf 2.420,00 EUR. Wie viel % Preisnachlass gewährt der Verkäufer?

7. Eine Kippbratpfanne wird zum Listenpreis von 4.750,00 EUR angeboten, Messerabatt 22 %, 3 % Skonto. Errechnen Sie den Endpreis der Pfanne.

8. Beim Einkauf auf dem Großmarkt erwirbt der Küchenchef:

   40 Hähnchen . . . . je St. 2,80 EUR
   60 Poularden . . . . je St. 4,10 EUR
    8,5 kg Cervelatwurst . . . . je kg 15,30 EUR
   16,3 kg Schinken . . . . je kg 14,20 EUR
    4,2 kg Kalbsleberwurst . . . . je kg 8,50 EUR

   a) Wie hoch ist der vorläufige Gesamtpreis.
   b) Welchen Nettopreis hat der Küchenchef bei 12,5 % Rabatt und 3 % Skonto zu zahlen (ohne Berücksichtigung der Umsatzsteuer)?

9. Sie kaufen (laut Liste):

   12 Dutzend Frotteehandtücher . . . . je Dtzd. 60,00 EUR
   17 Dutzend Geschirrtücher . . . . je Dtzd. 28,80 EUR
   40 Bettlaken . . . . je St.   9,80 EUR
   40 Bettbezüge . . . . je St.   18,50 EUR
   40 Kopfkissen . . . . je St.   8,50 EUR

   a) Berechnen Sie den Listenpreis.
   b) Wie viel EUR sind bei 6 % Rabatt und 2 % Skonto zu überweisen?

10. Ein Zimmer, 8 m breit und 12 m lang, soll mit Teppich ausgelegt werden. Der Teppich kostet 38,00 EUR pro m². Der Händler gewährt 3 % Skonto. Errechnen Sie den Teppichpreis.

11. Bei der Renovierung entfallen auf das Auslegen mit Teppichen:
    für das Restaurant, 8,5 m breit und 12,4 m lang, Preis pro m² = 36,50 EUR,
    für den Frühstücksraum, 4 m breit und 6,5 m lang, Preis pro m² = 32,40 EUR,
    für das Foyer, 4,35 m breit und 8,1 m lang, Preis pro m² = 46,60 EUR.
    a) Wie viel m² müssen insgesamt ausgelegt werden?
    b) Errechnen Sie den Preis für die Auslegwaren bei 22 % Rabatt und 3 % Skonto.
    c) Wie teuer kommt die Renovierung des Bodens, wenn für das Auslegen (Arbeit, Klebstoff) pro m² noch 3,68 EUR zu rechnen sind?

12. Auf einer Messe wird ein Hochleistungsherd, der nach der Preisliste 35.400,00 EUR kostet, mit einem Sonderrabatt von 33⅓ % und 1,5 % Skonto angeboten. Die Frachtspesen belaufen sich allerdings auf 185,40 EUR. Errechnen Sie den Endpreis.

13. 200 Polsterstühle werden zum Listenpreis von insgesamt 44.600,00 EUR bei 20 % Rabatt eingekauft. Der Käufer zahlt 15.000,00 EUR an, der Restbetrag wird bei 6,2 % Aufschlag in 12 Monatsraten beglichen.

    a) Wie groß ist der Restbetrag nach Abzug des Rabattes und der Anzahlung?

    b) Wie hoch ist eine Monatsrate?

    c) Errechnen Sie den Stückpreis eines Stuhles (Listenpreis).

14. Die Wochenrechnung des Milchmannes weist aus:

35 l Milch		je Liter	0,74 EUR
14 l Schlagsahne		je Liter	2,40 EUR
17 kg Butter		je kg	4,20 EUR
6,8 kg Käse		je kg	6,90 EUR
28 Pakete Quark		je Paket	0,60 EUR

Er gewährt 7,5 % Rabatt und hat am Mittwoch 80,00 EUR erhalten. Wie viel ist noch zu zahlen?

15. Die Gesamtrechnung für 225 Flaschen Spirituosen beträgt laut Preisliste 2.365,00 EUR

    a) Wie teuer ist eine Flasche?

    b) Welchen Preis errechnen Sie bei 23 % Rabatt und 3 % Skonto?

    c) Welche Preisminderung in % hat man tatsächlich?

16. Für den Umbau der Küche berechnet der Unternehmer am 15. Mai 40.850,60 EUR. Auf der Rechnung ist vermerkt:

    a) Bei Barzahlung innerhalb von 10 Tagen 3 % Skonto.

    b) Ziel 30 Tage.

    c) Bei späterer Zahlung berechnen wir 8,5 % Verzugszinsen.

Wie viel ist zu zahlen, wenn

1. am 18. Mai gezahlt wird,
2. am 2. Juni gezahlt wird,
3. man die Zahlung bis zum 25 September verzögert?

17. Errechnen Sie die fehlenden Werte.

	Listenpreis	Rabatt EUR	%	Endbetrag
a)	1.650,40 EUR	?	15	?
b)	8.450,60 EUR	?	22,5	?
c)	?	?	12,5	85,60 EUR
d)	84,35 EUR	16,20 EUR	?	?
e)	?	28,00 EUR	14	?

18. Errechnen Sie die fehlenden Beträge. Berücksichtigen Sie: Ziel 30 Tage, Skonto bei Zahlung innerhalb von 10 Tagen, 6,5 % Verzugszinsen.

	Datum der Rechnung	Datum der Zahlung	Listenpreis	Skonto	Endbetrag
a)	15. Juni	22. Juni	48,50 EUR	3 %	?
b)	2. Juli	12. Juli	115,40 EUR	2 %	?
c)	28. August	26. September	240,44 EUR	3 %	?
d)	3. September	28. Dezember	625,00 EUR	3 %	?
e)	20. Dezember	1. März	4.510,40 EUR	2 %	?

	Datum der Rechnung	Datum der Zahlung	Listenpreis	Skonto	Endbetrag
f)	28. Dezember	15. Juni	15.420,00 EUR	1 %	?

8.2 Rabatt – Skonto – Umsatzsteuer

Alle vorhergehenden Aufgaben blieben ohne die Berücksichtigung der Umsatzsteuer. Ansonsten gilt in der Praxis:
Listenpreise des Handels ändern sich durch die Gewährung von Preisnachlässen (Rabatt, Skonto). Wegen dieser möglichen Änderungen ist in den Listenpreisen keine Umsatzsteuer enthalten. Sie wird erst hinzugerechnet, wenn der Nettopreis nach Berücksichtigung von Preisnachlässen feststeht.

Beispiel

Der Listenpreis für einen Topf ist 57,60 EUR nach Rabatt und Skonto kostet der Topf bei Barzahlung 50,28 EUR.
Auf diesen Preis müssen noch 19 % Umsatzsteuer addiert werden.
100 % → 50,28 EUR
119 % → ?   EUR

$$\frac{50,28 \text{ EUR} \cdot 119}{100} = \textbf{59,83 EUR}$$

Übungsaufgaben

1. Der Wirt vom Gasthaus „Roter Ochse" bestellt für eine Veranstaltung 1.200 Bratwürste zum Listenpreis von 1.740,00 EUR. Die Fleischfabrik gewährt 12 % Rabatt und bei Sofortbezahlung 3 % Skonto. Die Umsatzsteuer ist 7,0 %.
Errechnen Sie den Endpreis.

2. Ein Kalt-Warm-Büfett wird für 2.750,00 EUR außer Haus geliefert. Der Restaurateur bietet 20 % Rabatt, die Umsatzsteuer ist 19 %.
Wie lautet der zu zahlende Betrag?

3. Ein Hotelbesitzer überweist nach Abzug von 12 % Rabatt und Aufschlag von 19 % Umsatzsteuer 12.817,20 EUR.
Errechnen Sie den Listenpreis.

4. Für einen Orientteppich zahlt ein Gastronom nach dem Aufschlag der Umsatzsteuer von 19 % 11.240,50 EUR. Der Verkäufer gewährt einen Nachlass von 17,5 % und 3 % Skonto.
Zu welchem Listenpreis wurde zunächst dieser Teppich angeboten?

5. Der Überweisungsbetrag ist bei 19 % Umsatzsteuer 8.598,71 EUR, der Listenpreis war 9.883,57 EUR.
Wie viel % Rabatt wurden gewährt?

6. Die Brauerei Waldbach bietet einen Sonderrabatt von 22 %, wenn der Wirt des Restaurants „Zur Krone" 15 Kästen zu je 20 Flaschen des neuen Pilseners abnimmt. Eine Flasche Pils kostet ab Brauerei 0,66 EUR zuzüglich 19 % Umsatzsteuer. Der Wirt nimmt das Angebot an.
Wie viel EUR hat er zu zahlen?
Errechnen Sie die fehlenden Werte der Felder mit Fragezeichen.

| | Listenpreis | Rabatt | | Skonto | | Umsatz- | Endpreis/ |
		EUR	%	EUR	%	steuer	Inklusivpreis
7.	2.680,00 EUR	?	15	–	–	19 %	?
8.	4.240,20 EUR	–	–	?	3	7 %	?
9.	28.210,00 EUR	3.526,25	?	?	2	19 %	?
10.	5.600,00 EUR	?	25	84,00	?	7 %	?

8.3 Brutto – Netto – Tara

Brutto: Gewicht der Ware einschließlich Verpackung (Rohgewicht)
Netto: Gewicht der Ware allein (Reingewicht)
Tara: Gewicht der Verpackung

Die Bezeichnung *brutto für netto* oder *Rohgewicht für Reingewicht* bedeutet, dass die Verpackung als Ware mitberechnet wird. Der Ausdruck *handelsübliches Gewicht* besagt, dass die Verpackung mit einem festen Satz vom Warengewicht abgezogen wird. Beim Rechnen ist darauf zu achten, dass das Bruttogewicht gleich 100 % ist.

Beispiel

Das Bruttogewicht einer Ware beträgt 385,350 kg. Wie groß ist das Nettogewicht, wenn für die Tara 7,8 % zu berücksichtigen sind?

Lösung

Bruttogewicht	=	100,0 %
– Tara	=	7,8 %
Nettogewicht	=	92,2 %

$$100 \ \% \rightarrow 385,350 \text{ kg}$$
$$92,2 \% \rightarrow \ ? \ \text{kg}$$

$$\frac{385,350 \text{ kg} \cdot 92,2}{100} = \mathbf{355{,}293 \text{ kg}}$$

Übungsaufgaben

1. Das Bruttogewicht einer Lieferung beträgt 120,500 kg. Wie viel kg beträgt das Nettogewicht, wenn für die Verpackung 8,5 % des Bruttogewichts zu rechnen sind?

2. Das Nettogewicht einer Warensendung beträgt 84,930 kg, das sind 89,4 % des Bruttogewichtes. Ermitteln Sie das Bruttogewicht.

3. Die Tara einer Lieferung beträgt 3,240, kg, gleich 9 % des Bruttogewichtes. Wie groß ist das Bruttogewicht?

4. Das Bruttogewicht eines Fasses Öl beträgt 83 kg. Die Tara macht 5,5 % des Bruttogewichtes aus und wird mit 18,00 EUR in Rechnung gesetzt, wovon 75 % bei Rückgabe vergütet werden.
   a) Wie hoch ist das Nettogewicht?
   b) Wie viel EUR werden vergütet?

5. Ein Fass Öl hat ein Nettogewicht von 125 kg. Die Tara beträgt 12 % des Bruttogewichtes. Berechnen Sie das Bruttogewicht.

6. Eingekauft wird brutto für netto ein 12½-Kilo-Eimer Bienenhonig. Die Tara beträgt ⅞ kg. Wie viel % des Bruttogewichtes sind das?

7. Firma Graf bietet Goldbuttfilet in Eis gepackt brutto für netto zu 11,40 EUR je kg an. Die Tara beträgt 21 % des Gesamtgewichtes. Firma Weinert verlangt je kg netto 14,90 EUR. Welche Firma ist günstiger?

8. Berechnen Sie das jeweils fehlende Gewicht in kg:

	a)	b)	c)	d)	e)	f)
Bruttogewicht:	39,5 kg	?	280,7 kg	?	12,5 kg	380,4 kg
Nettogewicht:	?	13,5 kg	89,2 %	84,6 %	?	81,4 %
Tara:	7,6 %	9,5 %	?	3,75 kg	8,3 %	?

8.4 Preisvergleiche

Nicht immer ist der niedrigste Preis auch der günstigste. Darum sollte man die Angebote der Lieferanten auf ihre Preiswürdigkeit prüfen. Das gilt besonders bei verpackten Waren, die in unterschiedlichen Mengen pro Einheit angeboten werden und deshalb keinen offenen Preisvergleich erlauben. Noch unübersichtlicher wird das Angebot durch unterschiedliche Rabatt- und Lieferbedingungen. Ferner muss man klären, ob die Umsatzsteuer bereits im Preis enthalten oder noch aufzuschlagen ist.

Übungsaufgaben

1. Bratenfleisch kostet am 15.04. 7,20 EUR, am 08.04. 8,10 EUR und am 20.05. 6,00 EUR. Berechnen Sie die Preisveränderung, auf den 15.04. bezogen (EUR und %).

2. Spargel kostet im Mai je kg 3,50 EUR, im April je kg 4,75 EUR und im Juni je kg 4,05 EUR.
   a) Berechnen Sie die Preisschwankung, bezogen auf Mai (EUR und %).
   b) Wie viel EUR spart der Gastronom, der im Mai 184 kg in Industriegläsern einkocht, bezogen auf den Junipreis?
   c) Was kostet eine Portion Spargel (420 g) im April?

3. Um wie viel % ist der Preis gestiegen?
   a) von 7,60 EUR auf 8,15 EUR c) von   16,80 EUR auf   18,00 EUR
   b) von 0,22 EUR auf 0,25 EUR d) von 1.755,00 EUR auf 1.920,40 EUR

4. Der Auszubildende Jochen möchte einen CD-Spieler kaufen. Angebot im Großhandel: 86,50 EUR 18 % Rabatt, 19 % Umsatzsteuer. Angebot im Einzelhandel: 90,00 EUR. Welches Angebot ist günstiger?

5. Ein Schnellkneter, *Messemodell 2010*, wird zum Preis von 2.450,00 EUR bei 22 % Rabatt und 3 % Skonto angeboten. Ein gebrauchtes älteres Modell soll 1.850,00 EUR kosten, 1 % Skonto. Lohnt sich der Kauf des Messemodells?

6. Welches Angebot ist günstiger? 24 Flaschen Sekt für 285,60 EUR abzüglich 15 % Rabatt und 3 % Skonto oder 27 Flaschen für 285,60 EUR.

7. Beim Händler A kosten 725 Eier 181,25 EUR, der Händler B bietet 975 Eier für 263,25 EUR bei 18 % Rabatt an, die Preise sind interessant, weil die Eier von frei laufenden Hennen sind.
   a) Wie teuer ist ein Ei bei A?
   b) Wie viel EUR wäre netto an B zu überweisen?
   c) Was kostet 1 Ei bei B?
   d) Welche Eier sind billiger und um wie viel %?

141

8. Fleischer Lehmann bietet 4,250 kg Kalbskotelett zu 26,35 EUR an, der Großhändler Kunz 8,500 kg zu 60,35 EUR bei 3 % Skonto.
   a) Welches Angebot ist preiswerter und um wie viel %?
   b) Wie teuer wäre ein Kotelett von 180 g bei Lehmann bzw. bei Kunz?

9. Das Feinwaschmittel *Soft* kostet im 9,25-kg-Behälter 23,25 EUR, das Konkurrenzmittel *Wolli* wird im 4,5-kg-Behälter für 14,50 EUR angeboten.
   a) Welches Mittel ist billiger?
   b) Welches Mittel ist preiswerter, wenn man bedenkt, dass man für 4 kg Wäsche von Wolli 220 g, von *Soft* 260 g benötigt?

10. Die Großkellerei Baden bietet zum Jahreswechsel an:
    1. 1 Halbstück 608 l für 1.793,60 EUR
    2. 1 Halbstück Traminer 604 l für 2.053,60 EUR
    3. 1 Halbstück *Trollinger* 498 l für 1.494,00 EUR
    a) Welcher Wein ist der preiswerteste?
    b) Wie teuer ist jeweils eine 0,75-Liter-Flasche (nur volle Flaschen berücksichtigen)?

11. Vier Lagen mit je 6,250 Pfifferlingen werden zum Sonderpreis von 24,00 EUR je kg angeboten. Man muss mit 28 % Putzverlust rechnen, kann aber die Hälfte der Abschnitte zum „Ziehen eines Fonds" nutzen. Der Koch rechnet sich 1,50 EUR pro kg verwertbarer Abschnitte an.
    a) Was kostet 1 kg voll verwertbarer Pfifferlinge?
    b) Welche prozentuale Ersparnis hat der Koch, wenn 1 kg A-Ware 36,00 EUR kostet?

12. Bratfertiges Kalbsfilet kostet je kg 27,20 EUR.
    Schlachtfertiger Kalbsrücken „wie gewachsen" kostet je kg 16,80 EUR, es wird 7 Tage gelagert, hat täglich 1,2 % Abhängeverlust und wird dann ausgelöst bei 18 % Verlust.
    Errechnen Sie diesen Preis je kg. Wie viel EUR beträgt der Preisunterschied?

13. Eine Flasche Malteser wird für 9,45 EUR eingekauft, sie bringt 32 Glas je 1,90 EUR. Eine Flasche eines „No-name"-Produktes wird zum Einkaufspreis von 6,80 EUR gekauft, sie bringt 33 Glas je 1,10 EUR.
    a) Errechnen Sie die Verkaufserlöse.
    b) Welche Sorte bringt dem Wirt prozentual mehr Gewinn?

14. Das Reinigen der Hotelzimmer will eine Firma zum Pauschalpreis von 54.600,00 EUR im Jahr übernehmen.
    a) Welche Kosten entstehen dem Hotel, wenn eigenes Personal monatlich 3.420,50 EUR kostet und Lohnnebenkosten von 62 % entstehen?
    b) Welche Möglichkeit ist günstiger für das Hotel?

15. Eine Werbeagentur bietet dem Haus alternativ folgende Programme:
    a) Jahreskosten für die gesamte Aktion in der Presse 12.620,00 EUR, 4 Sonderveranstaltungen je 630,00 EUR.
    b) Monatliche Spesen von 860,00 EUR, 22 % Zuschlag für jeweils 4 Sonderveranstaltungen im Jahr und 1.400,00 EUR für Präsente.
    Errechnen Sie die jeweiligen Jahreskosten.

16. Ein Hotel im Teutoburger Wald rechnet mit 60 % Belegung an 320 Tagen, der Preis für die 28 Betten beträgt im Durchschnitt 35,00 EUR. Ein Reiseunternehmen ist bereit, 160.000,00 EUR für die Belegung im Jahr pauschal zu zahlen.
    a) Welche Einnahme erzielt das Haus bei Einzelvermietung?
    b) Um wie viel % ist die größere Einnahme höher?

8.5 Aufgabensatz mit Punktevorschlägen

8 Pkt. **1.** Nach Abzug von 15 % Rabatt und 3 % Skonto kostet ein Fernsehgerät 927,43 EUR. Berechnen Sie den Listenpreis.

10 Pkt. **2.** Für Geschirr beträgt der Listenpreis 7.240,00 EUR. Der Lieferer gewährt 8 % Rabatt und 2 % Skonto. Die Umsatzsteuer beträgt 19 %.
Wie viel EUR sind zu überweisen?

5 Pkt. **3.** Das Bruttogewicht einer Lieferung beträgt 380 kg. Die Tara beträgt 12 %. Berechnen Sie das Nettogewicht.

6 Pkt. **4.** Das Nettogewicht einer Lieferung beträgt 637,5 kg. Die Tara beträgt 15 %. Berechnen Sie das Bruttogewicht.

6 Pkt. **5.** Ein kg Kaviar kostet brutto für netto 940,00 EUR. Das Gewicht der Dose beträgt 8 %. Wie viel EUR kosten 40 g Kaviar netto?

6 Pkt. **6.** Ein Restaurant bezieht sechs 5-kg-Dosen Pfirsiche mit hohem Saftanteil. Je kg für 2,10 EUR. Der Saftanteil einer Dose beträgt 0,42 kg. Berechnen Sie den Nettoeinkaufspreis je kg Frucht.

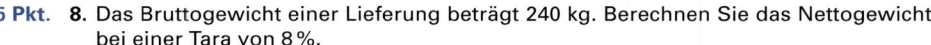

6 Pkt. **7.** Fleischer Roth bietet 8,5 kg Schweineschnitzel zu 54,40 EUR an. Großhändler Schwarz 12,5 kg zu 76,25 EUR bei 3 % Skonto.
Welches Angebot ist preiswerter, um wie viel EUR je kg?

5 Pkt. **8.** Das Bruttogewicht einer Lieferung beträgt 240 kg. Berechnen Sie das Nettogewicht bei einer Tara von 8 %.

6 Pkt. **9.** Das Nettogewicht einer Sendung beträgt 473 kg. Die Tara beträgt 14 %. Berechnen Sie das Bruttogewicht.

10 Pkt. **10.** Der Listenpreis für Tafelgeschirr beträgt 3.840,00 EUR. Der Händler gewährt 9 % Rabatt und 3 % Skonto. Die Umsatzsteuer beträgt 19 %.
Wie viel EUR sind zu überweisen?

8 Pkt. **11.** Nach Abzug von 15 % Rabatt und 2 % Skonto kostet eine Küchenmaschine 1.999,20 EUR. Berechnen Sie den Listenpreis.

6 Pkt. **12.** Ein Restaurant bezieht 18 5-kg-Dosen Aprikosen, je kg 2,80 EUR. Der Saftanteil einer Dose beträgt 0,380 kg.
Berechnen Sie den Nettofruchtpreis für 1 kg Frucht.

6 Pkt. **13.** Von der Küste kommen 140 kg Seelachsfilet in Eis verpackt an. 1 kg kostet 12,80 EUR. Der Parierverlust beträgt 18 %.
Wie viel EUR kostet 1 kg Seelachsfilet bratfertig?

6 Pkt. **14.** 0,150 kg Kaviar kosten brutto für netto 147 EUR. Das Gewicht der Dose beträgt 8 %. Wie viel EUR kosten 40 g Kaviar netto?

6 Pkt. **15.** Händler Krause bietet 32 kg Birnen zu 54,60 EUR an. Großhändler Müller bietet 56 kg Birnen zu 91,00 EUR an bei 3 % Skonto.
Welches Angebot ist preiswerter, um wie viel EUR je kg?

100 Pkt.

9 Berechnungen zur Kalkulation

9.1 Vorbemerkungen

Die Kalkulation dient der Ermittlung marktgerechter Preise, die im Gastgewerbe als Angebot an den Gast in den Speisen- oder Getränkekarten ausgewiesen werden. Darum müssen sie vom Wirt im Voraus berechnet werden und dem Rahmen des Hauses angepasst sein.
Entscheidend ist die Erfassung der verschiedenen Kosten.

	Speisen	Getränke

a) Materialkosten

Materialkosten ergeben sich aus den Einkaufspreisen für die Rohstoffe und Zutaten. Manche Materialien sind starken Preisschwankungen unterworfen, z.B. Spargel, Obst und Fisch → man ermittelt *Durchschnittspreise*. Andere Rohstoffe sind preisstabil, wie z.B. Zucker, Mehl, Eier → *Festpreise*.

Speisen: Materialkosten
Getränke: Einkaufspreis

\+ \+

b) Küchenkosten

In der Küche werden die Rohstoffe zu Speisen verarbeitet. Die Kosten entstehen durch Löhne, Strom, Gas, Heizung u.a. Sie werden der Buchführung entnommen und prozentual auf die Materialkosten aufgeschlagen.

Hohe Materialkosten bei kurzer Arbeitszeit → niedriger
(Rehrücken, Rinderfilet) Prozentsatz
Geringe Materialkosten bei langer Arbeitszeit → hoher
(Salat, Obst, Nierchen) Prozentsatz

Küchenkosten

\+ \+

c) Gemeinkosten

Gemeinkosten ergeben sich aus dem Betriebsablauf und der Art des Betriebes und werden prozentual auf die Abteilungen umgelegt. Man unterscheidet:
1. *Kapitalkosten*, z.B. aus Darlehen und Hypotheken
2. *Betriebskosten*, z.B. Miete, Pacht, Telefon, Energie
3. *Fremdkosten*, z.B. Steuern und Gebühren
4. *Personalkosten*, z.B. Buchhaltung, Reinigung
Diese Kosten werden der Buchführung entnommen.

Gemeinkosten   Gemeinkosten

Man kann dem Wirt nicht zumuten, ohne Lohn zu arbeiten, darum:

\+ \+

d) Gewinn

Entschädigung des Wirtes für sein Risiko, seine Investition und seine Mitarbeit

Gewinn   Gewinn

\+ \+

144

e) Bedienungsgeld

Für die Tätigkeit im Service erhält das Personal 11–15 % des bisherigen Preises.

+   Bedie-
nungs-
geld

+   Bedie-
nungs-
geld

f) Umsatzsteuer (USt.)

Auf alle Waren und Dienstleistungen im Rahmen des Hotels oder Restaurants werden 19 % Umsatzsteuer erhoben.

+   USt.

+   USt.

g) Inklusivpreis

Die Summe der Einzelposten a) – f) ergibt den Inklusivpreis der Speisen und Getränke, wie ihn die Karte ausweist.

Inklusiv-
preis

Inklusiv-
preis

In der Praxis errechnet man die Preise in einem Schema, das Sie kennen müssen.

Schema		Beispiel	
Materialkosten		1 kg Wurst	6,60 EUR
		2 kg Brot	2,40 EUR
+ Materialkosten . . . . 100 %			9,00 EUR
Küchenkosten . . . . 40 %			+ 3,60 EUR
= Küchenpreis . . . . 140 %			12,60 EUR
+ Küchenpreis . . . . 100 %			12,60 EUR
Gemeinkosten. . . . . 25 %			+ 3,15 EUR
= Selbstkosten . . . . 125 %			15,75 EUR
+ Selbstkosten . . . . 100 %			15,75 EUR
Gewinn . . . . 20 %			+ 3,15 EUR
= vorläuf. Verkaufspreis. . . . . 120 %			18,90 EUR
+ vorläuf. Verkaufspreis. . . . . 100 %			18,90 EUR
Bedienungsgeld . . . . 15 %			+ 2,84 EUR
= Nettoverkaufspreis . . . . . . 115 %			21,74 EUR
+ Nettoverkaufspreis . . . . . . 100 %			21,74 EUR
Umsatzsteuer . . . . 19 %			+ 4,13 EUR
= **Inklusivpreis** . . . . **119 %**			**25,87 EUR**

Für die Berechnung der Aufschläge ist die vorausgehende Summe stets 100 %.

9.2 Berechnen der Aufschläge

Übungsaufgaben

Errechnen Sie die Küchenkosten in % vom Material:

1.

	Betrieb A	Betrieb B
Materialverbrauch	25.200,00 EUR	38.360,80 EUR
Küchengesamtkosten	8.450,00 EUR	12.210,40 EUR

2.

	Kl. Familienbetrieb	Luxushotel
Materialverbrauch	72.350,00 EUR	385.420,50 EUR
Löhne	15.800,00 EUR	62.450,00 EUR
sonst. Küchenkosten	12.000,00 EUR	46.315,50 EUR

3. Errechnen Sie die Gemeinkosten von den Küchenkosten:

	Ratskeller	Restaurant *Löwenbräu*
Küchenkosten	85.320,00 EUR	175.450,80 EUR
anteilige Gemeinkosten	32.400,00 EUR	56.310,20 EUR

4. Errechnen Sie Küchenkosten und Gemeinkosten:

	Hotel *Bergischer Löwe*	Hotel *Savoy*
Materialkosten	30.400,00 EUR	128.750,00 EUR
Löhne des Küchenpersonals	9.860,00 EUR	41.820,30 EUR
sonstige Küchenkosten	2.640,00 EUR	16.405,00 EUR
anteilige Gemeinkosten	20.540,00 EUR	80.231,20 EUR

5. Mit welchen Aufschlägen in Prozent müssen Küchenkosten und Gemeinkosten kalkuliert werden? Der Buchführung (Betriebsabrechnungsbogen) werden folgende Zahlen entnommen:

	A	B	C	D	E
Materialkosten	124.500,00 EUR	86.700,00 EUR	245.700,00 EUR	156.650,00 EUR	77.400,00 EUR
Küchenkosten	52.300,00 EUR	35.200,00 EUR	82.300,00 EUR	52.350,00 EUR	32.800,00 EUR
Gemeinkosten	89.000,00 EUR	62.800,00 EUR	170.700,00 EUR	125.200,00 EUR	65.200,00 EUR

6. Mit welchen Aufschlägen in Prozent müssen Küchenkosten, Gemeinkosten und Gewinn kalkuliert werden?
Der Betriebsabrechnungsbogen liefert folgende Werte:

	A	B	C	D	E
Materialkosten	85.700,00 EUR	134.500,00 EUR	256.000,00 EUR	62.300,00 EUR	95.800,00 EUR
Küchenkosten	31.000,00 EUR	52.000,00 EUR	93.500,00 EUR	24.700,00 EUR	36.400,00 EUR
Gemeinkosten	64.000,00 EUR	88.700,00 EUR	178.700,00 EUR	48.500,00 EUR	75.900,00 EUR
Gewinn	15.900,00 EUR	62.800,00 EUR	96.300,00 EUR	30.400,00 EUR	24.700,00 EUR

7. Berechnen Sie die Aufschläge in Prozent, mit denen Betriebskosten und Gewinn kalkuliert werden müssen. Der Betriebsabrechnungsbogen weist folgende Werte auf:

	A	B	C	D	E
Materialkosten	58.750,00 EUR	145.600,00 EUR	182.600,00 EUR	234.500,00 EUR	113.820,00 EUR
Betriebskosten	76.300,00 EUR	170.300,00 EUR	224.000,00 EUR	288.300,00 EUR	124.600,00 EUR
Gewinn	16.550,00 EUR	31.250,00 EUR	36.200,00 EUR	48.200,00 EUR	19.700,00 EUR

8. Für den Vormonat ermittelt eine Gastwirtschaft aus der Buchführung 28.950,00 EUR Materialkosten und 42.750,00 EUR Betriebskosten. Welchen Prozentsatz für Betriebskosten wird der Inhaber dem Küchenchef vorgeben?

9. Herr Franke hat ein Restaurant übernommen. Die Werte des letzten Jahres sind ihm aus der Buchführung bekannt. Sie lauten: Materialkosten 326.500,00 EUR, Betriebskosten 412.800,00 EUR, Gewinn 102.600,00 EUR.
a) Wie viel Prozent Betriebskosten hatte der Vorgänger zu berücksichtigen?
b) Wie viel Prozent Gewinn wurden erzielt?

10. Das Restaurant „Zur Post" hatte im Juli des Vorjahres 68.750,00 EUR Selbstkosten und 13.700,00 EUR Gewinn. Im Juli dieses Jahres wurden folgende Werte ermittelt: 75.300,00 EUR Selbstkosten und 14.850,00 EUR Gewinn. Wie viel Prozent Gewinn wurden jeweils erwirtschaftet?

9.3 Kalkulationsschemata

Man unterscheidet:

Aufgebaute Kalkulation	Kalkulation mit einem bestimmten Bruttoaufschlag	Kalkulation mit einem Kalkulationsfaktor
Die jeweiligen Aufschläge werden in Prozentsätzen auf den bisherigen Preis bezogen: Materialkosten + Küchenkosten = Küchenpreis + Gemeinkosten = Selbstkosten + Gewinn = vorläufiger Verkaufspreis + Bedienungsgeld = Nettoverkaufspreis + Umsatzsteuer = Inklusivpreis	Auf die Materialkosten kommt ein Bruttoaufschlag in Prozent. Der Prozentsatz ergibt sich aus der Rückrechnung: Inklusivpreis – Materialkosten = Bruttoaufschlag in EUR $\dfrac{100 \cdot \text{Bruttoaufschlag}}{\text{Materialkosten}}$ = Bruttoaufschlag in % Materialkosten + Bruttoaufschlag = Inklusivpreis	Der Inklusivpreis wird durch die Materialkosten geteilt. Der Kalkulationsfaktor gibt an, um wievielmal der Inklusivpreis höher ist als die Materialkosten: $\dfrac{\text{Inklusivpreis}}{\text{Materialkosten}}$ Kalkulationsfaktor Materialkosten · Faktor = Inklusivpreis

Materialkosten
+ Betriebskosten
= Selbstkosten
+ Gewinn
= vorläufiger Verkaufspreis
+ Bedienungsgeld
= Nettoverkaufspreis
+ Umsatzsteuer
= Inklusivpreis

10 Kalkulieren mit Bruttoaufschlag

1. Errechnen Sie den Inklusivpreis:
   a) Materialkosten 2,50 EUR, Bruttoaufschlag 115 %
   b) Materialkosten 4,80 EUR, Bruttoaufschlag 165 %

2. Ermitteln Sie den Inklusivpreis pro Gedeck:
   a) Materialkosten für 14 Essen 64,60 EUR, Bruttoaufschlag 145 %
   b) Materialkosten für 18 Essen 78,20 EUR, Bruttoaufschlag 168 %

3. Ermitteln Sie den Bruttoaufschlag:
   a) Inklusivpreis 25,00 EUR, Materialkosten 7,80 EUR
   b) Inklusivpreis 28,50 EUR, Materialkosten 11,85 EUR

4. Ermitteln Sie die Materialkosten:
   a) Inklusivpreis 11,00 EUR, Bruttoaufschlag 125 %
   b) Inklusivpreis 18,50 EUR, Bruttoaufschlag 145 %

5. Errechnen Sie, welchen Materialeinsatz man planen darf:
   a) Inklusivpreis 24,00 EUR, Bruttoaufschlag 148,5 %
   b) Inklusivpreis 32,60 EUR, Bruttoaufschlag 162,4 %

6. Ermitteln Sie die fehlenden Werte.

	Materialkosten	Bruttoaufschlag	Inklusivpreis
a)	8,00 EUR	118 %	?
b)	14,50 EUR	?	32,00 EUR
c)	?	162 %	34,50 EUR

7. Der Küchenchef eines Restaurants hat für ein Menü 7,80 EUR Materialkosten ermittelt. Man rechnet mit einem Bruttoaufschlag von 240 %. Wie viel EUR beträgt der Inklusivpreis?

8. Der Einkaufspreis für eine Flasche Gin beträgt 12,00 EUR. Es werden 28 Gläser ausgeschenkt. Man rechnet bei Branntwein mit einem Bruttoaufschlag von 350 %. Wie viel EUR beträgt der Inklusivpreis für 1 Glas Gin?

9. Die Materialkosten für ein Hochzeitsessen (26 Personen) betragen insgesamt 208,00 EUR. Der Betriebsinhaber rechnet mit einem Bruttoaufschlag von 290 %.
   a) Wie viel EUR hat der Gastgeber für das Essen (trockenes Gedeck) zu bezahlen?
   b) Wie viel EUR kostet 1 Menü?

10. Eine Flasche Wein kostet im Einkauf 4,20 EUR. Der Wirt rechnet mit einem Aufschlag von 270 %. Wie viel EUR beträgt der Inklusivpreis?

Die Summe der Prozentsätze aller Aufschläge ist nie gleich dem Bruttoaufschlag in %.

11 Kalkulieren von Speisen mit der aufgebauten Kalkulation

11.1 Kalkulieren von Einzelportionen

Übungsaufgaben

1. Für 1 Portion *Sülze* mit Sc. Remoulade und Bratkartoffeln werden benötigt:

180 g	Sülze............	je kg	5,60 EUR	300 g	Kartoffeln........	je kg	0,60 EUR
140 g	Sc. Remoulade	je kg	3,30 EUR	30 g	Bratfett..........	je kg	1,80 EUR
					Gewürze	für	0,50 EUR

   a) Berechnen Sie die Materialkosten.
   b) Berechnen Sie in einer aufgebauten Kalkulation den Inklusivpreis bei:
      65 % Küchenkosten auf die Materialkosten,
      55 % Gemeinkosten auf den Küchenpreis,
      22 % Risiko und Gewinn auf die Selbstkosten,
      12 % Bedienungsgeld auf den vorläufigen Verkaufspreis,
      19 % Umsatzsteuer auf den Nettoverkaufspreis.
   c) Berechnen Sie den Bruttoaufschlag in EUR und %.

2. Für eine Portion *Seezunge „Müllerin Art"* sind erforderlich:

250 g	Seezunge........	je kg	42,00 EUR	300 g	Kartoffeln........	je kg	0,60 EUR
40 g	Mehl.............	je kg	0,60 EUR		Petersilie und Zitrone für		0,40 EUR
				50 g	Butter...........	je kg	4,00 EUR

   a) Berechnen Sie die Materialkosten.
   b) Berechnen Sie in einer aufgebauten Kalkulation den Inklusivpreis mit den in Aufgabe 1. angegebenen Werten.
   c) Berechnen Sie den Bruttoaufschlag in EUR und %.

3. *Rehragout* mit Spätzle, Mischpilzen und Preiselbeeren für 1 Person:

220 g	Ragoutfleisch.....	je kg	5,00 EUR	$\frac{1}{5}$ Dose	Mischpilze ..	je Dose	2,20 EUR
15 g	Fett	je kg	1,80 EUR	120 g	Spätzle	je kg	2,10 EUR
10 g	Speck	je kg	2,10 EUR		Gewürze....	für	0,20 EUR
$\frac{1}{10}$ l	Rotwein	je l	2,40 EUR	$\frac{1}{10}$ Dose	Preiselbeeren	je Dose	1,70 EUR

   a) Berechnen Sie die Materialkosten.
   b) Berechnen Sie in einer aufgebauten Kalkulation den Inklusivpreis bei:
      54 % Küchenkosten auf die Materialkosten,
      52 % Gemeinkosten auf den Küchenpreis,
      20 % Risiko und Gewinn auf die Selbstkosten,
      15 % Bedienungsgeld auf den vorläufigen Verkaufspreis,
      19 % Umsatzsteuer auf den Nettoverkaufspreis.
   c) Berechnen Sie den Bruttoaufschlag in EUR und %.

4. Für 1 Portion *Wiener Rostbraten* mit Kopfsalat und Pommes frites werden benötigt:

180 g	Fleisch	je kg	12,80 EUR	$\frac{1}{3}$ Kopf	Salat..........	je St.	0,30 EUR
30 g	Fett..............	je kg	1,70 EUR		Gewürze.......	für	0,40 EUR
20 g	Butter...........	je kg	4,00 EUR		Pommes frites..	für	0,60 EUR
140 g	Zwiebeln	je kg	0,50 EUR				

   Rechnen Sie diese Aufgabe mit den Angaben der Aufgabe 3.

5. 1 Portion *Kalbsragout* in Rahmsauce mit Salzkartoffeln und Kopfsalat:

190 g	Ragoutfleisch.....			$\frac{1}{20}$ l	Saure Sahne ..	je l	1,90 EUR
	vom Kalb	je kg	8,00 EUR	300 g	Kartoffeln.....	je kg	0,60 EUR
20 g	Fett	je kg	1,70 EUR		Tomatenmark .	für	0,20 EUR
60 g	Zwiebeln.........	je kg	0,50 EUR	$\frac{1}{3}$ Kopf	Salat.........	je Kopf	0,30 EUR
15 g	Mehl	je kg	0,60 EUR		Gewürze......	für	0,40 EUR

a) Berechnen Sie die Materialkosten.

b) Berechnen Sie in einer aufgebauten Kalkulation den Inklusivpreis bei:
   125 % Betriebskosten auf die Materialkosten,
   22 % Risiko und Gewinn auf die Selbstkosten,
   12 % Bedienungsgeld auf den vorläufigen Verkaufspreis,
   19 % Umsatzsteuer auf den Nettoverkaufspreis.

c) Berechnen Sie den Bruttoaufschlag in EUR und %.

6. 1 Portion gespickter *Filetbraten* vom Rind mit Erbsen/Möhren und Röstkartoffeln:

160 g	pariertes			⅓ Dose	Erbsen und		
	Rinderfilet	je kg	23,00 EUR		Möhren	je Dose	1,02 EUR
15 g	Speck	je kg	1,90 EUR	15 g	Butter	je kg	4,00 EUR
25 g	Fett	je kg	1,70 EUR	300 g	Kartoffeln. . . .	je kg	0,60 EUR
					Gewürze.	für	0,50 EUR

Rechnen Sie diese Aufgabe mit den Angaben der Aufgabe 5.

7. Für ein Pfeffersteak Madagaskar mit grünem Salat und Lyoner Kartoffeln werden benötigt:

0,200 kg	Rinderfilet	je kg	22,00 EUR	0,050 l	Rotwein . . .	je l	2,60 EUR
0,015 kg	grüner Pfeffer	je kg	8,60 EUR	0,050 l	Demiglace .	je l	1,80 EUR
0,025 l	Öl	je l	2,00 EUR	0,030 l	Sahne	je l	2,40 EUR
0,025 kg	Butter.	je kg	4,00 EUR	0,250 kg	Kartoffeln . .	je kg	0,60 EUR
0,050 kg	Zwiebeln	je kg	0,80 EUR	¼ Kopf	Salat	je K.	0,40 EUR
				Salz Pfeffer Cognac, Kräuter für			0,50 EUR

a) Wie viel EUR betragen die Materialkosten?

b) Wie viel EUR beträgt der Inklusivpreis bei:
   150 % Betriebskosten auf die Materialkosten,
   22 % Risiko und Gewinn auf die Selbstkosten,
   15 % Bedienungsgeld auf den vorläufigen Verkaufspreis,
   19 % Umsatzsteuer auf den Nettoverkaufspreis.

c) Berechnen Sie den Bruttoaufschlag in EUR und %.

8. 1 Portion *Forelle „blau"* mit Kartoffeln, zerlassener Butter und Salat:

200 g	Forelle	je kg	8,50 EUR	¼ Kopf	Salat	je Kopf	0,40 EUR
50 g	Butter	je kg	4,00 EUR		Zitrone,		
300 g	Kartoffeln.	je kg	0,60 EUR		Gewürze	für	0,40 EUR

a) Wie viel EUR betragen die Materialkosten?

b) Wie viel EUR beträgt der Inklusivpreis bei:
   56 % Küchenkosten auf die Materialkosten,
   45 % Gemeinkosten auf den Küchenpreis,
   24 % Risiko und Gewinn auf die Selbstkosten,
   12 % Bedienungsgeld auf den vorläufigen Verkaufspreis,
   19 % Umsatzsteuer auf den Nettoverkaufspreis.

c) Berechnen Sie den Bruttoaufschlag in EUR und %.

9. Berechnen Sie das Gewicht und den Preis für 1 Portion *Rehkeule* mit Beilagen. 1 kg Rehkeule kostet im Einkauf 9,50 EUR. Für 1 Portion werden 200 g Frischfleisch gerechnet. Die Materialkosten der Beilagen betragen je Portion 1,30 EUR.

a) Wie viel g wiegt die tischfertige Portion, wenn für Knochen und Parüren 18 % vom Frischgewicht abgehen und der Bratverlust 19 % vom parierten Fleisch ausmacht?

b) Berechnen Sie in einer aufgebauten Kalkulation den Inklusivpreis bei:
   50 % Küchenkosten auf die Materialkosten,
   45 % Gemeinkosten auf den Küchenpreis,
   24 % Risiko und Gewinn auf die Selbstkosten,
   15 % Bedienungsgeld auf den vorläufigen Verkaufspreis,
   19 % Umsatzsteuer auf den Nettoverkaufspreis.

c) Berechnen Sie den Bruttoaufschlag in EUR und %.

10. Lösen Sie Aufgabe 9 mit folgenden Werten: 1 kg Rehkeule kostet im Einkauf 11,20 EUR. Für 1 Portion werden 220 g Frischfleisch gerechnet. Materialkosten der Beilagen: 1,30 EUR je Portion, Parierverlust 17 %, Bratverlust 21 %. Kalkulationswerte bleiben.

11. 1 kg *Kalbsschnitzel* kostet im Einkauf 10,00 EUR.

a) Wie viel EUR kostet ein Schnitzel von 180 g Rohgewicht?

b) Die Materialkosten der Beilagen betragen 65 % des Fleischwertes. Wie viel EUR beträgt der Gesamtmaterialpreis?

c) Wie viel EUR beträgt der Inklusivpreis bei:
   56 % Küchenkosten auf die Materialkosten,
   45 % Gemeinkosten auf den Küchenpreis,
   22 % Risiko und Gewinn auf die Selbstkosten,
   15 % Bedienungsgeld auf den vorläufigen Verkaufspreis,
   19 % Umsatzsteuer auf den Nettoverkaufspreis.

d) Berechnen Sie den Bruttoaufschlag in EUR und %.

11.2 Kalkulieren von Mehrfachportionen

1. *Szegediner Gulasch mit Kartoffelpüree für 20 Personen*:

4,400 kg	Schweinenacken	je kg	5,60 EUR	0,600 kg	Paprikaschoten	je kg		1,10 EUR
0,600 kg	Räucherspeck...	je kg	2,20 EUR	0,500 l	Weißwein.....	je l		1,80 EUR
0,500 kg	Zwiebeln.......	je kg	0,60 EUR	0,700 kg	Crème fraîche..	je kg	4,00 EUR
2,500 kg	Sauerkraut.....	je kg	1,30 EUR	0,600 kg	Fett..........	je kg	1,80 EUR
4,000 kg	Kartoffeln......	je kg	0,60 EUR		Zutaten, Gewürze für		4,50 EUR

a) Berechnen Sie in einer aufgebauten Kalkulation den Inklusivpreis bei:
   70 % Küchenkosten auf die Materialkosten,
   50 % Gemeinkosten auf den Küchenpreis,
   20 % Risiko und Gewinn auf die Selbstkosten,
   15 % Bedienungsgeld auf den vorläufigen Verkaufspreis,
   19 % Umsatzsteuer auf den Nettoverkaufspreis.

b) Berechnen Sie den Bruttoaufschlag in EUR und %.

2. Für 15 Portionen *Rehkeule* mit Rotkohl und Kartoffeln benötigen Sie:

3,750 kg	Rehkeule.......	je kg	10,60 EUR	3,250 kg	Rotkohl.......	je kg	0,30 EUR
0,150 kg	Speck.........	je kg	2,40 EUR	⅜ l	Rotwein.......	je l	1,92 EUR
0,450 kg	Schmalz.......	je kg	2,20 EUR	2,300 kg	Kartoffeln.....	je kg	0,60 EUR
¾ l	Saure Sahne.........	je l	2,40 EUR		Gewürze,		
3	Eier..........	je St.	0,25 EUR		Zwiebeln.....	für	2,20 EUR

a) Berechnen Sie die Materialkosten.

b) Berechnen Sie in einer aufgebauten Kalkulation den Inklusivpreis bei:
   65 % Küchenkosten auf die Materialkosten,
   55 % Gemeinkosten auf den Küchenpreis,
   24 % Risiko und Gewinn auf die Selbstkosten,
   15 % Bedienungsgeld auf den vorläufigen Verkaufspreis,
   19 % Umsatzsteuer auf den Nettoverkaufspreis.

c) Berechnen Sie den Bruttoaufschlag in EUR und %.

3. Die Materialkosten für 16 Portionen *Hasenrücken* betragen 52,00 EUR.

a) Berechnen Sie in einer aufgebauten Kalkulation den Inklusivpreis bei:
   65 % Küchenkosten auf die Materialkosten,
   45 % Gemeinkosten auf den Küchenpreis,
   22 % Risiko und Gewinn auf die Selbstkosten,
   15 % Bedienungsgeld auf den vorläufigen Verkaufspreis,
   19 % Umsatzsteuer auf den Nettoverkaufspreis.

b) Berechnen Sie den Bruttoaufschlag in EUR und %.

4. Die Materialkosten für ein kleines *Herrenessen* betragen 70,00 EUR.

    a) Berechnen Sie in einer aufgebauten Kalkulation den Inklusivpreis bei:
        135 % Betriebskosten auf die Materialkosten,
         23 % Risiko und Gewinn auf die Selbstkosten,
         12 % Bedienungsgeld auf den vorläufigen Verkaufspreis,
         19 % Umsatzsteuer auf den Nettoverkaufspreis.
    b) Berechnen Sie den Bruttoaufschlag in EUR und %.

5. Für eine Platte *Schweinemedaillons* mit Sahnemeerrettich werden folgende Rohstoffe benötigt:

1,850 kg	Schweine-....			0,250 kg	Meerrettich	je kg 2,10 EUR
	schnitzel	je kg	6,60 EUR	¾ l	Sahne..........	je l 2,40 EUR
0,250 kg	Fett	je kg	1,80 EUR	45 g	Aspikpulver.....	je kg 4,30 EUR
0,150 kg	Butter	je kg	4,00 EUR		Gewürze, Garnitur	für 2,20 EUR

    a) Berechnen Sie die Materialkosten.
    b) Berechnen Sie in einer aufgebauten Kalkulation den Inklusivpreis bei:
        55 % Küchenkosten auf die Materialkosten,
        48 % Gemeinkosten auf den Küchenpreis,
        22 % Risiko und Gewinn auf die Selbstkosten,
        15 % Bedienungsgeld auf den vorläufigen Verkaufspreis,
        19 % Umsatzsteuer auf den Nettoverkaufspreis.
    c) Berechnen Sie den Bruttoaufschlag in EUR und %.

6. Die Materialkosten für ein Essen betragen 140,00 EUR.

    a) Berechnen Sie den Inklusivpreis bei:
        145 % Betriebskosten auf die Materialkosten,
         22 % Risiko und Gewinn auf die Selbstkosten,
         12 % Bedienungsgeld auf den vorläufigen Verkaufspreis,
         19 % Umsatzsteuer auf den Nettoverkaufspreis.
    b) Berechnen Sie den Bruttoaufschlag in EUR und %.

7. Für ein Essen (35 Personen) *Rehrücken* mit glacierten Maronen, Rosenkohl, Champignons, gedünsteten Äpfeln und Pommes croquettes werden benötigt:

10,250 kg	Rehrücken	je kg	12,00 EUR	1,500 kg	Butter	je kg	4,00 EUR
1,500 kg	Speck	je kg	1,90 EUR	3,250 kg	Äpfel	je kg	1,00 EUR
0,550 kg	Fett	je kg	1,60 EUR	0,400 kg	Zucker......	je kg	0,90 EUR
4,250 kg	Maronen......	je kg	1,70 EUR	5,500 kg	Kartoffeln ...	je kg	0,60 EUR
5,100 kg	Rosenkohl	je kg	1,10 EUR	11	Eier	je St.	0,25 EUR
4½ Dosen	Champignons	je Ds.	1,50 EUR	1,100 kg	Paniermehl..	je kg	1,30 EUR
					Gewürze		2,60 EUR

    a) Berechnen Sie die Materialkosten.
    b) Berechnen Sie in einer aufgebauten Kalkulation den Inklusivpreis bei:
        65 % Küchenkosten auf die Materialkosten,
        55 % Gemeinkosten auf den Küchenpreis,
        22 % Risiko und Gewinn auf die Selbstkosten,
        15 % Bedienungsgeld auf den vorläufigen Verkaufspreis,
        19 % Umsatzsteuer auf den Nettoverkaufspreis.
    c) Berechnen Sie den Bruttoaufschlag in EUR und %.

8. Für 2 Platten *Rehrücken „Carmen"* werden benötigt:

6,500 kg	Rehrücken......	je kg 11,50 EUR	0,275 kg	Bratfett........	je kg	1,60 EUR
1,250 kg	Gänseleber	je kg 17,00 EUR	0,450 kg	Speck	je kg	1,90 EUR
3,000 kg	Orangen........	je kg 1,50 EUR	1 Fl.	Madeira	je Fl.	5,40 EUR
0,700 kg	Butter..........	je kg 4,00 EUR	125 g	Aspikpulver	je kg	4,40 EUR
0,800 kg	Johannisbeergelee	je kg 3,50 EUR		Gewürze, Garnitur	für	3,50 EUR

    a) Berechnen Sie die Materialkosten.

b) Berechnen Sie in einer aufgebauten Kalkulation den Inklusivpreis bei:
   60 % Küchenkosten auf die Materialkosten,
   50 % Gemeinkosten auf den Küchenpreis,
   22 % Risiko und Gewinn auf die Selbstkosten,
   15 % Bedienungsgeld auf den vorläufigen Verkaufspreis,
   19 % Umsatzsteuer auf den Nettoverkaufspreis.
c) Berechnen Sie den Bruttoaufschlag in EUR und %.

9. Für 60 Portionen *Pangasiusfilet* mit Salzkartoffeln und Salat werden benötigt:

9,000 kg	Pangasiusfilet ..	je kg	13,50 EUR	15 Köpfe	Salat......	je Kopf	0,30 EUR
⅝ l	Bratöl.........	je l	1,92 EUR	18 kg	Kartoffeln	je kg	0,60 EUR
0,650 kg	Butter.........	je kg	4,00 EUR	5	Eier (Garnitur).	je St.	0,25 EUR
8	Zitronen......	je St.	0,15 EUR		Öl, Essig, Gewürze für		2,40 EUR

Rechnen Sie diese Aufgabe mit den Werten der Aufgabe 8.

10. Zur Herstellung von 25 *Pastetchen mit Hühnerragout* werden benötigt:

25	Blätterteig-pastetchen.......	je St.	0,60 EUR	½ l	Milch.........	je l	0,74 EUR
3,70 kg	Huhn...........	je kg	3,00 EUR	⅕ l	Wein..........	je l	1,80 EUR
1 Ds.	Champignons	je Ds.	2,70 EUR	¼ l	Sahne........	je l	2,40 EUR
0,20 kg	Mehl...........	je kg	0,60 EUR	4	Eigelb........	je St.	0,12 EUR
0,15 kg	Butter..........	je kg	4,00 EUR		Gewürze.......	für	1,50 EUR

a) Berechnen Sie die Materialkosten.
b) Berechnen Sie den Inklusivpreis bei:
   145 % Betriebskosten auf die Materialkosten,
   24 % Risiko und Gewinn auf die Selbstkosten,
   12 % Bedienungsgeld auf den vorläufigen Verkaufspreis,
   19 % Umsatzsteuer auf den Nettoverkaufspreis.
c) Berechnen Sie den Bruttoaufschlag in EUR und %.

11. 24 Portionen gedünsteter *Heilbutt* mit Kartoffeln und gemischtem Salat:

7,000 kg	Heilbutt........	je kg	12,00 EUR	1,300 kg	Champignons	je kg	4,40 EUR
3¼ l	Fischsauce....	je l	2,20 EUR	4,000 kg	Kartoffeln....	je kg	0,60 EUR
⅜ l	Weißwein......	je l	1,84 EUR	3	Gurken......	je St.	0,50 EUR
0,100 kg	Zwiebeln......	je kg	0,50 EUR	3,200 kg	Tomaten.....	je kg	1,20 EUR
1½	Zitronen.......	je St.	0,20 EUR	5 Kopf	Salat........	je Kopf	0,30 EUR
0,175 kg	Butter........	je kg	4,00 EUR	Gewürze	....		1,90 EUR

Rechnen Sie mit den Werten der Aufgabe 10.

12. Für 75 Portionen *Matjesfilets* werden benötigt:

9,800 kg	Matjesheringe...	je kg	7,80 EUR	3,200 kg	Tomaten....	je kg	1,20 EUR
4,5 l	Saure Sahne....	je l	1,90 EUR	7,500 kg	Toastbrot...	je kg	1,20 EUR
2,500 kg	Äpfel..........	je kg	1,00 EUR	1,500 kg	Butter......	je kg	4,00 EUR
1,500 kg	Zwiebeln......	je kg	0,50 EUR		Gewürze....	für	1,60 EUR
1,600 kg	Delikatessgurken	je kg	1,80 EUR				

a) Welchen Materialwert hat eine Portion?
b) Berechnen Sie den Inklusivpreis für eine Portion bei:
   58 % Küchenkosten auf die Materialkosten,
   50 % Gemeinkosten auf den Küchenpreis,
   24 % Risiko und Gewinn auf die Selbstkosten,
   12 % Bedienungsgeld auf den vorläufigen Verkaufspreis,
   19 % Umsatzsteuer auf den Nettoverkaufspreis.
c) Berechnen Sie den Bruttoaufschlag in EUR und %.

13. *Schweinelendchen*, ungarische Art, mit Butterreis für 25 Personen:

4,350 kg	Schweine-lendchen	je kg	8,80 EUR	1,600 kg	Reis.	je kg	2,50 EUR
0,350 kg	Speck.	je kg	1,90 EUR	6,0 l	Brühe	je l	0,90 EUR
0,350 kg	Schmalz.	je kg	2,20 EUR	1,5 l	Saure Sahne .	je l	1,90 EUR
					Gewürze.	für	1,10 EUR

Rechnen Sie diese Aufgabe mit den Werten der Aufgabe 12.

14. Für 18 Portionen *Apfelbeignets* werden benötigt:

3,200 kg	Äpfel	je kg	1,20 EUR	1½ Fl.	Bier	je Fl.	0,60 EUR
1,150 kg	Mehl.	je kg	0,60 EUR		Öl.	für	0,60 EUR
1,150 kg	Zucker	je kg	0,90 EUR		Zimt.	für	0,30 EUR

a) Berechnen Sie die Materialkosten.

b) Berechnen Sie den Inklusivpreis. Für die Betriebskosten werden folgende Buchführungsergebnisse zu Grunde gelegt:
Materialaufwand 300.000,00 EUR,
Betriebskosten 450.000,00 EUR.
Ferner kommen auf die Selbstkosten 21 % Risiko und Gewinn, auf den vorläufigen Verkaufspreis 12 % Bedienungsgeld, auf den Nettoverkaufspreis 19 % Umsatzsteuer.

c) Berechnen Sie den Bruttoaufschlag in EUR und %.

15. Für eine *Omelette aux confitures* werden benötigt:

3	Eier	je St.	0,25 EUR	30 g	Zucker	je kg	0,90 EUR
60 g	Konfitüre.	je kg	4,80 EUR	25 g	Butter.	je kg	4,00 EUR

a) Berechnen Sie die Materialkosten.

b) Berechnen Sie den Inklusivpreis. Für die Betriebskosten werden folgende Buchführungsergebnisse zugrunde gelegt:
Materialaufwand 350.000,00 EUR,
Betriebskosten 407.500,00 EUR.
Ferner kommen 24 % Risiko und Gewinn auf die Selbstkosten, 12 % Bedienungsgeld auf den vorläufigen Verkaufspreis, 19 % Umsatzsteuer auf den Nettoverkaufspreis.

c) Berechnen Sie den Bruttoaufschlag in EUR und %.

16. Für 30 Personen werden „*Suzette*"-Pfannkuchen hergestellt. Dazu werden benötigt:

0,550 kg	Mehl.	je kg	0,60 EUR	½ Fl.	Weinbrand.	je Fl.	8,00 EUR
2½ Ds.	Milch	je Ds.	0,60 EUR	½ Fl.	Maraschino	je Fl.	8,60 EUR
13	Eier.	je St.	0,25 EUR	16	Orangen.	je St.	0,20 EUR
1,000 kg	Nüsse.	je kg	3,20 EUR	4	Zitronen.	je St.	0,20 EUR
0,550 kg	Butter.	je kg	4,00 EUR				

Rechnen Sie diese Aufgabe mit den Werten der Aufgabe 17.

17. Für 20 Portionen *Fürst-Pückler-Eis* werden verarbeitet:

2	l	Sahne.	je l	2,40 EUR	0,2 kg	Erdbeermark . .	je kg	2,50 EUR
0,320	kg	Zucker	je kg	0,90 EUR	0,3 kg	Schokolade. . . .	je kg	4,50 EUR
0,15	l	Maraschino	0,7 l	9,00 EUR	0,4 kg	Makronen.	je kg	2,80 EUR

a) Berechnen Sie die Materialkosten.

b) Berechnen Sie den Inklusivpreis bei:
140 % Betriebskosten auf die Materialkosten,
24 % Risiko und Gewinn auf die Selbstkosten,
15 % Bedienungsgeld auf den vorläufigen Verkaufspreis,
19 % Umsatzsteuer auf den Nettoverkaufspreis.

c) Berechnen Sie den Bruttoaufschlag in EUR und %.

11.3 Kalkulieren von Menüs

Übungsaufgaben

1. *Menü für 25 Personen*

Tomatensuppe mit Einlage von Schinken
Pikante Fleischsauce, Butternudeln
Vanilleeis mit Apfelscheiben

Suppe:

0,250 kg	Schinken	je kg	7,00 EUR	2	l	Fleischbrühe	je l	0,90 EUR
0,200 kg	Weizenmehl . . .	je kg	0,60 EUR	1,500	kg	Tomaten	je kg	1,20 EUR
0,250 kg	Zwiebeln	je kg	0,30 EUR			Gewürze	für	1,90 EUR

Hauptgang:

2,500 kg	Rinderhack-			0,075	kg	Stärkepuder .	je kg	1,80 EUR
	fleisch	je kg	4,00 EUR	2,000	kg	Nudeln	je kg	2,20 EUR
0,375 kg	Gulaschansatz . .	je kg	1,60 EUR	0,140	kg	Butter	je kg	4,00 EUR

Dessert:

2,500 kg	Äpfel	je kg	1,20 EUR		Zitronensaft	für	0,30 EUR
0,400 kg	Zucker	je kg	0,90 EUR	25	Bällchen Vanilleeis . .	je	0,40 EUR

a) Berechnen Sie die Gesamtmaterialkosten.
b) Berechnen Sie den Inklusivpreis bei:
    55 % Küchenkosten auf die Materialkosten,
    45 % Gemeinkosten auf den Küchenpreis,
    22 % Risiko und Gewinn auf die Selbstkosten,
    12 % Bedienungsgeld auf den vorläufigen Verkaufspreis,
    19 % Umsatzsteuer auf den Nettoverkaufspreis.
c) Berechnen Sie den Bruttoaufschlag in EUR und %.

2. *Menü für 30 Personen*

Spargelcremesuppe
Entenbraten mit brauner Butter, Rosenkohl, Salzkartoffeln
Apfelschnee mit Baiserstückchen bestreut

Suppe:

1 ½	St.	Sellerie	je St.	0,40 EUR
3	Stangen	Lauch	je Stange	0,30 EUR
0,750	kg	Zwiebeln.	je kg	0,30 EUR
1 ½	Dosen	Spargelabschnitte	je Dose	2,30 EUR
0,700	kg	Mehl	je kg	0,60 EUR
0,700	kg	Butter	je kg	4,00 EUR
9		Eigelb	je St.	0,12 EUR
0,750	l	Sahne	je l	2,40 EUR

Hauptgang:

9,000	kg	Ente, bratfertig	je kg	3,20 EUR
0,750	kg	Butter.	je kg	4,00 EUR
5,500	kg	Rosenkohl (Tiefkühlkost)	je kg	1,80 EUR
		Speck, Zwiebeln, Schmalz	für	1,50 EUR
13,5	kg	Kartoffeln	je kg	0,60 EUR
		Gewürze.	für	2,80 EUR

Dessert:

4,500 kg	Äpfel	je kg	1,00 EUR		Baiserstückchen	für	1,60 EUR

a) Berechnen Sie die Materialkosten.
b) Berechnen Sie den Inklusivpreis bei:
    65 % Küchenkosten auf die Materialkosten,
    48 % Gemeinkosten auf den Küchenpreis,
    22 % Risiko und Gewinn auf die Selbstkosten,
    15 % Bedienungsgeld auf den vorläufigen Verkaufspreis,
    19 % Umsatzsteuer auf den Nettoverkaufspreis.
c) Berechnen Sie den Inklusivpreis für 1 Portion.
d) Berechnen Sie den Bruttoaufschlag in EUR und %.

155

3. *Extra-Essen für 120 Personen*

Hühnersuppe mit Fleisch und Reis
Wildragout mit Salzkartoffeln und Rotkohl
Pflaumenkompott

Suppe:

4,750 kg Huhn .... je kg 3,00 EUR   Wurzelgemüse u. Gewürze . für 4,40 EUR
1,800 kg Patna-Reis ..... je kg 2,50 EUR

Hauptgang:

26,400	kg	Wildfleisch für Ragout................................ je kg	8,60 EUR
1,800	kg	Fett .... je kg	1,60 EUR
4,200	kg	Zwiebeln... je kg	0,50 EUR
1,800	kg	Mehl .... je kg	0,60 EUR
1,800	kg	Tomatenmark...................................... je kg	2,80 EUR
0,850	kg	Johannisbeergelee .... je kg	3,20 EUR
1,750	l	Rotwein.. je l	2,60 EUR
36,000	kg	Kartoffeln .... je kg	0,60 EUR
24,000	kg	Rotkohl .... je kg	0,40 EUR
3,250	kg	Äpfel .... je kg	1,00 EUR
1,500	kg	Butter .... je kg	4,00 EUR
		Gewürze .... für	3,20 EUR

Dessert:

24,000 kg Pflaumen..... je kg 1,60 EUR   2,850 kg Zucker .... je kg 0,90 EUR

a) Berechnen Sie die Gesamtmaterialkosten.
b) Berechnen Sie den Inklusivpreis je Portion, wenn ein Bruttoaufschlag von 295 % vorgenommen wird und nach Feststellung des genauen Preises auf volle 0,10 EUR aufgerundet wird.

4. Für ein *Hochzeitsessen* wird folgendes Menü gewünscht:

Hühnersuppe mit Fleisch und Reis, Käsegebäck
Heilbuttschnitte, geschlagene Butter, Kartoffeln
Rehrücken mit Pfifferlingen, Rahmsauce, Mandelbällchen, Preiselbeeren, gedünstete Apfelscheiben
Eisbombe mit Vanille-Makroneneis, Waffel
Erwartet werden 40 Gäste.

	Pro Person		Pro Person
Hühnersuppe	1,40 EUR	Käsegebäck..................	0,40 EUR
Fisch:			
Heilbuttschnitte (200 g)	2,80 EUR	Kartoffeln	0,40 EUR
Butter..................	0,30 EUR	Petersilie....................	0,10 EUR
Wild:			
Rehrücken (300 g)..........	6,00 EUR	Gedünstete Apfelscheiben	0,30 EUR
Pfifferlinge (100 g)	1,60 EUR	Rahmsauce..................	0,40 EUR
Mandelbällchen	1,60 EUR	Gewürze, Garnitur	1,50 EUR
Preiselbeeren	0,30 EUR		
Dessert:			
Eisbombe	1,60 EUR	Garnierung..................	0,60 EUR
Waffel	0,20 EUR		

a) Wie viel EUR betragen die Gesamtkosten?
b) Wie viel beträgt der Gedeckpreis bei folgenden Zuschlägen:

   65 % Küchenkosten auf die Materialkosten,
   55 % Gemeinkosten auf den Küchenpreis,
   22 % Risiko und Gewinn auf die Selbstkosten,
   15 % Bedienungsgeld auf den vorläufigen Verkaufspreis,
   19 % Umsatzsteuer auf den Nettoverkaufspreis.

c) Berechnen Sie den Bruttoaufschlag in EUR und %.

5. *Festmenü für 30 Personen*

Geflügelsalat, Toast und Butter
Klare Ochsenschwanzsuppe mit Madeira
Kalbsrückensteak mit frischen Champignons, Waffelkartoffeln,
gemischter Salat
Nougateis mit Schokoladenspänen, Sahne, Waffel.

Vorspeise:

10,700	kg	Huhn...	je kg	3,00 EUR
0,800	kg	Champignons....................................	je kg	4,20 EUR
2 ½	Dosen	Ananas..	je Dose	1,20 EUR
3	Dosen	Mandarinenfilets..............................	je Dose	1,50 EUR
2	Gläser	Kirschen...	je Glas	1,60 EUR
1 ½	l	Mayonnaise....................................	je l	2,40 EUR
2		Zitronen...	je St.	0,15 EUR
		Gewürze...	für	2,10 EUR

Suppe:

1,700	kg	Ochsenschwanz...............................	je kg	9,80 EUR
2,000	kg	Knochen...	je kg	1,10 EUR
0,400	kg	Klärfleisch......................................	je kg	4,20 EUR
2		Eiweiß...	je St.	0,12 EUR
0,150	kg	Karotten...	je kg	0,60 EUR
0,150	kg	Sellerie..	für	0,70 EUR
0,150	kg	Zwiebeln..	je kg	0,50 EUR
½	Fl.	Rotwein...	je Fl.	2,50 EUR
¼	Fl.	Madeira...	je Fl.	5,00 EUR
		Gewürze...	für	1,90 EUR

Hauptgang:

6,000	kg	Kalbsrückensteak.............................	je kg	14,00 EUR
3,200	kg	Champignons....................................	je kg	4,20 EUR
		Waffelkartoffeln..............................	je Port.	0,90 EUR
		gemischter Salat..............................	je Port.	1,80 EUR
		Gewürze...	für	1,40 EUR

Desserts:

		Nougateis.......................................	je Port.	1,60 EUR
		Schokoladenspäne...........................	je Port.	0,25 EUR
		Sahne...	je Port.	0,30 EUR
		Waffel..	je Port.	0,20 EUR

Zu berechnen sind:
a) die Gesamtmaterialkosten,
b) der Inklusivpreis bei:
      60 % Küchenkosten auf die Materialkosten,
      50 % Gemeinkosten auf den Küchenpreis,
      22 % Risiko und Gewinn auf die Selbstkosten,
      15 % Bedienungsgeld auf den vorläufigen Verkaufspreis,
      19 % Umsatzsteuer auf den Nettoverkaufspreis.
c) Berechnen Sie den Bruttoaufschlag in EUR und %.

6. *Menü für 10 Personen*

Gulaschsuppe, Weißbrot
Gebratene Hähnchen, Kräuterchampignons, Erbsen, Butterreis
Pralinencreme, Sahne, feines Gebäck

Suppe:

10 Tassen	Gulaschsuppe	...	je Tasse	1,00 EUR
10 Scheiben	Weißbrot	...	je Scheibe	0,10 EUR

Hauptgang:

2,900 kg	Hähnchen, bratfertig	...	je kg	2,60 EUR
0,600 kg	Champignons	...	je kg	4,20 EUR
0,600 kg	Reis	...	je kg	2,50 EUR
0,160 g	Butter	...	je kg	4,00 EUR
1,200 kg	Erbsen (Tiefkühlkost)	...	je kg	2,40 EUR
	Kräuter, Gewürze	...	für	1,90 EUR

Dessert:

Pralinencreme	...	je Portion	1,60 EUR
Sahne	...	je Portion	0,20 EUR
Gebäck	...	je Portion	0,30 EUR

Berechnen Sie:
a) den Gesamtmaterialpreis,
b) die Materialkosten für ein Gedeck,
c) den Inklusivpreis für ein Gedeck bei einem Bruttoaufschlag von 285 %.

---

7. *20 Personen* erhalten folgendes *Menü*:

Gebundene Ochsenschwanzsuppe
Cordon bleu, Erbsen und Karotten, Butterkartoffeln
Apfelbrei mit Sahnetupfen.

Suppe:

1,800 kg	Ochsenschwanz	je kg	9,80 EUR		Gewürze	....	für	0,80 EUR
1,800 kg	Kalbsknochen...	je kg	1,10 EUR	0,100 kg	Tomatenmark	je kg		2,80 EUR
0,150 kg	Sellerie	je kg	0,60 EUR	0,150 kg	Mehl	je kg		0,60 EUR
0,150 kg	Karotten	je kg	0,60 EUR	0,150 l	Rotwein	je l		2,40 EUR
0,150 kg	Zwiebeln	je kg	0,50 EUR	2,100 l	Grundbrühe	je l		1,80 EUR

Hauptgang:

3,200 kg	Kalbfleisch	je kg	14,00 EUR	0,300 kg	Fett	je kg		1,80 EUR
0,800 kg	Käse	je kg	5,80 EUR		Gemüse	je Port.		0,90 EUR
0,400 kg	Schinken	je kg	9,30 EUR	6,000 kg	Kartoffeln	je kg		0,60 EUR
0,200 kg	Mehl	je kg	0,60 EUR	0,850 kg	Butter	je kg		4,00 EUR
3	Eier	je St.	0,24 EUR		Gewürze	für		1,40 EUR
0,200 kg	Paniermehl	je kg	1,20 EUR					

Dessert:

2,000 kg	Äpfel	je kg	1,00 EUR		Sahne	je Port.	0,30 EUR

Berechnen Sie:
a) die Gesamtmaterialkosten,
b) die Materialkosten für 1 Gedeck,
c) den Inklusivpreis für 1 Gedeck bei einem Bruttoaufschlag von 285 %.

8. *Menü für 25 Personen*

Grünkernsuppe mit Gemüseeinlage
Schweinebraten in Rahmsauce, Kartoffelpüree, Brechbohnen
Johannisbeerspeise mit Sahne

Suppe:
25 Tassen Grünkernsuppe . . . . je Tasse   1,50 EUR

Hauptgang:

5,250	kg	Schweine-braten	je kg	5,20 EUR	0,400	kg	Fett	je kg	1,60 EUR
					5	kg	Kartoffeln	je kg	0,60 EUR
2,750	kg	Knochen	je kg	1,10 EUR	3,500	kg	Brechbohnen.	je kg	1,30 EUR
1,500	kg	Würzgemüse. . .	je kg	0,90 EUR	0,350	kg	Zwiebeln	je kg	0,40 EUR
0,140	kg	Tomatenmark . .	je kg	2,60 EUR	0,250	kg	Schmalz	je kg	1,80 EUR
0,300	kg	Mehl.	je kg	0,60 EUR			Gewürze.	für	1,60 EUR
½	l	Büchsensahne. .	je l	1,60 EUR					

Dessert:

2,500	kg	rote Johannis-beeren	je kg	1,00 EUR	75	g	Gelatinepulver	je kg	4,40 EUR
1,300	kg	Zucker	je kg	0,90 EUR	0,5	l	Sahne	je l	2,40 EUR

a) Wie viel EUR betragen die Gesamtmaterialkosten?
b) Wie viel EUR beträgt der Inklusivpreis bei:
65 % Küchenkosten auf die Materialkosten,
56 % Gemeinkosten auf den Küchenpreis,
22 % Risiko und Gewinn auf die Selbstkosten,
12 % Bedienungsgeld auf den vorläufigen Verkaufspreis,
19 % Umsatzsteuer auf den Nettoverkaufspreis.
c) Berechnen Sie den Bruttoaufschlag in EUR und %.

9. Eine *Damengesellschaft von 42 Personen* wünscht folgendes *Menü:*

Scampi, Toast und Butter
Kalbssteak mit gehackten Champignons und Sauce hollandaise überbacken, Zuckererbsen, Kartoffeln
Pistazieneis mit Pralinen, Sahne, Löffelbiskuits

Vorspeise:	pro Person		pro Person
Scampi	1,60 EUR	Garnitur	0,30 EUR
Cocktailsauce	0,30 EUR	Toast, Butter.	0,40 EUR
Hauptgang:			
Kalbssteak (150 g)	1,70 EUR	Kartoffeln	0,30 EUR
Champignons	0,50 EUR	Erbsen.	0,40 EUR
Sauce hollandaise	0,40 EUR		
Dessert:			
Pistazieneis	1,50 EUR	Sahne	0,20 EUR
Pralinen.	0,40 EUR	Löffelbiskuits	0,20 EUR

a) Wie viel EUR betragen die Materialkosten für 42 Portionen?
b) Wie viel EUR beträgt der Inklusivpreis für 1 Portion bei:
65 % Küchenkosten auf die Materialkosten,
50 % Gemeinkosten auf den Küchenpreis,
22 % Risiko und Gewinn auf die Selbstkosten,
15 % Bedienungsgeld auf den vorläufigen Verkaufspreis,
19 % Umsatzsteuer auf den Nettoverkaufspreis.
c) Berechnen Sie den Bruttoaufschlag in EUR und %.

10. *Extra-Essen für 18 Herren*

Holsteiner Katenschinken, Schwarzbrot, Tomaten
Seezunge „Müllerin", Gurkensalat, Butterkartoffeln
Käse mit Butter und Brot oder Früchte

Vorspeise:

2,900 kg Katenschinken.. je kg 14,80 EUR 1,800 kg Schwarzbrot . je kg 1,30 EUR
0,900 kg Butter......... je kg 4,00 EUR 1,500 kg Tomaten..... je kg 1,50 EUR

Hauptgang:

7,200 kg Seezunge...... je kg 42,00 EUR 0,560 kg Butter....... je kg 4,00 EUR
Gurkensalat............. je P. 0,70 EUR Gewürze..... für 1,80 EUR
5,500 kg Kartoffeln...... je kg 0,60 EUR

Dessert:

Käse mit Butter und Brot oder Früchte........................ je Portion 2,20 EUR

Zu berechnen sind:

a) die Gesamtmaterialkosten,
b) der Inklusivpreis bei einem Bruttoaufschlag von 285 %.

12 Kalkulieren mit dem Kalkulationsfaktor

Beispiele

a) Die Materialkosten für ein Gericht betragen 3,30 EUR. Es wird für 9,90 EUR verkauft. Mit welchem Kalkulationsfaktor wird in diesem Betrieb gerechnet?

9,90 EUR : 3,30 EUR = **3** Der Kalkulationsfaktor ist **3**.

b) Ein Betrieb rechnet mit dem Kalkulationsfaktor 3,5. Die Materialkosten für ein Menü betragen 4,50 EUR. Wie viel EUR beträgt der Inklusivpreis?

4,50 EUR · 3,5 = **15,75 EUR**

Übungsaufgaben

1. Die Materialkosten für ein Jubiläumsessen betragen je Portion 6,90 EUR. Der Wirt berechnet den Inklusivpreis mit dem Kalkulationsfaktor 3,2. Wie viel EUR beträgt der Inklusivpreis?

2. Die Materialkosten für ein Essen betragen 2,60 EUR. Es wird für 7,25 EUR verkauft. Mit welchem Kalkulationsfaktor wurde hier gerechnet?

3. Für ein Herrenessen betragen die Materialkosten 3,90 EUR. Der Hotelier rechnet mit 130 % Betriebskosten, 20 % Gewinn, 15 % Bedienungsgeld und 19 % Umsatzsteuer.
   a) Wie viel EUR beträgt der Inklusivpreis?
   b) Berechnen Sie den Bruttoaufschlag in EUR und %.
   c) Mit welchem Kalkulationsfaktor könnte gearbeitet werden?

4. Die Materialkosten für ein Rumpsteak mit Beilagen betragen 3,50 EUR.
   a) Ein einfaches Gasthaus arbeitet mit folgenden Werten: 80 % Betriebskosten, 21 % Gewinn, 12 % Bedienungsgeld und 19 % Umsatzsteuer.
   b) Ein gehobenes Restaurant setzt folgende Kalkulationsaufschläge ein: 130 % Betriebskosten, 25 % Gewinn, 15 % Bedienungsgeld und 19 % Umsatzsteuer.
   Berechnen Sie: (1) die jeweiligen Inklusivpreise, (2) die jeweiligen Bruttoaufschläge, (3) die jeweiligen Kalkulationsfaktoren.

5. Für eine Forelle „Müllerin" betragen die Materialkosten 3,00 EUR. Der Betrieb rechnet mit 38 % Küchenkosten, 45 % Gemeinkosten, 22 % Gewinn, 12 % Bedienungsgeld und 19 % Umsatzsteuer.
   Berechnen Sie: a) den Inklusivpreis, b) den Bruttoaufschlag in %, c) den Kalkulationsfaktor.

13 Kalkulieren von Getränken

13.1 Kalkulieren von Getränken des Restaurants

Bei der Preisberechnung der Getränke werden die allgemeinen Kosten zum Faktor Betriebskosten zusammengezogen. Die Prozentsätze entnehmen wir der Buchführung, wobei wir berücksichtigen, dass der Verkauf von Getränken einen Teil der relativ hohen Küchenkosten „auffangen" muss und besonders die alkoholfreien Erfrischungsgetränke angeboten werden sollten.

Übungsaufgaben

1. Ein Kasten *Cola* mit 20 Flaschen kostet 4,20 EUR, ein Kasten *Zitronenlimonade* mit 24 Flaschen 4,50 EUR im Einkauf. Errechnen Sie die Inklusivpreise pro Flasche bei 420 % Bruttoaufschlag.

2. Ein Auswechseltank *Cola* mit 4,8 l kostet 6,00 EUR. Wie viel kostet 1 Glas je 0,2 l bei 210 % Betriebskosten, 25 % Gewinn, 12 % Bedienungsgeld und 19 % Umsatzsteuer?

3. Was muss ein Kännchen *Kaffee* kosten, wenn wir in Rechnung stellen (Bruttoaufschlag: 990 %):

16 g Kaffeemehl . . . . je kg	11,20 EUR
30 g Zucker . . . . je kg	0,90 EUR
40 g Kaffeesahne . . . . je kg	2,20 EUR

4. Errechnen Sie den Inklusivpreis pro Portion, aufgerundet auf volle 10 ct, bei 120 % Betriebskosten, 20 % Gewinn, 15 % Bedienungsgeld und 19 % Umsatzsteuer.

   a) *Glühwein*

0,2	l	Rotwein *Kalterer See*	je 0,7 l	2,60 EUR
1		Scheibe Zitrone		0,08 EUR
20	g	Zucker	je kg	0,80 EUR
		Gewürze	für	0,10 EUR

   b) *Grog für 3 Personen*

0,3	l	Jamaika-Rum	je 0,7 l	13,00 EUR
30	g	Zucker	je kg	0,80 EUR

5. *Weinschorle*

0,1 l	Wein	je 0,7 l	2,80 EUR
0,1 l	Mineralwasser	je 0,2 l	0,40 EUR
	Zitronenscheibe		0,10 EUR

   Whisky-Soda

0,02 l	Whisky	je 0,7 l	11,80 EUR
0,20 l	Soda	für	0,60 EUR
	Eis	für	0,10 EUR

   Berechnen Sie die Materialkosten pro Portion.

6. *Kalte Ente*

0,70 l	Nahe-Wein	für	6,80 EUR
0,70 l	Mosel-Wein	für	6,60 EUR
0,75 l	Sekt	für	11,00 EUR
	Zitronenspirale	für	0,20 EUR

   Berechnen Sie die Materialkosten.

7. Ein Fass Bier wird für 108,00 EUR eingekauft, bei 5 % Zapfverlust erhält man 210 Glas je 0,2 l. Wie teuer wird ein Glas im Einkauf?

8. Errechnen Sie den Inklusivpreis für ein 0,2-l-Glas bei 165 % Betriebskosten, 20 % Gewinn, 15 % Bedienungsgeld und 19 % Umsatzsteuer.

a) Ein Fass *Pils* enthält 50,8 l, Zapfverlust 8 %, Preis 85,20 EUR.

b) Ein Fass *Urquell* enthält 48,4 l, Zapfverlust 6 %, Preis 92,80 EUR.

c) Ein Fass *Alt* enthält 64,2 l, Zapfverlust 2,8 %, Preis 65,00 EUR.

9. Ein Halbstück *Oppenheimer Krötenbrunnen* mit 608 l kostet 2.010,00 EUR. Beim Abfüllen entstehen 4,5 % Verlust.

a) Wie viele 0,75-l-Flaschen erhält man (abrunden auf volle Flaschen)?

b) Welcher Einstandspreis ergibt sich?

c) Wie teuer wird eine Flasche im Menü, wenn die Betriebskosten 220 %, der Gewinn 25 %, das Bedienungsgeld 12 % und die Umsatzsteuer 19 % betragen?

10. Ein Fuder *Zeller Schwarze Katz* mit 952 l Inhalt wird für 3.580,00 EUR ersteigert. Beim Abfüllen entsteht ein Verlust von 6 %. Kalkuliert wird mit 210 % Betriebskosten, 24 % Gewinn, 15 % Bedienungsgeld und 19 % Umsatzsteuer.

a) Wie viele Flaschen zu je 0,75 l erhält man?

b) Berechnen Sie den Inklusivpreis für 1 Flasche Wein.

11. Errechnen Sie den Inklusivpreis für ein 2-cl-Glas bei einem Bruttoaufschlag von 485 %.

Bommerlunder	0,70 l	7,25 EUR	Dry Gin	0,72 l	10,50 EUR
Genever	0,75 l	8,15 EUR	Irish Whiskey	0,75 l	18,20 EUR

12. Errechnen Sie den Inklusivpreis für ein 2-cl-Glas bei 150 % Betriebskosten, 25 % Gewinn, 15 % Bedienung, 19 % Umsatzsteuer:

Rémy Martin	0,7 l	22,00 EUR	Schwarzwälder		
Courvoisier	0,7 l	19,50 EUR	Kirschwasser	0,7 l	26,00 EUR
			Himbeergeist	0,7 l	25,00 EUR

13. Ermitteln Sie den Inklusivpreis für ein 2-cl-Glas bei 8 % Schankverlust und 100 % Betriebskosten, 22 % Gewinn, 15 % Bedienungsgeld, 19 % Umsatzsteuer:

Bols Apricot Brandy	je 0,5 l	9,40 EUR
Scharlachberg Meisterlikör	je 0,7 l	12,20 EUR
Cointreau	je 0,7 l	14,30 EUR

14. Errechnen Sie den Bruttoaufschlag, der bei den Getränken der Aufgabe 13 vorliegt.

15. *Feuerzangenbowle* für 15 Personen aus:

2 Fl. Rum	je Fl.	11,00 EUR	5 Fl. Beaujolais	je Fl.	7,00 EUR
2 Hutzucker	für	2,60 EUR	Gewürze und Zitrone	für	2,60 EUR

a) Berechnen Sie die Materialkosten.

b) Wie viel muss man insgesamt kassieren bei 180 % Betriebskosten, 22 % Gewinn, 15 % Bedienungsgeld und 19 % Umsatzsteuer?

c) Wie hoch ist die Rechnung für einen Gast?

13.2 Kalkulieren von Getränken der Bar

Für eine Preisberechnung typischer Bargetränke gelten besondere Richtlinien:

a) Die Betriebskosten sind durch den speziellen Aufwand hoch (Musik, Exklusivität, ggf. Nachtkonzession); je nach Betriebsart und Standort 140 %–250 %,

b) dem Barkeeper müssen höhere Ausschankverluste zugebilligt werden, denn er arbeitet unmittelbar vor kritischen Gästen.

Einige Abkürzungen und Mengenangaben, die in den Rezepturen häufig vorkommen:

D = Dash (Spritzer) = 1 g/ml	= 0,08 EUR	Shortdrink = kurzes Getränk = 5 cl
Z = Zitronenspirale	= 0,18 EUR	Longdrink = größeres Getränk = 10 cl
O = Olive	= 0,20 EUR	M = im Mischbecher zuzubereiten
K = Kirsche	= 0,22 EUR	Sch = im Schüttelbecher zuzubereiten

Rechentafel (Auszug aus der Preisliste)

Erzeugnis	Inhalt	Einkaufspreis	Erzeugnis	Inhalt	Einkaufspreis
Dry Gin . . . . 0,720 l		14,20 EUR	Sekt . . . . 0,75 l		12,60 EUR
Whisky . . . . 0,700 l		11,30 EUR	Sodawasser . . . . 0,20 l		1,50 EUR
Canadian . . . . 0,750 l		12,00 EUR	1 Ei		0,20 EUR
Cognac . . . . 0,700 l		12,80 EUR	1 Eigelb/Eiklar		0,20 EUR
Cointreau . . . . 0,700 l		8,60 EUR	Sahne	1 l	2,20 EUR
Campari . . . . 0,750 l		3,60 EUR	Orangensaft	1 l	9,00 EUR
Vermouth Dry . . . . . 0,750 l		5,40 EUR	Zitronensaft	1 l	16,00 EUR

In der Praxis rechnet man zur Vereinfachung: 1 ml = 1 g oder 1 l = 1.000 g

Übungsaufgaben

1. Berechnen Sie die Inklusivpreise für folgende Aperitifs bei einem Bruttoaufschlag von 420 %.

Dry Martini		*Manhattan*	
33 g	Dry Gin	33 g	Canadian
17 g	Vermouth	17 g	Vermouth
3 D	Bitter O Z M	2 D	Bitter K Z M

2. Errechnen Sie die Preise der beiden Cocktails in einer aufgebauten Kalkulation: Betriebskosten 220 %, Gewinn 25 %, Bedienungsgeld 15 %, Umsatzsteuer 19 %.

3. Errechnen Sie den Inklusivpreis für folgende Cocktails bei 385 % Bruttoaufschlag:

Arosa Cocktail		*Orange Cocktail*		*C. C. Cocktail*	
13 g	Orangensaft	25 g	Orangensaft	45 g	Canadian
13 g	Cointreau	25 g	Gin	5 g	Zucker (5 ct)
24 g	Whisky		Sch	2 D	Bitter
	K Z Sch				K Z Sch

4. Errechnen Sie die Inklusivpreise dieser drei Cocktails nach folgenden Angaben: 240 % Betriebskosten, 25 % Gewinn, 15 % Bedienungsgeld, 19 % Umsatzsteuer.

5. Ermitteln Sie die Inklusivpreise bei 410 % Bruttoaufschlag:

Brandy Sour		*Whisky Sour*	
35 g	Cognac	35 g	Canadian
15 g	Zitronensaft	15 g	Zitronensaft
	Zucker (5 ct)		Zucker (5 ct)
K	Scheibe Zitrone (5 ct)		Scheibe Zitrone (5 ct)
	Sch		Sch

6. Ermitteln Sie den Inklusivpreis der beiden Sours bei 220 % Betriebskosten, 20 % Gewinn, 12 % Bedienungsgeld, 19 % Umsatzsteuer.

7. Folgende Longdrinks werden mit Sodawasser auf 10 cl aufgefüllt:

Gin Fizz		*Golden Fizz*		*Cream-Fizz*	
25 g	Zitronensaft	25 g	Zitronensaft	17 g	Zitronensaft
25 g	Gin	25 g	Gin	17 g	Dry Gin
	Zucker (5 ct)		Zucker (5 ct)	17 g	Sahne
	Sodawasser	1	Eigelb (20 g)		Sodawasser
	Sch		Sodawasser		Sch
			Sch		

Errechnen Sie die Inklusivpreise, aufgerundet auf volle 10 ct. Der Bruttoaufschlag beträgt 420 %.

8. Ermitteln Sie die Inklusivpreise der Aufgabe 7 bei 240 % Betriebskosten, 25 % Gewinn, 15 % Bedienungsgeld, 19 % Umsatzsteuer.

9. Ermitteln Sie die Inklusivpreise bei 440 % Bruttoaufschlag:

Champagner Cobbler
20 g Curaçao (0,7 l = 18,00 EUR)
20 g Cognac
 1 D Bitter mit Sekt auf 10 cl auffüllen

School-Driver
40 g Campari
10 g Gin
 3 D Bitter mit Soda auf 10 cl ergänzen

Orangen Crusta
20 g Dry Gin
30 g Orangensaft
 1 D Bitter mit Sekt auf 10 cl auffüllen

10. Errechnen Sie die Inklusivpreise der Aufgabe 9 bei 250 % Betriebskosten, 25 % Gewinn, 15 % Bedienungsgeld, 19 % Umsatzsteuer. Runden Sie auf volle 10 ct auf.

11. Ermitteln Sie den Inklusivpreis und den Bruttoaufschlag in %:

Side Car

17 g	Cointreau	
17 g	Cognac	
17 g	Zitronensaft	
	Sch	

Betriebskosten	220 %
Gewinn	25 %
Bedienungsgeld	15 %
Umsatzsteuer	19 %

12. Ermitteln Sie den Inklusivpreis und den Bruttoaufschlag (in %):

White Lady

17 g	Cointreau	
17 g	Dry Gin	
17 g	Zitronensaft	
	Sch	

Betriebskosten	195 %
Gewinn	22 %
Bedienungsgeld	15 %
Umsatzsteuer	19 %

14 Kalkulieren von Zimmerkosten

14.1 Selbstkostenanteil

Ausgangspunkt für die Übernachtungskosten sind die durchschnittlichen Selbstkosten pro Übernachtung. Dabei berücksichtigt man alle Unterhaltungskosten der Abteilung: Instandhaltung, Wäschekosten, Mobiliar, Lohnkosten u. a. Diese Kostenanteile entnehmen wir der Buchführung und rechnen nach der Formel:

$$\frac{\text{Gesamtkosten für die Beherbergung}}{\text{Anzahl der vermieteten Betten}} = \text{Durchschnittliche Selbstkosten pro Übernachtung}$$

Auf diesen Preis werden in der üblichen Kalkulation Gewinn, Bedienung und Umsatzsteuer aufgeschlagen. So erhält man den Durchschnittszimmerpreis. Also:

I.
Durchschnittl. Selbstkosten	100 %
+ Gewinn	15 % bis 25 %
Kalkulierter Preis	115 % bis 125 %

II.
Kalkulierter Preis	100 %
+ Bedienungsgeld	15 %
Durchschnittszimmerpreis ohne Umsatzsteuer	115 %

III.
Durchschnittszimmerpreis	100 %
+ Umsatzsteuer	7 %
durchschnittlicher Inklusivpreis pro Einbettzimmer	107 %

Die unterschiedliche Zimmergröße, Einzel- oder Doppelzimmer, die Lage im Hause und die Extras bestimmen ebenso den Preis.

Beispiel

Ein kleines Hotel hat 20 Betten und jährlich 109.500,00 EUR Kosten, das Haus ist zu 60 % ausgelastet. Wie teuer muss ein Einzelzimmer sein, wenn für den Gewinn 40 %, Bedienungsgeld 15 % und Umsatzsteuer 7 % zu rechnen sind?

Lösung

1. 100 % → 20 · 365
    60 % →   ?

    $$\frac{20 \cdot 365 \cdot 60}{100} = 4.380 \text{ Übernachtungen}$$

2. $$\frac{109.500 \text{ EUR}}{4.380} = 25,00 \text{ EUR durchschnittliche Selbstkosten pro Übernachtung}$$

I.			
	Selbstkosten	100 %	25,00 EUR
+	Gewinn	40 %	10,00 EUR
	vorläufiger Verkaufspreis	140 %	35,00 EUR

II.			
	Kalkulierter Preis	100 %	35,00 EUR
+	Bedienungsgeld	15 %	5,25 EUR
	Zimmerpreis ohne Umsatzsteuer	115 %	40,25 EUR

III.			
	Zimmerpreis ohne Umsatzsteuer	100 %	40,25 EUR
+	Umsatzsteuer	7 %	2,82 EUR
	Zimmerpreis – Inklusivpreis	107 %	43,07 EUR

Dieser Preis wird aus optischen Gründen sicherlich auf 44,00 EUR erhöht werden.

Übungsaufgaben

1. Ein Hotel mit 15 Doppel- und 10 Einzelzimmern ist zu 60 % ausgebucht. Die jährlichen Kosten betragen 175.200,00 EUR. Errechnen Sie den Bettpreis bei einer Bruttospanne von 320 %.

2. Ermitteln Sie den Inklusivpreis für ein Zweibett-Zimmer bei 80 % Gewinn, 15 % Bedienungsgeld und 7 % Umsatzsteuer (Kosten aus der Aufgabe 1).

3. Ein Passantenhotel in der Stadtmitte Frankfurts hat 42 Doppel- und 46 Einzelzimmer, die zu 56 % ausgebucht sind. Die jährlichen Kosten belaufen sich auf 876.876,00 EUR. Berechnen Sie den Inklusivpreis für ein Doppelzimmer bei 48 % Gewinn, 15 % Bedienungsgeld und 7 % Umsatzsteuer.

4. Ein Luxushotel in Travemünde hat für die Beherbergungsabteilung 920.600,00 EUR jährliche Kosten. Errechnen Sie den Preis für ein Einzelzimmer bei 65 % Gewinn, 15 % Bedienungsgeld, 7 % Umsatzsteuer. Das Haus hat 24 Doppelzimmer und 60 Einzelzimmer; es ist nur zu 45 % ausgebucht.

5. Ein Großhotel am Münchener Stachus mit 180 Einzel- und 72 Doppelzimmern hat jährliche Kosten von 1.419.120,00 EUR, durch das günstige Angebot ist es zu 75 % ausgebucht. Errechnen Sie den Einzelübernachtungspreis, wenn nach 52 % Gewinn, 15 % Bedienungsgeld und 7 % Umsatzsteuer noch 8,00 EUR Sonderzuschlag für das Einzelzimmer gerechnet werden (auf volle EUR runden).

6. Ermitteln Sie, mit welchem Bruttoaufschlag der Hotelier arbeitet.

14.2 Erstellungskosten

Bei der Errechnung von Zimmerpreisen geht man bei Neubauten auch von den Erstellungskosten und von einer 10-jährigen Nutzung aus.

Beispiel

Die Erstellungskosten für ein Einzelzimmer betragen **25.000,00 EUR**, für ein Doppelzimmer **42.000,00 EUR**. Errechnen Sie die täglichen Zimmer-Selbstkosten, wenn das Einzelzimmer zu 60 %, das Doppelzimmer zu 50 % genutzt wird.

Lösung

Einzelzimmer:
100 % → 365 Tage
 60 % → ?

$$\frac{365 \cdot 60}{100} = 219 \text{ Übernachtungen}$$

$$\frac{25.000,00 \text{ EUR}}{10 \cdot 219} = 11,42 \text{ EUR}$$

kostet den Wirt ein Einbettzimmer

Doppelzimmer:
100 % → 365 Tage
 50 % → ?

$$\frac{365 \cdot 50}{100} = 182,5 \text{ Übernachtungen}$$

$$\frac{42.000,00 \text{ EUR}}{10 \cdot 182,5} = 23,01 \text{ EUR}$$

kostet den Wirt ein Zweibettzimmer

Auf diese Selbstkosten werden die üblichen Zuschläge erhoben.

Übungsaufgaben

1. Ermitteln Sie die Selbstkosten. Erstellungskosten für ein Einzelzimmer: 48.000,00 EUR, 65 % Nutzung; für ein Doppelzimmer: 62.000,00 EUR mit 55 % Nutzung.

2. Ermitteln Sie die Inklusivpreise bei Erstellungskosten für ein Einzelzimmer von 30.000,00 EUR (60 % Nutzung) und ein Doppelzimmer von 45.000,00 EUR (52 % Nutzung). Der Bruttoaufschlag beträgt 205 %.

3. Errechnen Sie die Inklusivpreise der Zimmer aus Aufgabe 2 in einer aufgebauten Kalkulation: Betriebskosten 65 %, Gewinn 40 %, Bedienungsgeld 15 % und Umsatzsteuer 7 %. Runden Sie auf volle EUR auf.

4. Errechnen Sie den Übernachtungspreis für eine Person in einem Flughafenhotel, das unter folgenden Bedingungen geführt wird:
Erstellungskosten für das Einzelzimmer 42.500,00 EUR

durchschnittliche Nutzung	62 %	Bedienungsgeld	15 %
Betriebskosten	45 %	Umsatzsteuer	7 %
Gewinn	25 %		

Der errechnete Inklusivpreis wird auf volle 5,00 EUR aufgerundet.

15 Rückkalkulationen

Die Rückkalkulation ist eine Umkehrung der üblichen Kalkulation, bei der vom Material- oder Einkaufspreis ausgegangen wird und durch prozentuale Aufschläge der Inklusiv- preis entsteht.

Beispiel

Der Inklusivpreis beträgt 25,22 EUR. Davon entfallen auf:

Küchenkosten	40 %		Bedienungsgeld	15 %
Gemeinkosten	25 %		Umsatzsteuer	19 %
Gewinn	20 %			

Der Inklusivpreis entstand, indem man auf den jeweiligen Grundwert (100 %) den entsprechen- den Prozentsatz aufschlug; darum muss man jetzt mit dem „vermehrten Grundwert" zurück- rechnen.

Vorkalkulation

+	(1 kg Wurst)		6,60 EUR
	(2 kg Brot)		2,40 EUR
=	Materialkosten	100 %	9,00 EUR
	Materialkosten	100 %	9,00 EUR
+	Küchenkosten	40 %	3,60 EUR
=	Küchenpreis	140 %	12,60 EUR
	Küchenpreis	100 %	12,60 EUR
+	Gemeinkosten	25 %	3,15 EUR
=	Selbstkosten	125 %	15,75 EUR
	Selbstkosten	100 %	15,75 EUR
+	Gewinn	20 %	3,15 EUR
=	vorläufiger Verkaufspreis	120 %	18,90 EUR
	vorläufiger Verkaufspreis	100 %	2,84 EUR
+	Bedienungsgeld	15 %	
=	Nettoverkaufspreis	115 %	21,74 EUR
	Nettoverkaufspreis	100 %	21,74 EUR
+	Umsatzsteuer	19 %	4,13 EUR
=	Inklusivpreis	119 %	**25,87 EUR**

Rückkalkulation

a)	–	119 %	Inklusivpreis	25,87 EUR
		19 %	Umsatzsteuer	4,13 EUR
	=	100 %	Nettoverkaufspreis	21,74 EUR
b)		115 %	Nettoverkaufspreis	21,74 EUR
	–	15 %	Bedienungsgeld	2,84 EUR
	=		vorläufiger Verkaufs-	
c)		100 %	preis	18,90 EUR
		120 %	vorläufiger Verkaufs- preis	18,90 EUR
	–	20 %	Gewinn	3,15 EUR
	=	100 %	Selbstkosten	15,75 EUR
d)		125 %	Selbstkosten	15,75 EUR
	–	25 %	Gemeinkosten	3,15 EUR
	=	100 %	Küchenpreis	12,60 EUR
e)		140 %	Küchenpreis	12,60 EUR
	–	40 %	Küchenkosten	3,60 EUR
	=	100 %	Materialkosten	**9,00 EUR**

Der Küchenchef kann für 9,00 EUR Material verwenden.

Ansatz der Rückkalkulation:

a) 119 % → 25,87 EUR
    19 % → ?

$$\frac{25,87 \text{ EUR} \cdot 19}{119} = \textbf{4,13 EUR}$$

b) 115 % → 21,74 EUR
    15 % → ?

$$\frac{21,74 \text{ EUR} \cdot 15}{115} = \textbf{2,84 EUR}$$

Auf die selbe Weise errechnet man auch c), d) und e).

Hat man mit dem Bruttoaufschlag, z.B. 187,44 %, vorkalkuliert, errechnet man im verkürzten Verfahren:

287,44 %	Inklusivpreis	25,87 EUR
− 187,44 %	Bruttoaufschlag	16,87 EUR
100 %	Materialkosten	9,00 EUR

Ansatz:
287,44 % → 25,87 EUR
100 % → ? EUR

$$\frac{25,87 \text{ EUR} \cdot 100}{287,44} = \textbf{9,00 EUR}$$

Übungsaufgaben

1. Eine Tasse Kaffee wird mit 1,80 EUR auf der Karte geführt. Errechnen Sie die Materialkosten, wenn der Bruttoaufschlag 420 % beträgt.

2. Ein Kännchen Kaffee wird mit 3,20 EUR angeboten. Errechnen Sie den Materialeinsatz, wenn der Bruttoaufschlag 425 % beträgt.

3. Eine 0,7-l-Flasche *Scharlachberg Meisterbrand* ergibt 32 Glas für 2,80 EUR. Errechnen Sie den Einkaufspreis bei einem Bruttoaufschlag von 428 %.

4. Zu einem Winzerfest macht der Veranstalter die Auflage, dass ein Pokal Wein nicht mehr als 2,50 EUR kosten darf. Eine 1-l-Flasche ergibt 5 Pokale. Der Bruttoaufschlag beträgt 195 %. Wie viel EUR darf 1 Liter Wein im Einkauf kosten?

5. Ein Glas *Bommerlunder* kostet laut Karte 1,80 EUR. Betriebskosten 180 %, Gewinn 22 %, Bedienungsgeld 15 %, Umsatzsteuer 19 %. Wie teuer war die 0,7-l-Flasche im Einkauf, wenn man 32 Glas pro Flasche erzielt?

6. Errechnen Sie den jeweiligen Einkaufspreis:

Ware		Inklusiv-preis	Betriebs-kosten	Ge-winn	Bedienungs-geld	Umsatz-steuer
a)	*Rüdesheimer Berg*	22,00 EUR	260 %	20 %	12 %	19 %
b)	*Beaujolais*	26,00 EUR	215 %	25 %	12 %	19 %
c)	*Wehlener Sonnenuhr*	18,50 EUR	205 %	28 %	15 %	19 %
d)	*Ingelheimer Roter*	8,80 EUR	155 %	22 %	15 %	19 %

7. Für ein Essen mit 60 Personen gewährt ein Gastgeber 3.000,00 EUR, die zur Hälfte für Speisen und Getränke eingesetzt werden sollen. Wie viel EUR stehen zum Getränke-Einkauf zur Verfügung, wenn ein Bruttoaufschlag mit 185 % angesetzt wird?

8. Für ein Essen, an dem 42 Personen teilnehmen, dürfen nur 2.700,00 EUR angesetzt werden, und zwar ⅓ für Getränke, ⅔ für Speisen.
   a) Errechnen Sie den Materialkosteneinsatz pro Portion für die Küche, Bruttoaufschlag 150 %.
   b) Auf welchen Materialeinsatz kann man bei 210 % Bruttoaufschlag bei Getränken rechnen?

9. In einer Bar werden angeboten: Portwein-Flip zu 5,60 EUR, Side Car zu 5,20 EUR und Prärie Oyster zu 4,80 EUR.
   Errechnen Sie den Materialeinsatz bei einem Bruttoaufschlag von 280 %.

10. In einer Bar mit Musik und Nachtkonzession weist die Karte folgendes aus:
   a) Gin Fizz . . . . 14,00 EUR   c) Champagner Cobbler . . . . 16,00 EUR
   b) Firemans Sour . . . . 12,50 EUR
   Errechnen Sie den jeweiligen Materialeinsatz, wenn die Betriebskosten 380 %, der Gewinn 25 %, das Bedienungsgeld 15 % und die Umsatzsteuer 19 % betragen.

11. Bei der Planung eines Hotels geht man vom möglichen Übernachtungspreis von 85,00 EUR aus. Welchen Erstellungspreis für ein Einzelzimmer kann der Architekt veranschlagen, wenn die Zimmer zu 60 % ausgebucht sind (bei 365 Übernachtungstagen im Jahr) und mit 10 Jahren Nutzungsdauer gerechnet wird? Der Bruttoaufschlag soll 185 % betragen.

168

12. Der Architekt legt bei der Planung eines Hotels 30.000,00 EUR für ein Einbett- und 45.000,00 EUR für ein Doppelbettzimmer zugrunde. Der Hotelier will das Angebot prüfen und geht davon aus, dass das Einzelzimmer mit 40,00 EUR angeboten und zu 65 % genutzt wird, das Doppelzimmer nur 60,00 EUR kosten darf und mit 50 % gebucht wird. Er rechnet mit einem Bruttoaufschlag von 100 % und einer 10-jährigen Mietzeit. Kann der Hotelier dem Architekten den Zuschlag geben?

13. Ein Hochzeitsmenü soll inklusiv 60,00 EUR (trockenes Gedeck) kosten. Der Gastwirt kalkuliert in seinem Betrieb mit 55 % Küchenkosten auf die Materialkosten, 50 % Gemeinkosten auf den Küchenpreis, 22 % Risiko und Gewinn auf die Selbstkosten, 12 % Bedienungsgeld auf den vorläufigen Verkaufspreis und 19 % Umsatzsteuer auf den Nettoverkaufspreis. Wie hoch dürfen die Materialkosten sein?

14. Eisbein mit Sauerkraut und Erbsenpüree ist auf der Speisekarte mit 9,50 EUR ausgezeichnet. Kalkuliert wird mit den in Aufgabe 13 angegebenen Werten. Wie viel EUR dürfen die Materialkosten betragen?

15. Der Inklusivpreis für Rinderbrust mit Meerrettichsauce, Bouillonkartoffeln, Gurke und Rote Bete ist mit 18,00 EUR angegeben. Wie hoch sind die Materialkosten in EUR bei 60 % Küchenkosten auf die Materialkosten, 45 % Gemeinkosten auf den Küchenpreis, 24 % Risiko und Gewinn auf die Selbstkosten, 12 % Bedienungsgeld auf den vorläufigen Verkaufspreis und 19 % Umsatzsteuer auf den Nettoverkaufspreis.

16. Ein Verlobungsmenü soll einen Inklusivpreis von 48,00 EUR haben (trockenes Gedeck). Kalkuliert wird mit 145 % Betriebskosten auf die Materialkosten, 24 % Risiko und Gewinn auf die Selbstkosten, 15 % Bedienungsgeld auf den vorläufigen Verkaufspreis und 19 % Umsatzsteuer auf den Nettoverkaufspreis. Wie viel EUR dürfen die Materialkosten betragen?

17. Ein Konfirmationsessen soll 45,00 EUR je Person kosten. Der Gastwirt kalkuliert mit 135 % Betriebskosten auf die Materialkosten, 21 % Risiko und Gewinn auf die Selbstkosten, 15 % Bedienungsgeld auf den vorläufigen Verkaufspreis und 19 % Umsatzsteuer auf den Nettoverkaufspreis. Wie viel EUR dürfen für die Rohstoffe eingesetzt werden?

18. Für ein Jubiläum soll das trockene Gedeck 45,00 EUR kosten. Welchen Materialeinsatz kann der Küchenchef vornehmen, wenn mit folgenden Kalkulationswerten gerechnet wird: 19 % Umsatzsteuer, 15 % Bedienungsgeld, 24 % Risiko und Gewinn, 55 % Gemeinkosten, 60 % Küchenkosten?

19. Der Gedeckpreis für ein Herrenessen beträgt 18,20 EUR. Teilnehmerzahl: 24 Personen. Wie viel EUR betragen die Materialkosten, wenn ein Bruttoaufschlag von 265 % vorgenommen worden ist?

20. Eine Damengesellschaft sagt sich zum Essen an. Es werden
    a) 14 Menüs zu einem Inklusivpreis von 30,00 EUR und
    b) 12 Menüs zu einem Inklusivpreis von 21,00 EUR bestellt.
    Wie viel EUR betragen die Materialkosten in beiden Fällen, wenn mit folgenden Kalkulationswerten gerechnet wird:
    165 % Betriebskosten auf die Materialkosten,
    24 % Risiko und Gewinn auf die Selbstkosten,
    12 % Bedienungsgeld auf den vorläufigen Verkaufspreis,
    19 % Umsatzsteuer auf den Nettoverkaufspreis.

21. Königsberger Klopse mit Kapernsauce, Salzkartoffeln und Apfelmus sind auf der Karte mit 10,00 EUR ausgezeichnet. Wie hoch dürfen die Materialkosten bei 210 % Bruttoaufschlag sein?

22. Ein Weihnachtsmenü hat einen Inklusivpreis von 65,00 EUR. Wie viel EUR beträgt der Materialpreis, wenn mit folgenden Kalkulationswerten gerechnet wird:
    165 % Betriebskosten auf die Materialkosten,
    22 % Risiko und Gewinn auf die Selbstkosten,
    15 % Bedienungsgeld auf den vorläufigen Verkaufspreis,
    19 % Umsatzsteuer auf den Nettoverkaufspreis.

16 Berechnen des Gewinns

Es gibt Situationen, in denen vom Wirt die Abgabe eines Essens zu einem bestimmten Preis verlangt wird. Reiseveranstalter z. B. verlangen für ihre Reisegesellschaften wegen der großen Personenzahl Sonderkonditionen. Dann muss der Wirt ermitteln, ob er überhaupt noch mit Gewinn arbeiten kann. Fest liegen Materialkosten, Küchenkosten, Gemeinkosten (bzw. Betriebskosten), Bedienungsgeld und Umsatzsteuer.

Lösungsweg:
1. Zunächst wird von den Materialkosten bis zu den Selbstkosten gerechnet.
2. Dann erfolgt die Rückkalkulation vom Inklusivpreis zum vorläufigen Verkaufspreis.
3. Zwischen vorläufigem Verkaufspreis und Selbstkosten liegt der Gewinn.
4. Die Selbstkosten sind gleich 100 % und so lässt sich der Gewinn in Prozent ermitteln.

Beispiel

Ein Reiseveranstalter verlangt von einem Wirt, dass er ein bestimmtes Essen für die Reisegesellschaft für 8,00 EUR anbietet. Die Materialkosten betragen 2,50 EUR. Aufschläge: 110 % Betriebskosten, 12 % Bedienungsgeld, 19 % Umsatzsteuer. Ermitteln Sie den Gewinn in EUR und %.

Materialkosten .... 2,50 EUR	Inklusivpreis .... 8,00 EUR
+ Betriebskosten .... 2,75 EUR	– Umsatzsteuer .... 1,28 EUR
Selbstkosten .... 5,25 EUR	Nettoverkaufspreis .... 6,72 EUR
5,25 EUR – 100 %	– Bedienungsgeld .... 0,72 EUR
0,75 EUR – x %	vorläufiger Verkaufspreis .... 6,00 EUR
	– Selbstkosten .... 5,25 EUR
	Gewinn .... **0,75 EUR**

$$\frac{100 \cdot 0,75}{5,25} = \approx \mathbf{14,3\,\%}$$

Übungsaufgaben

1. Der Leiter einer Ausflugsgesellschaft verlangt von einem Wirt, dass er ein Essen, dessen Materialkosten 2,00 EUR betragen, zum Verkaufspreis von 6,80 EUR abgibt. Die Betriebskosten betragen 120 %, das Bedienungsgeld beträgt 12 % und die Umsatzsteuer 19 %.
   Wie hoch ist der Gewinn in EUR und %?

2. Das Hotel „Rheinblick" soll ein Tagesmenü für 11,60 EUR verkaufen. Die Materialkosten betragen 3,40 EUR. Kalkuliert wird mit 125 % Betriebskosten, 15 % Bedienungsgeld und 19 % Umsatzsteuer.
   Berechnen Sie den Gewinn in EUR und %.

3. Prüfen Sie nach, ob für den Wirt des Restaurants „Ratskeller" der Verkauf eines Essens zum Preis von 6,20 EUR noch rentabel ist. Die Materialkosten betragen 2,20 EUR. Kalkuliert werden muss mit 95 % Betriebskosten, 12 % Bedienung und 19 % Umsatzsteuer.
   Berechnen Sie den Gewinn in EUR und %.

4. Das Hotel „Goldberg" verkauft ein Tagesmenü für 25,00 EUR. Die Materialkosten betragen 6,00 EUR. Kalkuliert wird mit 60 % Küchenkosten, 65 % Gemeinkosten, 12 % Bedienungsgeld und 19 % Umsatzsteuer.
   Ermitteln Sie den Gewinn in EUR und %.

5. Ein Restaurant verkauft ein Essen für 17,40 EUR. Die Materialkosten betragen 4,50 EUR. Kalkuliert wird mit 56 % Küchenkosten, 50 % Gemeinkosten, 15 % Bedienungsgeld und 19 % Umsatzsteuer.
   Wie hoch ist der Gewinn in EUR und %?

6. Das Hotel „Ruhrhöhe" verkauft ein Menü für 34,80 EUR. Kalkuliert wird mit 140 % Betriebskosten, 15 % Bedienungsgeld und 19 % Umsatzsteuer. Die Materialkosten betragen 9,50 EUR.
   Berechnen Sie den Gewinn in EUR und in %.

17 Gemischte Aufgaben zur Wiederholung

1. Prüfen Sie die Rechnung für ein kaltes Buffet außer Haus und ergänzen Sie:

25	Sandwiches	je	3,40 EUR	85,00 EUR
15	Gabelbissen	je	1,95 EUR	19,25 EUR
12	Rehmedaillons	je	5,20 EUR	62,40 EUR
12	Schweinelendchen	je	4,60 EUR	55,20 EUR
1,2 kg	Waldorfsalat	je kg	12,00 EUR	14,30 EUR
1,4 kg	Gemüse-Salat	je kg	11,50 EUR	16,10 EUR
				259,25 EUR
		+ 7 % U.St.		20,19 EUR
		Gesamtbetrag	?	EUR

2. Wie viel EUR Zinsen sind für 860,00 EUR bei 3,5 % in 8 Monaten zu erhalten?

3. Michael leiht sich 1.200,00 EUR zu 11,2 %. Wie viel EUR muss er nach 4 Monaten zurückzahlen?

4. Der Hotelkaufmann Klein erhält für 5 Monate bei 4,5 % 62,40 EUR Zinsen. Wie viel EUR hat er auf seinem Konto?

5. Für 8.950,00 EUR erhält ein Sparer in einem Jahr und 4 Monaten 612,00 EUR Zinsen.

   Welcher Zinssatz wird hier gewährt?

6. Vier Kollegen gewinnen in der Lotterie 6.250,00 EUR. Verteilen Sie den Gewinn nach den Einsätzen: Andreas setzte 2,00 EUR, Martin 3,50 EUR, Tim setzte 3,00 EUR, Dennis 1,50 EUR.

7. An einer Hotel-Betriebs-KG sind 5 Eigner beteiligt. Sie erwirtschaften 92.740,00 EUR Reingewinn. Die Einlagen werden mit 14 % verzinst, der Rest zu gleichen Teilen vergeben.
   Anteile:

Herr Kurz	50.000,00 EUR	Herr Leid sen.	12.000,00 EUR
Herr Martens	20.000,00 EUR	Herr Leid jun.	8.000,00 EUR
Frau Martens	10.000,00 EUR		

   Verteilen Sie den Gewinn.

8. Für die Kalkulation werden die Betriebskosten in % ermittelt.

   Materialkosten der Küche: 78.400,00 EUR. Betriebskosten der Küche: 101.920,00 EUR. Einkaufspreis für Getränke: 104.260,00 EUR. Betriebskosten im Restaurant 156.390,00 EUR.

   Berechnen Sie beide Prozentsätze.

9. Wie viel EUR erhält man für 28,45 US-$ (70,00 EUR = 100 $)

10. Wie viel EUR müssen Sie für 1.500 £ eintauschen (100,00 £ = 155,40 EUR)?

11. Ermitteln Sie den Durchschnittspreis pro kg Kaffee:

1,8 kg Mocca-Perl	kg 12,40 EUR	5,2 kg Santaco	kg 8,25 EUR
1,6 kg Costa Rica	kg 9,30 EUR		

12. Ermitteln Sie den Preis für ⅛ kg Aufschnitt.

0,8 kg Zungenwurst	kg 9,20 EUR
0,6 kg Bierschinken	kg 7,10 EUR
1,20 kg Kasseler Aufschnitt	kg 7,20 EUR
2,25 kg Cervelatwurst	kg 8,10 EUR

13. Ermitteln Sie das Mischungsverhältnis:

   Tee Sorte A (je kg 22,80 EUR) wird mit Sorte B (je kg 19,00 EUR) zur Mischung M (je kg 20,00 EUR) vermengt.

14. Ein Restposten von 6 kg Gebäck à 9,20 EUR soll mit der neuen Sorte zu 12,00 EUR pro kg zu einer Mischung ergänzt werden, die 11,00 EUR kosten soll.
Wie viel kg der neuen Sorte müssen zugekauft werden?

15. Herr Schorn leiht vom 16. Mai bis zum 15. September 800,00 EUR bei 9,5 % Zinsen.
Wie viel EUR muss er insgesamt zurückzahlen?

16. Welche Monatsrate ist zu entrichten, wenn 25.000,00 EUR bei 11,8 % geliehen werden?

17. Wie viel EUR sind zu bezahlen, wenn auf den Betrag von 7.412,80 EUR 20 % Rabatt und 3 % Skonto gewährt werden?

18. Die Rechnung für 68 Flaschen Spirituosen lautet auf 742,80 EUR.
a) Wie teuer ist eine Flasche?
b) Welchen Gesamtwert ermitteln Sie bei 12 % Rabatt?

19. Als Dessert soll Käse-Kleingebäck dienen, 42 Personen sollen jeweils 80 g erhalten.
Käsefours A . . . . kg 7,20 EUR
Käsestangen B . . . . kg 9,00 EUR   Mischungsverhältnis:
Käsekrusteln C . . . . kg 6,50 EUR   A : B : C = 2 : 3 : 5
Wie teuer wird die Mischung?

20. Die Schenke im Souterrain des *Restaurants Rasteck* hat folgenden Bierausstoß:
522 Glas Export . . . . je 0,2 l, je 2,10 EUR
346 Glas Pils . . . . je 0,2 l, je 2,50 EUR
a) Errechnen Sie die Gesamteinnahme.
b) Wie teuer ist 1 Glas Bier durchschnittlich?

21. Durch Gemeinschaftswerbung kurbeln Hoteliers der Insel Juist den Fremdenverkehr an. Die jährlichen Kosten von 26.850,00 EUR sollen nach der Bettenzahl verteilt werden:
Kurhotel . . . . 112 Betten   *Hotel an der Reede* . . . . 42 Betten
Seeblick . . . . 64 Betten   *Hotel Südseite* . . . . 16 Betten
Hotel Anker . . . . 34 Betten
Wie viel EUR muss jedes Hotel beisteuern?

22. Durch Preiserhöhungen und weitere Verbreitung der Werbeschriften entstehen im folgenden Jahr 27.210,00 EUR Kosten. An den Kosten beteiligen sich jetzt auch *Hotel Seemöwe*, 28 Betten, und *Pension Kühl* mit 8 Betten.
Verteilen Sie die Kosten gerecht.

23. Wie viel EUR muss man für 1.800 australische Dollar ausgeben (100 AUD = 104,50 EUR)?

24. Wie viel EUR erhält man für 112 sfrs und 8.420 Leva (58 EUR = 100 sfrs, 95 EUR = 100 Leva)?

25. Zwei Sorten Teegebäck sollen zum Mischungspreis von 4,90 EUR das Kilo gemischt werden. Sorte A 6,10 EUR, Sorte B 4,60 EUR. Welches Mischungsverhältnis ist richtig?

26. 36 l Wein, je l 3,60 EUR, sollen mit einem anderen, der je l 5,10 EUR kostet, so verschnitten werden, sodass 1 l für 4,20 EUR verkauft werden kann. Wie viel l Verschnitt erhält man?

27. Der Koch-Commis Seifert hat am 16.01 auf dem Sparkonto 500,00 EUR und zahlt 200,00 EUR am 20.04. ein. Wie viel EUR kann er bei 4 % Zinsen am 30.08. abheben, wenn er 5,00 EUR auf dem Konto lassen möchte?

28. Ein Restaurant-Commis hat 1.680,35 EUR in seiner Kassiertasche. Wie viel muss er abliefern bei 85,00 EUR Wechselgeld und 187,20 EUR Bedienungsgeld?

29. Lieferung am 15.02. für 1.640,50 EUR, Ziel 30 Tage, bei Zahlung innerhalb von 10 Tagen 3 % Skonto; 15 % Rabatt.
a) Zahlung am 19.02. Wie viel ist zu zahlen?
b) Zahlung am 03.03. Wie viel ist zu zahlen?

30. Errechnen Sie den Preis für ⅛ kg dieser Mischung:
2,4 kg Edamer . . . . kg 6,90 EUR   0,8 kg Emmentaler . . . .   kg 7,10 EUR
1,3 kg Gouda . . . . kg 6,50 EUR

31. Für 20 Personen sollen jeweils drei Gläser Bowle je 0,16 l vorbereitet werden:
    Rezept:
    1 Flasche Mosel . . . . 0,75 l   8,80 EUR   2,5 Glas Weinbrand je 2 cl   je 0,80 EUR
    1 Flasche Nahe . . . . 0,75 l   9,10 EUR   Waldmeister . . . . .für 2,00 EUR
    1 Flasche Sekt. . . . . 0,75 l 14,40 EUR
    a) Errechnen Sie die Rezeptmenge und Rezeptzahl.
    b) Wie viel Bowle wird gebraucht?
    c) Welche Einnahme wird erzielt bei 440 % Bruttoaufschlag?
    d) Wie viel zahlt jede Person?

32. Errechnen Sie alle Bedingungen bei 70 Personen mit jeweils 3 Glas je 0,2 l.

33. Für den Ausbau der Zimmeretage und deren Ausstattung mit Zimmertelefon und Radio belastet sich ein Hotelier mit 136.500,00 EUR bei 9,2 % Schuldzinsen und 5,3 % Tilgungszinsen.
    a) Wie hoch ist die Gesamtzinslast im Jahr?
    b) Wie hoch ist die Gesamtzinslast im Monat?

34. Wie viel EUR erhält man für 126 skr und 22 US-Dollar (10,20 EUR = 100 skr, 0,70 EUR = 1 US-Dollar)?

35. Wie viel EUR muss man für 190 £ und 140 sfr eintauschen (153 EUR = 100 £, 62,00 EUR = 100 sfr)?

36. Aus einem Fass von 48,5 l erhält man 232 Glas Bier je 0,2 l. Wie viel % Zapfverlust sind zu verzeichnen?

37. Bei 5,8 % Zapfverlust zapft man 46 Glas je 0,4 l und 142 Glas je 0,2 l.
    Wie viel l Bier enthält das Fass?

38. Bei 6,4 % Schankverlust wird ein 50,8-l-Fass abgezapft. Wie viel Glas Bier zu je 0,2 l erhält man (abrunden)?

39. Ein Wirt zahlt 24 % vom Bierbezugspreis als Pacht. Im Juni bezog er 16,8 hl Export à 118,00 EUR, 12,6 hl Pils à 126,00 EUR. Wie hoch ist die Pacht?

40. Es wird ein Johannisbeer-Likör bereitet aus
    36 % Dicksaft . . . . je l   9,20 EUR   30 % Primasprit . . . . je l 9,20 EUR
    34 % Himbeergeist . . . . je l 18,00 EUR
    Von dem Sprit werden 45 l verarbeitet. Errechnen Sie:
    a) die Mengen der anderen Bestandteile,   c) die Anzahl der Flaschen zu je 0,7 Liter
    b) die Gesamtmenge,   d) den Preis einer 0,7-Liter-Flasche.

41. 22 l Arrak mit 76 Vol.-% sollen mit Wasser auf Trinkstärke von 42 Vol.-% gebracht werden.
    Wie viel l Arrak erhält man (Trinkstärke)?

42. Ein Fass Weindestillat mit 72,4 Vol.-% aus der Charante enthält noch 256 l. Wie viel Cognac entsteht, wenn man es auf die Trinkstärke von 38 Vol.-% bringt?

43. Ein Fuder *Ürzinger Schwarzlay* enthält 948,2 l und kostet 5.878,84 EUR.
    a) Welcher Abfüllverlust in % liegt vor, wenn man 1.238 Flaschen zu je 0,75 l erzielt?
    b) Welcher Preis pro Flasche ergibt sich, wenn für die Ausstattung noch jeweils 90 ct zu rechnen sind?

44. Eine Rechnung von 960,00 EUR, fällig am 08.04. wird erst am 20.11. mit 9,5 % Verzugszinsen gezahlt. Wie lautet der neue Betrag?

45. *Waldorfsalat* aus:
    0,4 kg Sellerie . . . . je kg 1,15 EUR   0,12 kg Mayonnaise . . . . . je kg 2,10 EUR
    0,9 kg Äpfel . . . . je kg 1,20 EUR   0,20 l   Sahne . . . . je l   2,40 EUR
    0,1 kg Nüsse . . . . je kg 5,80 EUR   1 (50 g) Zitrone u. Aromen   für   1,30 EUR
    a) Errechnen Sie den Preis   b) Wie viel EUR betragen die Materialkosten für 120 g?

46. *Scampi-Cocktail* aus:

0,8 kg kanadische Scampi . . .	kg 9,20 EUR	0,02 l Weinbrand	l 9,90 EUR
0,2 kg Spargelköpfe	kg 6,30 EUR	Sauce, Garnitur, Gewürz	1,50 EUR
0,1 kg Champignonköpfe	kg 6,00 EUR		

Man erhält 16 Cocktails. Errechnen Sie die Materialkosten für einen Cocktail.

47. Errechnen Sie den Inklusivpreis des Scampi-Cocktails in einer aufgebauten Kalkulation. Der Endpreis wird auf volle 0,10 EUR aufgerundet:

Küchenkosten 55 %, Gemeinkosten 72 %, Gewinn 20 %, Bedienungsgeld 15 %, Umsatzsteuer 19 %.

48. Ermitteln Sie den Bruttoaufschlag.

a) Materialkosten 7,20 EUR, Inklusivpreis 20,16 EUR.
b) Materialkosten 3,50 EUR, Inklusivpreis 12,25 EUR.

49. Errechnen Sie den Materialpreis:

a) Inklusivpreis 28,00 EUR, Bruttoaufschlag 265 %.
b) Inklusivpreis 24,00 EUR, Bruttoaufschlag 270 %.

50. Ermitteln Sie den Inklusivpreis:

a) Materialkosten 6,40 EUR, Bruttoaufschlag 290 %.
b) Materialkosten 6,80 EUR, Bruttoaufschlag 272 %.

51. Ermitteln Sie Umsatzsteuer (19 %) und Bedienungsgeld (15 %) in EUR.

Inklusivpreis:
a) 21,16 EUR.
b) 31,74 EUR.

52. Ermitteln Sie die Umsatzsteuer (19 %) in EUR.

Inklusivpreis:
a) 25,30 EUR.
b) 51,75 EUR.

53. Errechnen Sie den Nettolohn:

a) Bruttolohn 2.780,50 EUR, Gesamtabzüge 39 %.
b) Bruttolohn 2.850,00 EUR, 22 % Lohnsteuer, 9 % Kirchensteuer, 19 % Sozialabgaben.

54. Errechnen Sie den auszuzahlenden Betrag:

Bruttolohn 2.980,00 EUR, 22 % Lohnsteuer, 9 % Kirchensteuer, 19,5 % Sozialabgaben, Kost und Logis 180,00 EUR.

55. Eine 28-jährige Köchin erhält monatlich 2.380,00 EUR Bruttolohn. Davon gehen 22 % Lohnsteuer, 9 % Kirchensteuer und 19,3 % Sozialabgaben ab. Für Mittagessen zahlt die Köchin $\frac{3}{20}$ des monatlichen Nettolohns. Wie viel EUR bleiben ihr übrig?

56. Errechnen Sie den Inklusivpreis für 1 Glas *Glühwein*:

0,16 l Rotwein	0,75 l 7,90 EUR	20 g Zucker	kg 1,40 EUR
Zitrone, Gewürze	für 0,75 EUR		

Betriebskosten 185 %, Gewinn 20 %, Bedienungsgeld 15 %, Umsatzsteuer 19 %.

57. Ermitteln Sie den Inklusivpreis bei 165 % Betriebskosten, 22 % Gewinn, 15 % Bedienungsgeld, 19 % Umsatzsteuer für einen *Orangen-Flip*:

0,1 l Orangensaft	l 3,90 EUR	2 cl Weinbrand 0,7-Liter-	
1 Eigelb	0,20 EUR	Flasche	9,40 EUR
		Mineralwasser	0,20 EUR

58. Errechnen Sie den Materialeinsatz, wenn der Inklusivpreis 10,00 EUR nicht überschreiten darf: Betriebskosten 140 %, Gewinn 22 %, Bedienungsgeld 15 %, Umsatzsteuer 19 %.

59. Für das Treffen einer großen Jugendorganisation stellt der Gastgeber für ein „Französisches Käsebrett" und entsprechende Getränke 7.200,00 EUR zur Verfügung. Für den Imbiss sollen $\frac{2}{3}$, für Getränke $\frac{1}{3}$ der Summe angesetzt werden.

a) Wie viel EUR kann der Chef de restaurant für den Ankauf der alkoholfreien Getränke ansetzen, wenn mit einem Bruttoaufschlag von 115 % gerechnet wird?

174

b) Welchen Materialeinsatz darf der Küchenchef riskieren, wenn der Bruttoaufschlag mit 96 % angesetzt wird?
Diese Sätze sind nur möglich durch ehrenamtliche Mitarbeiter.

60. Zum Neujahrsempfang stellt der Oberbürgermeister 15.000,00 EUR zur Verfügung.
Das Geld soll wie folgt aufgeteilt werden:

$\frac{2}{5}$ für ein kaltes Büfett, Bruttoaufschlag 190 %
$\frac{2}{5}$ für Getränke, Bruttoaufschlag 220 %
$\frac{1}{10}$ für Mocca, Bruttoaufschlag 160 %
$\frac{1}{10}$ für Dekoration
   a) Wie viel EUR stehen der Küche zur Vefügung?
   b) Für wie viel EUR können Getränke eingesetzt werden?
   c) Welche Summe bleibt für den Mocca?
   d) für die Dekoration?

61. Für eine Gesellschaft von 24 Personen errechnet der Küchenchef 150 g tischfertiges Filet je Portion.
   a) Wie viel kg Fleisch sind einzukaufen, wenn 14 % Parüren und 12 % Bratverlust in Ansatz gebracht werden?
   b) Was kostet das Fleisch im Einkauf bei einem kg-Preis von 22,00 EUR?
   c) Wie viel kostet 1 Portion, wenn für die Beilagen 2,10 EUR zu rechnen sind und ein Bruttoaufschlag von 255 % angesetzt wird?

62. Ein Roastbeef wiegt 6,750 kg und kostet je kg 13,40 EUR. Die Knochen und Parüren betragen 32,5 % und werden mit 2,10 EUR je kg abgesetzt.
   a) Wie viel EUR kostet 1 kg pariertes Fleisch?
   b) Wie viel EUR kosten 150 g tafelfertig bei 19 % Bratverlust?

63. Zu einem Spargelessen für 65 Personen sollen je Portion 350 g Spargel tischfertig geboten werden. Der Spargel kostet im Einkauf 4,50 EUR je kg.
   a) Wie viel kg Spargel sind einzukaufen, wenn mit einem Verlust von 42 % gerechnet wird?
   b) Wie viel EUR sind zu zahlen, wenn 5,5 % Mengenrabatt gewährt und 3 % Skonto durch Barzahlung genutzt werden?
   c) Wie viel EUR betragen die Materialkosten für 1 Portion?

64. Aus 28 kg Wirsingkohl werden 22,8 kg geputztes Gemüse erzielt.
   a) Wie viel % beträgt der Putzverlust?
   b) Durch Zugabe von Fleischbrühe erhöht sich das Gewicht um 65 %. Wie viel kg Wirsingkohlgemüse können ausgegeben werden?

65. Es sind 45 Portionen Seezungenfilet zu je 130 g tafelfertig herzustellen. Wie viel kg Seezunge sind einzukaufen, wenn der Gesamtverlust 43 % beträgt?

66. Ein Schinken wiegt vor dem Räuchern 10,425 kg, danach nur noch 9,350 kg. Berechnen Sie den Räucherverlust in %.

67. Für 15 Personen sind je 180 g bratfertige Heilbuttschnitten herzustellen.
   a) Wie viel kg Heilbutt sind einzukaufen, wenn mit einem Gesamtverlust von 42 % gerechnet wird?
   b) Wie viel EUR beträgt der Einkaufspreis, wenn für 0,5 kg 6,00 EUR bezahlt werden müssen?
   c) Wie viel EUR betragen die Materialkosten für 1 Portion?

68. Aus einer Kalbskeule, die 9,750 kg wiegt, werden 7,510 kg schieres Fleisch gewonnen. Wie viel % beträgt der Fleischanteil?

69. Geliefert werden:
   55 l Milch................ je l 0,75 EUR   15,0 kg Butter......... je kg 4,00 EUR
   12,5 l Sahne .... je l 2,40 EUR   3,4 kg Käse........... je kg 6,90 EUR
   Wie viel EUR sind bei 8,5 % Preisnachlass zu zahlen?

70. Ein Hochzeitsessen soll 40,00 EUR kosten. Der Gastwirt kalkuliert mit 60 % Küchenkosten, 65 % Gemeinkosten, 21 % Gewinn, 15 % Bedienungsgeld und 19 % Umsatzsteuer. Wie hoch dürfen die Materialkosten sein?

71. Ein Fricandeaustück wiegt 2,2 kg; erzielt werden 13 Portionen zu je 130 g. Wie viel % beträgt der Bratverlust?

72. Ein parierter Rehrücken wiegt im Einkauf 2,750 kg und kostet je kg 13,00 EUR. Bei der Zubereitung entstehen folgende Nebenkosten je kg Rücken: 120 g Speck (je kg 1,80 EUR), 0,60 EUR für Saucenrohstoffe.
    a) Wie viel EUR kostet der Rehrücken im Einkauf?
    b) Wie viel EUR kostet der zubereitete Rücken?

73. Ein Steinbutt wiegt 3,750 kg und kostet 45,00 EUR.
    a) Wie viel EUR kostet 1 kg Fisch im Einkauf?
    b) Bei einem Putzverlust von 31 % werden 11 Portionen erzielt. Wie viel g wiegt eine Portion vor dem Pochieren?
    c) Wie viel EUR betragen die Materialkosten für 1 Portion?

74. 9,7 kg Roastbeef haben 2,35 kg Knochen. Der fertige Braten wiegt noch 5,850 kg. Ermitteln Sie
    a) den Knochenanteil in %.
    b) den Bratverlust in % (vom parierten Fleisch).

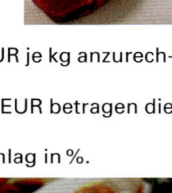

75. Bestellt werden 35 Steaks zu je 160 g tafelfertig. Gerechnet wird mit einem Bratverlust von 19 % und einem Knochenanteil von 23 %.
    a) Wie viel kg Fleisch sind einzukaufen?
    b) Der Einkaufspreis beträgt je kg 13,60 EUR. Für die Knochen sind 1,10 EUR je kg anzurechnen. Wie viel EUR kostet 1 kg pariertes Fleisch?
    c) Die Materialkosten der Beilagen betragen 1,80 EUR je Portion. Wie viel EUR betragen die Gesamtmaterialkosten für eine Portion?
    d) Ein Essen wird für 15,00 EUR verkauft. Berechnen Sie den Bruttoaufschlag in %.

76. Hergestellt werden 40 Portionen Fisch zu je 210 g tafelfertig. Wie viel kg Fisch müssen vorrätig sein, wenn der Pochierverlust 27 % des geputzten Fisches und der Putzverlust 32 % des ungeputzten Fisches ausmachen?

77. Der Preis für eine Dose Erbsen ist von 1,10 EUR auf 1,00 EUR gefallen. Berechnen Sie den Preisrückgang in %.

78. 7,6 kg Kotelett werden gespritzt und dabei nimmt das Gewicht um 7,5 % zu. Wie viel kg beträgt das Gewicht nach dem Pökeln?

79. Aus 5,800 kg Fleisch werden 32 Portionen zu je 160 g tafelfertig erzielt. Wie viel % beträgt der Bratverlust?

80. Das Rohgewicht eines Roastbeefs beträgt 16,250 kg. Ein kg kostet im Einkauf 13,90 EUR. Die Knochen und Parüren wiegen 5,2 kg und werden mit 1,80 EUR je kg angerechnet.
    a) Wie viel % betragen die Knochen und Parüren des angelieferten Roastbeefs?
    b) Wie viel EUR kostet 1 kg pariertes Fleisch?
    c) Wie viel EUR kostet 1 Rumpsteak von 180 g?

81. 40 Portionen gebratene Poularde zu je 225 g tafelfertig werden hergestellt. Bei der Zubereitung entsteht ein Verlust von 26 %. Wie viel kg Poularde sind einzukaufen?

82. Eine Büchse Kaviar, brutto 453 g, kostet im Einkauf 520,00 EUR, die leere Dose wiegt 50 g. Wie viel EUR kosten 50 g Kaviar netto?

83. Ein Koch erhält eine Lohnerhöhung von 7,5 % und bekommt danach 2.881,00 EUR. Wie hoch war der Lohn vor der Erhöhung?

84. Die Materialkosten für ein Herrenessen betragen 120,00 EUR. Kalkuliert wird mit 150 % Betriebskosten auf die Materialkosten, 21 % Gewinn auf die Selbstkosten, 15 % Bedienungsgeld auf den vorläufigen Verkaufspreis, 19 % Umsatzsteuer auf den Nettoverkaufspreis. Wie hoch ist der Inklusivpreis?

176

85. Es werden 45 Steaks zu je 160 g tischfertig benötigt. Wie viel kg Fleisch sind einzukaufen, wenn mit einem Bratverlust von 14 % und einem Parierverlust von 28 % zu rechnen ist?

86. Es sind 45 Portionen Spargel zu je 350 g tischfertig herzustellen. Wie viel kg sind dazu erforderlich, wenn mit einem Gesamtverlust von 43 % zu rechnen ist?

87. Für ein Essen (24 Personen) wird Rehkeule mit Rotkohl bestellt. Dafür benötigen Sie:

6,000 kg	Rehkeule	je kg	14,00 EUR	4,8 kg Rotkohl	je kg	0,40 EUR
0,220 kg	Speck	je kg	1,90 EUR	0,6 l Rotwein	je l	2,60 EUR
0,720 kg	Schmalz	je kg	2,20 EUR	3,6 kg Kartoffeln	je kg	0,60 EUR
1 ¼ l	Saure Sahne . . .	je l	2,00 EUR	0,2 kg Zwiebeln	je kg	0,40 EUR
5	Eier	je St.	0,25 EUR	Gewürze	für	1,20 EUR

   a) Berechnen Sie den Materialpreis.
   b) Berechnen Sie in einer aufgebauten Kalkulation den Inklusivpreis bei 55 % Küchenkosten auf die Materialkosten, 48 % Gemeinkosten auf den Küchenpreis, 24 % Risiko und Gewinn auf die Selbstkosten, 15 % Bedienungsgeld auf den vorläufigen Verkaufspreis, 19 % Umsatzsteuer auf den Nettoverkaufspreis.
   c) Berechnen Sie den Bruttoaufschlag in EUR und %.

88. Fa. Moeser sagt sich im Rahmen eines Betriebsausfluges zum Mittagessen an. Bestellt werden:
   18 Menüs zu 20,00 EUR, 26 Menüs zu 18,00 EUR, 24 Menüs zu 16,00 EUR.
   a) Wie viel EUR sind insgesamt zu zahlen?
   b) Wie hoch dürfen die Materialkosten für die einzelnen Menüs sein (Einzelkosten und Gesamtkosten), wenn mit folgenden Kalkulationswerten gerechnet wird: 55 % Küchenkosten auf die Materialkosten, 42 % Gemeinkosten auf den Küchenpreis, 23 % Risiko und Gewinn auf die Selbstkosten, 12 % Bedienungsgeld auf den vorläufigen Verkaufspreis, 19 % Umsatzsteuer auf den Nettoverkaufspreis.

89. Ein Kasseler Rippenspeer wiegt gepökelt 6,430 kg. Wie viel kg betrug das Frischgewicht, wenn die Pökelzunahme 7,5 % ausmacht?

90. 1 g Eiweiß liefert 17 kJ.
   1 g Fett liefert 38 kJ.
   1 g Kohlenhydrate liefert 17 kJ.
   Wie viel Kilojoule liefern 160 g Rindfleisch, wenn der Nährstoffgehalt mit 20,5 % Eiweiß, 12 % Fett und 1,3 % Kohlenhydrate ermittelt ist?

91. Ein Erholungsheim braucht für 168 Gäste 23,5 kg Leberwurst zum Abendbrot. Wie viel Leberwurst wird am nächsten Tag benötigt, wenn bei gleich bleibender Einzelportion 280 Gäste verpflegt werden?

92. 36 kg Erbsen sind von Schädlingen befallen worden und müssen ausgelesen werden. Der Verlust beträgt 15,8 %. Wie viel kg Erbsen gingen verloren?

93. Zu einem Festessen werden 46 Portionen Fasan zu je 160 g tafelfertig benötigt. Wie viel kg Fasan sind einzukaufen, wenn mit einem Abgang von 36 % zu rechnen ist?

94. Aus einem Fricandeau, das 2.750 g wiegt, werden 18 Portionen zu je 125 g erzielt. Wie viel Prozent beträgt der Bratverlust?

95. Hergestellt werden 45 Portionen Fisch zu je 210 g tischfertig.
   a) Wie viel kg Fisch müssen verarbeitet werden, wenn mit 21 % Pochierverlust vom geputzten Fisch und 28 % Putzverlust vom ungeputzten Fisch gerechnet werden muss?
   b) Wie viel EUR sind beim Einkauf zu zahlen, wenn der Einkaufspreis je 0,5 kg 4,20 EUR beträgt?
   c) Wie hoch sind die Materialkosten für eine Portion, wenn für die Beilagen 1,30 EUR je Portion zu rechnen sind?

96. Ein Mastkalb hat ein Schlachtgewicht von 68,500 kg. Beim Zerlegen ergeben sich folgende Anteile vom Gesamtgewicht:

a) 2 Keulen . . . . 28 %
b) 2 Blätter . . . . 18 %
c) Rücken . . . . 17 %

d) Hals, Brust, Rippen . . . . 29 %
e) Hachsen . . . . 5 %
f) Leber . . . . 3 %

Wie schwer sind die Teilstücke?

97. Aus 8,5 kg Fisch werden 38 Portionen zu je 150 g Fertiggewicht erzielt. Wie viel Prozent beträgt der Gesamtverlust?

98. Geliefert werden:

7,650 kg Knochenschinken . . . . je kg 14,60 EUR
8,700 kg Kalbfleisch . . . . je kg 17,20 EUR
3,900 kg Schweinefleisch. . . . . je kg   5,80 EUR

Wie viel EUR sind bei 3 % Skonto zu zahlen?

99. Der Preisnachlass beträgt 8,5 % des Rechnungsbetrages von 256,00 EUR. Wie viel EUR beträgt der Preisnachlass?

100. Das Einkaufsgewicht einer Poularde beträgt 2,550 kg. Wie viel % beträgt der Anteil an Abgängen und Abfällen, wenn die zum Braten fertige Poularde 2,010 kg wiegt?

101. Im Hotel *Bayreuther Hof* sind am Tronc beteiligt:

1 Chef de restaurant	Garantielohn	1.900,00 EUR,	12 Punkte
2 Chefs de rang	je Garantielohn	1.750,00 EUR,	10 Punkte
4 Demichefs	je Garantielohn	1.500,00 EUR,	8 Punkte
2 Commis	je Garantielohn	1.300,00 EUR,	6 Punkte
2 Serviererinnen	je Garantielohn	1.200,00 EUR,	6 Punkte

Der Monatstronc beträgt 19.744,00 EUR.
Wie viel EUR erhalten die einzelnen Mitarbeiter?

102. Wie viel Zinsen erhält man für 816,50 EUR bei 4,5 % in 9 Wochen?

103. Welche Monatsrate ist zu zahlen, wenn ein Kühlschrank ohne Anzahlung für 710,00 EUR gekauft wird? Der Verkäufer rechnet mit 25 Monatsraten bei 9,2 % Zinsen.

104. Eine Hotelfachfrau arbeitet in Genf und erhält 1.682,40 sfrs. Sie hat 14 % Abzüge, für Wohnung und Sonderausgaben rechnet sie 800 sfrs. Wie viel sfrs kann sie monatlich sparen?

105. Ein mittleres Hotel hat 86 Betten und jährlich 297.990,00 EUR Kosten. Das Haus ist 360 Tage im Jahr geöffnet und zu 55 % ausgebucht. Wie teuer muss ein Einbettzimmer sein bei 45 % Gewinn, 15 % Bedienungsgeld und 7 % Umsatzsteuer (Inklusivpreis)?

106. Bei der Projektierung eines Großhotels geht man vom möglichen Einzelzimmerpreis von 40,00 EUR aus. Welchen Erstellungspreis darf der Planer ansetzen, wenn eine 10-jährige Nutzung bei 60 % Buchung (365 Tage) gerechnet wird? Bruttoaufschlag 95 %.

18 Testaufgaben

18.1 Dezimalbrüche und Dezimalzahlen

1. Überprüfen Sie folgende Rechnung:

a)	7,500 kg	Roastbeef	je kg	13,30 EUR	61,50 EUR
b)	12,500 kg	Kalbskeule	je kg	12,00 EUR	105,00 EUR
c)	8,500 kg	Schweinerücken	je kg	6,60 EUR	56,10 EUR
d)	richtiger Nettobetrag				? EUR
e)	7 % Umsatzsteuer				18,26 EUR
f)	richtiger Gesamtbetrag				? EUR

2. Überprüfen Sie die Rechnung Ihres Weinlieferanten:

a)	36 Flaschen *Longuicher Probstberg*	je Flasche	3,00 EUR	118,00 EUR
b)	48 Flaschen *Wehlener Sonnenuhr*	je Flasche	3,80 EUR	182,40 EUR
c)	84 Flaschen *Ürzinger Würzgarten*	je Flasche	4,10 EUR	344,80 EUR
d)	54 Flaschen *Ürziger Schwarzlay*	je Flasche	4,40 EUR	337,60 EUR
e)	richtiger Nettobetrag			? EUR
f)	19 % Umsatzsteuer			157,25 EUR
g)	richtiger Endbetrag			? EUR

3. Überprüfen Sie diese Rechnung:

a)	72 Flaschen *Ürziger Schwarzlay*	je Flasche	4,40 EUR	316,80 EUR
b)	48 Flaschen *Graacher Domprobst*	je Flasche	4,20 EUR	201,60 EUR
c)	36 Flaschen *Bernkastler Badstube*	je Flasche	4,00 EUR	154,00 EUR
d)	Nettobetrag			672,40 EUR
e)	19 % Umsatzsteuer			+ 107,58 EUR
f)	Endbetrag			779,98 EUR

4. Überprüfen Sie folgende Rechnung:

a)	70 Hähnchen	je St.	2,80 EUR	196,00 EUR
b)	45 Poularden	je St.	3,40 EUR	135,00 EUR
c)	30 jg. Enten	je St.	7,00 EUR	210,00 EUR
d)	25 Puten	je St	12,00 EUR	300,00 EUR
e)	richtiger Nettobetrag			? EUR
f)	7 % Umsatzsteuer			134,56 EUR
g)	richtiger Endbetrag			? EUR

5. Eine Bonkontrolle ergibt folgende Verkaufszahlen:

a)	12 Cognac	je	3,30 EUR	39,60 EUR
b)	22 Asbach	je	2,10 EUR	44,20 EUR
c)	15 Malteser	je	2,00 EUR	30,00 EUR

179

d) 54 Doornkaat	. . . .	je	1,80 EUR	97,80 EUR
e) 216 Gläser Bier	. . . .	je	1,40 EUR	203,40 EUR
f) Gesamtsumme:	. . . .			415,00 EUR

Überprüfen Sie die Positionen. Bezeichnen Sie richtige Beträge mit r, und verbessern Sie die falschen.

6. Für 1 Tasse Kaffee benötigt man 8 g gemahlenen Kaffee. Wie viele Tassen können aus 3,685 kg Kaffeemehl hergestellt werden?

7. Wie viele Rumpsteaks zu je 180 g Rohgewicht kann man aus 8,460 kg Fleisch schneiden?

8. 1 Portion Ragout-fin wiegt 230 g. Wie viele ganze Portionen lassen sich aus der Ragoutmenge von 4.840 g erzielen?

9. Nach dem Schälen stehen 8,580 kg Spargel zur Verfügung. Wie viele Portionen zu 220 g erhält man daraus?

18.2 Berechnen des Prozentsatzes

1. 30 kg Spargel ergeben nach dem Schälen 95 Portionen zu je 220 g. Wie hoch ist der Schälverlust in %?

a) 6,97 %   b) 30,3 %   c) 3 %   d) 69,7 %   e) 33 %   f) Richtiges Ergebnis fehlt.

2. Eingekauft werden 6 Körbe Champignons mit je 2,5 kg Gewicht. Beim Putzen ergeben sich 1,875 kg Abfall. Wie viel % beträgt der Putzverlust?

a) 12,5 %   b) 8,8 %   c) 8,0 %   d) 87,5 %   e) 13,6 %
f) Richtiges Ergebnis fehlt.

3. Aus 5,4 kg Rotbarsch werden 17 Portionen Filet zu je 210 g erzielt. Berechnen Sie den Filetierverlust in %.

a) 3,4 %   b) 51,3 %   c) 48,7 %   d) 34,8 %   e) 33,9 %   f) Richtiges Ergebnis fehlt.

4. Aus einem Kalbsfrikandeau, das zum Braten fertig 2.260 g wiegt, werden 12 Portionen zu je 150 g tischfertig geschnitten. Wie viel % beträgt der Bratverlust?

a) 8,9 %   b) 22,2 %   c) 18,2 %   d) 14,9 %   e) 81,8 %   f) Richtiges Ergebnis fehlt.

5. Ein Schweineschinken wiegt beim Einkauf 9,500 kg. Nach dem Auslösen werden folgende Gewichte festgestellt: Bratfleisch 6,400 kg; Kleinfleisch 1,050 kg; Knochen, Sehnen, Fett 2,050 kg. Wie viel % des Schweineschinkens ist verwertbares Fleisch?

a) 21,6 %   b) 67,4 %   c) 32,6 %   d) 7,8 %   e) 74,8 %   f) Richtiges Ergebnis fehlt.

18.3 Berechnen des Prozentwertes

1. 9,500 kg Roastbeef werden pariert. Der Knochenanteil beträgt 24,2 %. Wie viel kg wiegen die Knochen?

a) 2,299 kg b) 2,547 kg c) 7,201 kg d) 1,253 kg e) 1,851 kg f) Richtiges Ergebnis fehlt.

2. Ein Stück Gouda-Käse wiegt 350 g. Es enthält 45 % Wasser. In der Trockenmasse befinden sich 40 % Fett. Wie viel g Fett sind das?

a) 140 g   b) 63 g   c) 56 g   d) 77 g   e) 193 g   f) Richtiges Ergebnis fehlt.

3. 12,5 kg Spargel werden geschält. Der Schälverlust beträgt 28 %. Wie hoch ist der Schälverlust in kg?

a) 9,0 kg   b) 1,736 kg   c) 3,5 kg   d) 9,735 kg   e) 4,464 kg   f) Richtiges Ergebnis fehlt.

4. Edamer hat 49 % Wasser und 30 % Fett in der Trockenmasse. Wie viel g Fett sind in 150 g Käse enthalten?

a) 45 g   b) 7,65 g   c) 22,95 g   d) 22,05 g   e) 73,5 g   f) Richtiges Ergebnis fehlt.

5. 7,2 kg pariertes Fleisch werden gebraten. Der Braten hat danach noch 78,5 % des ursprünglichen Gewichtes. Wie viel kg sind das?

a) 1,55 kg   b) 8,75 kg   c) 4,763 kg   d) 5,650 kg   e) 4,100 kg   f) Richtiges Ergebnis fehlt.

18.4 Berechnen des Grundwertes

1. Der Preis für 1 Korb Champignons fällt um 0,40 EUR. Das sind
6,5 % des ursprünglichen Preises. Wie hoch war dieser Preis?

a) 1,62 EUR   b) 16,20 EUR   c) 4,20 EUR   d) 5,65 EUR
e) 6,15 EUR
f) Richtiges Ergebnis fehlt.

2. Beim Einkauf einer Küchenmaschine werden 8 % Rabatt = 72,00
EUR gewährt. Wie hoch ist der Listenpreis?

a) 900,00 EUR   b) 90,00 EUR   c) 277,78 EUR   d) 828,00 EUR   e) 82,80 EUR
f) Richtiges Ergebnis fehlt.

3. Bei einer Steige Erdbeeren beträgt die Tara 0,725 kg, das sind
13,5 % des Bruttogewichtes. Wie viel kg beträgt das Bruttogewicht?

a) 18,621 kg   b) 5,370 kg   c) 6,095 kg   d) 8,382 kg   e) 5,825 kg
f) Richtiges Ergebnis fehlt.

4. Der Preis für 1 Dose Erbsen ist um 7,5 % = 0,08 EUR gestiegen.
Wie hoch war der Ausgangspreis?

a) 1,15 EUR   b) 0,99 EUR   c) 0,94 EUR   d) 1,07 EUR   e) 1,04 EUR
f) Richtiges Ergebnis fehlt.

5. Bei einem Essen machen die Beilagen 40 % = 1,60 EUR des Fleischwertes aus. Wie hoch
sind die Gesamtmaterialkosten?

a) 5,60 EUR   b) 4,00 EUR   c) 2,67 EUR   d) 7,10 EUR   e) 2,40 EUR
f) Richtiges Ergebnis fehlt.

18.5 Rechnen mit vermindertem Grundwert

1. Ein Steak wiegt tischfertig 160 g. Wie schwer muss das Steak vor dem Braten sein, wenn mit
14 % Bratverlust gerechnet wird?

a) 182 g   b) 140 g   c) 186 g   d) 174 g   e) 189 g   f) Richtiges Ergebnis fehlt.

2. Eine tischfertige Portion Kalbsbraten soll 120 g wiegen. Wie viel g pariertes Fleisch werden
bei einem Bratverlust von 24 % dafür benötigt?

a) 155 g   b) 149 g   c) 97 g   d) 184 g   e) 126 g   f) Richtiges Ergebnis fehlt.

3. 1 kg Schweinefleisch kostet im Einkauf 5,10 EUR. Wie viel EUR kostet 1 kg Schweinebraten,
wenn 19 % Bratverlust berücksichtigt werden?

a) 4,13 EUR   b) 6,07 EUR   c) 6,63 EUR   d) 9,20 EUR   e) 6,30 EUR   f) Richtiges Ergebnis fehlt.

4. 1 kg Kalbfleisch kostet im Einkauf 12,00 EUR. Wie viel EUR kosten 120 g Kalbsbraten bei
einem Bratverlust von 25 %?

a) 0,94 EUR   b) 1,92 EUR   c) 0,70 EUR   d) 0,75 EUR   e) 1,45 EUR   f) Richtiges Ergebnis fehlt.

5. 1 Portion Fisch soll tischfertig 210 g wiegen. Wie viel g Frischfisch werden benötigt, wenn
der Putz- und Pochierverlust 35 % beträgt?

a) 283,5 g   b) 238 g   c) 366 g   d) 323 g   e) 242 g   f) Richtiges Ergebnis fehlt.

6. Für ein Extraessen werden 35 Portionen Sauerbraten zu je 160 g tafelfertig benötigt. Wie viel
kg Rindfleisch müssen zur Verfügung stehen, wenn mit einem Zubereitungsverlust von
29 % zu rechnen ist?

a) 7,887 kg   b) 7,224 kg   c) 9,576 kg   d) 3,976 kg   e) 19,310 kg   f) Richtiges Ergebnis fehlt.

18.6 Rechnen mit erhöhtem Grundwert

1. Nach einer Lohnerhöhung von 10 % verdient ein Restaurantfachmann 2.838,00 EUR. Wie hoch war der Lohn vor der Erhöhung?

a) 2.554,20 EUR b) 2.580,00 EUR c) 3.121,80 EUR d) 2.600,00 EUR e) 2.730,00 EUR
f) Richtiges Ergebnis fehlt.

2. Der Endbetrag einer Gästerechnung beträgt 348,00 EUR. Wie hoch ist die darin enthaltene Umsatzsteuer in EUR bei einem Steuersatz von 19 %?

a) 55,68 EUR b) 48,00 EUR c) 66,29 EUR d) 55,56 EUR e) 84,00 EUR f) Richtiges Ergebnis fehlt.

3. Ein Kasseler Rippenspeer wiegt gepökelt 3,250 kg. Die Pökelzunahme beträgt 6,5 %. Wie hoch war das Frischgewicht?

a) 3,039 kg b) 3,476 kg c) 2,946 kg d) 3,052 kg e) 2,828 kg f) Richtiges Ergebnis fehlt.

18.7 Gemischte Übungsaufgaben zum Prozentrechnen

1. Aus 10,8 kg Rehrücken werden 45 Portionen zu je 150 g tafelfertig erzielt. Wie viel % beträgt der Zubereitungsverlust?

a) 37,5 % b) 62,5 % c) 40,5 % e) 3,8 % f) Richtiges Ergebnis fehlt.

2. 1 kg Kalbfleisch kostet im Einkauf 12,80 EUR. Wie viel EUR kostet 1 kg Kalbsbraten, wenn der Bratverlust 28 % beträgt?

a) 17,78 EUR b) 17,87 EUR c) 6,56 EUR d) 10,00 EUR e) 2,35 EUR f) Richtiges Ergebnis fehlt.

3. Ein Gast zahlt für Speisen und Getränke 174,00 EUR. In dieser Summe sind 19 % Umsatzsteuer enthalten. Wie groß ist der Umsatzsteuerbetrag?

a) 33,00 EUR b) 27,84 EUR c) 24,00 EUR d) 42,00 EUR e) 33,17 EUR f) Richtiges Ergebnis fehlt.

4. Gouda hat 51 % Wasser. In der Trockenmasse sind 48 % Fett enthalten. Wie viel g Fett enthalten 720 g dieser Käsesorte?

a) 345,6 g b) 176,3 g c) 367,2 g d) 169,3 g e) 183,7 g f) Richtiges Ergebnis fehlt.

5. Zu einem Spargelessen für 75 Personen sollen je Portion 350 g Spargel tischfertig geboten werden. Wie viel kg Spargel sind einzukaufen, wenn mit einem Verlust von 40 % gerechnet wird?

a) 36,750 kg b) 43,750 kg c) 70,0 kg d) 18,750 kg e) 65,625 kg f) Richtiges Ergebnis fehlt.

6. In 13,5 kg Kaffeemischung sind 4,050 kg Santos enthalten. Wie viel % der Gesamtmenge sind das?

a) 30 % b) 33,3 % c) 23,1 % d) 70 % e) 66,7 % f) Richtiges Ergebnis fehlt.

7. Aus 3,750 kg Fisch werden bei einem Putzverlust von 26 % 13 Portionen erzielt. Wie viel g wiegt eine Portion?

a) 98 g b) 288 g c) 295 g d) 213 g e) 189 g f) Richtiges Ergebnis fehlt.

8. Eine Rechnung in Höhe von 1.224,50 EUR ist nach einem Abzug von 2,5 % Skonto zu bezahlen. Wie viel EUR sind zu überweisen?

a) 1.255,11 EUR b) 306,13 EUR c) 1.193,89 EUR d) 1.194,63 EUR
e) 1.164,04 EUR f) Richtiges Ergebnis fehlt.

9. Eine Köchin erhält 6 % Lohnerhöhung und hat danach einen Bruttolohn von 1.600,00 EUR. Wie hoch war der Lohn vorher?

a) 1.509,43 EUR b) 1.504,00 EUR c) 1.504,93 EUR d) 1.520,50 EUR
e) Richtiges Ergebnis fehlt.

10. 1 kg Schweinefleisch kostet im Einkauf 6,75 EUR. Wie viel EUR kosten 180 g tischfertiges Fleisch bei einem Bratverlust von 19 %?

a) 1,02 EUR   b) 1,22 EUR   c) 1,58 EUR   d) 1,50 EUR   e) 2,40 EUR   f) Richtiges Ergebnis fehlt.

11. Von einem Listenpreis werden 16 % Rabatt = 312,00 EUR abgezogen. Rechnen Sie den Listenpreis aus.

a) 1.950,00 EUR   b) 361,92 EUR   c) 2.262,00 EUR   d) 811,20 EUR   e) 3.619,20 EUR
f) Richtiges Ergebnis fehlt.

12. Es werden 80 Portionen Poularde zu je 225 g tischfertig benötigt. Bei der Zubereitung entsteht ein Verlust von 25 %. Die Poularden wiegen beim Einkauf 1.200 g je Stück. Wie viel Poularden sind einzukaufen?

a) 19 St.   b) 20 St.   c) 12 St.   d) 14 St.   e) 18 St.   f) Richtiges Ergebnis fehlt.

13.1 Rehfleisch enthält 16 % Eiweiß und 3 % Fett.

13.2 Rindfleisch (mittelfett) enthält 15 % Eiweiß und 18 % Fett.
Wie viel kJ liefern jeweils 160 g der beiden Fleischsorten?
(1 g Eiweiß = 17 kJ, 1 g Fett = 38 kJ)

14.1 0,5 kg Gänsefleisch enthalten 60 g Eiweiß und 115 g Fett.

14.2 0,5 kg Brathuhnfleisch enthalten 75 g Eiweiß und 20 g Fett.
Wie viel kJ liefern die Geflügelarten?
(1 g Eiweiß = 17 kJ, 1 g Fett = 38 kJ)

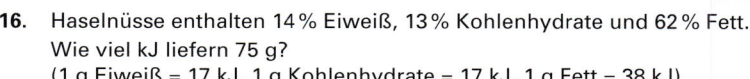

15. Schellfisch enthält 18 % Eiweiß und 1 % Fett.
Wie viel kJ liefert 1 Portion von 210 g?
(1 g Eiweiß = 17 kJ, 1 g Fett = 38 kJ)

16. Haselnüsse enthalten 14 % Eiweiß, 13 % Kohlenhydrate und 62 % Fett.
Wie viel kJ liefern 75 g?
(1 g Eiweiß = 17 kJ, 1 g Kohlenhydrate = 17 kJ, 1 g Fett = 38 kJ)

18.8 Zinsrechnen

1. Wie viel EUR Jahreszins zahlt der Schuldner bei 8,6 % für 4.200,00 EUR?
a) 36,12 EUR   b) 35,72 EUR   c) 361,20 EUR   d) Richtiges Ergebnis fehlt.

2. Patrick leiht sich 8.500,00 EUR zu 9,8 % Zinsen. Wie viel EUR muss er nach 9 Monaten zurückzahlen?
a) 624,75 EUR   b) 9.124,75 EUR   c) 9.125,00 EUR   d) Richtiges Ergebnis fehlt.

3. Ein Hotelier kauft einen Kleinlaster für 14.200,00 EUR bei 5.000,00 EUR Anzahlung. Wie hoch ist der monatliche Zinsanteil bei 13,2 % Zinsen und 15 Monaten Laufzeit des Kredits?
a) 1.518,00 EUR   b) 126,50 EUR   c) 101,80 EUR   d) 6.518,00 EUR   e) 156,20 EUR
f) Richtiges Ergenbis fehlt.

4. Bei der Finanzierung eines Autos zahlt der Käufer 2.000,00 EUR an. Er muss bei 10,5 % Zinsen 18 Monatsraten von 120,00 EUR zahlen. Wie teuer wird der Wagen insgesamt?
a) 2.160,00 EUR   b) 2.386,80 EUR   c) 4.160,00 EUR   d) 4.386,80 EUR   e) 4.500,20 EUR
f) Richtiges Ergebnis fehlt.

5. Die Sparkasse zahlt für eine Einlage von 4.525,00 EUR nach 1¼ Jahr 310,20 EUR Zinsen. Wie viel % Zinsen zahlt sie?
a) 6,8 %   b) 5,48 %   c) 6,25 %   d) Richtiges Ergebnis fehlt.

6. Thomas zahlt am 10. April 720,00 EUR auf sein Konto ein. Als er am 28. Dezember dieses Konto auflöst, kann er 738,06 EUR abheben. Wie viel % Zinsen erhielt er?
a) 5,46 %   b) 4,6 %   c) 3,75 %   d) 3,5 %   e) 9 %   f) Richtiges Ergebnis fehlt.

7. Ein Guthaben erhöht sich in der Zeit vom 01.02. bis 11.12. von 1.800,00 EUR auf 1.869,75 EUR. Berechnen Sie den Zinssatz.

a) 4,5 %   b) 3,5 %   c) 3,75 %   d) Richtiges Ergebnis fehlt.

8. Bei Barzahlung würde ein Käufer auf den Preis von 6.500,00 EUR 3 % Skonto erhalten. Ist es ratsam, den Betrag durch einen Kleinkredit für 1 Monat bei 18,5 % aufzunehmen?

8.1 Wie hoch ist der Skontoanteil?

a) 205,00 EUR   b) 195,00 EUR

8.2 Wie hoch sind die Zinskosten?

a) 120,25 EUR   b) 100,21 EUR

8.3 Wie viel EUR beträgt der Gewinn?

9. Ein Kontoinhaber erhielt 248,60 EUR Zinsen für 8 Monate. Wie viel Geld hatte er eingezahlt, wenn der übliche Zinssatz von 4,5 % galt?

a) 8.286,67 EUR   b) 8.535,27 EUR   c) 828,67 EUR

10. Ein Geldinstitut bietet einen Kleinkredit an:

500,00 EUR Kredit, Anzahlung 50,00 EUR.
1. Monatsrate 62,60 EUR, 7 weitere Monatsraten zu je 61,00 EUR.
Welcher Zinssatz ist gefordert?

a) 5,8 %   b) 11,88 %   c) 5,3 %   d) 13,2 %   e) 13,5 %   f) Richtiges Ergebnis fehlt.

18.9 Mischungsrechnen

1. Im Rahmen der „Dänischen Woche" wird eine Käsetafel geboten aus:

Hawarti . . . .   kg 7,40 EUR   Dana blue . . . .   kg 11,20 EUR
Buko . . . .   kg 7,20 EUR   Steppenkäse. . . . .   kg   4,50 EUR
Wie teuer ist ⅛ kg?

a) 7,78 EUR   b) 0,95 EUR   c) 1,15 EUR   d) Richtiges Ergebnis fehlt.

2. Der Großhändler liefert:

6,2 kg Emmentaler am Stück . . . .   kg   7,60 EUR
4,3 kg Edamer am Stück . . . .   kg   6,20 EUR
4,4 kg Tilsiter . . . .   kg   8,00 EUR
1,6 kg Gervais. . . . .   kg   8,80 EUR
2,1 kg Gorgonzola . . . .   kg 11,30 EUR

2.1 Wie viel kg Käse wurden geliefert?

2.2 Wie hoch ist die Gesamtrechnung?

2.3 Wie teuer wird eine Portion von 50 g durchschnittlich?

a) 0,43 EUR   b) 0,38 EUR   c) 0,53 EUR   d) Richtiges Ergebnis fehlt.

3. Ein Kornbrand wird hergestellt aus

1.650 l Kornsprit 74 Vol.-% l   18,00 EUR
  270 l Primasprit 72 Vol-% l   12,00 EUR

3.1 Wie viel reiner Alkohol ist vorhanden?

a) 1.415,4 l   b) 1.920 l

3.2 Wie viel Liter Wasser müssen hinzugemischt werden, damit die gewünschte Trinkstärke von 38 Vol-% erreicht wird?

a) 3.724,737 l   b) 2.309,337 l   c) 1.804,737 l

3.3 Wie viel Kornbrand erhält man?

3.4 Welche Selbstkosten errechnen sich?

3.5 Welcher Literpreis für den Verschnitt ergibt sich?

3.6 Wie viel 0,7-Liter-Flaschen erhält man?

a) 3.724 Flaschen   b) 5.321 Flaschen

184

3.7 Wie teuer wird eine Flasche Kornbrand, wenn man mit 160 % Bruttoaufschlag arbeitet?

a) 12,40 EUR b) 9,92 EUR c) 18,00 EUR d) Richtiges Ergebnis fehlt.

4. 25,7 kg Brät für Kalbsleberwurst bestehen aus 48 Teilen Fett und 52 Teilen Nichtfett.

4.1 Wie viel g Fett und Nichtfett sind darin enthalten?

4.2 Wie hoch ist der Fettgehalt, wenn man noch 1.200 g Fett und 1.500 g Nichtfett (Magerfleisch) hinzugibt?

4.3 Wie viele ganze Portionen je 125 g erhält man aus der größeren Menge?

4.4 Welche Einnahme erzielt man, wenn der Kilopreis 13,76 EUR beträgt?

a) 195,22 EUR b) 390,44 EUR c) 407,30 EUR d) Richtiges Ergebnis fehlt.

5. Teewurst „Rügenwalder Art", bestehend aus 48 % Nichtfett und 52 % Fett.

5.1 Welcher Fettgehalt ergibt sich, wenn zur Verbesserung der Streichfähigkeit zu 16.200 g Brät noch 2.500 g Fett kommen?

a) 48,5 % b) 52,6 % c) 58,4 % d) Richtiges Ergebnis fehlt.

5.2 Was kostet ein kg Wurst, wenn der Fleischer für Nichtfett 8,60 EUR und für Fett 4,80 EUR rechnet?

5.3 Wie teuer wird eine 125-g-Portion, wenn für die Ausstattung der Packung jeweils 0,42 EUR weitere anteilige Kosten entstehen, damit sie auch als Werbegeschenk gelten kann.

a) 1,22 EUR b) 2,02 EUR c) Richtiges Ergebnis fehlt.

18.10 Rabatt und Skonto

1. Ein junger Koch kauft einen Messerkoffer, der laut Preisliste 430,20 EUR kostet. Er zahlt sofort und erhält außer 15 % Rabatt noch 3 % Skonto.

Was kostet der Koffer?

a) 352,77 EUR b) 364,58 EUR c) 354,70 EUR

2. Für die Ausstattung eines Hotel Garni trifft eine Lieferung ein. Prüfen Sie die einzelnen Angaben auf ihre Richtigkeit. Berechnen Sie die fehlenden Werte.

a) 28 Paar Bezüge mit Kissen........................	je 53,75 EUR	1.505,00 EUR
b) 16 Paar Bezüge mit Kissen........................	je 44,20 EUR	707,60 EUR
c) 88 Betttücher, Mitte verstärkt.....................	je 4,80 EUR	432,40 EUR
d) 140 Frottiertücher, blau	je 3,40 EUR	476,00 EUR
e) 24 Packungen kleine Tücher	je 7,60 EUR	184,20 EUR
f) Nettobetrag		3.305,20 EUR
g) 19 % Umsatzsteuer...............................		? EUR
h) Bruttobetrag		? EUR

Der Hotelier zieht 3 % Skonto ab.

i) Welchen Betrag überweist er?

3. Ein junges Ehepaar vergleicht diese Angebote:

A. Wohnzimmer, komplett möbliert: 12.600,00 EUR als Barpreis; notwendige Ergänzungen (Teppich, Gardinen) kosten nochmals 2.820,00 EUR. Bei sofortiger Zahlung 3 % Skonto!

B. Wohnzimmer, komplett möbliert; Anzahlung 2.000,00 EUR, 15 Monatsraten à 380,00 EUR. Notwendige Ergänzungen für 800,00 EUR Anzahlung und 15 Monatsraten à 225,00 EUR.

3.1 Wie teuer wird Angebot A bei Sofortzahlung?

a) 12.222,00 EUR b) 14.957,40 EUR c) Richtiges Ergebnis fehlt.

3.2 Wie teuer wird Angebot B?

a) 11.875,60 EUR b) 11.518,75 EUR c) 12.500,00 EUR d) Richtiges Ergebnis fehlt.

18.11 Brutto – Netto – Tara

1. Ein Körbchen Erdbeeren wiegt 1,550 kg. Die Tara beträgt 16,5 %.
Wie viel kg wiegen die Erdbeeren?
a) 1,294 kg   b) 2,558 kg   c) 1,064 kg   d) 1,320 kg   e) 1,806 kg   f) Richtiges Ergebnis fehlt.

2. Eine kleine Dose Kaviar kostet 68,00 EUR und wiegt 56 g. Die Tara, das Gewicht der Dose,
beträgt 6,5 g. Wie viel EUR kosten 20 g Kaviar netto?
a) 8,93 EUR   b) 8,00 EUR   c) 27,47 EUR   d) 11,05 EUR   e) 27,20 EUR   f) Richtiges Ergebnis
fehlt.

3. Eine Steige Tafelbirnen wiegt 9,5 kg. Die Birnen selbst wiegen 8,350 kg. Wie viel % macht
die Tara aus?
a) 8,8 %   b) 13,8 %   c) 87,9 %   d) 15,2 %   e) 12,1 %   f) Richtiges Ergebnis fehlt.

4. Eine Kiste Spargel wiegt 12,5 kg. Die leere Kiste hat ein Gewicht von 2,25 kg. Wie viel %
beträgt das Nettogewicht?
a) 21,6 %   b) 18 %   c) 78,4 %   d) 84,7 %   e) 16,3 %   f) Richtiges Ergebnis fehlt.

5. Eine Ware wiegt 56,5 kg netto, das sind 85 % des Bruttogewichtes. Wie viel kg beträgt das
Bruttogewicht?
a) 48,025 kg   b) 104,525 kg   c) 66,471 kg   d) 9,971 kg   e) 73,873 kg   f) Richtiges Ergebnis
fehlt.

18.12 Rechnen mit Portionen, Preisen, Anteilen, Verlusten und Kilojoule

1. Für ein Essen werden 25 Portionen Seezungenfilets benötigt. 1 Portion besteht aus 3 Filets.
Wie viele Seezungen sind einzukaufen?
a) 25 St.   b) 18 St.   c) 19 St.   d) 38 St.   e) 37 St.   f) Richtiges Ergebnis fehlt.

2. Für ein Hochzeitsessen, an dem 42 Personen teilnehmen, betragen die Materialkosten insgesamt 630,00 EUR.

2.1 Wie viel EUR beträgt der Preis für ein Gedeck bei 360 % Bruttoaufschlag?

2.2 Die Kosten für Getränke werden mit 40 % der Materialkosten veranschlagt.
Wie viel EUR sind vom Gastgeber insgesamt zu zahlen?

3. Überprüfen Sie folgende Einkaufsrechnung. Geben Sie die richtigen Beträge an. Verbessern Sie die falschen und ergänzen Sie die fehlenden Beträge.
a) 72 ¹/₁ Dosen Erbsen . . . .   je Dose 0,40 EUR   28,80 EUR
b) 60 ¹/₁ Dosen Brechbohnen . . . .   je Dose 0,45 EUR   27,00 EUR
c) 24 ½ Dosen Spargel . . . .   je Dose 0,80 EUR   12,90 EUR
d) 24 ½ Dosen Champignons . . . .   je Dose 1,40 EUR   33,40 EUR
e) richtiger Nettobetrag . . . .   103,10 EUR
f) 7 % Umsatzsteuer . . . .   ?   EUR
g) richtiger Endbetrag . . . .   ?   EUR

4. Eingekauft werden 30 kg Mies- oder Pfahlmuscheln.

4.1 Wie viel Stück ergeben sich bei einem Durchschnittsgewicht von
12 g?

4.2 Wie viele Muscheln müssen bei einem Verlust von 4 % aussortiert werden?

4.3 Wie viele Portionen zu je 25 St. lassen sich aus der Restmenge gewinnen?
Suchen Sie zu den Aufgaben 4.1, 4.2 und 4.3 hier die richtige Lösung aus.
a) 250 St.   b) 10 St.   c) 2.500 St.   d) 100 Portionen   e) 96 Portionen   f) 25.000 St.
g) 100 St.   h) 60 St.   i) 10 Portionen   j) Richtiges Ergebnis fehlt.

186

5. Für ein Essen werden 24 Filetsteaks zu je 160 g tischfertig benötigt. Wie viel kg Rinderfilet müssen bereitgestellt werden, wenn mit einem Bratverlust von 12 % und einem Parierverlust von 14 % zu rechnen ist?

   a) 5,189 kg   b) 4,838 kg   c) 9,984 kg   d) 2,842 kg   e) 5,074 kg
   f) Richtiges Ergebnis fehlt.

6. Hergestellt werden 4,8 kg Hackfleisch zu 2,80 EUR je kg. Wie viel kg Fleisch von jeder Sorte müssen verwendet werden, wenn Rindfleisch 3,40 EUR und Schweinefleisch 2,50 EUR je kg kosten?

   a) 2,4 kg Rindfleisch + 2,4 kg Schweinefleisch
   b) 1,6 kg Rindfleisch + 3,2 kg Schweinefleisch
   c) 3,2 kg Rindfleisch + 1,6 kg Schweinefleisch
   d) 1 kg Rindfleisch + 2 kg Schweinefleisch
   e) 1 kg Rindfleisch + 3,8 kg Schweinefleisch
   f) Richtiges Ergebnis fehlt.

Rindfleisch:

7. Gesucht ist der Preis für 180 g Filetsteak. Das Rinderfilet wiegt 3,850 kg und kostet im Einkauf 8,20 EUR je kg. Die Parüren betragen 12 % und werden mit 1,80 EUR je kg angerechnet.

   a) 1,69 EUR   b) 1,63 EUR   c) 1,73 EUR   d) 1,34 EUR   e) 1,49 EUR   f) Richtiges Ergebnis fehlt.

8. Das Rohgewicht eines Roastbeefs beträgt 17,5 kg. 1 kg kostet im Einkauf 12,80 EUR. Der Anteil Knochen und Parüren macht 33,5 % aus und wird mit 1,80 EUR je kg berechnet.
   Wie viel EUR kostet ein entrecote double von 380 g?

   a) 6,97 EUR   b) 3,95 EUR   c) 2,51 EUR   d) 1,56 EUR   e) 7,69 EUR   f) Richtiges Ergebnis fehlt.

9. Für eine Fleischlieferung betragen die Kosten 1.435,00 EUR. Wie viel EUR sind tatsächlich zu zahlen, wenn 5 % Mengenrabatt gewährt und 3 % Skonto durch Barzahlung genutzt werden?

   a) 1.320,20 EUR   b) 1.391,95 EUR   c) 1.363,25 EUR   d) 1.322,35 EUR   e) 1.351,05 EUR
   f) Richtiges Ergebnis fehlt.

10. 1 kg Rinderfilet kostet im Einkauf 22,10 EUR. Wie viel EUR kostet 1 kg Filetbraten tischfertig, wenn der Verlust 24 % ausmacht?

    a) 9,27 EUR   b) 15,13 EUR   c) 29,08 EUR   d) 16,26 EUR   e) 27,40 EUR   f) Richtiges Ergebnis fehlt.

11. Überprüfen Sie folgende Rechnung. Geben Sie an, welche Beträge richtig (r) sind. Verbessern Sie die falschen und ergänzen Sie die fehlenden Beträge.

a)	8,500 kg Roastbeef	je kg	13,60 EUR	115,60 EUR
b)	7,600 kg Schmorbraten	je kg	6,00 EUR	45,60 EUR
c)	3,650 kg Rinderfilet	je kg	22,50 EUR	82,13 EUR
d)	18,000 kg Suppenfleisch	je kg	5,00 EUR	90,00 EUR
e)	35,000 kg Knochen	je kg	1,80 EUR	63,00 EUR
f)	richtiger Nettobetrag			? EUR
g)	7 % Umsatzsteuer			27,47 EUR
h)	richtiger Bruttobetrag			? EUR

12. Aus einem Rinderbraten, der 2,650 kg wiegt, werden 12 Portionen zu je 180 g erzielt. Wie viel % beträgt der Bratverlust?

    a) 18,5 %   b) 22,7 %   c) 7,7 %   d) 8,2 %   e) 77,3 %   f) Richtiges Ergebnis fehlt.

13. Benötigt werden 45 Portionen Rinderbraten zu je 170 g tischfertig. Wie viel Rindfleisch ist bereitzustellen, wenn der Bratverlust 19 % beträgt?

    a) 9,104 kg   b) 9,444 kg   c) 4,026 kg   d) 7,650 kg   e) 11,238 kg   f) Richtiges Ergebnis fehlt.

14. Ein Steak enthält 19 % Eiweiß und 8 % Fett.
Wie viel Kilojoule liefert es bei einem Gewicht von 180 g?
(1 g Eiweiß = 17 kJ, 1 g Fett = 38 kJ)

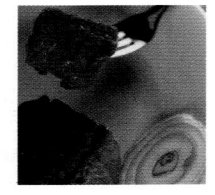

Kalbfleisch:

15. Aus einem Kalbsfrikandeau, das bratfertig 2.200 g wiegt, werden
12 Portionen zu je 150 g erzielt. Wie viel % beträgt der Bratverlust?
a) 8,9 % b) 22,2 % c) 18,2 % d) 14,9 % e) 7,8 % f) Richtiges Ergebnis fehlt.

16. Für Ragout fin werden benötigt:

a)	9,500	kg	Kalbfleisch..........................	je kg	11,50 EUR	109,25 EUR
b)	12	l	Brühe..............................	je l	1,20 EUR	14,40 EUR
c)	3,200	kg	Champignons.......................	je kg	2,10 EUR	4,83 EUR
d)	0,650	kg	Mehl...............................	je kg	0,60 EUR	0,39 EUR
e)	0,550	kg	Margarine..........................	je kg	1,20 EUR	0,66 EUR
f)	2,5	St.	Zitronen...........................	je St.	0,20 EUR	0,50 EUR
g)	1,150	l	Sahne.............................	je l	2,40 EUR	2,76 EUR
h)			Gewürze...........................	für	1,50 EUR	1,50 EUR
i)	richtiger Gesamtbetrag..........................					? EUR

Prüfen Sie diese Aufstellung. Geben Sie an, welche Beträge richtig sind; verbessern Sie
die falschen Beträge.

17. 1 kg Kalbfleisch kostet im Einkauf 12,00 EUR. Wie viel EUR kostet 1 kg Kalbsbraten, wenn
der Bratverlust 21 % beträgt?
a) 15,19 EUR b) 6,72 EUR c) 7,02 EUR d) 11,59 EUR e) Richtiges Ergebnis fehlt.

18. Beim Auslösen einer Kalbskeule von 12,4 kg ergeben sich folgende Anteile: Bratenfleisch:
6,386 kg, Hachse und Parüren: 3,844 kg, Knochen und Fett: 2,170 kg.

18.1 Wie viel % der Kalbskeule entfallen auf Bratenfleisch?
a) 51,5 %, b) 31,0 % c) 5,2 % d) 48,5 % e) 59,0 % f) Richtiges Ergebnis fehlt.

18.2 Wie viel % des verwertbaren Fleisches entfallen auf Bratenfleisch?
a) 48,5 % b) 62,4 % c) 84,1 % d) 8,4 % e) 60,2 % f) Richtiges Ergebnis fehlt.

18.3 Die Kalbskeule wurde für 12,80 EUR je kg gekauft. Wie hoch ist der Preis für 1 kg verwertbares Fleisch, wenn für Knochen und Fett 1,20 EUR je kg gerechnet werden?
a) 13,59 EUR b) 15,66 EUR c) 14,33 EUR d) 7,00 EUR e) 22,58 EUR f) Richtiges Ergebnis fehlt.

19. 1 kg Kalbfleisch kostet im Einkauf 12,50 EUR. Wie viel EUR kostet ein Kalbssteak von 170 g
tischfertig bei einem Zubereitungsverlust von 18 %?
a) 1,43 EUR b) 1,21 EUR c) 2,59 EUR d) 3,06 EUR e) 1,66 EUR f) Richtiges Ergebnis
fehlt.

Schweinefleisch:

20. Das Einkaufsgewicht eines Schweineschinkens beträgt 9,500 kg. Beim Auslösen ergeben
sich folgende Anteile: Bratenfleisch 6,400 kg, Kleinfleisch 1.050 kg, Knochen und Fett
2,050 kg.

20.1 Wie viel % des Schinkens sind verwertbares Fleisch (Bratenfleisch und Kleinfleisch)?
a) 67,4 % b) 11,5 % c) 78,4 d) 88,9 % e) 8,9 % f) Richtiges Ergebnis fehlt.

20.2 Wie viel % des verwertbaren Fleisches macht das Kleinfleisch aus?
a) 14,1 % b) 8,6 % c) 27,5 % d) 11,5 % e) 12,4 % f) Richtiges Ergebnis fehlt.

20.3 Der Schweineschinken wurde für 5,60 EUR je kg eingekauft. Wie hoch ist der Preis für 1 kg verwertbares Fleisch, wenn Knochen und Fett mit 1,10 EUR je kg gerechnet werden?
a) 6,20 EUR b) 5,67 EUR c) 5,00 EUR d) 6,44 EUR e) 5,76 EUR f) Richtiges Ergebnis
fehlt.

21. Ein Kasseler Rippenspeer wiegt gepökelt 5,250 kg. Die Pökelzunahme beträgt 4,8 %. Wie viel kg beträgt die Gewichtszunahme?

a) 0,501 kg b) 0,252 kg c) 0,522 kg d) 0,053 kg e) 0,240 kg f) Richtiges Ergebnis fehlt.

22. 1 kg Schweinefleisch kostet im Einkauf 4,40 EUR. Wie viel EUR kostet 1 kg Schweinebraten, wenn der Bratverlust 23 % beträgt?

a) 3,39 EUR b) 5,71 EUR c) 6,10 EUR d) 1,31 EUR e) 2,32 EUR f) Richtiges Ergebnis fehlt.

23. Schweineleber enthält 19 % Eiweiß, 3,5 % Fett und 3 % Kohlenhydrate.

Wie viel Kilojoule sind in 160 g Leber enthalten?

1 g Eiweiß = 17 kJ, 1 g Fett = 38 kJ, 1 g Kohlenhydrate = 17 kJ)

24. Für ein Extraessen werden 45 Schweinekoteletts zu je 170 g tischfertig benötigt.

24.1 Wie viel kg Schweinerücken müssen eingekauft werden, wenn mit 23 % Aufteil- und Bratverlust gerechnet wird?

a) 9,410 kg b) 6,220 kg c) 9,935 kg d) 17,585 kg e) 10,976 kg f) Richtiges Ergebnis fehlt.

24.2 Wie viel EUR betragen die Materialkosten je Portion, wenn 1 kg Fleisch im Einkauf 5,50 EUR kostet und der Beilagenwert 30 % des Fleischwertes ausmacht?

a) 1,09 EUR b) 1,03 EUR c) 0,69 EUR d) 1,21 EUR e) 1,92 EUR f) Richtiges Ergebnis fehlt.

Hammelfleisch:

25. Für ein Essen werden 32 Portionen Hammelkoteletts benötigt (1 Portion = 2 St. zu je 60 g tischfertig). Wie viel kg muss das Gewicht der zum Braten fertigen Koteletts betragen, wenn mit einem Verlust von 15 % gerechnet wird?

a) 8,358 kg b) 4,518 kg c) 4,416 kg d) 5,760 kg e) 3,264 kg f) Richtiges Ergebnis fehlt.

26. Überprüfen Sie die Berechnung der Materialkosten, und ergänzen Sie dann den Gesamtbetrag.

Für 25 Portionen Hammelcurry mit Butterreis und Banane werden benötigt:

a) 5,800 kg Hammelfleisch.............................	je kg	8,80 EUR	51,04 EUR
b) 0,750 kg Zwiebeln.................................	je kg	0,40 EUR	0,30 EUR
c) 1,300 kg Äpfel.....................................	je kg	1,20 EUR	1,56 EUR
d) 0,300 kg Fett	je kg	1,30 EUR	0,39 EUR
e) 0,250 kg Mehl.....................................	je kg	0,60 EUR	1,50 EUR
f) 1,800 kg Reis......................................	je kg	2,50 EUR	4,60 EUR
g) 0,250 kg Butter	je kg	4,00 EUR	1,00 EUR
h) Gewürze	für	1,40 EUR	1,40 EUR
i) 3,200 kg Bananen	je kg	1,50 EUR	4,50 EUR
j) richtiger Gesamtbetrag			? EUR

27. 1 Hammelchop soll tischfertig 190 g wiegen. Das Frischgewicht beträgt 220 g. Mit wie viel % Bratverlust wird gerechnet?

a) 8,6 % b) 15,8 % c) 13,6 % d) 8,4 % e) 12,0 % f) Richtiges Ergebnis fehlt.

28. 1 kg Hammelrücken kostet im Einkauf 8,50 EUR. Wie viel EUR kostet 1 Hammelkotelett von 65 g tischfertig bei einem Bratverlust von 16 %?

a) 0,36 EUR b) 0,31 EUR c) 0,88 EUR d) 0,46 EUR e) 0,66 EUR f) Richtiges Ergebnis fehlt.

29. Mittelfettes Hammelfleisch enthält 13 % Eiweiß und 18 % Fett.

Wie hoch ist der Energiegehalt (kJ) in einer Portion von 150 g?

(1 g Eiweiß = 17 kJ, 1 g Fett = 38 kJ)

Wildfleisch:

30. Für ein Essen werden 22 Portionen Rehkeule zu je 150 g tafelfertig benötigt.

30.1 Wie viel kg Rehkeule sind einzukaufen, wenn mit einem Gesamtverlust von 38 % zu rechnen ist?
a) 5,323 kg b) 3,959 kg c) 8,623 kg d) 5,983 kg e) 6,970 kg f) Richtiges Ergebnis fehlt.

30.2 Welchen Materialwert hat eine Portion, wenn 1 kg Rehkeule im Einkauf 11,00 EUR kostet?
a) 1,98 EUR b) 2,66 EUR c) 2,98 EUR d) 3,49 EUR e) 4,31 EUR f) Richtiges Ergebnis fehlt.

31. Überprüfen Sie folgende Materialkostenberechnung für 20 Portionen Rehkeule mit Rahmsauce, Preiselbeeren, Apfelkompott und Kroketten. Verbessern Sie falsche Beträge, und ergänzen Sie den Gesamtbetrag.

a)	3,800	kg	Rehkeule	je kg	11,00 EUR	41,80 EUR
b)	0,380	kg	Spickspeck	je kg	3,20 EUR	1,22 EUR
c)	0,300	kg	Fett	je kg	2,10 EUR	0,63 EUR
d)	¼	l	Saure Sahne	je l	1,90 EUR	0,48 EUR
e)			Gewürze		0,80 EUR	0,80 EUR
f)	1,150	kg	Preiselbeeren	je kg	2,00 EUR	2,30 EUR
g)	3,100	kg	Äpfel	je kg	0,80 EUR	2,84 EUR
h)	0,400	kg	Zucker	je kg	0,90 EUR	0,36 EUR
i)	2	St.	Zitronen	je St.	0,20 EUR	0,40 EUR
j)	3,200	kg	Kartoffeln	je kg	0,60 EUR	0,96 EUR
k)	0,090	kg	Butter	je kg	4,00 EUR	0,63 EUR
l)	9	St.	Eier	je St.	0,26 EUR	1,26 EUR
m)	0,250	kg	Mehl	je kg	0,60 EUR	1,25 EUR
n)	0,400	kg	Brösel	je kg	1,20 EUR	0,48 EUR
o)			Gewürze		0,90 EUR	0,20 EUR
p)	0,300	kg	Backfett	je kg	1,90 EUR	0,75 EUR
q)	richtiger Gesamtbetrag					? EUR

32. Für eine Portion Rehrücken werden 210 g Frischfleisch bereitgestellt. Wie viel g wiegt die Portion tischfertig, wenn mit einem Verlust von 25 % gerechnet wird?
a) 280 g b) 140 g c) 157,5 g d) 262,5 g e) 168 g f) Richtiges Ergebnis fehlt.

33. Hasenfleisch enthält 17 % Eiweiß und 2 % Fett.
Berechnen Sie den Energiegehalt (kJ) für 180 g.
(1 g Eiweiß = 17 kJ, 1 g Fett = 38 kJ)

34. Das Einkaufsgewicht eines Hasen mit Fell beträgt 3,650 kg und es werden 4,80 EUR je kg dafür bezahlt.

34.1 Wie viel EUR kostet der Hase nach Abzug von 3 % Skonto?
a) 4,66 EUR b) 18,05 EUR c) 16,58 EUR d) 16,99 EUR e) 17,60 EUR f) Richtiges Ergebnis fehlt.

34.2 Welchen Materialwert haben Keulen und Rücken, wenn das Fell ohne Bewertung bleibt, für das Ragoutfleisch (1,050 kg) mit 1,50 EUR je kg berechnet wird?
a) 15,94 EUR b) 16,47 EUR c) 15,41 EUR d) 15,00 EUR e) 16,02 EUR f) Richtiges Ergebnis fehlt.

35. 1 kg Hasenrücken kostet im Einkauf 10,00 EUR. Wie viel EUR kostet 1 Portion von 160 g tischfertig bei einem Bratverlust von 20 %?
a) 1,60 EUR b) 2,00 EUR c) 1,33 EUR d) 2,20 EUR e) 1,90 EUR f) Richtiges Ergebnis fehlt.

36. Ein Fasan, der 720 g wiegt, soll für 2 Personen zubereitet werden. Wie viel g kommen auf 1 Portion (vor dem Braten), wenn die Abgänge 35 % betragen?
a) 252 g b) 360 g c) 234 g d) 259 g e) 468 g f) Richtiges Ergebnis fehlt.

Geflügel:

37. Das Gewicht einer Gans beträgt beim Einkauf 4,550 kg. Wie viel kg wiegt die zum Braten fertige Gans, wenn die Abgänge 36 % ausmachen?

a) 1,638 kg b) 2,559 kg c) 5,188 kg d) 2,912 kg e) 3,346 kg f) Richtiges Ergebnis fehlt.

38. Es werden 4 Portionen Ente zu je 380 g tafelfertig benötigt.

38.1 Wie schwer muss die zum Braten fertige Ente sein, wenn mit einem Bratverlust von 24 % zu rechnen ist?

a) 3,648 kg b) 2,000 kg c) 1,885 kg d) 4,813 kg e) 1,520 kg f) Richtiges Ergebnis fehlt.

38.2 0,5 kg Ente kostet im Einkauf 1,30 EUR. Wie viel EUR sind für diese Ente zu zahlen?

a) 5,20 EUR b) 4,90 EUR c) 3,95 EUR d) 12,52 EUR e) 9,49 EUR f) Richtiges Ergebnis fehlt.

38.3 Wie viel EUR betragen die Gesamtmaterialkosten für 1 Portion, wenn der Beilagenwert 30 % des Fleischwertes ausmacht?

a) 1,29 EUR b) 1,60 EUR c) 1,69 EUR d) 4,08 EUR e) 6,26 EUR f) Richtiges Ergebnis fehlt.

39. Überprüfen Sie folgende Rechnung. Geben Sie an, welche Beträge richtig (r) sind. Verbessern Sie die falschen, und ergänzen Sie die fehlenden Beträge.

a) 36,0 kg frische Hähnchenbrust .... je kg 4,00 EUR 144,00 EUR
b) 45,0 kg frische Hähnchenschenkel .... je kg 3,60 EUR 160,00 EUR
c) 25,0 kg frische Suppenhühner. .... je kg 2,70 EUR   65,70 EUR
d) 72,0 kg frische Hähnchen........................ je kg 2,80 EUR 201,60 EUR
e) richtiger Nettobetrag ....   ? EUR
f) 7 % Umsatzsteuer................................   45,70 EUR
g) richtiger Bruttobetrag...........................   ? EUR

40. Eingekauft werden 145 kg Frischgeflügel zu einem Gesamtpreis von 435,00 EUR.

40.1 Von diesem Betrag gehen 5,5 % Mengenrabatt und 3 % Skonto ab. Wie viel EUR sind zu überweisen?

a) 421,95 EUR b) 389,03 EUR c) 389,57 EUR d) 398,75 EUR e) 398,03 EUR f) Richtiges Ergebnis fehlt.

40.2 Wie viel EUR kostet durchschnittlich 1 kg Frischgeflügel im Einkauf?

a) 2,75 EUR b) 3,00 EUR c) 2,92 EUR d) 2,69 EUR e) 2,84 EUR f) Richtiges Ergebnis fehlt.

41. Benötigt werden 40 Portionen Poularde zu je 220 g tischfertig. Beim Braten entsteht ein Verlust von 24 %. 1 Poularde wiegt 1.200 g. Wie viele Poularden müssen gebraten werden?

a) 9 St. b) 10 St. c) 30 St. d) 12 St. e) 6 St. f) Richtiges Ergebnis fehlt.

42. Wie hoch ist der Energiegehalt (kJ) in 180 g Suppenhuhnfleisch, in dem 20 % Eiweiß und 13 % Fett enthalten sind?

(1 g Eiweiß = 17 kJ, 1 g Fett = 38 kJ)

Fisch:

43. Für ein Essen werden 32 Portionen Fisch zu je 120 g tischfertig benötigt.

43.1 Wie viel kg Fisch müssen zubereitet werden, wenn der Pochierverlust vom geputzten Fisch 18 % beträgt?

43.2 Wie viel kg Frischfisch müssen vorhanden sein, wenn der Putzverlust 35 % beträgt?

a) 4,683 kg b) 4,531 kg c) 3,149 kg d) 3,254 kg e) 6,117 kg f) 7,205 kg
g) 5,196 kg h) 6,989 kg i) 7,285 kg j) Richtiges Ergebnis fehlt.

44. Hergestellt werden 17 Portionen Seezungenfilets zu je 225 g tafelfertig. Eine Portion besteht aus 3 Filets. Der Abfall vom Filetieren beträgt 43 %.

44.1 Wie viel Seezungen sind einzukaufen?

a) 12 St. b) 13 St. c) 17 St. d) 22 St. e) 26 St. f) Richtiges Ergebnis fehlt.

44.2 Wie schwer muss eine Seezunge beim Einkauf sein?

a) 394,7 g   b) 429 g   c) 426 g   d) 526,3 g   e) 263,2 g   f) Richtiges Ergebnis fehlt.

45. Aus 3,950 kg Fisch werden bei einem Verlust von 26 % 14 Portionen erzielt. Wie viel g wiegt eine Portion?

a) 208,8 g   b) 282,1 g   c) 73,4 g   d) 381,3 g   e) 286,4 g   f) Richtiges Ergebnis fehlt.

46. Es werden 18 Portionen Lachsforelle zu je 210 g tafelfertig benötigt.

46.1 Der Kochverlust beträgt 23 % des geputzten Fisches, der Putzverlust macht 32 % des ungeputzten Fisches aus. Wie viel kg muss das Einkaufsgewicht betragen?

a) 8,400 kg   b) 5,859 kg   c) 7,219 kg   d) 5,481 kg   e) 5,559 kg
f) Richtiges Ergebnis fehlt.

46.2 1 kg Lachsforelle im Einkauf kostet 6,20 EUR. Für die Beilagen sind 1,10 EUR je Portion zu rechnen. Wie hoch sind die Gesamtmaterialkosten je Portion?

a) 1,84 EUR   b) 3,26 EUR   c) 1,76 EUR   d) 3,59 EUR   e) 1,77 EUR   f) Richtiges Ergebnis fehlt.

47. Für ein Essen werden 35 Portionen Seezungenfilets zu je 180 g tafelfertig benötigt. Eine Portion enthält 3 Filets. Der Verlust wird mit 40 % angesetzt.

47.1 Wie viel Seezungen sind erforderlich?

a) 53 St.   b) 26 St.   c) 9 St.   d) 8 St.   e) 27 St.   f) Richtiges Ergebnis fehlt.

47.2 Wie schwer muss eine Seezunge im Einkauf sein?

a) 300 g   b) 400 g   c) 252 g   d) 336 g   e) 384 g   f) Richtiges Ergebnis fehlt.

48. Aus 6,500 kg Fisch werden 20 Portionen zu je 210 g tafelfertig erzielt. Wie viel % beträgt der Verlust?

a) 64,7 %   b) 54,8 %   c) 6,5 %   d) 45,2 %   e) 35,4 %   f) Richtiges Ergebnis fehlt.

49. Geräucherter Aal enthält 14 % Eiweiß und 20 % Fett.
Wie viel kJ liefern 80 g Aal?
(1 g Eiweiß = 17 kJ, 1 g Fett = 38 kJ)

50. Ein Zander wiegt 2,825 kg und kostet 34,47 EUR.

50.1 Bei einem Putzverlust von 26 % werden 11 Portionen daraus erzielt. Wie viel g wiegt eine Portion vor der Zubereitung?

a) 204 g   b) 190 g   c) 210 g   d) 347 g   e) 229 g   f) Richtiges Ergebnis fehlt.

50.2 Wie viel EUR betragen die Materialkosten je Portion?

a) 0,99 EUR   b) 3,13 EUR   c) 0,92 EUR   d) 3,31 EUR   e) 1,11 EUR   f) Richtiges Ergebnis fehlt.

51. Eingekauft werden:

a) 35,500 kg Seelachsfilet	je kg 11,80 EUR	408,90 EUR
b) 23,500 kg Schellfisch ohne Kopf	je kg 8,50 EUR	199,75 EUR
c) 8,500 kg Seezunge	je kg 42,80 EUR	336,80 EUR
d) 18,000 kg Forellen	je kg 8,20 EUR	147,60 EUR
e) Gesamtbetrag		? EUR

Überprüfen Sie die Rechnung. Bezeichnen Sie richtige Beträge mit r, und verbessern Sie die falschen.

19 Kalkulieren mit Bruttoaufschlag

1. Die Materialkosten für ein Essen betragen 4,45 EUR. Es wird für 16,50 EUR verkauft. Wie hoch ist der Bruttoaufschlag in %?

a) 26,9 % b) 360,2 % c) 370,8 % d) 270,8 % e) 260,2 % f) Richtiges Ergebnis fehlt.

2. Ein Extraessen ist für 1.475,00 EUR verkauft worden. Bei der Nachkalkulation stellt der Wirt fest, dass die tatsächlichen Materialkosten für das Essen 425,00 EUR betragen.

2.1 Wie hoch ist der Bruttoaufschlag in %?

a) 247,1 % b) 347,1 % c) 288,1 % d) 28,8 % e) 404,8 % f) Richtiges Ergebnis fehlt.

2.2 Wie viel EUR Materialkosten hatte der Wirt bei 260 % Bruttoaufschlag veranschlagt?

a) 548,08 EUR   b) 1.050,00 EUR   c) 409,72 EUR   d) 110,50 EUR   e) 535,50 EUR
f) Richtiges Ergebnis fehlt.

3.1 Gesucht ist der Preis für 1 Filetsteak von 180 g Rohgewicht. Eingekauft werden 3,4 kg Rinderfilet zu 19,00 EUR je kg. Die Parüren betragen 12 % und werden mit 3,70 EUR je kg abgesetzt.

a) 2,25 EUR b) 1,92 EUR c) 3,80 EUR d) 3,97 EUR e) 2,34 EUR f) Richtiges Ergebnis fehlt.

3.2 Der Beilagenwert macht 28 % des Fleischwertes aus. Wie viel EUR betragen die Gesamtmaterialkosten für 1 Portion?

a) 5,92 EUR b) 2,88 EUR c) 4,68 EUR d) 4,86 EUR e) 2,30 EUR f) Richtiges Ergebnis fehlt.

3.3 Das Essen wird mit einem Bruttoaufschlag von 280 % verkauft. Wie viel EUR beträgt der Verkaufspreis?

a) 8,74 EUR b) 13,61 EUR c) 18,47 EUR d) 10,79 EUR e) 18,74 EUR f) Richtiges Ergebnis fehlt.

4.1 Überprüfen Sie folgende Materialkostenberechnung für eine Portion Rinderbrust mit Meerrettichsauce, Bouillonkartoffeln, Gurke und Preiselbeeren. Nennen Sie die richtigen Beträge (r), verbessern Sie die falschen und ergänzen Sie die Materialkosten.

a) 200 g		gepökelte Rinderbrust	je kg	5,50 EUR	1,10 EUR
b) 350 g		Kartoffeln.	je kg	0,60 EUR	0,21 EUR
c) 1		Brötchen	je St.	0,20 EUR	0,20 EUR
d) ⅙ l		Milch	je l	0,74 EUR	0,12 EUR
e) 5 g		Butter	je kg	4,00 EUR	0,20 EUR
f)		Meerrettich und Gewürze.		0,90 EUR	0,90 EUR
g) ¹⁄₂₀	Dose	Preiselbeeren	je Ds.	1,60 EUR	0,80 EUR
h) ½		Gurke	je St.	0,50 EUR	0,25 EUR
i) richtige Materialkosten.					? EUR

4.2 Das Gericht wird mit einem Bruttoaufschlag von 270 % verkauft. Berechnen Sie den Inklusivpreis.

a) 11,99 EUR b) 8,26 EUR c) 13,20 EUR d) 11,32 EUR e) 9,56 EUR f) Richtiges Ergebnis fehlt.

4.3 Ein amerikanischer Gast will den Preis in seiner Landeswährung bezahlen (1 US-Dollar = 0,70 EUR). Wie viel Dollar hat er zu bezahlen?

a) 13,04 Dollar b) 17,16 Dollar c) 14,15 Dollar d) 9,51 Dollar e) 16,17 Dollar f) Richtiges Ergebnis fehlt.

5. Die Materialkosten für ein Essen betragen 4,10 EUR. Es wird für 15,75 EUR verkauft. Wie hoch ist der Bruttoaufschlag in %?

a) 284,1 % b) 35,2 % c) 384,1 % d) 351,9 % e) 251,9 % f) Richtiges Ergebnis fehlt.

6.1 Überprüfen Sie die Materialkostenrechnung für 30 Portionen Krebscremesuppe. Geben Sie die richtigen (r), falschen (f) und die fehlenden Beträge an.

a)	70	Flusskrebse	je St.	3,10 EUR	217,00 EUR
b)	160 g	Butter....................	je kg	4,00 EUR	0,46 EUR
c)	¼ l	Cognac..................	je 0,7 l	18,00 EUR	4,50 EUR
d)	0,3 l	Weißwein	je l	3,30 EUR	0,99 EUR
e)	100 g	Tomatenmark	je kg	2,00 EUR	0,20 EUR
f)	6 l	Brühe...................	je l	1,10 EUR	6,60 EUR
g)	¼ l	Öl	je l	1,20 EUR	0,30 EUR
h)	250 g	Fett....................	je kg	1,80 EUR	0,60 EUR
i)	250 g	Mehl...................	je kg	0,60 EUR	0,13 EUR
j)	180 g	Sellerie.................	je kg	1,00 EUR	0,18 EUR
k)	450 g	Lauch..................	je kg	1,10 EUR	0,50 EUR
l)	0,3 l	Sahne..................	je l	2,40 EUR	0,75 EUR
m)	⅛ kg	Butter..................	je kg	4,00 EUR	0,50 EUR
n)	richtige Materialkosten............				? EUR

6.2 Wie viel EUR kostet eine Portion bei 210 % Bruttoaufschlag?

7. Die Materialkosten für 1 Portion Suppe betragen 1,80 EUR. Wie hoch ist der Inklusivpreis, wenn mit einem Bruttoaufschlag von 280 % gerechnet wird?

a) 6,48 EUR   b) 6,84 EUR   c) 8,64 EUR   d) 5,04 EUR   e) 3,64 EUR   f) Richtiges Ergebnis fehlt.

8.1 Kraftbrühe 10,00 EUR. Die Materialkosten für Kalbfleischklößchen als Einlage für diese zehn Portionen Kraftbrühe betragen:

a)	0,5 kg	Kalbfleisch...........................	je kg	9,50 EUR	4,75 EUR
b)	125 g	Weißbrot	je kg	2,00 EUR	0,25 EUR
c)	¼ l	Sahne................................	je l	2,40 EUR	0,80 EUR
d)	1	Eiweiß	je St.	0,12 EUR	0,12 EUR
e)		Gewürz.............................		0,80 EUR	0,80 EUR
f)	Gesamtmaterialkosten.....................				? EUR

Überprüfen Sie die Aufstellung.

8.2 Mit wie viel Prozent Bruttoaufschlag wurde bei einem Inklusivpreis von 7,50 EUR gerechnet?

9.1 Die Materialkosten für Markklößchen als Einlage für Kraftbrühen betragen:

a)	60 g	Rindermark	je kg	4,50 EUR	0,27 EUR
b)	40 g	Butter................................	je kg	4,00 EUR	0,16 EUR
c)	1/20 l	Milch	je l	0,74 EUR	0,04 EUR
d)	1½	Brötchen	je St.	0,20 EUR	0,30 EUR
e)	4	Eier.................................	je St.	0,26 EUR	1,04 EUR
f)		Petersilie und Gewürz		0,40 EUR	0,40 EUR
g)	Gesamtmaterialkosten.....................				? EUR

Überprüfen Sie die Aufstellung.

9.2 Mit wie viel EUR gehen die Markklößchen bei 150 % Bruttoaufschlag in eine Gesamtkalkulation ein?

10. 4,8 l Sauce Velouté de veau sollen hergestellt werden:

a)	180 g	Butter................................	je kg	4,00 EUR	0,72 EUR
b)	200 g	Mehl.................................	je kg	0,60 EUR	0,12 EUR
c)	4½ l	Kalbsbrühe	je l	1,80 EUR	8,00 EUR
d)		Gesamtmaterialkosten.................			8,49 EUR

Überprüfen Sie die Aufstellung.

11.1 Aus der Velouté de veau wird eine Sauce allemande hergestellt:

a)	0,6	l	Champignonfond	je l	0,50 EUR	0,30 EUR
b)	1,5	l	Kalbsbrühe	je l	1,80 EUR	2,75 EUR
c)	12		Eigelb..............................	je St.	0,12 EUR	1,44 EUR
d)	1½		Zitronen (Saft)......................	je St.	0,20 EUR	0,20 EUR
e)	3	l	Velouté de veau	je l	2,00 EUR	6,00 EUR
f)	0,6	l	Sahne..............................	je l	2,40 EUR	1,44 EUR
g)	70	g	Butter..............................	je kg	4,00 EUR	0,28 EUR
h)			Gewürze...........................	für	0,40 EUR	0,40 EUR
i)			Gesamtmaterialkosten			? EUR

Überprüfen Sie die Aufstellung.

11.2 Wie viel EUR kostet die Sauce bei 160 % Bruttoaufschlag?

12. Für 26 Personen sollen flambierte Schattenmorellen gereicht werden.

12.1 Prüfen Sie die Teilergebnisse.

a)	2,4	kg	Schattenmorellen	je kg	4,10 EUR	9,84 EUR
b)	4	cl	Kirschwasser.........................	0,7 l	14,00 EUR	0,80 EUR
c)	0,2	kg	Waffeln	125 g	0,80 EUR	1,28 EUR
						14,00 EUR

12.2 Ermitteln Sie die Materialkosten.

12.3 Nennen Sie den Einzelpreis, wenn 280 % Bruttoaufschlag zu rechnen sind.

a) 1,20 EUR   b) 1,75 EUR   c) 1,32 EUR   d) Richtiges Ergebnis fehlt.

13. Eine Eispackung „Prinzenrolle" (480 g) kostet im Großhandel 2,50 EUR; zusätzlich 7 % Umsatzsteuer. Man erhält 18 Portionen.

13.1 Wie viel EUR kostet eine Scheibe Eis?

a) 0,13 EUR   b) 0,15 EUR   c) 0,16 EUR   d) Richtiges Ergebnis fehlt.

13.2 Prüfen Sie die Angaben über weitere Materialkosten.

a)	⅜	l	Schlagsahne	1 l	2,40 EUR	0,90 EUR
b)	4	cl	Himbeergeist.........................	0,7 l	15,00 EUR	0,68 EUR
c)	150	g	Schoko-Waffeln.......................	250 g	1,80 EUR	1,08 EUR
						1,80 EUR

13.3 Eine Portion wird mit 1,50 EUR verkauft. Welcher Bruttoaufschlag ergibt sich?

a) 380,6 %   b) 480,6 %   c) 465,8 %   d) Richtiges Ergebnis fehlt.

14. Für eine Schwarzwälder-Sahnetorte nimmt man als Zutaten:

a)	2		Scheiben dunkler Bisquit (⅔ Boden).......	Boden	2,10 EUR	1,40 EUR
b)	1		Scheibe heller Bisquit (⅓ Boden)	Boden	1,80 EUR	0,60 EUR
c)	600	ml	Sahne..............................	je l	2,40 EUR	1,44 EUR
d)	300	g	Schattenmorellen......................	je kg	4,20 EUR	1,26 EUR
e)	80	g	Kuvertüre...........................	je kg	3,10 EUR	0,25 EUR
f)	4	cl	Kirschwasser.........................	0,7 l	14,00 EUR	0,80 EUR
g)			Zucker und Dekor		1,20 EUR	1,20 EUR

14.1 Prüfen Sie die Teilergebnisse.

14.2 Welcher Gesamtpreis ergibt sich?

a) 6,96 EUR   b) 6,95 EUR   c) 4,84 EUR
d) Richtiges Ergebnis fehlt.

14.3 Man schneidet 18 Stücke daraus, wie teuer wird ein Stück?

a) 0,39 EUR   b) 0,40 EUR
c) Richtiges Ergebnis fehlt.

14.4 Welcher Bruttoaufschlag ergibt sich, wenn man ein Stück für 2,00 EUR anbietet?

a) 412,8 %   b) 512,8 %   c) Richtiges Ergebnis fehlt.

20 Kalkulieren von Speisen mit der aufgebauten Kalkulation

1. Die Materialkosten für 1 Essen betragen 2,20 EUR.

1.1 Berechnen Sie den vorläufigen Verkaufspreis bei einem Aufschlag von 240 %.
a) 5,28 EUR   b) 7,48 EUR   c) 12,76 EUR   d) 8,50 EUR   e) Richtiges Ergebnis fehlt.

1.2 Wie viel EUR beträgt der Inklusivpreis bei 15 % Bedienungsgeld und 19 % Umsatzsteuer?
a) 10,02 EUR   b) 7,22 EUR   c) 10,73 EUR   d) 10,24 EUR   e) Richtiges Ergebnis fehlt.

2. Ein kaltes Buffet wird zu einem vorläufigen Verkaufspreis von 1.460,00 EUR angeboten. Für Bedienungsgeld werden 15 %, für Umsatzsteuer 19 % gerechnet.
Berechnen Sie den Inklusivpreis.
a) 1.737,40 EUR   b) 1.998,01 EUR   c) 1.956,40 EUR   d) 3.416,40 EUR   e) Richtiges Ergebnis fehlt.

3. Die Materialkosten für ein Schweinekotelett mit Beilagen betragen 1,80 EUR. Zur Berechnung des Kartenpreises wird folgende Kalkulation durchgeführt:

3.1 55 % Küchenkosten auf die Materialkosten

3.2 65 % Gemeinkosten auf den Küchenpreis

3.3 19 % Gewinn auf den Selbstkostenpreis

3.4 15 % Bedienungsgeld auf den vorläufigen Verkaufspreis

3.5 19 % Umsatzsteuer auf den Nettoverkaufspreis
Welche Preise ergeben sich für die einzelnen Posten?
a) 1,02 EUR   b) 0,94 EUR   c) 0,99 EUR   d) 0,88 EUR   e) 1,81 EUR   f) 0,87 EUR
g) 2,79 EUR   h) 1,17 EUR   i) 0,82 EUR   j) Richtiges Ergebnis fehlt.

4. Die Materialkosten für ein Fischgericht betragen 2,10 EUR. Zur Berechnung des Kartenpreises wird folgende Kalkulation durchgeführt:

4.1 32 % Küchenkosten auf die Materialkosten

4.2 38 % Gemeinkosten auf den Küchenpreis

4.3 17 % Gewinn auf den Selbstkostenpreis

4.4 12 % Bedienungsgeld auf den vorläufigen Verkaufspreis

4.5 19 % Umsatzsteuer auf den Nettoverkaufspreis
Welche Preise ergeben sich für die einzelnen Posten?
a) 1,05 EUR   b) 0,67 EUR   c) 0,72 EUR   d) 0,95 EUR   e) 0,46 EUR   f) 0,65 EUR
g) 0,54 EUR   h) 0,59 EUR   i) Richtiges Ergebnis fehlt.

5. Die Materialkosten für ein Essen betragen 2,60 EUR. Berechnen Sie den Inklusivpreis.

5.1 45 % Küchenkosten auf die Materialkosten; Küchenpreis

5.2 55 % Gemeinkosten auf den Küchenpreis; Selbstkostenpreis

5.3 18 % Gewinn auf den Selbstkostenpreis; vorläufiger Verkaufspreis

5.4 12 % Bedienungsgeld auf den vorläufigen Verkaufspreis

5.5 19 % Umsatzsteuer auf den Nettoverkaufspreis; Inklusivpreis
Welche Preise ergeben sich für die einzelnen Posten?
a) 6,47 EUR   b) 5,84 EUR   c) 3,77 EUR   d) 6,89 EUR   e) 8,88 EUR   f) 7,72 EUR
g) 7,92 EUR   h) 9,19 EUR   i) Richtiges Ergebnis fehlt.

6. Die Materialkosten für 8 Portionen Rehrücken betragen 28,00 EUR.

6.1 Ermitteln Sie den vorläufigen Verkaufspreis bei einem Aufschlag von 240 %.
a) 76,20 EUR   b) 95,20 EUR   c) 67,20 EUR   d) 39,67 EUR   e) Richtiges Ergebnis fehlt.

6.2 Wie viel EUR beträgt der Inklusivpreis bei 12 % Bedienungsgeld und 19 % Umsatzsteuer?
a) 110,43 EUR   b) 121,86 EUR   c) 120,68 EUR   d) 126,88 EUR   e) Richtiges Ergebnis fehlt.

7. Die Materialkosten für 1 Steak mit Beilagen betragen 2,60 EUR. Berechnen Sie den Inklusivpreis.

7.1 45 % Küchenkosten auf die Materialkosten; Küchenpreis

7.2 65 % Gemeinkosten auf den Küchenpreis; Selbstkosten

7.3 18 % Gewinn auf den Selbstkostenpreis; vorläufiger Verkaufspreis

7.4 15 % Bedienungsgeld auf den vorläufigen Verkaufspreis; Nettoverkaufspreis

7.5 19 % Umsatzsteuer auf den Nettoverkaufspreis; Inklusivpreis
Welche Preise ergeben sich für die einzelnen Posten?
a) 1,93 EUR   b) 3,77 EUR   c) 8,49 EUR   d) 8,44 EUR   e) 6,22 EUR   f) 10,04 EUR
g) 7,34 EUR   h) 9,61 EUR   i) Richtiges Ergebnis fehlt.

8. Der vorläufige Verkaufspreis für ein Essen beträgt 7,40 EUR. Wie hoch ist der Inklusivpreis unter Berücksichtigung von 15 % Bedienungsgeld und 19 % Umsatzsteuer?
a) 9,69 EUR   b) 8,51 EUR   c) 10,13 EUR   d) 8,43 EUR   e) 12,05 EUR   f) Richtiges Ergebnis fehlt.

9. Die Materialkosten für 1 Filetsteak mit Beilagen betragen 3,20 EUR. Zur Berechnung des vorläufigen Verkaufspreises wird folgende Kalkulation durchgeführt:

9.1 65 % Küchenkosten auf die Materialkosten

9.2 75 % Gemeinkosten auf den Küchenpreis

9.3 21 % Gewinn auf die Selbstkosten
Welche Preise ergeben sich für die einzelnen Posten?
a) 5,15 EUR   b) 5,28 EUR   c) 5,60 EUR   d) 7,06 EUR   e) 7,64 EUR   f) 8,71 EUR
g) 9,24 EUR   h) 11,18 EUR   i) Richtiges Ergebnis fehlt.

10. Die Materialkosten von 8 Portionen Rinderschmorbraten betragen 21,60 EUR. Berechnen Sie den vorläufigen Verkaufspreis.

10.1 45 % Küchenkosten auf die Materialkosten

10.2 56 % Gemeinkosten auf den Küchenpreis; Selbstkostenpreis

10.3 21 % Gewinn auf den Selbstkostenpreis; vorläufiger Verkaufspreis
Welche Preise ergeben sich für die einzelnen Posten?
a) 31,32 EUR   b) 33,70 EUR   c) 48,86 EUR   d) 40,78 EUR   e) 76,22 EUR   f) 59,12 EUR
g) 57,28 EUR   h) Richtiges Ergebnis fehlt.

11. Die Materialkosten für ein Hochzeitsmenü betragen 10,00 EUR.

11.1 Wie hoch ist der vorläufige Verkaufspreis bei einem Aufschlag von 220 %?
a) 22,00 EUR   b) 54,00 EUR   c) 32,00 EUR   d) 45,45 EUR   e) Richtiges Ergebnis fehlt.

11.2 Wie hoch ist der Inklusivpreis bei 15 % Bedienungsgeld und 19 % Umsatzsteuer?
a) 28,82 EUR   b) 29,35 EUR   c) 37,12 EUR   d) 43,79 EUR   e) Richtiges Ergebnis fehlt.

11.3 Wie viel % beträgt der Bruttoaufschlag?
a) 297,6 %   b) 337,9 %   c) 426,9 %   d) 397,6 %   e) 330,5 %   f) Richtiges Ergebnis fehlt.

12. Die Materialkosten für ein Essen betragen 2,50 EUR. Das Essen wird für 8,75 EUR verkauft. Wie hoch ist der Bruttoaufschlag in %?
a) 350,0 %   b) 60,0 %   c) 250,0 %   d) 450,0 %   e) Richtiges Ergebnis fehlt.

21 Kalkulieren von Getränken

1. Ein Container mit Limonade (4,2 l) kostet 8,65 EUR. Wie teuer wird ein 0,2-l-Glas bei 360 % Aufschlag?

   a) 0,76 EUR   b) 1,90 EUR   c) Richtiges Ergebnis fehlt.

2. Errechnen Sie den Inklusivpreis für ein 0,2-l-Glas Bier; Bruttoaufschlag 380 %:

2.1 Pils; 48,6 l für 92,00 EUR; Zapfverlust 4,5 %

   a) 1,85 EUR   b) 1,92 EUR   c) 1,61 EUR   d) Richtiges Ergebnis fehlt.

2.2 Export; 50,8 l für 50,80 EUR; Zapfverlust 4 %

   a) 1,95 EUR   b) 1,85 EUR   c) 2,05 EUR   d) Richtiges Ergebnis fehlt.

2.3 Bockbier; 25 l für 52,00 EUR; Zapfverlust 4 %

   a) 1,98 EUR   b) 2,34 EUR   c) 3,10 EUR   d) Richtiges Ergebnis fehlt.

3. Wie teuer muss ein Kännchen Kaffee sein, wenn man zugrunde legt:

a) 20	g	Kaffee	je kg	9,20 EUR	0,38 EUR
b) 20	g	Zucker	je kg	0,60 EUR	0,01 EUR
c) 0,03	l	Kaffeesahne	je l	2,00 EUR	0,06 EUR

3.1 Prüfen Sie die Teilpreise.

3.2 Ermitteln Sie die Materialkosten.

3.3 Welcher Inklusivpreis ergibt sich bei 390 % Betriebskosten; 35 % Gewinn; 15 % Bedienungsgeld, 19 % Umsatzsteuer?

   a) 1,36 EUR   b) 2,21 EUR   c) 2,40 EUR   d) 2,90 EUR   e) Richtiges Ergebnis fehlt.

4. Für einen Whisky-Cola rechnet man 1 Flasche Cola zu 0,40 EUR und 4 cl Whisky (0,7 l zu 16,00 EUR).

4.1 Errechnen Sie den Inklusivpreis; Aufschläge 580 % Betriebskosten, 28 % Gewinn, 15 % Bedienungsgeld und 19 % Umsatzsteuer. Diese hohen Aufschläge sind notwendig, weil eine Band spielt.

   a) 15,21 EUR   b) 8,31 EUR   c) 13,11 EUR   d) Richtiges Ergebnis fehlt.

4.2 An Wochentagen findet keine Live-Musik statt, darum sind günstigere Spannen möglich: 450 % Betriebskosten, 28 % Gewinn, 12 % Bedienungsgeld, 19 % Umsatzsteuer. Ermitteln Sie den Inklusivpreis.

   a) 10,68 EUR   b) 12,30 EUR   c) 10,34 EUR   f) Richtiges Ergebnis fehlt.

4.3 Welcher prozentuale Preisunterschied liegt vor?

   a) 21,2 %   b) 26,9 %   c) Richtiges Ergebnis fehlt.

22 Rückkalkulationen

1. Ein Extraessen wird mit 1.720,00 EUR berechnet. Bei der Nachkalkulation stellt der Wirt fest, dass der Bruttoaufschlag 270 % beträgt. Wie hoch sind die Materialkosten?

   a) 1.255,14 EUR   b) 637,04 EUR   c) 464,86 EUR   d) 1.082,96 EUR   e) 1.011,76 EUR   f) Richtiges Ergebnis fehlt.

2. Der Inklusivpreis für ein Hochzeitsmenü beträgt 40,00 EUR. In diesem Preis sind 19 % Umsatzsteuer enthalten. Wie viel EUR beträgt die Umsatzsteuer?

   a) 6,40 EUR   b) 5,22 EUR   c) 6,39 EUR   d) 7,62 EUR   e) 7,60 EUR   f) Richtiges Ergebnis fehlt.

3. Für ein Extraessen sind insgesamt 968,00 EUR zu zahlen. In dem Betrag sind 19 % Umsatzsteuer und 15 % Bedienungsgeld enthalten. Geben Sie aus den folgenden Werten die Beträge an für:

3.1 Umsatzsteuer

3.2 Bedienungsgeld

a) 154,88 EUR   b) 184,38 EUR   c) 154,55 EUR   d) 145,88 EUR   e) 106,10 EUR
f) 106,06 EUR   g) 139,93 EUR   h) 116,06 EUR   i) Richtiges Ergebnis fehlt.

4. Ein Gast hat für seine Speisen und Getränke 168,20 EUR zu bezahlen. In dem Betrag sind 19 % Umsatzsteuer enthalten. Berechnen Sie die Umsatzsteuer.

a) 26,91 EUR   b) 21,24 EUR   c) 26,86 EUR   d) 32,04 EUR   e) Richtiges Ergebnis fehlt.

5. Der Kartenpreis für 1 Rumpsteak mit Beilagen beträgt 15,00 EUR einschließlich 15 % Bedienungsgeld und 19 % Umsatzsteuer.

5.1 Wie viel EUR beträgt die Umsatzsteuer?

5.2 Wie viel EUR Bedienungsgeld sind im Kartenpreis enthalten?

a) 2,40 EUR   b) 1,46 EUR   c) 2,14 EUR   d) 2,39 EUR   e) 1,96 EUR   f) 1,70 EUR
g) 1,64 EUR   h) 2,86 EUR   i) Richtiges Ergebnis fehlt.

6. Ein Kännchen Mocca wird für 3,50 EUR angeboten. Die Rückrechnung weist einen Bruttoaufschlag von 360 % aus. Wie hoch sind die Materialkosten?

a) 0,97 EUR   b) 0,76 EUR   c) 1,26 EUR   d) Richtiges Ergebnis fehlt.

7. Rüdesheimer Kaffee darf aus Konkurrenzgründen für nur 3,20 EUR angeboten werden. Die Materialkosten sind 1,10 EUR. Welcher Bruttoaufschlag in % wurde möglich?

a) 343,8 % b) 290,9 % c) 200 % d) Richtiges Ergebnis fehlt.

8. „Am Bierbrunnen" soll ein 0,4-l-Glas Bier 2,50 EUR kosten. Der Zapfer rechnet bei einem 50-l-Fass mit 4 % Schankverlust.

8.1 Welche Einnahme wird erzielt?

a) 312,50 EUR   b) 300,00 EUR   c) 325,00 EUR

8.2 Das Fass kostet 70,00 EUR, Nebenkosten 20,00 EUR. Wie hoch ist der Bruttoaufschlag?

a) 428,6 % b) 300,0 % c) 233,3 % d) Richtiges Ergebnis fehlt.

9. Zu einem Sektfrühstück rechnet der Gastgeber mit 60 Personen, die jeweils 3 Gläser erhalten sollten. Aus einer Flasche werden 8 Gläser erzielt.

9.1 Wie viel 0,75-l-Flaschen müssen bereitgestellt werden?

9.2 Der Wirt rechnet mit einem Bruttoaufschlag von 480 %. Welche Sektmarke wird er servieren, wenn der Gastgeber 800,40 EUR ausgibt?

Sorte: a) 7,25 EUR   b) 6,00 EUR   c) 5,00 EUR   d) 9,00 EUR   im Einkauf.

10. Für eine Weinwerbewoche möchte ein Wirt einen Pokal (0,2 l)

Rotwein für . . . . 2,20 EUR und den
Weißwein mit . . . . 1,80 EUR anbieten.
Er kalkuliert knapp, nämlich mit 145 % Betriebskosten, 28 % Gewinn, 12 % Bedienungsgeld und 19 % Umsatzsteuer. Welchen Literpreis wählt er aus folgenden Angeboten?
Rotwein: a) 2,63 EUR   b) 4,60 EUR   c) 7,90 EUR   d) nicht im Angebot
Weißwein: a) 3,70 EUR   b) 2,20 EUR   c) 6,95 EUR   d) nicht im Angebot

23 Berechnen des Gewinns

1. Eine Ausflugsgesellschaft hat in einer Gaststätte Mittagessen zu 8,00 EUR pro Person bestellt. Der Wirt kalkuliert mit 110 % Betriebskosten, 12 % Bedienungsgeld und 19 % Umsatzsteuer. Die Materialkosten betragen 2,50 EUR.
   Berechnen Sie den Gewinn in EUR und % pro Mittagessen.

2. Ein Tagesmenü kostet in einem Restaurant 23,00 EUR. Der Gastwirt kalkuliert mit 120 % Betriebskosten, 15 % Bedienungsgeld und 19 % Umsatzsteuer.
   Berechnen Sie den Gewinn in EUR und % bei 7,00 EUR Materialkosten.

3. Das Gasthaus „Schöne Aussicht" verkauft ein Steak mit Beilagen für 12,50 EUR. Kalkuliert wird mit 45 % Küchenkosten, 65 % Gemeinkosten, 15 % Bedienungsgeld und 19 % Umsatzsteuer.
   Ermitteln Sie den Gewinn in EUR und % bei 3,50 EUR Materialkosten.

24 Lohnberechnungen

1. Ein Koch erhält nach einer Lohnerhöhung von 10 % 2.585,00 EUR. Wie hoch war sein vorheriger Bruttolohn?
   a) 2.350,00 EUR   b) 2.326,50 EUR   c) Richtiges Ergebnis fehlt.

2. Eine Hostess erhält 2.420,00 EUR brutto. Abzüge: 22 % Lohnsteuer; 9 % Kirchensteuer (von der Lohnsteuer berechnet) und 19 % Sozialabgaben. Wie viel EUR erhält sie netto?
   a) 1.210,00 EUR   b) 1.379,88 EUR   c) Richtiges Ergebnis fehlt.

3. Der Commis Rolf soll vertraglich 1.800,00 EUR brutto erhalten. Wie viel EUR verbleiben ihm, wenn ihm 22 % Lohnsteuer, 9 % Kirchensteuer (Berechnungsgrundlage ist die Lohnsteuer), 19 % Sozialabgaben und 180,00 EUR für Logis und Teilkost abgezogen werden?
   a) 1.026,36 EUR   b) 846,36 EUR   c) Richtiges Ergebnis fehlt.

4. Ein Chef de rang hat einen Tagesumsatz von 2.144,60 EUR. Welchen Bruttoverdienst hat er bei 12 % Bedienungsgeld und 19 % Umsatzsteuer?
   a) 295,72 EUR   b) 188,08 EUR   c) 320,12 EUR   d) 216,26 EUR

5. Ein Chef überlegt: Der neue Koch fordert 1.450,00 EUR netto. Wie hoch ist dessen Bruttolohn bei 220,00 EUR für Logis und Teilkost und 36 % Abzügen?
   a) 2.192,00 EUR   b) 2.738,80 EUR   c) 4.638,89 EUR

6. Der Chef vergleicht: sein Auszubildender im 3. Ausbildungsjahr erhält 339,65 EUR ausbezahlt und das bei 19 % Lohnsteuer, 19,5 % Sozialabzügen.

6.1 Wie viel EUR wurden an die Behörden abgeführt?
   a) 212,63 EUR   b) 272,60 EUR   c) Richtiges Ergebnis fehlt.

6.2 Welchen Bruttolohn hat der Auszubildende?
   a) 1.130,00 EUR   b) 522,28 EUR   c) Richtiges Ergebnis fehlt.

7. Der Monatsumsatz eines Restaurantfachmanns beträgt 36.252,20 EUR.

7.1 Welchen Bruttolohn hat er bei 15 % Bedienungsgeld und 19 % Umsatzsteuer?
   a) 4.641,00 EUR   b) 3.973,57 EUR   c) Richtiges Ergebnis fehlt.

7.2 Welchen Tagesnettoverdienst hat er bei 36 % Abzügen und 24 Arbeitstagen?
   a) 105,96 EUR   b) 108,10 EUR   c) 95,60 EUR

25 Gemischte Aufgaben zur Wiederholung

1. Für ein Essen werden 35 Portionen Fisch zu je 180 g tischfertig benötigt.

1.1 Wie viel kg Fisch müssen pochiert werden, wenn der Verlust 18% beträgt?

a) 7,434 kg b) 5,166 kg c) 7,683 kg d) 5,339 kg e) 6,935 kg f) Richtiges Ergebnis fehlt.

1.2 Wie viel kg Fisch müssen eingekauft werden, wenn der Putzverlust 32% beträgt? (Auf volle 100 g auf- oder abrunden.)

a) 11,3 kg b) 9,9 kg c) 10,2 kg d) 11,2 kg e) 10,3 kg f) Richtiges Ergebnis fehlt.

1.3 Wie hoch ist der Materialwert einer Portion, wenn 0,5 kg Fisch im Einkauf 3,50 EUR kosten und für die Beilagen 0,90 EUR je Portion zu rechnen sind?

a) 1,78 EUR b) 2,26 EUR c) 3,16 EUR d) 3,62 EUR e) 1,50 EUR f) Richtiges Ergebnis fehlt.

1.4 Wie viel EUR kostet 1 Portion Fisch im Verkauf, wenn mit einem Bruttoaufschlag von 220% gerechnet wird?

a) 4,74 EUR b) 10,11 EUR c) 6,95 EUR d) 4,16 EUR e) 6,24 EUR f) Richtiges Ergebnis fehlt.

2. Der Kartenpreis für ein Menü beträgt 18,00 EUR. In diesem Preis sind 15% Bedienungsgeld und 19% Umsatzsteuer enthalten. Geben Sie die richtigen Beträge an für:

2.1 Umsatzsteuer

2.2 Bedienungsgeld.

a) 2,87 EUR b) 2,27 EUR c) 1,97 EUR d) 2,88 EUR e) 2,57 EUR f) 2,70 EUR
g) 2,21 EUR h) 3,43 EUR i) Richtiges Ergebnis fehlt.

2.3 Der Gast möchte das Menü mit US-Dollar bezahlen. Wie viel Dollar muss er bezahlen? (1 US-Dollar = 0,70 EUR)

a) 19,44 Dollar b) 17,66 Dollar c) 25,71 Dollar d) 14,94 Dollar e) Richtiges Ergebnis fehlt.

3. 3,250 kg Rinderfilet werden zu 19,00 EUR je kg eingekauft. Die Parüren betragen 12% und werden mit 2,20 EUR je kg abgesetzt. Für die Beilagen werden 25% des Fleischwertes gerechnet.

Wie viel EUR Materialwert hat ein Chateaubriand von 380 g mit Beilagen?

a) 5,23 EUR b) 4,72 EUR c) 5,38 EUR d) 5,90 EUR e) 6,24 EUR f) Richtiges Ergebnis fehlt.

4. 1 kg Fisch kostet 8,20 EUR im Einkauf. Wie viel EUR kostet 1 Portion Fisch von 220 g Rohgewicht?

a) 1,84 EUR b) 1,80 EUR c) 1,41 EUR d) 1,48 EUR e) Richtiges Ergebnis fehlt.

5. Überprüfen Sie folgende Rechnung. Geben Sie an, welche Beträge richtig (r) sind, verbessern Sie die falschen und ergänzen Sie die fehlenden Beträge.

				je kg	
a)	8,500 kg	Roastbeef		12,00 EUR	102,00 EUR
b)	3,650 kg	Rinderfilet		18,50 EUR	67,35 EUR
c)	7,600 kg	Schmorbraten		6,00 EUR	54,60 EUR
d)	18,000 kg	Suppenfleisch		4,80 EUR	86,40 EUR
e)	35,000 kg	Knochen		1,20 EUR	42,00 EUR
f)	richtiger Nettobetrag				352,35 EUR
g)	7% Umsatzsteuer				? EUR
h)	richtiger Bruttobetrag				? EUR

6. Die Materialkosten für ein Essen betragen 2,40 EUR. Berechnen Sie den Inklusivpreis bei:

6.1 52% Küchenkosten auf die Materialkosten

6.2 43% Gemeinkosten auf den Küchenpreis

6.3 21% Gewinn auf den Selbstkostenpreis

6.4   15 % Bedienungsgeld auf den vorläufigen Verkaufspreis

6.5   19 % Umsatzsteuer auf den Nettoverkaufspreis

Welche Preise ergeben sich für die einzelnen Posten?
a) 1,25 EUR   b) 3,65 EUR   c) 1,57 EUR   d) 5,22 EUR   e) 6,32 EUR   f) 7,27 EUR   g) 8,65 EUR   h) 6,27 EUR   i) Richtiges Ergebnis fehlt.

7.   Die Materialkosten für ein Essen betragen 2,30 EUR. Der Kartenpreis beträgt 7,00 EUR. Berechnen Sie den Bruttoaufschlag in %.
a) 353,8 %   b) 253,8 %   c) 239,4 %   d) 329,4 %   e) 139,3 %   f) Richtiges Ergebnis fehlt.

8.   Tilsiter Käse hat einen Wassergehalt von 45 %. In der Trockenmasse enthält er 40 % Fett. Wie viel g Fett sind in 150 g Käse enthalten?
a) 27 g   b) 60 g   c) 33 g   d) 83 g   e) 36 g   f) Richtiges Ergebnis fehlt.

9.   Es werden 4,8 kg Hackfleisch zu 3,45 EUR je kg hergestellt. Wie viel kg werden von jeder Sorte benötigt, wenn 1 kg Schweinefleisch 2,95 EUR, 1 kg Rindfleisch 3,25 EUR und 1 kg Kalbfleisch 3,90 EUR je kg kosten?
a) 1,350 kg Schweinefleisch,   1,350 kg Rindfleisch,   2,100 kg Kalbfleisch
b) 1,950 kg Schweinefleisch,   1,350 kg Rindfleisch,   1,500 kg Kalbfleisch
c) 1,350 kg Schweinefleisch,   1,950 kg Rindfleisch,   1,500 kg Kalbfleisch
d) 1,600 kg Schweinefleisch,   0,640 kg Rindfleisch,   2,240 kg Kalbfleisch
e) 1,500 kg Schweinefleisch,   1,500 kg Rindfleisch,   1,500 kg Kalbfleisch
f) Richtiges Ergebnis fehlt.

10.   1 kg Rindfleisch kostet im Einkauf 6,50 EUR. Wie viel EUR kostet 1 kg Rinderbraten bei einem Bratverlust von 16 %?
a) 4,54 EUR   b) 3,38 EUR   c) 7,74 EUR   d) 4,63 EUR   e) 5,44 EUR   f) Richtiges Ergebnis fehlt.

11.   Benötigt werden 11 Portionen Schollenfilets tischfertig zu je 195 g. Drei Filets ergeben eine Portion. Der Filier- und Zubereitungsverlust beträgt 45 %.

11.1   Wie viele Schollen werden benötigt?
a) 8 St.   b) 17 St.   c) 9 St.   d) 4 St.   e) 16 St.   f) Richtiges Ergebnis fehlt.

11.2   Wie schwer muss eine Scholle im Einkauf sein?
a) 473 g   b) 355 g   c) 578 g   d) 433 g   e) 426 g   f) Richtiges Ergebnis fehlt.

12.   Schlagsahne enthält 29 % Fett, 2 % Eiweiß und 3 % Kohlenhydrate.
Wie viel kJ liefern 60 g Schlagsahne?
(1 g Fett = 38 kJ; 1 g Eiweiß = 17 kJ; 1 g Kohlenhydrate = 17 kJ)

26 Aufgabensätze zur Wiederholung mit Punktevorschlägen

1. Aufgabensatz

5 Pkt. **1.** 65 kg gespritzter Pökelkamm sollen bereitgestellt werden. Wie viel kg Schweinekamm müssen gepökelt werden, wenn mit einer Gewichtszunahme von 9 % zu rechnen ist?

6 Pkt. **2.** 1 kg Kalbsfrikandeau kostet im Einkauf 11,80 EUR. Wie viel EUR kostet 1 kg Kalbsbraten, wenn der Bratverlust 30 % beträgt?

8 Pkt. **3.** Die Tageseinnahme eines Restaurants beträgt einschließlich 12 % Bedienungsgeld und 19 % Umsatzsteuer 8.076,80 EUR.
a) Berechnen Sie die im Betrag enthaltene Umsatzsteuer.
b) Berechnen Sie das im Betrag enthaltene Bedienungsgeld.

5 Pkt. **4.** Zu welchem Zinssatz waren 11.800,00 EUR als Darlehen ausgegeben, wenn nach 9 Monaten 12.640,75 EUR zurückgezahlt wurden?

6 Pkt. **5.** Eine Rechnung über 6.750,00 EUR war am 12.06. fällig. Sie wurde am 27.09. einschließlich 7,5 % Verzugszinsen beglichen (Umsatzsteuer bleibt unberücksichtigt).
a) Für wie viele Tage waren Zinsen zu berechnen?
b) Wie viel EUR betrugen die Verzugszinsen?

6 Pkt. **6.** In einem Restaurant beträgt der Umsatz im April 46.500,00 EUR, im Mai 50.250,00 EUR. Um wie viel Prozent lag der Umsatz im Mai über dem Umsatz im Vormonat?

5 Pkt. **7.** Eine Leistungsprämie von 288,00 EUR soll unter die drei Mitarbeiter A, B, C im Verhältnis 7 : 5 : 4 aufgeteilt werden. Wie viel EUR erhält Mitarbeiter A?

8 Pkt. **8.** Eine Küchenmaschine kostet laut Liste 22.600,00 EUR. Sie wird mit 15 % Rabatt und 3 % Skonto angeboten.
a) Wie viel EUR kostet die Maschine nach Abzug von Rabatt?
b) Wie viel EUR kostet die Maschine nach Abzug von Rabatt und Skonto?

8 Pkt. **9.** Die Pralinenmischung besteht aus:
6,5 kg Nougat zu 8,70 EUR je kg
7,8 kg Bitter zu   9,60 EUR je kg
8,5 kg Mandel zu 12,20 EUR je kg
a) Wie viel EUR kostet 1 kg der Mischung?
b) Wie viel EUR kosten 150 g der Mischung?

5 Pkt. **10.** Die Materialkosten für ein Essen betragen 6,10 EUR, der Kartenpreis 20,50 EUR. Wie viel Prozent beträgt der Bruttoaufschlag?

8 Pkt. **11.** Der vorläufige Verkaufspreis für ein Herrenessen beträgt 1.150,00 EUR. Es werden aufgeschlagen: 15 % Bedienungsgeld, 19 % Umsatzsteuer.
Berechnen Sie den Inklusivpreis.

6 Pkt. **12.** Ein Schweizer Gast bittet in einem Düsseldorfer Hotel, ihm 450 Schweizer Franken in EUR umzutauschen.
Kurse: Ankauf   Verkauf
         100 sfrs = 58,32 EUR   100 sfrs = 64,30 EUR
Wie viel EUR erhält der Gast?

8 Pkt. 13. Eine Qualitätsangabe bei Käse lautet: 45 % Fett i.Tr. Die Trockenmasse beträgt 46 % des Bruttogewichtes. Der Käse wiegt 2,5 kg.
a) Wie viel kg wiegt die Trockenmasse?
b) Wie viel kg Fett enthält der Käse?

5 Pkt. 14. 8,6 kg Kalbsbraten tischfertig werden benötigt. Es wird mit einem Bratverlust von 32 % gerechnet. Wie viel kg Kalbfleisch müssen vor dem Braten zur Verfügung stehen?

6 Pkt. 15. Die Materialkosten für ein Menü betragen 6,80 EUR. Berechnen Sie:
a) den Küchenpreis unter Berücksichtigung von 60 % Küchenkosten,
b) den Selbstkostenpreis unter Berücksichtigung von 55 % Gemeinkosten,
c) den vorläufigen Verkaufspreis unter Berücksichtigung von 24 % Risiko und Gewinn.

5 Pkt. 16. Der Kartenpreis für ein Essen beträgt 22,50 EUR. Wie viel EUR betragen die Materialkosten bei einem Bruttoaufschlag von 250 %?

---

100 Pkt.

2. Aufgabensatz

10 Pkt. 1. Ein tischfertiges Steak wiegt 160 g. Wie schwer war das Fleisch, wenn man mit 14 % Bratverlust kalkuliert? Nennen Sie den richtigen Bruch.

a) $\dfrac{114 \cdot 160\,g}{100}$ b) $\dfrac{100 \cdot 160\,g}{86}$ c) $\dfrac{100 \cdot 160\,g}{114}$ d) $\dfrac{86 \cdot 160\,g}{100}$ e) $\dfrac{114 \cdot 100}{160\,g}$

f) Alle Lösungen sind falsch.

10 Pkt. 2. Ein Gouda von 749,5 g hat 51 % Wasser, in der Trockenmasse sind 48 % Fett enthalten. Wie viel Gramm Fett sind das?

10 Pkt. 3. Ein junger Koch erwirbt einen Messerkoffer für 520,80 EUR. Wie teuer wird der Koffer, wenn er 15 % Rabatt und 3 % Skonto erhält?

10 Pkt. 4. Ein Kilo Kalbfleisch kostet im Einkauf 13,10 EUR. Wie viel kosten dann 2 Kilo Bratenaufschnitt, wenn der Bratverlust 28 % beträgt?

8 Pkt. 5. Welcher Umsatzsteueranteil ist bei 19 % in 625,50 EUR als Endpreis enthalten?

7 Pkt. 6. Wie hoch ist der Bruttoaufschlag in EUR und %, wenn die Materialkosten 425,00 EUR und der Inklusivpreis 1.475,00 EUR betragen?

10 Pkt. 7. Ein Sparer erhält für 8 Monate bei 4 ½ % 248,60 EUR Zinsen. Ermitteln Sie den richtigen Bruch für die Berechnung des Kapitals.

a) $\dfrac{248,60\ EUR \cdot 8 \cdot 4,5}{100 \cdot 12}$ b) $\dfrac{248,60\ EUR \cdot 8 \cdot 4}{100 \cdot 12 \cdot 9}$ c) $\dfrac{2 \cdot 248,60\ EUR \cdot 100 \cdot 12}{9 \cdot 8}$

d) $\dfrac{248,60\ EUR \cdot 8 \cdot 10}{12 \cdot 4,5}$ e) Alle Lösungen sind falsch.

10 Pkt. 8. Der Inklusivpreis für ein Festmenü beträgt 45,00 EUR. Wie hoch ist die darin enthaltene Umsatzsteuer (19 %) und das Bedienungsgeld (15 %)?

10 Pkt. 9. Wie teuer wird ein Aufschnittsbrett von 180 g, hergestellt aus:

1,2 kg Leberkäse . . . . je kg 8,40 EUR   0,6 kg roher Schinken . . je kg 12,00 EUR
0,8 kg Zigeunerpastete . . je kg 9,00 EUR   1,4 kg Zungenwurst . . . . je kg 10,50 EUR
0,8 kg gekocht. Schinken je kg 7,80 EUR

15 Pkt. 10. Die Materialkosten eines Essens betragen 8,20 EUR.
a) Welcher Inklusivpreis ergibt sich bei
45 % Küchenkosten auf die Materialkosten
55 % Gemeinkosten auf den Küchenpreis
18 % Gewinn auf den Selbstkostenpreis
15 % Bedienungsgeld auf den vorläufigen Verkaufspreis
19 % Umsatzsteuer auf den Nettoverkaufspreis?
b) Welcher Bruttoaufschlag in EUR und % ergibt sich?

100 Pkt.

3. Aufgabensatz

5 Pkt. 1. Eine Leistungsprämie von 352,00 EUR soll unter die Mitarbeiter A, B, C im Verhältnis 7 : 5 : 4 aufgeteilt werden. Wie viel EUR erhält Mitarbeiter B?

5 Pkt. 2. Die Materialkosten für ein Mixgetränk betragen 5,30 EUR, der Kartenpreis 16,50 EUR. Wie viel Prozent beträgt der Bruttoaufschlag?

5 Pkt. 3. Der Kartenpreis für eine Flasche Wein beträgt 14,00 EUR. Wie viel EUR kostet die Flasche im Einkauf, wenn mit einem Bruttoaufschlag von 350 % gerechnet wird?

6 Pkt. 4. In einem Gaststättenbetrieb wurden am Wochenende folgende Mengen Bier verkauft:
520 Gläser je 0,2 Liter zu 1,30 EUR
275 Gläser je 0,3 Liter zu 1,60 EUR
145 Gläser je 0,4 Liter zu 2,90 EUR
a) Wie viel Liter Bier wurden insgesamt verkauft?
b) Wie viel EUR beträgt der Gesamtumsatz?

6 Pkt. 5. Aus einem Fass Bier (75 Liter Inhalt) konnten 360 Gläser zu je 0,2 Liter ausgeschenkt werden.
a) Wie viel Liter Bier wurden tatsächlich ausgeschenkt?
b) Wie viel Prozent betrug der Schankverlust?

5 Pkt. 6. Bei einem Schankverlust von 4 % wurden an einem Tag 156 Liter Bier laut Abrechnung verkauft. Wie hoch ist die verbrauchte Literzahl?

4 Pkt. 7. Der Einkaufspreis einer 0,7-Liter-Flasche Martell beträgt 13,30 EUR. Wie viel EUR beträgt der Einstandspreis für 2 cl?

5 Pkt. 8. Eine Zigarre wird mit einem Aufschlag von 25 % auf den Einkaufspreis für 2,40 EUR verkauft.
Wie viel EUR beträgt der Aufschlag für die Zigarre?

6 Pkt. 9. Ein australischer Gast begleicht seine Rechnung für ein Essen mit Geschäftsfreunden in Düsseldorf über 825,00 EUR mit australischen Dollar.
Kurse in Düsseldorf: Ankauf   Verkauf
100 AUD = 98,60 EUR   100 AUD = 105,00 EUR
Wie viel AUD muss der Restaurantgast bezahlen?

5 Pkt. 10. 17.500,00 EUR waren für 10 Monate als Darlehen ausgegeben und mit 19.031,25 EUR zurückgezahlt worden. Berechnen Sie den Zinssatz.

7 Pkt. 11. Eine Rechnung über 6.400,00 EUR war am 17.05. fällig. Sie wurde am 29.10. einschließlich 7,5 % Verzugszinsen beglichen (Umsatzsteuer bleibt unberücksichtigt).
a) Für wie viel Tage waren Verzugszinsen zu berechnen?
b) Wie viele EUR betrugen die Verzugszinsen?

8 Pkt. **12.** Ein Gastwirt geht bei der Kalkulation eines Menüs von folgenden Werten aus: Betriebskosten 130 %, Gewinn 20 %, Bedienungsgeld 15 %, Umsatzsteuer 19 %. Berechnen Sie den Inklusivpreis, wenn der Materialpreis 8,00 EUR beträgt.

10 Pkt. **13.** Die Tageseinnahme eines Restaurants betrug einschließlich 12 % Bedienungsgeld und 19 % Umsatzsteuer 5.825,00 EUR.
a) Berechnen Sie die im Betrag enthaltene Umsatzsteuer.
b) Berechnen Sie das im Betrag enthaltene Bedienungsgeld.

8 Pkt. **14.** Eine Registrierkasse kostet laut Liste 17.600,00 EUR. Sie wird mit 16 % Rabatt und 3 % Skonto angeboten.
a) Wie viel EUR kostet die Kasse nach Abzug von Rabatt?
b) Wie viel EUR kostet die Kasse nach Abzug von Rabatt und Skonto?

5 Pkt. **15.** Der Gesamtumsatz eines großen Hotels betrug im Juni 148.460,00 EUR. Im Mai wurden 132.700,00 EUR umgesetzt. Wie viel Prozent betrug die Umsatzsteigerung?

10 Pkt. **16.** Der Tronc für den Monat Oktober betrug 28.512,00 EUR. Er soll im Verhältnis der Garantielöhne an die Beteiligten verteilt werden:

1 Chef de restaurant   2.800,00 EUR
2 Chefs de rang   je 2.400,00 EUR
4 Demichefs   je 1.900,00 EUR
4 Commis   je 1.600,00 EUR
Berechnen Sie:
a) den Troncschlüssel,
b) den Bruttolohn eines Demichefs.

100 Pkt.

4. Aufgabensatz

10 Pkt. **1.** Ermitteln Sie den Energiegehalt (kJ) einer „Kalten Ente", die hergestellt wird aus:
2 Flaschen Weißwein   zu 0,70 l
1 Flasche Sekt   zu 0,75 l
30 g Fruchtsäure aus der Zitronenspirale und
28 g Kohlenhydrate.
1 g Kohlenhydrate = 17 kJ, 1 g Fruchtsäure = 14 kJ

10 Pkt. **2.** Ein Sporthotel im Bergischen Land hat jährliche Kosten von 926.412,00 EUR. Errechnen Sie den Preis eines komfortablen Einzelzimmers bei 48 % Gewinn, 15 % Bedienungsgeld und 7 % Umsatzsteuer. Bei einer Ausbuchung von 48 % jährlich (365 Tage) hat das Haus 28 Doppel- und 52 Einzelzimmer.

8 Pkt. **3.** Eine Bowle wird angesetzt aus:

1 Flasche Moselwein.....................................	0,75 l	17,60 EUR
1 Flasche Rheingauwein.................................	0,75 l	16,20 EUR
1 Flasche Sekt	0,75 l	18,65 EUR
4 Weinbrand zu 2 cl....................................	je Glas	2,60 EUR
800 g Ananas (0,8 l)...................................	je kg	4,60 EUR
100 g Zucker (ergibt keine Flüssigkeit)	je kg	0,60 EUR

a) Ermitteln Sie die Rezeptmenge.
b) Wie hoch ist der Rezeptpreis?
c) Wie teuer wird ein Glas Bowle von 0,15 l, wenn mit einem Aufschlag von 185 % gerechnet wird?

8 Pkt. **4.** Der Junior zahlt am 10. April 6.500,00 EUR auf sein Konto ein, bei dessen Auflösung erhält er am 28.12. des Jahres 6.709,70 EUR ausgezahlt. Welcher Zinssatz wurde gewährt? Ermitteln Sie den richtigen Bruch.

a) $p = \dfrac{100 \cdot 6.709{,}70 \cdot 360}{6.500 \cdot 258}$ b) $p = \dfrac{209{,}70 \cdot 258 \cdot 100}{6.500 \cdot 360}$

c) $p = \dfrac{360 \cdot 209{,}70}{258 \cdot 100 \cdot 360}$ d) $p = \dfrac{6.500 \cdot 100 \cdot 360}{6.709{,}70 \cdot 258}$ e) Richtiges Ergebnis fehlt.

8 Pkt. **5.** Wie viel EUR Bedienungsgeld (12 %) und Umsatzsteuer (19 %) sind in 8.243,20 EUR enthalten?

10 Pkt. **6.** Die Werbungskosten von 23.124,00 EUR sollen nach der Bettenzahl der beteiligten Hotels aufgeschlüsselt werden. Wie viel EUR haben die Hoteliers zu bezahlen?

Haus Niederwald	68 Betten	Touring Motel	112 Betten
Hotel Bürgerhof	95 Betten	Haus Meyer	16 Betten
Hotel Quellenweg	39 Betten	Hotel Pax	34 Betten

12. Pkt. **7.** Für ein Brunch-Büfett soll ein Käsebrett gerichtet werden. Der Gastgeber rechnet pro Person mit 6,75 EUR. Wie viel kg edler Camembert zu 7,40 EUR das Kilo können ergänzt werden, wenn schon 1,6 kg Tilsiter (kg 4,90 EUR) und 2,2 kg Holländer (kg 5,80 EUR) eingesetzt wurden?

8 Pkt. **8.** Wie hoch ist der Bruttoaufschlag in %, wenn aus einer Flasche Cognac 32 Glas je 2 cl zu 2,10 EUR erzielt werden und der Einkaufspreis 11,30 EUR war?

12 Pkt. **9.** 36,6 l Original Jamaika-Rum von 72,8 Vol.-% Alkohol soll auf die Trinkstärke von 40 Vol.-% gebracht werden. Wie viel Wasser muss zugesetzt werden?

14 Pkt. **10.** Der Monatstronc des Juni betrug in einem Ausflugsrestaurant 38.120,00 EUR. Resttronc des Monats Mai 32,80 EUR. Der Tronc soll nach den Garantielöhnen, der Übertronc nach dem Punktsystem verteilt werden an:

1 Chef de restaurant 2.600,00 EUR und 12 Punkte
6 Chefs de rang je 2.200,00 EUR und 10 Punkte
9 Commis je 1.400,00 EUR und 8 Punkte.

a) Welchen Wert hat ein Punkt? (2 Stellen nach dem Komma)
b) Wie viel EUR erhält ein Commis?
c) Welcher Resttronc bleibt unverteilt?

100 Pkt.

5. *Aufgabensatz*

6 Pkt. **1.** Der Umsatz eines Hotels verteilt sich wie folgt: Logis 945.500,00 EUR, Restaurant 1.285.600,00 EUR. Wie viel Prozent des Gesamtumsatzes bringt das Hotel?

10 Pkt. **2.** Der Einkaufspreis für eine Flasche Wein beträgt 4,20 EUR. Kalkuliert wird mit 160 % Betriebskosten, 26 % Gewinn, 15 % Bedienungsgeld und 19 % Umsatzsteuer.
a) Berechnen Sie den Inklusivpreis.
b) Berechnen Sie den Bruttoaufschlag in %.

6 Pkt. **3.** Es werden 486 Gläser Bier zu 0,2 l und 564 Gläser Bier zu 0,3 l ausgeschenkt. Wie hoch ist der Bierverbrauch bei einem Schankverlust von 4,3 %?

6 Pkt. **4.** Der Inklusivpreis für ein Extra-Essen beträgt 2.700,00 EUR. Kalkuliert wird mit einem Bruttoaufschlag von 260 %.
Berechnen Sie die Materialkosten.

6 Pkt. **5.** Ein Gast hat eine Rechnung über 150,00 EUR zu bezahlen. Berechnen Sie die Umsatzsteuer (19 %), die in diesem Betrag enthalten ist.

8 Pkt. **6.** Der Monatstronc in einem Restaurant beträgt 33.785,00 EUR. Der Restaurantbesitzer gewährt folgende Garantielöhne:
Chef de restaurant 2.100,00 EUR, 2 Chefs de rang je 1.900,00 EUR, 6 Demichefs je 1.500,00 EUR, 7 Commis je 1.200,00 EUR.
Berechnen Sie die Bruttolöhne der einzelnen Mitarbeiter.

10 Pkt. **7.** Ein Restaurantfachmann verdient monatlich 2.400,00 EUR brutto. Abzüge: 24 % Lohnsteuer, 18,8 % Sozialversicherungsbeiträge, 9 % Kirchensteuer (von der Lohnsteuer berechnet).
Wie viel EUR beträgt der Nettolohn?

6 Pkt. **8.** Ein Gastwirt zahlt ein Darlehen von 22.400,00 EUR nach 11 Monaten mit 24.309,60 EUR zurück.
Wie viel Prozent beträgt der Zinssatz?

10 Pkt. **9.** Das Hotel „Jägerhof" verlangt für ein Tagesmenü 28,00 EUR. Die Materialkosten betragen 7,60 EUR. Kalkuliert wird mit 120 % Betriebskosten, 12 % Bedienungsgeld und 19 % Umsatzsteuer.
Berechnen Sie den Gewinn in EUR und %.

8 Pkt. **10.** Eine Gebäckmischung von insgesamt 10,850 kg wird aus der Sorte A zu 7,20 EUR je kg und aus der Sorte B zu 9,25 EUR je kg hergestellt. Der Mischungspreis soll 8,00 EUR je kg betragen.
Wie viel kg der einzelnen Sorten werden benötigt?

6 Pkt. **11.** Das Nettogewicht einer Lieferung beträgt 135,800 kg. Wie hoch war das Bruttogewicht bei einer Tara von 11,5 %?

8 Pkt. **12.** Eine 0,7-Liter-Flasche Steinhäger kostet im Einkauf 7,50 EUR. Wie viel EUR beträgt der Inklusivpreis für 2 cl bei 8 % Schankverlust und einem Bruttoaufschlag von 340 %?

90 Pkt.

6. Aufgabensatz

6 Pkt. **1.** Der Kartenpreis für ein Menü beträgt 24,00 EUR, die Materialkosten betragen 8,20 EUR.
Berechnen Sie den Bruttoaufschlag in %.

8 Pkt. **2.** Der Einkaufspreis für eine Flasche Wein beträgt 3,60 EUR. Kalkuliert wird mit 150 % Betriebskosten, 24 % Gewinn, 15 % Bedienungsgeld und 19 % Umsatzsteuer.
Wie viel EUR beträgt der Inklusivpreis?

6 Pkt. **3.** Ein Gastwirt erhält ein Darlehen von 15.300,00 EUR für 8 Monate, das er mit 16.167,00 EUR zurückzahlt.
Wie viel % beträgt der Zinssatz?

6 Pkt. **4.** Wie viel Zinsen bringen 7.480,00 EUR Kapital zu 5,5 % vom 15.05. dieses Jahres bis zum 20.12. dieses Jahres?

8 Pkt. **5.** Ein Extraessen wird für 2.460,00 EUR verkauft. In diesem Betrag sind 19 % Umsatzsteuer und 12 % Bedienungsgeld enthalten.
Berechnen Sie beide Beträge.

8 Pkt. **6.** Eine Küchenmaschine kostet nach Abzug von 18 % Rabatt und 3 % Skonto 3.340,68 EUR.
Berechnen Sie den Listenpreis.

6 Pkt. **7.** Eine Prämie von 2.535,00 EUR soll an die Mitarbeiter A, B, C, D, E im Verhältnis 11 : 9 : 8 : 6 : 5 aufgeteilt werden.
Wie viel EUR erhält Mitarbeiter C?

8 Pkt. **8.** 7,8 kg Roastbeef kosten ausgelöst 13,40 EUR je kg im Einkauf. Die Knochen und Parüren betragen 32 % und werden mit 2,20 EUR je kg angerechnet.
Wie viel EUR kostet 1 kg pariertes Fleisch?

8 Pkt. **9.** Ein Stück Edamer enthält 850 g Fett bei 40 % Fett in der Trockenmasse. Der Wassergehalt beträgt 46 %.
Wie viel kg wiegt das Stück Käse?

8 Pkt. **10.** Ein Hotel mit 320 Betten war im letzten Jahr an 356 Tagen geöffnet. Während dieser Zeit wurden 70.625 Übernachtungen gezählt.
Berechnen Sie die Auslastung des Hauses.

6 Pkt. **11.** Eine 0,75-Liter-Flasche Whisky bringt 47,25 EUR im Verkauf. Ein Glas Whisky (2 cl) wird mit 1,35 EUR verkauft.
Berechnen Sie den Schankverlust in %.

9 Pkt. **12.** Eine Brauerei liefert 8 Fässer Bier mit je 30 l Inhalt, 6 Fässer Bier mit je 50 l Inhalt und 5 Fässer Bier mit je 75 l Inhalt. 1 hl Bier kostet 148,00 EUR.
a) Wie viel EUR sind für die Lieferung zu bezahlen?
b) Berechnen Sie die im Rechnungsbetrag enthaltene Umsatzsteuer von 19 %.
c) Wie viel Gläser mit 0,3 l Inhalt können bei einem Schankverlust von 4 % ausgeschenkt werden?

87 Pkt.

7. Aufgabensatz

8 Pkt. **1.** Ein Extra-Essen kostet 3.570,00 EUR. In diesem Betrag sind 19 % Umsatzsteuer und 15 % Bedienungsgeld enthalten.
Berechnen Sie beide Beträge.

8 Pkt. **2.** Die Materialkosten für ein Menü betragen 6,20 EUR. Kalkuliert wird mit 120 % Betriebskosten, 24 % Gewinn, 12 % Bedienungsgeld und 19 % Umsatzsteuer.
Berechnen Sie den Inklusivpreis.

5 Pkt. **3.** Die Materialkosten für ein Essen betragen 5,25 EUR, der Kartenpreis lautet 14,00 EUR.
Berechnen Sie den Bruttoaufschlag in %.

6 Pkt. **4.** Wie viel EUR Zinsen bringt ein Darlehen von 13.500,00 EUR zu 8,5 % vom 16.03. dieses Jahres bis zum 10.10. dieses Jahres?

6 Pkt. **5.** Ein Darlehen von 22.800,00 EUR wird nach 8 Monaten mit 24.198,40 EUR zurückbezahlt.
Berechnen Sie den Zinssatz.

8 Pkt. **6.** Zwei ausländische Gäste wollen ihre Rechnungen in Landeswährung bezahlen. Gast A bezahlt 112,00 EUR in brit. Pfund; Gast B bezahlt 192,00 EUR in US-Dollar.
Kurse: 1 US-Dollar = 0,70 EUR; 0,65 brit. Pfund = 1 EUR.
Welche Beträge sind jeweils zu zahlen?

8 Pkt. **7.** Eine Gaststätte verkauft ein Eintopfgericht für 6,00 EUR. Kalkuliert wird mit 1,80 EUR Materialkosten, 110 % Betriebskosten, 12 % Bedienungsgeld und 19 % Umsatzsteuer. Berechnen Sie den Gewinn in EUR und %.

8 Pkt. **8.** Ein Koch verdient monatlich 1.400,00 EUR brutto. Die Abzüge betragen 22 % Lohnsteuer, 18,8 % Sozialversicherungsbeiträge und 9 % Kirchensteuer (Berechnungsgrundlage ist die Lohnsteuer). Berechnen Sie den Nettolohn.

8 Pkt. **9.** Eine Küchenmaschine hat einen Listenpreis von 3.210,00 EUR. Sie wird mit 15 % Rabatt und 3 % Skonto angeboten. Wie viel EUR sind zu zahlen?

8 Pkt. **10.** Das Gewicht einer Kiste Äpfel beträgt 9,6 kg. 1 kg Äpfel kostet 1,80 EUR im Einkauf.
a) Wie viel EUR kostet 1 kg Äpfel bei einer Tara von 5 %?
b) Wie viel EUR kostet 1 kg Äpfel geschält bei 26 % Schälverlust?

73 Pkt.

8. Aufgabensatz

8 Pkt. **1.** 9,5 kg Roastbeef haben 2,25 kg Knochen. Das gebratene Roastbeef wiegt noch 5,83 kg. Berechnen Sie:
a) den Knochenanteil in %,
b) den Bratverlust in % (vom parierten Fleisch).

6 Pkt. **2.** Tilsiter Käse enthält 44 % Wasser. In der Trockenmasse befinden sich 30 % Fett. Wie viel g Fett enthalten 1,7 kg dieser Käsesorte?

8 Pkt. **3.** Die Materialkosten für ein Menü betragen 4,40 EUR. Kalkuliert wird mit 130 % Betriebskosten, 22 % Gewinn, 12 % Bedienung, 19 % Umsatzsteuer. Berechnen Sie:
a) den Inklusivpreis,
b) den Bruttoaufschlag in %.

8 Pkt. **4.** Für ein Festessen hat ein Gastgeber 4.320,00 EUR zu bezahlen. In diesem Betrag sind 19 % Umsatzsteuer und 15 % Bedienungsgeld enthalten. Berechnen Sie beide Beträge.

6 Pkt. **5.** Eine Kaffeemischung wird hergestellt aus: 5,7 kg Santos zu 8,75 EUR je kg, 7,4 kg Costa Rica zu 9,60 EUR je kg, 8,3 kg Kenia zu 9,90 EUR je kg.
a) Wie viel EUR kostet 1 kg der Mischung?
b) Wie viel EUR kosten 50 g der Mischung?

6 Pkt. **6.** Eine Prämie von 637,00 EUR soll an die Mitarbeiter A, B, C, D im Verhältnis 9 : 7 : 6 : 4 aufgeteilt werden. Wie viel EUR erhält jeder Mitarbeiter?

6 Pkt. **7.** Eine Rechnung über 3.810,00 EUR war am 17.12. vorigen Jahres fällig. Sie wird aber erst am 10.03. dieses Jahres einschließlich 8,5 % Verzugszinsen bezahlt. Wie viel EUR betragen die Verzugszinsen?

6 Pkt. **8.** Für eine Pauschalreise in die Schweiz sind 3.750,00 EUR zu bezahlen. Wie viel sfrs sind das? Kurs: 1 sfrs = 1,60 EUR.

8 Pkt. **9.** Eine Lieferung Ananas wiegt 125,8 kg und kostet 465,46 EUR.
Wie viel EUR kostet 1 kg Ananas?

6 Pkt. **10.** Ein Kredit in Höhe von 9.800,00 EUR wird mit 10.662,40 EUR nach
11 Monaten zurückgezahlt.
Berechnen Sie den Zinssatz.

8 Pkt. **11.** Ein Koch verdient monatlich 2.760,00 EUR brutto. In diesem Betrag sind 22 % Lohnsteuer, 18,5 % Sozialversicherungsbeiträge
und 9 % Kirchensteuer enthalten (Berechnungsgrundlage für die
Kirchensteuer ist die Lohnsteuer).
Berechnen Sie den Nettolohn.

6 Pkt. **12.** Der Kartenpreis für ein Menü beträgt 18,00 EUR. Kalkuliert wurde mit einem Bruttoaufschlag von 190 %.
Berechnen Sie die Materialkosten.

8 Pkt. **13.** Ein Roastbeef wiegt beim Einkauf 7,5 kg und kostet 13,80 EUR je kg. Die Knochen
und Parüren betragen 32 % und werden mit 1,50 EUR je kg angerechnet.
Wie viel kostet 1 kg pariertes Fleisch?

90 Pkt.

9. Aufgabensatz

8 Pkt. **1.** Eine Flasche Aquavit (0,7 Liter) bringt 42,90 EUR im Verkauf. 2 cl Aquavit kosten
1,30 EUR.
Berechnen Sie den Schankverlust in %.

8 Pkt. **2.** Eine Kaffeemaschine hat einen Listenpreis von 3.200,00 EUR. Sie wird mit 16 % Rabatt und 3 % Skonto eingekauft.
Wie viel EUR sind zu überweisen?

8 Pkt. **3.** Ein Hotel hat folgenden Umsatz: Logis 776.400,00 EUR, Restaurant 945.500,00 EUR.
Wie viel % des Gesamtumsatzes bringen die Übernachtungen?

8 Pkt. **4.** Ein Restaurant ist 17,6 m lang und 9,5 m breit. Es soll mit einem Teppichboden ausgelegt werden, der 43,00 EUR je m2 kostet. Ein Schrank, der 3,8 m lang und 1,4 m
breit ist, wird dabei ausgespart.
a) Wie viel m² Teppichboden sind zu verlegen?
b) Wie viel EUR sind bei 2 % Skonto zu zahlen?

10 Pkt. **5.** Eine Brauerei liefert: 6 Fässer Bier mit je 30 l, 5 Fässer mit je 50 l, 4 Fässer mit je 75 l.
Der Bruttoeinkaufspreis beträgt 152,00 EUR je Hektoliter.
a) Wie viel EUR sind für die Lieferung zu zahlen?
b) Berechnen Sie die im Rechnungsbetrag enthaltene Umsatzsteuer (19 %).
c) Wie viel Gläser mit 0,2 l Inhalt können bei 4,8 % Zapfverlust ausgeschenkt werden?

6 Pkt. **6.** Ein Hotel mit 125 Betten hat im Jahr an 340 Tagen geöffnet. Während dieser Zeit
wurden 26.850 Übernachtungen gezählt.
Zu wie viel Prozent war das Haus ausgelastet?

6 Pkt. **7.** Ein Gastgeber bezahlt ein Essen für 55 Personen zum Gedeckpreis von 25,00 EUR
mit US-Dollar. Kurs: 1 US-Dollar = 0,70 EUR.
Wie viel US-Dollar hat er insgesamt zu zahlen?

6 Pkt. **8.** Ein Wirt hat sein Konto um 3.240,00 EUR vom 15.01. bis 10.04. überzogen.
Wie viel EUR Zinsen hat er bei einem Zinssatz von 7,5 % zu zahlen?

8 Pkt. **9.** Ein Gewinn von 20.925,00 EUR soll an die Teilhaber einer Firma im Verhältnis zu ihren Einlagen verteilt werden. A: 65.000,00 EUR, B: 110.000,00 EUR, C: 125.000,00 EUR, D: 165.000,00 EUR.
Wie viel EUR erhält Teilhaber C?

8 Pkt. **10.** Der Tronc für den Monat Februar betrug 39.340,00 EUR. Er soll im Verhältnis der Garantielöhne an die Beteiligten verteilt werden:

2 Chefs de rang	je 1.600,00 EUR Garantielohn
9 Demichefs	je 1.300,00 EUR Garantielohn
12 Commis	je 1.100,00 EUR Garantielohn

a) Wie lautet der Troncschlüssel?
b) Wie viel EUR Gesamtlohn erhält ein Demichef?

8 Pkt. **11.** Ein Gastwirt geht bei der Kalkulation eines Menüs von folgenden Werten aus: Materialkosten 4,80 EUR, Betriebskosten 120 %, Gewinn 21 %, Bedienung 15 %, Umsatzsteuer 19 %.
Wie viel EUR beträgt der Inklusivpreis?

6 Pkt. **12.** Emmentaler Käse enthält 41 % Wasser. In der Trockenmasse befinden sich 45 % Fett.
Wie viel Gramm Fett enthalten 3,8 kg dieser Käsesorte?

90 Pkt.

10. Aufgabensatz

6 Pkt. **1.** Ein Essen wird für 9,50 EUR verkauft. Die Materialkosten betragen 3,50 EUR.
Berechnen Sie den Bruttoaufschlag in %.

10 Pkt. **2.** Ein Koch verdient monatlich 1.600,00 EUR brutto. In diesem Betrag sind 22 % Lohnsteuer, 17,9 % Sozialversicherungsbeiträge und 9 % Kirchensteuer (Berechnungsgrundlage ist die Lohnsteuer) enthalten.
Berechnen Sie den Nettolohn.

8 Pkt. **3.** Nach Abzug von 15 % Rabatt und 3 % Skonto kostet ein Farbfernsehgerät 1.071,85 EUR.
Berechnen Sie den Listenpreis.

6 Pkt. **4.** Eine Rechnung in Höhe von 4.710,00 EUR war am 02.01. fällig. Sie wird aber erst am 16.03. einschließlich 6,5 % Verzugszinsen bezahlt.
Wie viel EUR sind insgesamt zu zahlen?

6 Pkt. **5.** Ein Gastwirt hat ein Darlehen in Höhe von 16.500,00 EUR für 9 Monate aufgenommen. Er zahlt dafür 1.188,00 EUR Zinsen.
Wie viel % beträgt der Zinssatz?

8 Pkt. **6.** Ein Gast hat ein Extra-Essen im Wert von 3.720,00 EUR zu bezahlen. In diesem Betrag sind 19 % Umsatzsteuer und 12 % Bedienungsgeld enthalten.
Berechnen Sie beide Beträge.

8 Pkt. **7.** 108 Liter Rum mit 80 Vol.-% Alkohol sollen auf eine Trinkstärke von 45 Vol.-% reduziert werden.
Wie viel Liter Wasser müssen hinzugefügt werden?

8 Pkt. **8.** Für ein Essen werden 56 Portionen Fisch zu je 210 Gramm tischfertig benötigt.
Wie viel kg Fisch sind einzukaufen, wenn mit 24 % Pochierverlust und 28 % Putzverlust zu rechnen ist?

8 Pkt. **9.** Ein Menü kostet 30,00 EUR. Der Gastwirt rechnet mit 120 % Betriebskosten, 12 % Bedienung und 19 % Umsatzsteuer. Die Materialkosten betragen 7,50 EUR. Ermitteln Sie den Gewinn in EUR und %.

8 Pkt. **10.** Eine 0,75-Liter-Flasche Doppelkorn bringt im Verkauf 37,40 EUR. 1 Glas Doppelkorn (2 cl) kostet im Verkauf 1,10 EUR. Wie viel Prozent beträgt der Schankverlust?

8 Pkt. **11.** Ein Restaurantbesitzer gewährt folgende Garantielöhne: 1 Chef de restaurant 2.100,00 EUR, 2 Chefs de rang je 1.850,00 EUR, 5 Demichefs je 1.500,00 EUR, 6 Commis je 1.200,00 EUR. Der Monatstronc beträgt 28.700,00 EUR. Wie viel EUR betragen die Bruttolöhne der einzelnen Mitarbeiter?

6 Pkt. **12.** Ein Gast bezahlt seine Rechnung über 220,00 EUR in US-Dollar. Kurs: 1,00 US-Dollar = 0,70 EUR. Wie viel US-Dollar hat der Gast zu zahlen?

90 Pkt.

11. Aufgabensatz

8 Pkt. **1.** Im Restaurant „Opernterrasse" soll der Monatstronc von 40.456,00 EUR nach Garantielöhnen und Punkten verteilt werden: 1 Chef de restaurant 2.055,00 EUR Garantielohn; 3 Chefs de rang je 1.730,00 EUR Garantielohn; 9 Demichefs je 1.410,00 EUR Garantielohn; 12 Commis je 1.215,00 EUR Garantielohn. Der Chef de restaurant erhält 16 Punkte, die Chefs de rang je 13 Punkte, die Demichefs je 9 Punkte und die Commis je 6 Punkte. Berechnen Sie die einzelnen Bruttolöhne.

8 Pkt. **2.** Ein Restaurantbesitzer gewährt folgende Garantielöhne: 1 Chef de restaurant 2.050,00 EUR, 2 Chefs de rang je 1.450,00 EUR, 7 Demichefs je 1.320,00 EUR; 8 Commis je 1.150,00 EUR. Der Monatstronc beträgt 29.444,00 EUR. Berechnen Sie:
a) den Troncschlüssel;
b) die Bruttolöhne der Chefs de rang.

8 Pkt. **3.** Eine Lieferung Äpfel wiegt 86,5 kg und kostet 181,65 EUR. Der Schälverlust beträgt 21 %. Wie viel EUR kostet 1 kg Äpfel geschält?

8 Pkt. **4.** Das Hotel „Rheinblick" verkauft ein Tagesmenü für 20,00 EUR. Kalkuliert wird mit 120 % Betriebskosten, 19 % Umsatzsteuer und 15 % Bedienungsgeld. Die Materialkosten betragen 5,00 EUR. Berechnen Sie den Gewinn in EUR und %.

8 Pkt. **5.** Eine Flasche Wein kostet im Einkauf 3,40 EUR. Berechnen Sie den Inklusivpreis bei 140 % Betriebskosten, 35 % Gewinn, 12 % Bedienungsgeld und 19 % Umsatzsteuer.

6 Pkt. **6.** Ein Gast hat 52,20 EUR zu bezahlen. Berechnen Sie die Umsatzsteuer, die in diesem Betrag enthalten ist (19 %).

8 Pkt. **7.** Eine Gebäckmischung wird hergestellt aus: Sorte I zu 6,30 EUR je kg, Sorte II zu 6,90 EUR je kg, Sorte III zu 7,25 EUR je kg. Der Mischungspreis soll 7,05 EUR je kg betragen. Wie viel kg der einzelnen Sorten sind zu mischen, wenn die Gesamtmenge 9,75 kg betragen soll?

8 Pkt. **8.** Ein Hotel mit 120 Betten hat bei 68 % Belegung im Jahr 419.832,00 EUR Kosten. Das Hotel ist an 350 Tagen im Jahr geöffnet.
Wie viel EUR betragen die Kosten je Übernachtung?

6 Pkt. **9.** Ein Gastwirt hat einen Kredit für 11 Monate aufgenommen und zahlt insgesamt 1.524,60 EUR Zinsen bei einem Zinssatz von 9,9 %.
Wie viel EUR beträgt der Kredit?

8 Pkt. **10.** Eine Küchenmaschine hat einen Listenpreis von 6.200,00 EUR. Sie wird mit 12 % Rabatt und 3 % Skonto angeboten.
Wie viel EUR kostet die Maschine endgültig?

76 Pkt.

12. Aufgabensatz

8 Pkt. **1.** Der Einkaufspreis für eine Flasche Wein beträgt 3,40 EUR. Kalkuliert wird mit 140 % Betriebskosten, 25 % Gewinn, 15 % Bedienungsgeld und 19 % Umsatzsteuer.
Berechnen Sie den Inklusivpreis.

6 Pkt. **2.** Der Kartenpreis für ein Essen beträgt 14,25 EUR, die Materialkosten betragen 4,90 EUR. Berechnen Sie den Bruttoaufschlag in %.

8 Pkt. **3.** Ein Extraessen wird für 1.920,00 EUR verkauft. In diesem Betrag sind 19 % Umsatzsteuer und 12 % Bedienungsgeld enthalten.
Berechnen Sie beide Beträge.

8 Pkt. **4.** Eine 0,7-l-Flasche Weinbrand bringt im Verkauf 51,15 EUR. Ein Glas Weinbrand (2 cl) wird mit 1,65 EUR verkauft.
Berechnen Sie den Schankverlust in %.

8 Pkt. **5.** Die Möbel für ein Restaurant haben einen Listenpreis von insgesamt 84.700,00 EUR. Sie werden mit 12 % Rabatt und 3 % Skonto eingekauft.
Wie viel EUR sind zu überweisen?

6 Pkt. **6.** Ein Gastwirt erhält ein Darlehen von 14.400,00 EUR für 9 Monate, das er mit 15.252,20 EUR zurückzahlt.
Berechnen sie den Zinssatz.

8 Pkt. **7.** Eine Rechnung über 4.420,00 EUR war am 15.07. fällig. Sie wird aber erst am 19.09. einschließlich 9,5 % Verzugszinsen bezahlt.
Wie viel EUR sind insgesamt zu zahlen?

6 Pkt. **8.** Ein Prämie von 1.530,00 EUR soll an die Mitarbeiter A, B, C, D im Verhältnis 11 : 9 : 8 : 6 aufgeteilt werden.
Wie viel EUR erhält D?

8 Pkt. **9.** Ein Hotel mit 275 Betten war in einem Jahr an 360 Tagen geöffnet und hatte eine Auslastung von 64 % zu verzeichnen. Die Gesamtkosten betrugen in diesem Zeitraum 966.240,00 EUR.
a) Wie viel Übernachtungen hatte das Hotel in diesem Jahr?
b) Wie viel EUR betragen die durchschnittlichen Kosten je Übernachtung?

6 Pkt. **10.** Ein Tourist möchte seine Rechnung über 545,00 EUR in US-Dollar begleichen.
Kurs: 1 US-Dollar = 0,70 EUR
Wie viel US-Dollar hat der Gast zu bezahlen?

10 Pkt. 11. Eine Brauerei liefert: 6 Fässer Bier mit je 30 l Inhalt, 11 Fässer Bier mit je 50 l Inhalt und 7 Fässer Bier mit je 75 l Inhalt. 1 hl Bier kostet 160,00 EUR.
   a) Wie viele EUR sind für die Lieferung zu bezahlen?
   b) Berechnen Sie die im Rechnungsbetrag enthaltene Umsatzsteuer von 19 %.
   c) Wie viele Gläser mit je 0,2 l Inhalt können bei einem Schankverlust von 4 % ausgeschenkt werden?

8 Pkt. 12. Ein Stück Käse enthält 1,1 kg Fett bei 40 % Fett in der Trockenmasse. Der Wassergehalt beträgt 45 %.
   Wie viel kg wiegt das Stück Käse?

90 Pkt.

13. Aufgabensatz

6 Pkt. 1. Als Beilage für ein Kalbsragout werden 44 Portionen Nudeln zu je 75 g tischfertig benötigt. Die Gewichtszunahme beim Kochen beträgt 150 %.
   Wie viel kg Nudeln sind zu kochen?

6 Pkt. 2. Benötigt werden 25 Portionen Reis zu je 50 g als Beilage zu Fisch. Die Gewichtszunahme beim Dünsten beträgt 200 %.
   Wie viel kg Reis sind zu dünsten?

6 Pkt. 3. 7,2 kg Roastbeef kosten im Einkauf 13,40 EUR je kg. Die Knochen und Parüren betragen 32 % und werden mit 2,10 EUR je kg angerechnet.
   Wie viel EUR kostet 1 kg pariertes Fleisch?

8 Pkt. 4. 12 Personen bestellen je ein Filetsteak, das tischfertig 190 g wiegen soll.
   a) Wie schwer muss ein Filetsteak vor dem Braten sein, wenn mit 15 % Bratverlust zu rechnen ist (auf volle Gramm runden)?
   b) Wie viel kg unpariertes Filet müssen vorrätig sein, wenn der Parierverlust 13 % beträgt?

8 Pkt. 5. Acht Poularden wiegen im Einkauf 13,6 kg und kosten 4,40 EUR je kg. Der Händler gewährt 9 % Rabatt und 3 % Skonto. Aus jeder Poularde werden vier Portionen erzielt.
   a) Wie viel EUR sind insgesamt zu zahlen?
   b) Wie viel EUR betragen die Materialkosten je Portion?

8 Pkt. 6. Ein Hotelier kauft 35 Fasane zu einem Gesamtpreis von 280,00 EUR ein. Beim Überprüfen werden 20 % der Tiere als Alttiere aussortiert. Die Alttiere werden im Wert um 2,50 EUR je Stück herabgesetzt. Der Wert der einzelnen Jungfasane erhöht sich dementsprechend.
   a) Wie viel Alt- bzw. Jungfasane enthält die Lieferung?
   b) Welchen Wert hat ein Alt- bzw. Jungfasan vor der Verarbeitung?

10 Pkt. 7. Ein Zander wiegt 1,9 kg und kostet 23,18 EUR. Bei einem Putzverlust von 26 % werden 6 Portionen erzielt.
   a) Wie viel EUR kostet 1 kg Zander im Einkauf?
   b) Wie viel Gramm wiegt eine Portion vor der Zubereitung?
   c) Wie viel EUR betragen die Materialkosten je Portion?

6 Pkt. 8. Geliefert werden 52 kg Seelachsfilet in Eis verpackt. Der Einkaufspreis beträgt brutto für netto 12,60 EUR je kg. Die Tara beträgt 20 %.
   Wie viel EUR kostet 1 kg Seelachsfilet netto?

10 Pkt. **9.** Für ein Essen werden 48 Portionen Fisch zu je 220 g tischfertig benötigt. Der Einkaufspreis beträgt je kg 6,75 EUR.
a) Wie viel kg Fisch sind einzukaufen, wenn der Pochierverlust 24 % des geputzten Fisches und der Putzverlust 28 % des ungeputzten Fisches beträgt?
b) Welchen Materialwert hat eine Portion?

8 Pkt. **10.** 9,8 kg Roastbeef haben 1,95 kg Knochen. Der fertige Braten wiegt noch 6,3 kg.
Berechnen Sie:
a) den Knochenanteil in %,
b) den Bratverlust in % (vom parierten Fleisch).

6 Pkt. **11.** Für Risotto sind 900 g Reis zu dünsten. Wie viel Liter Fleischbrühe müssen zugesetzt werden, wenn die Gewichtszunahme 220 % beträgt?

8 Pkt. **12.** Eingekauft werden 21,45 kg Lachs zu 235,95 EUR. Der Parierverlust beträgt 16 %.
a) Wie viel EUR kostet 1 kg parierter Lachs?
b) Wie viel EUR kostet 1 Portion von 120 g pariert?

90 Pkt.

14. Aufgabensatz

8 Pkt. **1.** Eine Küchenmaschine hat einen Listenpreis von 1.860,00 EUR. Sie wird mit 14 % Rabatt und 2 % Skonto eingekauft. Wie viel EUR sind zu überweisen?

10 Pkt. **2.** Eingekauft werden 50 Hähnchen je Stück 2,90 EUR; 8,8 kg Plockwurst zu 10,80 EUR je kg; 15,2 kg Schinken zu 12,80 EUR je kg; 2,8 kg Blutwurst zu 5,80 EUR je kg.
Wie viel EUR sind bei 12 % Rabatt und 3 % Skonto zu zahlen?

10 Pkt. **3.** Der Listenpreis für einen Teppich beträgt 5.415,00 EUR. Der Lieferer gewährt 15 % Rabatt und 3 % Skonto. Die Umsatzsteuer beträgt 19 %.
Wie viel EUR sind zu überweisen?

6 Pkt. **4.** Das Nettogewicht einer Lieferung beträgt 636,4 kg. Die Tara beträgt 14 %.
Berechnen Sie das Bruttogewicht.

6 Pkt. **5.** Das Bruttogewicht einer Lieferung beträgt 250 kg. Die Tara beträgt 11 %.
Berechnen Sie das Nettogewicht.

6 Pkt. **6.** Von der Küste kommen 110 kg Rotbarschfilet zum Gesamtpreis von 539,00 EUR. Der Filetierverlust beträgt 32 %.
Wie viel EUR kostet 1 kg Rotbarschfilet netto?

7 Pkt. **7.** Ein Restaurant bezieht 12 5-kg-Dosen Aprikosen brutto für netto zu 1,80 EUR je kg. Das Leergewicht einer Dose beträgt 0,350 kg.
Berechnen Sie den Nettopreis je kg Aprikosen.

8 Pkt. **8.** Ein Fass Öl hat ein Nettogewicht von 120 kg. Die Tara beträgt 16 % des Bruttogewichtes. Das leere Fass wird mit 32,00 EUR in Rechnung gesetzt, wovon 75 % bei Rückgabe vergütet werden.
a) Wie viel kg beträgt das Bruttogewicht?
b) Wie viel EUR werden vergütet?

6 Pkt. **9.** Fleischer Meier bietet 6,5 kg Kotelett zu 29,90 EUR an, Großhändler Klüber 8,5 kg Kotelett zu 38,25 EUR abzüglich 3 % Skonto.
Welches Angebot ist preiswerter, um wie viel EUR je kg?

216

6 Pkt. 10. Ein Hotelier kauft 650 Liter Wehlener Sonnenuhr, Kabinett. Nach dem Abfüllen werden 850 Flaschen je 0,75 Liter gezählt.
Berechnen Sie den Abfüllverlust in Liter und Prozent.

7 Pkt. 11. Eine Rechnung von 3.220,00 EUR war am 08.04. fällig. Sie wird aber erst am 10.11. d.J. einschließlich 10,8 % Verzugszinsen bezahlt.
Wie viel EUR sind insgesamt zu zahlen?

6 Pkt. 12. Ein Darlehen von 14.400,00 EUR wird nach 4 Monaten und 20 Tagen mit 15.055,20 EUR zurückgezahlt. Berechnen Sie den Zinssatz.

8 Pkt. 13. Der Reiseleiter einer britischen Reisegruppe hat in einem Essener Restaurant für 44 Teilnehmer je 20,00 EUR zu zahlen. Er möchte die Rechnung in brit. Pfund begleichen. Kurs: 1 brit. Pfund = 0,65 EUR. Wie viel brit. Pfund hat der Reiseleiter zu zahlen?

6 Pkt. 14. Gemischt werden Rio-Kaffee zu 6,40 EUR je kg und Kenia-Kaffee zu 8,20 EUR je kg. Der Mischungspreis soll 7,45 EUR je kg betragen. Vom Kenia-Kaffee sind 3,15 kg vorhanden. Wie viel kg Rio-Kaffee müssen hinzugefügt werden?

100 Pkt.

15. Aufgabensatz

6 Pkt. 1. Zum Flambieren soll Weinbrand mit 52 Vol.-% Alkohol hergestellt werden. Es sind 4,4 l Weinbrand mit 38 Vol.-% vorhanden. Wie viel Liter Feinsprit mit 94 Vol.-% müssen hinzugefügt werden?

10 Pkt. 2. 58,9 Liter Jamaika-Rum, 78 Vol.-% Alkohol, sollen mit Wasser auf die Trinkstärke von 38 Vol.-% gebracht werden. Der Jamaika-Rum kostet im Einkauf 19,00 EUR je Liter.
a) Wie viel Liter Rum zu 38 Vol.-% erhält man?
b) Wie viel Flaschen Rum zu je 0,75 Liter kann man abfüllen?
c) Wie viel EUR kostet eine Flasche Rum?

6 Pkt. 3. 7,8 kg Roastbeef kosten je kg 14,20 EUR. Die Knochen und Parüren betragen 30 % und werden mit 1,90 EUR je kg angerechnet.
Wie viel EUR kostet ein kg pariertes Fleisch?

6 Pkt. 4. Das Rippenstück eines Hammels wiegt 2,8 kg. Wie viel Portionen Hammelkoteletts können daraus geschnitten werden, wenn auf den Rückgratknochen 480 Gramm entfallen und eine Portion 2 Koteletts zu je 60 Gramm enthält?

8 Pkt. 5. Ein parierter Rehrücken von 3,1 kg kostet im Einkauf 12,00 EUR je kg. Der Wildhändler gewährt 12 % Rabatt und 3 % Skonto.
Wie viel EUR sind nach Abzug von Rabatt und Skonto zu zahlen?

8 Pkt. 6. Ein Gastwirt kauft 45 Rebhühner zu einem Gesamtpreis von 303,75 EUR. Beim Überprüfen werden 20 % der Tiere als Althühner aussortiert. Die Althühner werden im Wert um 2,00 EUR herabgesetzt. Der Wert der einzelnen Junghühner erhöht sich dementsprechend.
a) Wie viel Jung- bzw. Althühner enthält die Lieferung?
b) Welchen Wert hat ein Jung- bzw. Althuhn vor der Verarbeitung?

8 Pkt. 7. Eine Poularde wiegt im Einkauf 1,7 kg und kostet 4,50 EUR je kg. Vom Einkaufsgewicht werden 0,18 kg verwertbare Abgänge abgerechnet, die mit 2,30 EUR je kg anzurechnen sind. Aus der Poularde werden 4 Portionen erzielt.
a) Wie viel Gramm wiegt die zum Braten fertige Poularde?
b) Wie viel EUR betragen die Materialkosten je Portion?

217

10 Pkt. **8.** Ein Zander wiegt im Einkauf 2,8 kg und kostet 34,16 EUR. Bei einem Putzverlust von 25 % werden 10 Portionen erzielt.
a) Wie viel EUR kostet 1 kg Zander im Einkauf?
b) Wie viel Gramm wiegt eine Portion vor der Zubereitung?
c) Wie viel EUR betragen die Materialkosten je Portion?

10 Pkt. **9.** Geliefert werden 65 kg Seelachs in Eis verpackt. Der Einkaufspreis beträgt brutto für netto 4,30 EUR je kg. Die Tara (Eis) beträgt 22 % des Bruttogewichtes. Beim Filetieren entsteht ein Verlust von 35 % des Seelachsgewichtes.
a) Wie viel EUR kostet 1 kg Seelachs netto?
b) Wie viel Portionen Seelachs zu je 180 g können erzielt werden?

6 Pkt. **10.** 1 kg Rinderfilet kostet pariert 24,00 EUR im Einkauf. Beim Braten entsteht ein Verlust von 15 %. Wie viel EUR kosten 160 g Rinderfilet gebraten?

5 Pkt. **11.** 0,750 kg Spaghetti werden gekocht. Das Fertiggewicht beträgt 1,950 kg. Berechnen Sie die Gewichtszunahme in Prozent.

5 Pkt. **12.** Benötigt werden 40 Portionen Reis zu je 60 g als Beilage zu Fisch. Die Gewichtszunahme beim Dünsten beträgt 200 %. Wie viel kg Reis sind zu dünsten?

---

88 Pkt.

16. Aufgabensatz

6 Pkt. **1.** Die Materialkosten für ein Menü betragen 5,50 EUR. Kalkuliert wird mit 130 % Betriebskosten, 20 % Gewinn, 15 % Bedienungsgeld und 19 % Umsatzsteuer. Berechnen Sie den Inklusivpreis.

6 Pkt. **2.** Der Inklusivpreis für eine Flasche Wein beträgt 24,00 EUR. Kalkuliert wird mit einem Bruttoaufschlag von 400 %. Berechnen Sie den Einkaufpreis.

6 Pkt. **3.** Die Materialkosten für ein Essen betragen 4,80 EUR. Der Inklusivpreis beträgt 19,50 EUR. Berechnen Sie den Bruttoaufschlag in Prozent.

8 Pkt. **4.** Der Tagesumsatz eines Restaurants beträgt 4.958,80 EUR. In diesem Betrag sind 19 % Umsatzsteuer und 12 % Bedienungsgeld enthalten. Berechnen Sie Umsatzsteuer und Bedienungsgeld in EUR.

8 Pkt. **5.** Zu einer Feier werden 74 Personen erwartet. Man rechnet je Gast 3 Gläser Pils zu je 0,3 Liter. Der Zapfverlust beträgt 4,5 %. Wie viel Liter Bier müssen bereitgestellt werden (auf volle Liter runden)?

6 Pkt. **6.** Eine Rechnung von 1.870,00 EUR war am 12.01. fällig. Sie wird aber erst am 04.03. d.J. einschließlich 10,8 % Verzugszinsen bezahlt.
Wie viel EUR sind insgesamt zu zahlen?

6 Pkt. **7.** Ein Kredit von 14.400,00 EUR wird nach 10 Monaten mit 15.540,00 EUR zurückgezahlt. Berechnen Sie den Zinssatz in Prozent.

8 Pkt. **8.** Restaurantmöbel haben einen Listenpreis von 12.200,00 EUR. Der Händler gewährt 15 % Rabatt und 2 % Skonto. Wie viel EUR sind zu überweisen?

6 Pkt. **9.** Eine Lieferung Birnen wiegt 46,5 kg und kostet 130,20 EUR. Der Schälverlust beträgt 19 %.
Wie viel EUR kostet 1 kg Birnen geschält?

6 Pkt. 10. Das Nettogewicht einer Lieferung beträgt 211,2 kg. Die Tara beträgt 12 %. Berechnen Sie das Bruttogewicht.

8 Pkt. 11. In einem Restaurant soll das Bedienungsgeld von 23.474,00 EUR nach den Garantie-löhnen aufgeteilt werden: 1 Chef de restaurant 1.900,00 EUR, 2 Chefs de rang je 1.650,00 EUR; 4 Demichefs je 1.450,00 EUR; 5 Commis je 1.200,00 EUR.
a) Berechnen Sie den Troncschlüssel.
b) Wie viel EUR erhält ein Demichef?

6 Pkt. 12. Ein Gast möchte seine Restaurantrechnung von 696,00 EUR mit dänischen Kronen bezahlen. Wie viel dKr hat der Gast zu zahlen (100 dKr = 7,45 EUR)?

6 Pkt. 13. 12 kg Santos-Kaffee, je kg 8,25 EUR, sollen mit der Sorte Kenia, je kg 9,50 EUR, zu einer Mischung verarbeitet werden, die je kg 9,20 EUR kostet. Wie viel kg Kenia-Kaffee müssen hinzugefügt werden?

8 Pkt. 14. Für eine Gebäckmischung werden benötigt: 2,75 kg Gebäck, je kg 7,70 EUR, 3,2 kg Gebäck, je kg 8,10 EUR; 3,65 kg Gebäck, je kg 7,40 EUR. Wie viel EUR kosten 150 Gramm der Mischung?

6 Pkt. 15. Eine Flasche Wein kostet im Einkauf 4,80 EUR. Berechnen Sie den Inklusivpreis bei einem Bruttoaufschlag von 450 %.

100 Pkt.

17. Aufgabensatz

6 Pkt. 1. Die Materialkosten für ein Extraessen betragen 940,00 EUR. Der Verkaufspreis beträgt 2.914,00 EUR. Berechnen Sie den Bruttoaufschlag in %.

8 Pkt. 2. Die Materialkosten für ein Menü betragen 5,40 EUR. Kalkuliert wird mit 130 % Betriebskosten, 20 % Gewinn, 15 % Bedienungsgeld und 19 % Umsatzsteuer. Berechnen Sie den Inklusivpreis.

6 Pkt. 3. Der Tagesumsatz eines Restaurants beträgt 4.872,00 EUR. Die Umsatzsteuer beträgt 19 %. Berechnen Sie die Umsatzsteuer in EUR.

6 Pkt. 4. Nach einem Bruttoaufschlag von 260 % kostet ein Menü 25,20 EUR. Berechnen Sie die Materialkosten.

6 Pkt. 5. Ein Guthaben von 12.600,00 EUR bleibt bei einem Zinssatz von 3,5 % 9 Monate auf einem Konto. Berechnen Sie die Zinsen in EUR.

6 Pkt. 6. Ein Kredit von 8.400,00 EUR wird nach 8 Monaten mit insgesamt 8.982,40 EUR zurückgezahlt. Berechnen Sie den Zinssatz.

8 Pkt. 7. Eine Küchenmaschine kostet nach Abzug von 12 % Rabatt und 3 % Skonto 2.219,36 EUR. Berechnen Sie den Listenpreis.

6 Pkt. 8. Ein Gast möchte seine Hotelrechnung von 920,00 EUR mit US-Dollar begleichen. Kurs: 1 US-Dollar = 0,70 EUR. Wie viel US-Dollar hat der Gast zu zahlen?

6 Pkt. 9. Ein Kabeljau hat ein Einkaufsgewicht von 4,3 kg und kostet 4,30 EUR je kg. Beim Putzen entsteht ein Verlust von 40 %. Berechnen Sie:
a) das Gewicht des geputzten Fisches,
b) den Preis für 1 kg geputzten Kabeljau.

6 Pkt. 10. Ein Stück Gouda wiegt 2.800 Gramm. Es enthält 44 % Wasser. In der Trockenmasse befinden sich 40 % Fett.
Wie viel Gramm Fett sind in diesem Stück Käse enthalten?

6 Pkt. 11. Eine Lieferung Äpfel wiegt 76 kg und kostet 136,80 EUR. Der Schälverlust beträgt 22 %. Wie viel EUR kostet 1 kg Äpfel geschält?

8 Pkt. 12. Für ein Essen mit 20 Teilnehmern sollen je Person 160 g Rinderfilet tischfertig gereicht werden. Der Bratverlust beträgt 14 %, der Parierverlust beträgt 11 %. Berechnen Sie:
a) das Gesamtgewicht des parierten Filets,
b) das Gesamtgewicht des unparierten Filets.

8 Pkt. 13. Für eine Aufschnittmischung werden benötigt: 1,8 kg gekochter Schinken zu 10,40 EUR je kg; 1,5 kg roher Schinken zu 14,45 EUR je kg; 1,4 kg Zervelatwurst zu 8,70 EUR je kg; 1,2 kg Mortadella zu 8,35 EUR je kg. Wie viel EUR kosten 150 g des Aufschnitts?

8 Pkt. 14. Ein Koch verdient monatlich 1.740,00 EUR brutto. Abzüge: 19 % Lohnsteuer, 19,6 % Sozialversicherungsbeiträge und 9 % Kirchensteuer (von der Lohnsteuer berechnet). Berechnen Sie den Nettolohn.

6 Pkt. 15. Ein Gewinn von 40.300,00 EUR soll an die Teilhaber einer Unternehmung im Verhältnis ihrer Kapitaleinlagen verteilt werden. Die Einlagen betragen von A: 70.000,00 EUR; B: 110.000,00 EUR; C: 145.000,00 EUR.
Wie viel EUR erhalten die einzelnen Teilhaber?

100 Pkt.

18. Aufgabensatz

6 Pkt. 1. Die Materialkosten für ein Extraessen betragen 760,00 EUR. Der Verkaufspreis beträgt 2.964,00 EUR. Berechnen Sie den Bruttoaufschlag in Prozent.

6 Pkt. 2. Der Tagesumsatz eines Restaurants beträgt 4.370,00 EUR. Die Umsatzsteuer beträgt 19 %. Berechnen Sie die Umsatzsteuer.

8 Pkt. 3. Die Materialkosten für ein Essen betragen 5,25 EUR. Kalkuliert wird mit 130 % Betriebskosten, 20 % Gewinn, 15 % Bedienungsgeld und 19 % Umsatzsteuer. Berechnen Sie den Inklusivpreis.

6 Pkt. 4. Nach einem Bruttoaufschlag von 280 % kostet ein Menü 15,20 EUR. Berechnen Sie die Materialkosten.

8 Pkt. 5. Ein Fernsehgerät kostet nach Abzug von 7 % Rabatt und 3 % Skonto 811,89 EUR. Berechnen Sie den Listenpreis.

6 Pkt. 6. Ein Guthaben von 13.500,00 EUR bleibt bei einem Zinssatz von 3,3 % 8 Monate auf einem Konto. Berechnen Sie die Höhe der Zinsen.

6 Pkt. 7. Ein Kredit von 11.600,00 EUR wird nach 7 Monaten mit insgesamt 12.229,30 EUR zurückgezahlt. Berechnen Sie den Zinssatz.

6 Pkt. 8. Ein Schellfisch hat ein Einkaufsgewicht von 2,350 kg und kostet 5,80 EUR je kg. Beim Putzen entsteht ein Verlust von 45 %. Berechnen Sie:
a) das Gewicht des geputzten Fisches,
b) den Preis für 1 kg geputzten Fisch.

220

6 Pkt. **9.** Ein Gast möchte seine Hotelrechnung von 740,00 EUR mit Schweizer Franken bezahlen. Kurs: 1 sfr = 1,60 EUR. Wie viel Schweizer Franken hat der Gast zu bezahlen?

6 Pkt. **10.** Ein Gewinn von 31.350,00 EUR soll an die Teilhaber einer Unternehmung im Verhältnis ihrer Kapitalanlagen verteilt werden. Die Einlagen betragen von A: 80.000,00 EUR; B: 115.000,00 EUR; C: 135.000,00 EUR.
Wie viel EUR erhalten die einzelnen Teilhaber?

6 Pkt. **11.** Ein Stück Emmentaler wiegt 2.600 g. Es enthält 42 % Wasser. In der Trockenmasse befinden sich 45 % Fett.
Wie viel Gramm Fett sind in diesem Stück Käse enthalten?

6 Pkt. **12.** Eine Lieferung Äpfel wiegt 68 kg und kostet 129,20 EUR. Der Schälverlust beträgt 18 %.
Wie viel EUR kostet 1 kg Äpfel geschält?

8 Pkt. **13.** Für eine Aufschnittmischung werden benötigt: 1,6 kg gekochter Schinken zu 10,30 EUR je kg; 1,7 kg roher Schinken zu 14,25 EUR je kg; 1,2 kg Zervelatwurst zu 9,45 EUR je kg; 1,1 kg Mortadella zu je 8,60 EUR je kg. Wie viel EUR kosten 250 g der Mischung?

8 Pkt. **14.** Für ein Essen mit 24 Teilnehmern sollen je Person 170 g Rinderfilet tischfertig gereicht werden. Der Bratverlust beträgt 15 %, der Parierverlust 12 %. Berechnen Sie das Gesamtgewicht des unparierten Fleisches.

8 Pkt. **15.** Ein Koch verdient monatlich 1.875,00 EUR brutto. Abzüge: 22 % Lohnsteuer, 19,5 % Sozialversicherungsbeiträge und 9 % Kirchensteuer (von der Lohnsteuer berechnet). Berechnen sie den Nettolohn.

100 Pkt.

19. Aufgabensatz

6 Pkt. **1.** Die Materialkosten für ein Menü betragen 7,50 EUR. Kalkuliert wird mit 230 % Bruttoaufschlag.
Berechnen Sie den Inklusivpreis.

8 Pkt. **2.** Die Materialkosten für ein Essen betragen 6,00 EUR. Kalkuliert wird mit 140 % Betriebskosten, 20 % Gewinn, 12 % Bedienungsgeld und 19 % Umsatzsteuer.
Berechnen Sie den Inklusivpreis.

8 Pkt. **3.** Für ein Extraessen bezahlt ein Gastgeber 4.002,00 EUR. In diesem Betrag sind 19 % Umsatzsteuer und 15 % Bedienungsgeld enthalten. Berechnen Sie:
a) die Umsatzsteuer,
b) das Bedienungsgeld.

8 Pkt. **4.** Ein Combi-Dämpfer hat einen Listenpreis von 7.200,00 EUR. Der Lieferer gewährt 18 % Rabatt und 2 % Skonto. Wie viel EUR sind zu überweisen?

8 Pkt. **5.** Eine Hotelfachfrau verdient 1.500,00 EUR brutto im Monat. Abzüge: 20 % Lohnsteuer, 19,2 % Sozialversicherungsbeiträge, 9 % Kirchensteuer (von der Lohnsteuer berechnet). Berechnen Sie den Nettolohn.

6 Pkt. **6.** Für ein Darlehen von 15.600,00 EUR zahlt ein Hotelier nach 10 Monaten 1.326,00 EUR Zinsen. Berechnen Sie den Zinssatz.

6 Pkt. 7. Eine Rechnung von 2.880,00 EUR war am 05.01. fällig. Sie wird erst am 09.02. d.J. einschließlich 11,8 % Verzugszinsen bezahlt.
Wie viel EUR sind insgesamt zu zahlen?

6 Pkt. 8. Ein Koch tauscht bei einer Bank in Essen für seinen Urlaub in der Schweiz 900,00 EUR in sfr ein. Kurs: 1 sfr = 1,60 EUR.
Wie viel sfr erhält der Koch?

6 Pkt. 9. Ein Hotel mit 380 Betten war 2010 an 356 Tagen geöffnet. Die Auslastung betrug 60 %. Wie viel Übernachtungen waren zu verzeichnen?

6 Pkt. 10. Ein Stück Emmentaler wiegt 4,2 kg. Es enthält 42 % Wasser. In der Trockenmasse befinden sich 40 % Fett. Wie viel Gramm Fett enthält das Stück Käse?

6 Pkt. 11. 6,5 kg Roastbeef kosten im Einkauf 13,50 EUR je kg. Die Knochen und Parüren betragen 32 % und werden mit 1,90 EUR je kg angerechnet.
Wie viel EUR kostet 1 kg pariertes Fleisch?

6 Pkt. 12. Eine Lieferung Äpfel wiegt 75 kg und kostet 146,25 EUR je kg. Der Schälverlust beträgt 20 %. Wie viel EUR kostet 1 kg Äpfel geschält?

8 Pkt. 13. Eine Aufschnittmischung wird hergestellt aus: 1,6 kg Zervelatwurst zu 8,90 EUR je kg; 1,2 kg gekochter Schinken zu 9,30 EUR je kg; 0,9 kg roher Schinken zu 11,70 EUR je kg; 1,4 kg Zungenwurst zu 7,85 EUR je kg.
Wie viel EUR kosten 200 g des Aufschnitts?

6 Pkt. 14. 6,6 kg Kenia-Kaffee, je kg 9,40 EUR, sollen mit Rio-Kaffee, je kg 7,70 EUR, zu einer Mischung zusammengestellt werden, die je kg 8,80 EUR kostet. Wie viel kg Rio-Kaffee müssen hinzugefügt werden?

6 Pkt. 15. Der Monatstronc für Januar betrug in einem Restaurant 26.057,00 EUR. Er soll im Verhältnis der Garantielöhne aufgeteilt werden:
1 Chef de restaurant 1.950,00 EUR; 2 Chefs de rang je 1.750,00 EUR; 4 Demichefs je 1.600,00 EUR; 5 Commis je 1.300,00 EUR.
a) Wie lautet der Troncschlüssel?
b) Wie viel EUR erhalten die einzelnen Mitarbeiter?

100 Pkt.

20. Aufgabensatz

8 Pkt. 1. In einem Restaurant sollen 21.170,00 EUR Bedienungsgeld im Verhältnis der Garantielöhne aufgeteilt werden: 1 Chef de restaurant 1.450,00 EUR, 2 Chefs de rang je 1.250,00 EUR, 5 Demichefs je 1.050,00 EUR, 6 Commis je 900,00 EUR. Berechnen Sie:
a) den Verteilungsschlüssel,
b) den Bruttolohn eines Commis.

8 Pkt. 2. Ein Gast hat 266,80 EUR zu bezahlen. In diesem Betrag sind 19 % Umsatzsteuer und 15 % Bedienungsgeld enthalten. Berechnen Sie beide Beträge.

6 Pkt. 3. Das Nettogewicht einer Lieferung beträgt 315,5 kg. Die Tara beträgt 9,5 %. Berechnen Sie das Bruttogewicht.

6 Pkt. 4. Für ein Essen mit 36 Teilnehmern werden je Person 2 Scheiben Kalbsbraten zu je 90 g tischfertig berechnet. Der Bratverlust beträgt 28 %.
Wie viel kg Kalbfleisch müssen gebraten werden?

6 Pkt. **5.** 8,5 kg Roastbeef kosten im Einkauf 13,20 EUR je kg. Die Knochen und Parüren betragen 30 % und werden mit 2,20 EUR je kg angerechnet.
Wie viel EUR kostet 1 kg pariertes Fleisch?

6 Pkt. **6.** Ein Lachs wiegt 3,6 kg und kostet im Einkauf 11,50 EUR je kg. Der Parierverlust beträgt 21 %. Wie viel EUR kosten 120 g Lachs pariert?

6 Pkt. **7.** Für 8.700,00 EUR Kredit zahlt ein Gastwirt in 5 Monaten 420,50 EUR Zinsen.
Berechnen Sie den Zinssatz.

6 Pkt. **8.** Ein Stück Gouda wiegt 4,4 kg. Es enthält 45 % Wasser. In der Trockenmasse befinden sich 40 % Fett. Wie viel kg Fett enthält das Stück Käse?

8 Pkt. **9.** Für eine Gebäckmischung werden benötigt:
4,2 kg Gebäck zu 6,40 EUR je kg
3,5 kg Gebäck zu 6,95 EUR je kg
5,3 kg Gebäck zu 7,10 EUR je kg
2,2 kg Gebäck zu 7,30 EUR je kg
Wie viel EUR kosten 150 g der Mischung?

6 Pkt. **10.** Ein Koch tauscht 600,00 EUR in US-Dollar um. Der Kurs lautet: 1 US-Dollar = 0,70 EUR. Wie viel US-Dollar erhält der Koch?

6 Pkt. **11.** Eine Rechnung von 3.260,00 EUR war am 20.01. fällig. Sie wird aber erst am 24.03. d.J. einschließlich 9,5 % Verzugszinsen bezahlt.
Wie viel EUR sind insgesamt zu zahlen?

8 Pkt. **12.** Ein Firmenwagen wird für 2,5 Jahre geleast. Die täglichen Kosten als Leasingrate betragen 7,00 EUR zuzüglich 19 % Umsatzsteuer. Berechnen Sie:
a) die Leasingzeit in Tagen (1 Monat = 30 Tage),
b) die Leasingkosten einschließlich Umsatzsteuer für 2,5 Jahre.

6 Pkt. **13.** Ein Menü hat einen Kartenpreis von 24,00 EUR. Der Betrieb kalkuliert mit 250 % Bruttoaufschlag. Berechnen Sie die Materialkosten.

8 Pkt. **14.** Die Materialkosten für ein Essen betragen 6,50 EUR. Kalkuliert wird mit 60 % Küchenkosten, 70 % Gemeinkosten, 20 % Gewinn, 15 % Bedienungsgeld und 19 % Umsatzsteuer. Berechnen Sie den Inklusivpreis.

6 Pkt. **15.** 9,8 kg Dorade werden eingekauft. Nach dem Putzen wiegt der Fisch noch 7,252 kg. Berechnen Sie den Putzverlust in %.

100 Pkt.

27 Mengen- und Portionsangaben, Abfälle und Abgänge bei der Vorbereitung

Mengen- und Portionsangaben

Alle Angaben können wegen der Verschiedenheit der Betriebe und der unterschiedlichen Materialien nur Durchschnittswerte sein.

Material	im Menü	à la carte	Verlust bei der Garung	Material	im Menü	à la carte	Verlust bei der Garung
	Rohgewicht in g				Rohgewicht in g		
I. Fleisch				**III. Wild**			
Chateaubriand	340	380	14	Rehrücken	150	200	18
Filetsteak	160	180	14	Rehkeule	160	200	16
Tournedos				Hasenrücken	200	220	20
(2 Stück)	120	140	16	Rehragôut			
Roulade o. Füll.	120	150	26	(m. Knochen)	240	280	24
Sauerbraten	160	200	35	Rebhuhn	140	160	16
Rumpsteak	160	180	16	Fasan (2 Pers.)	400	500	16
Schweinekotelett	180	200	22	**IV. Fisch**			
Schnitzel	140	150	14	Seezunge (gebr.)	350	500	ca. 20
Eisbein	220	270		Seezungen-Filet	90	100	18
Kalbsmedaillon	50	60	14	Heilbutt	160	200	16
Kalbsnierenbraten	180	210	20	Kabeljau (frittiert)	150	180	14
Wiener Schnitzel	120	150	8	Forelle blau	200	ca. 250	ca. 6
Kalbsfrikassee	160	200	18	Karpfen (2 Pers.)	600	ca. 700	ca. 5
Kalbshachse				**V. Gemüse**			
(2 Pers.)	500	600	20	Prinzessbohnen	120	140	20
Hammelkotelett	80	90	16	Erbsen	120	140	22
Lammchops	120	160	20	Leipziger Allerlei	180	200	–
II. Geflügel				Spargel	300	400	25
Hähnchen				Blumenkohl	250	250	22
(2 Pers.)	800	1.000	22	Rosenkohl	250	250	25
Poularde (4 Pers.)	1.400	1.600	18	Blattsalat	3–4 Port.	pro Kopf	–
Ente (4 Pers.)	2.000	2.000	24	Salzkartoffeln	200	250	–
Gans (6–8 Pers.)	3.500	3.800	22	Kartoffelstäbchen	150	180	22

Abfälle und Abgänge bei der Vorbereitung (Durchschnittswerte)

I. Fleisch

Roastbeef.	32 %
Filet	12 %
Kalbskeule.	24 %
Hammelkeule	28 %
Schweinerücken (halbiert)	16 %

II. Geflügel

Poularde	24 %
Hähnchen	22 %
Gans.	21 %
Ente	26 %

III. Wild

Rehrücken (gegart)	22 %
Hase.	45 %
Hirschkeule	23 %

IV. Fische

Seezunge, filetiert	45 %
Forelle.	18 %
Karpfen.	17 %
Kabeljau (ohne Kopf)	18 %
Heilbutt.	16–20 %

V. Gemüse

Erbsen (frisch)	50–60 %
Bohnen (frisch)	5–15 %
Karotten (frisch).	20–30 %
Blumenkohl	30–40 %
Rosenkohl	20–30 %
Spargel.	25–45 %
Kartoffeln	20–30 %